徐国利◎著

史学思想与区域历史论丛
——徐国利学术文集

北京师范大学出版集团
安徽大学出版社

图书在版编目(CIP)数据

史学思想与区域历史论丛:徐国利学术文集/徐国利著.
—合肥:安徽大学出版社,2015.1
(安徽大学历史学文库)
ISBN 978-7-5664-0884-6

Ⅰ.①史… Ⅱ.①徐… Ⅲ.①史学—文集 Ⅳ.①K0-53

中国版本图书馆 CIP 数据核字(2014)第 305944 号

史学思想与区域历史论丛——徐国利学术文集
ShiXue SiXiang Yu QuYu LiShi LunCong——XuGuoLi XueShu WenJi

徐国利 著

出版发行:	北京师范大学出版集团 安 徽 大 学 出 版 社 (安徽省合肥市肥西路3号 邮编230039) www.bnupg.com.cn www.ahupress.com.cn
印　　刷:	合肥远东印务有限责任公司
经　　销:	全国新华书店
开　　本:	170mm×240mm
印　　张:	21
字　　数:	297 千字
版　　次:	2015 年 1 月第 1 版
印　　次:	2015 年 1 月第 1 次印刷
定　　价:	58.80 元

ISBN 978-7-5664-0884-6

策划编辑:鲍家全　　　　　　　　装帧设计:李　军　金伶智
责任编辑:胡心怡　张　锐　　　　美术编辑:李　军
责任校对:程中业　　　　　　　　责任印制:陈　如

版权所有　侵权必究

反盗版、侵权举报电话:0551—65106311
外埠邮购电话:0551—65107716
本书如有印装质量问题,请与印制管理部联系调换。
印制管理部电话:0551—65106311

自序 ZIXU

这本学术文集收录了我2000年以来发表的20篇论文,最早的一篇是《钱穆的历史本体"心性论"初探——钱穆的民族文化生命史观疏论》,发表于《史学理论研究》2000年第4期;最晚的一篇是《安徽历史文化特点及其成因的再探讨》,发表于《理论建设》2015年第1期。

这些论文是从公开发表的近百篇论文中筛选出来的,旨在反映我学术研究的两个主要领域:一是中国史学思想史研究,其中包括与史学思想密切相关的中国文化思想史研究;二是区域历史文化研究,主要是安徽,特别是徽州历史文化研究。在这些领域外,我发表的其他论文虽也产生了一定影响,但考虑到与这两个主题关系不够密切且本书篇幅有限,故未加收录。如,引用率较高的《关于"抗战时期高校内迁"的几个问题》(《抗日战争研究》1998年第2期)一文;转载率较高的关于中国当代抗战口述史研究的两篇论文:《中国当代抗战口述史学的发展和研究内容》(《学术研究》2005年第6期,中国人民大学复印报刊资料《中国现代史》2005年第10期全文转载,《新华文摘》2005年9月"篇目辑览"收录)、《关于中国抗日战争口述史研究的几个问题》(《抗日战争研究》2006年第3期,中国人民大学复印报刊资料《中国现代史》2007年第3期全文转载)。此外,发表在港台及海外学术期刊和论文集中的论文,如钱穆先生"守旧开新"学术思想和文化复兴论》(台湾《鹅湖》2010年第10期)等也未加收录。

收入学术文集的论文不仅涵盖了我学术研究的两个主要领域,也大体反映了我走上学术道路后的研究历程,即:从中国文化思想史研究,特别是中国史学史和史学理论研究开始,逐步扩展到安徽区域史和徽学(即以明清及近代为中心的徽州历史文化)的研究。1990年,我从安徽大学历史系硕士毕业后,被分配到学校的马列室从事政治理论课的教学,这期间虽然从事了一些科研,但是受制于各种内外因素,学术研究还处于摸索阶段,成果很少。为此,我决定考博士,以提高自己的科研能力和水平。1997年至2000年,我有幸进入中国社会科学院研究生院近代史所,师从著名史学理论家蒋大椿先生攻读"中国近代史学"的博士学位,完成了博士论文《钱穆史学思想研究》,并于2004年在台湾商务印书馆出版。攻读历史学博士,使我真正走上了学术道路。博士毕业后,我回到母校。2002年,我转到历史系从事教研工作,这使我能全身心地投入专业学术研究中。我发表的近百篇学术论文中,90%是这一时期的成果;学术专著等也基本是在这一时期出版的。

回顾自己这25年所走过的学术道路,前10年基本是自学和摸索阶段,后15年才真正步入学术殿堂。

我天资不高,在学习上往往要比聪明人多花费许多倍的时间,这一点从我入小学读书时起就一直如此。不过,我能吃苦,学习勤奋,这弥补了我天资的不足。我在求学小传《"韧"的追求》(收入栾贵川主编的《博士生谈自己》,黑龙江教育出版社1998年)中将自己的求学心得和经验总结为"勤能补拙"。好在对于学习和研究历史来说,天资不是最重要的,钱穆等许多国学大师都说过,研究史学不需要很高的"天分",但一定要"勤奋"。不仅勤奋刻苦,我兴趣点也广泛,对于各门类的知识都渴望了解和掌握,这大大拓展了我的视野,培养了我多元的思维方式。我特别喜欢思考理论和哲学问题,尤其是那些关乎历史和人生的大问题和大道理,总想得出一个"究竟"。虽然,这种大问题和大道理太深奥,往往思考不出答案;然而,20多年的治学却使我愈益深切地感受和体悟到理论研习和哲学思辨对于文史专业研究所起到的重要作用。

自 序

　　2000年博士毕业回母校后的15年,我逐步踏入了史学研究的学术殿堂。与现在的许多青年学术新锐相比,当时年近35岁的我已经算是学术"晚成"之人。在这15年的学术道路上,我坚持"用两条腿走路":一方面坚持攻读博士期间的学术领域,即历史理论和中国近现代史学史的研究;同时亦有所扩展,即开始研究中国的历史哲学。在这期间,我有幸参与了著名史学史家瞿林东先生主持的教育部人文社会科学重点研究基地的重大项目"中国古代历史理论"的研究,撰写了3卷本《中国古代历史理论》(安徽人民出版社2011年版)下卷的两章。其间,我还在安徽大学哲学系"中国哲学史"博士点担任导师,开始关注和研究现代新儒家的历史哲学,指导4名学生分别撰写了关于中国现代著名新儒家,即梁漱溟、冯友兰、熊十力、牟宗三的历史哲学的博士论文,获得评审专家的一致肯定。另一方面,我借助安徽大学史学研究中的优势学科,即徽学和安徽区域史,逐步投身这个新的研究领域。我先是参与了教育部人文社会科学重点研究基地重大项目"新发现的徽州文书的整理"的工作,在安徽大学徽学研究中心作了3年多的新发现徽州文书的整理。该项目的主要成果就是由刘伯山研究员主编、广西师范大学出版社先后出版的4辑大型徽州文书影印资料集《徽州文书》。2007年,我主持了安徽大学徽学研究中心的教育部人文社会科学研究基地重大项目"传统职业变迁与明清徽州人口流动研究",该项目已经顺利结项。此外,我对安徽区域史也作了一些研究。收入本书的论文大体是我这一时期在以上两个研究领域的成果。

　　我之所以坚持"两条腿走路"的学术研究之路,投身安徽区域史和徽学的研究,首先是因为安徽大学是一所办学历史悠久的"211工程"大学,有良好的科研基础和地域学科优势;安徽省拥有辉煌灿烂的历史文化,有着丰厚的历史文化资源,从事这一领域的研究有良好的科研平台和广阔的学术空间。再者,我是土生土长的徽州人,对安徽历史文化,特别是徽州历史文化不仅有着学术的认同,还有着情感的体验,研究安徽历史文化,特别是徽州历史文化,亦可谓是一种学术体认和乡情升华。再有一个很重要的原因是,这种研究取向是符合史学研究的学术本质和规律的内在要求的。我的博士生导师蒋大椿先生多次和我说起过,研究史学理论和史学史的人,还是要作具体的历史实证研究,这样才能在史学实证研究中发挥史学理论研究的理论思维优势和方法论意识,同时又不至于使史学理论研究流于空泛,从而使两种研究相得益彰。通过10多年的学术研究,我深深体会到这一点,并且力求将这种体会和经验落实到自己的史学研究中去。

当代中国史学研究取得了许多重要成就和进展,我觉得有两个方面值得关注:一是着力借鉴其他学科如区域学、人类学、社会学等社会科学的方法,以之研究历史,极大丰富历史研究的方法论,为历史学开拓诸多新视野;二是借鉴国外的史学理论和方法,特别是西方的年鉴学派、美国社会科学史学、海外中国学等诸多学派的理论方法和研究模式,开辟区域史研究、社会史研究、历史人类学、新文化史、口述史、妇女史等诸多新的研究领域,提出大量新的史学研究范式。但是,当代中国史学研究也存在一些突出的问题,一是重实证、轻理论的倾向,"让史料说话"成为不少学者的座右铭;二是即使在重理论和方法方面,往往是对国外理论方法采取"拿来主义"的多,融合创新为具有中国学术特色理论和话语体系的少。究其原因自然是多方面的,但一个重要原因是许多学者没有能够正确看待理论思考、哲学思辨与实证考辨、史学研究的辩证关系,往往将两者视为没有关联的学科,甚至是对立的学科。而中国当代史学要取得突破性发展,要在国际史学界树立中国的话语权和建构有中国气派的史学范式,一个基础性的工作就是要将两者有机地结合起来。事实上,人文学科的发展史,尤其是中西史学发展史清楚地昭示了这一道理。纵观古今中外的史学史,凡为史学大师者无不具有哲学思辨的思想,其著述无不具有丰富的理论价值和深刻的哲学内涵。尤其是进入近代以来,这种趋势和倾向更为明显。在近现代中国史学史上,近代史家梁启超、章太炎和康有为等不用说,现代马克思主义史学五大家和文化保守主义史家钱穆、柳诒徵等亦不用说,即便是备受当代中国史学界推崇的实证派史家王国维、陈寅恪、胡适、顾颉刚、傅斯年和陈垣等无不是有着良好的理论修养和深厚的哲学造诣,王国维更是近代中国哲学发展的先驱之一,而胡适倡导的实用主义方法论则深刻影响了中国现代史学界20多年。在

自序

西方现当代史学史上,最有影响的一些史学流派,如法国的年鉴学派、英国的马克思主义史学和美国的社会科学史学等亦是追求史学理论和方法创新的流派,特别是法国年鉴学派,其几代大师均在实证研究与理论建构上成就斐然。

收录入本书的论文有两篇系与研究生合撰,即:《对陈寅恪史学"真了解"精神与方法的新解读——兼论陈寅恪的"通识"思想》(《齐鲁学刊》2012年第1期,与朱春龙合撰)、《近代徽州与安庆地区文化人物的结构特征及其成因比较研究》(《安徽师范大学学报》2009年第3期,与林家虎合撰)。自2003年从事研究生教育和培养工作以来,我特别重视对研究生科研能力的培养和论文写作能力的训练,对于一些有学术才质和写作能力的研究生,或是结合他们的毕业论文,或是结合自己的研究课题,与他们商量论文选题,进而合撰论文,通过对撰写论文的反复修改来提高研究生的研究能力和写作水平,在这方面取得了一定的成绩。我与研究生合撰论文20余篇,先后发表在《史学理论研究》、《史学史研究》、《史学月刊》、《学术研究》、《中国历史地理论丛》、《河北学刊》、《江淮论坛》、《齐鲁学刊》、《史学理论与史学史学刊》和《历史文献研究》等有影响的学术期刊上。我觉得这是自己培养研究生走上学术道路的一个成功经验。我的硕士研究生大多考上了国内知名大学的博士生,有些已成为一些大学的青年学术骨干。

回顾和总结走过的学术道路,我清醒地意识到自己仍是初入学术殿堂的学人。收录进本书的20篇论文水平有限,只能说是对自己20多年学术研究的一个初步总结。为了让读者更全面了解我的学术研究领域,拙著的"附录"收录了我从事学术研究以来发表的学术论文、出版或编撰的学术著述。衷心祈望拙著的出版,能得到学界同仁的批评和雅正。

史海无涯,书山有路。我将会在学术求索的道路上继续前行!

徐国利
2014年12月

目录

上篇 历史文化观与史家思想

- 3 中国古代国家起源论的发展及其特征
- 11 中国古代国家观的新发展
- 17 程朱理学的"圣王"君主论
  ——以二程和朱熹思想为代表
- 32 明清之际启蒙思想家论风俗、教化和国运兴衰
- 45 孙中山民本史观的道德价值取向初探
- 62 陈独秀"伦理革命"思想的再认识
  ——兼论新文化运动的首要目标和中心内容
- 74 梁启超民族主义史学的建构及其意义
  ——对梁启超"新史学"的再认识
- 88 胡适史学思想的再认识
- 111 对陈寅恪史学"真了解"精神与方法的新解读
  ——兼论陈寅恪的"通识"思想
- 128 钱穆的历史本体"心性论"初探
  ——钱穆民族文化生命史观疏论

下篇 区域史与徽学研究

147 关于区域史研究中的理论问题
　　——区域史的定义及其区域的界定和选择

163 安徽历史文化特点及其成因的再探讨

175 清代中叶安徽省淮河流域的自然灾害及其危害

185 近代徽州与安庆地区文化人物的结构特征及其成因比较研究

201 传统与现代二元教育和安徽现代文化名人的成长
　　——以陈独秀和胡适为例

218 当代中国的徽州文书研究

238 阳明心学的世俗化伦理观与明清徽商伦理思想的转换和建构

255 朱子的伦理思想与明清徽州商业伦理观的转换和建构

279 明清徽州新儒贾观内涵与核心价值取向的再探讨

296 民国时期基层社会传统职业观的革新与保守
　　——以民国徽州家谱的族规家训所见职业观为例

314 附录　主要学术论文和学术著述

323 后记

上篇 历史文化观与史家思想

中国古代国家起源论的发展及其特征

国家起源问题是国家观中的重要问题,"国家的定义和起源问题是所有国家观的基础,它直接影响到从哪个角度去认识国家的本质"①。中国古代许多思想家和史学家对国家起源问题作过深入思考和富有启示意义的阐述,形成了具有中国特色的国家起源论,有重要的理论价值。对中国古代国家起源论进行深入系统研究,是中国古代历史理论研究领域的重要课题。

中国古代国家起源论的发展大体经历了以下几个阶段。先秦时期是中国古代国家起源论的确立时期。关于中国的国家起源,一般认为在夏代已经形成了国家。有了国家,就会有国家观念,但这并不意味着就有了系统的国家思想。殷周鼎革的重大意义之一是,周代确立了新的文化,"天(帝)"虽被奉为至上神,但自然性和人格神的色彩被淡化,它被赋予了"德"的品格和意义,成为一种道德理性精神和终极价值追求。同时,统治者能够获得国家权力来统治"民",既在于天赋予其"德",也在于民众对其德的认同,"皇天无亲,惟德是辅。民心无常,惟惠之怀"②。春秋战国时期,这种轻天命重人事、重君王之"德"和民本的人文道德理性精神获得进一步发展。在这种思想背景下,国家的起源和本质等成为先秦诸子思考的重要对象。其中,儒家的孟

---

① 王振海:《关于国家起源、本质与特性的再思考》,载《文史哲》,1999年第3期。
② 李民、王健:《尚书译注》,《周书·蔡仲之命》,上海:上海古籍出版社,2004年。

子和荀子,墨家的墨子,法家的商鞅和韩非及一些杂家等从各自政治立场和历史观出发,对国家起源说作了不同程度的阐述,如墨子的"除乱尚同"说、法家的"止争息乱"说、儒家孟子的"辟除民害"和"与民教化"说、荀子的"止争息乱"说、《吕氏春秋》提出的"以兵止争"说等。此外,老子对国家起源问题的回答也颇具特色。先秦诸子的国家起源论丰富多彩,为此后国家起源论的发展提供了丰富的思想资源,儒家和法家的影响更为深远。

秦汉至隋唐时期,国家起源论沿着两个不同的方向发展。一是正统国家起源论。汉武帝接受了董仲舒的主张,"罢黜百家,独尊儒术",使儒家思想成为后来政治统治的正统思想。董仲舒以儒家公羊学为本,糅合道家、法家和阴阳家的一些思想,建立起"天人相与"和"天人感应"的神学化儒学,以此来解释社会历史与国家政治的兴衰。他认为,天不仅是宇宙万物的本原,也是国家和社会秩序确立的本原,为此,他提出了"尊天受命"的政治观和纲常伦理观,宣扬"君权神授"和"符命"论的神权政治说,"天之所大奉使之王,必有非人力所能致而自至者,此受命之符也"[①]。东汉汉章帝时,讲论五经同异,统一今文经义,董仲舒的神学化经学被《白虎通》一书系统化,它和封建纲常教义相糅合,成为东汉的统治思想。"君权神授"和符命论被强化,"王者父天母地,为天之子也"[②]。"王者受命,为天、地、人之职,故分职以置三公"[③]。这种"君权神授"论及国家起源论是班固撰写《汉书》的指导思想。二是一些思想家和史学家结合道家、法家和先秦儒家有关国家起源的思想以及中国历史上的唯物思想,对正统的国家起源论加以批判。其中,既有东晋鲍敬言以老庄思想为指导所撰写的《无君论》等,也有唐代柳宗元、杜佑等从唯物思想方面作的批判和阐述。特别是柳宗元的《贞符》和《封建论》从唯物主义和儒家道德理性立场出发,有力地批判了"君权神授"和"符命"论,深刻阐述了国家的形成是客观的历史发展

---

① (汉)班固:《汉书》卷五六《董仲舒传》,北京:中华书局,2007年。
② (汉)班固:《白虎通》卷一《爵》,北京:中华书局,1985年。
③ (汉)班固:《白虎通》卷一《封公侯》。

过程,达到了当时国家起源论发展的高峰。

宋元明清时期,国家起源论得到丰富和新发展。这一时期,在政治上,君主专制不断强化,同时,社会却趋向宗族化和平民化;在经济上,自耕农经济不断发展,商品经济和商业贸易繁荣;在文化思想上,儒家思想经过与佛道思想的长期斗争与融合,最终形成宋明理学,并成为朝廷的统治思想和社会意识形态。社会历史条件的变化发展,使思想家和史学家对国家起源问题作出了不同的回答。一方面,由于君主专制不断被强化,以"君权神授"和符命说为指导来阐述国家起源问题的思想仍然存在。另一方面,不少思想家和史学家根据社会历史的新发展,在继承前人思想的基础上,对国家起源进行总结或是作出新的理论回答。如,宋代司马光继承历史上的"除乱禁暴"和"圣人创化"说,论述了"礼"和"德"在国家起源中的作用,对国家起源作了更加具体和丰富的阐述。宋明理学家则从性善论出发,强调"德"在君王合法性上的决定作用,主张"圣王史观",在很大程度上对"君权神授"作了理论消解,有助于人们更加深入地思考君主与国家起源的问题。这一时期有关国家起源探讨的最重要成果,是明末清初思想家和史学家黄宗羲、王夫之、顾炎武等人结合君主专制批判,对国家起源作出的富有近代启蒙色彩的阐述。他们从自然主义人性论出发探讨君主和国家的起源及其本质,对性善论的圣王君主论加以否定,肯定民在国家起源和发展中的重要地位,开辟了中国古代国家起源论研究的新方向,将中国古代国家起源论的研究推向顶峰,为中国近代国家起源论的形成提供了重要的理论资源。

综观中国古代国家起源论的发展及其思想内容,具有以下两方面的突出特征。

第一,多元并生,异中有同,同中有异。所谓多元并生,是指先秦诸子站在不同立场,提出了多种形态的国家起源论。墨子主张"除乱尚同"说,认为原初民始生之时,人各持己义,"是以人是其义,而非人之义,故相交非也";"天下之乱也,至如禽兽然,无君臣上下长幼之节,父子兄弟之礼,是以天下乱焉。明乎民之无正长以一同天下之义,而天下乱也,是故选择天下贤良、圣知、辩慧之人,立以为天子,使从事乎一同天下之义"①。就是说,天选立天子和各级官吏,建立国家制度,是为了统一人的思想,以消除天下之乱,建立正常的社会秩序。法家商鞅提出"止争息乱"说,认为国家起源于上古民因私而争;至中古,贤者以仁爱施政,然而民众无制;至近古,圣人顺应社会发展,"作为土地货财男女之分。分定而无制,不可,故立禁。禁立而莫之司,不可,故立官。官设而莫之一,不可,故立君",国家便建立起来了。由于人性恶,因此,以法治国是立国之本,"古者民聚生而群处,乱,故求有上也。然则天下之乐有上也,将以为治也……夫利天下之民者莫大于治,而治莫康于立君。立君之道,莫广于胜法"②。他认为,从崇尚仁爱的中古到以法立国治国的近世国家是历史的进步。这种思想被法家集大成者韩非继承和发展。儒家的国家起源论认为国家的形成是为了建立一个理想的道德社会,但是,因对人性善恶认识不同,形成了不同的国家起源论。孟子主张"辟除民害"和"与民教化"说,谓尧舜禹的时代洪水泛滥,禽兽逼人,民不知稼穑和人伦,古代圣人分别为民辟除灾害,教民稼穑和礼仪人伦,使民能饱食暖衣和逸居有教,由此形成了君主和国家;而人民所以拥戴圣人为君主在于他们道德高尚,"分人以财谓之惠,教人以善谓之忠,为天下得人者谓之仁"③。荀子则提出"止争息乱"说,认为:"古者圣王以人之性恶,以为偏险而不正,悖乱而不治,故为之立君上之势以临之,明礼义以化之,起法正以治之,重刑罚以禁之,使天下皆出于治,合于善也。是圣王之治,而礼义之化也。"④这种观点与法家有相通之处,两者均立足于人性恶,认为国家的出现是为了"止争息乱"。但是,与法家不同的是,荀子认为国家建立的最终目的是"使天下皆出于治、合于善",礼义而非刑法是国家的本质与工具。老子主张"自然生成"说,认为国家与天地自然一样都是道的产物,而非天或神的产物,"道生一,

---

① 谭家健、孙中原注译:《墨子今注今译》,《尚同中》,北京:商务印书馆,2009年。
② 蒋礼鸿:《商君书锥指》,《开塞第七》,北京:中华书局,1986年。
③ (宋)朱熹:《孟子集注》卷五《滕文公章句上》,上海:上海古籍出版社,1988年。
④ (清)王先谦:《荀子集解》,《性恶篇第二三》,北京:中华书局,1988年。

一生二,二生三,三生万物。万物负阴而抱阳,冲气以为和。人之所恶,唯孤、寡、不谷,而王公以自名也"①;"(道)朴散则为器,圣人用之,则为官长"②。但是,他反对国家的发展,主张返回原初的"小国寡民"社会,这是退化的国家观。杂家《吕氏春秋》主张"以兵止争"说,认为立君以义兵禁争止乱是建立国家的目的所在,因为,民天性好争斗,胜者为长,"长则犹不足治之,故立君。君又不足以治之,故立天子……故古之贤王有义兵而无有偃兵"③。由上可见,先秦诸子的国家起源论是异中有同、同中有异。当代国家起源论的主流观点主要有冲突论、融合论。冲突论认为,国家是因社会成员经济的分化和社会内部冲突而形成的,国家是暴力镇压的工具。融合论认为,国家是为了协调和稳定社会阶层和部门而产生的,统治者的确立是在于其才能和品质,能给民众带来利益,被人民信任。④ 以此来看,先秦诸子的国家起源论虽然出发点不同,但大多属于冲突论,而孟子的思想则属于融合论。这是异中有同。所谓同中有异,如儒家的荀子和孟子都认为国家的起源是为了建立天下大治和道德完善的社会,然而他们对国家起源的人性论依据、过程和本质却有着根本不同的认识。

第二,一元主导,多途发展,兼容并蓄。所谓一元主导,是指从中国古代史的长时段和总体看,儒家以道德理性和人文精神为价值取向、强调圣贤的地位和作用的国家起源论占据主导地位,而在西汉独尊儒学、儒家思想成为统治阶级指导思想和社会主流意识形态后,儒家的国家起源论则占据了统治地位。所谓多途发展,是指虽然儒家国家起源论一统天下,但其内部却形成了向不同方向发展的国家起源论。一是以"君权神授"和"符命"论为指导的国家起源论,而班固以之为指导撰写《汉书》首开先河。他认为君权天授,礼和刑等国家机器和制度的形成是圣人因"天秩"和"天讨"的产物,"《洪范》

---

① 《老子》四二章,北京:中华书局,1984年。
② 《老子》二八章。
③ 《吕氏春秋·淮南子》,《孟秋纪第七·荡兵》,长沙:岳麓书社,2006年。
④ 参见[美]乔纳森·哈斯著,罗林平、罗海纲等译:《史前国家的演进》,北京:求实出版社,1988年。

曰:'天子作民父母,为天下王。'圣人取类以正名,而谓君为父母,明仁、爱、德、让,王道之本也。爱待敬而不败,德须威而久立,故制礼以崇敬,作刑以明威也。圣人既躬明哲之性,必通天地之心,制礼作教,立法设刑,动缘民情,而则天象地……故圣人因天秩而制五礼,因天讨而作五刑"①。同时一些杰出思想家和史学家从唯物主义出发,批判这种唯心和神学的正统国家起源论,代表了儒家国家起源论的另一发展方向,唐代柳宗元是其中的杰出代表。他斥责西汉以来鼓吹"符命"论者"皆沿袭嗤嗤,推古瑞物以配受命,其言类淫巫瞽史,诳乱后代",认为人类在进化中产生争斗博杀,以致草野涂血,"然后强有力者出而治之,往往为曹于险阻,用号令起,而君臣什伍之法立。德绍者嗣,道怠者夺……惟兹德实受命之符,以奠永祀"②。在他看来,国家的形成和君主的统治根本在于"德","贞符"是德而非天命。这不仅将国家的起源视为自然的历史过程,而且弘扬了先秦儒家以道德来衡定君王的思想。他在《封建论》中也表述了类似的思想。他的这些思想将中国古代国家起源论推向中古思想高峰。随着历史的进步,明清启蒙思想家从自然主义人性论出发讨论君主和国家的起源和本质,否定以性善论为基础的圣王君主论,主张君因民存,肯定国家起源和发展是不断进步的,开辟了国家起源论发展的新方向。王夫之说:"天之使人必有君也,莫之为而为之。故其始也,各推其德之长人、功之及人者而奉之,因而尤有所推以为天子。人非不欲自贵,而必有奉以为尊,人之公也。"③这既指出了人"欲自贵"的自私性,又看到人谋求私欲时的理性,即为保护个人利益不受侵害,"必奉君以为尊",这又是"人之公"。而人所奉之君必须是德功俱显者,这又是对儒家圣贤君主论的新解释。换言之,国家的形成和君主的出现是寻求私欲的人为实现个人利益最大化所作出的理性选择。顾炎武说:"自天下为家,各亲其亲,各子其子,而人之有私,固情之所不能免矣……合天下之私以成天下之

---

① (汉)班固:《汉书》卷二三《刑法志》。
② (唐)柳宗元:《柳河东集》卷一《贞符》,北京:中华书局,1960年。
③ (清)王夫之:《读通鉴论》卷一《秦始皇一》,北京:中华书局,1975年。

公,此所以为王政也……此义不明久矣。世之君子必曰:有公无私。此后代之美言,非先王之至训矣。"①公开指出人之私的合理性,即便三代也是如此,这与儒学正统人性论及国家起源说是相悖的;主张"王政"就是"合天下之私以成天下之公",则直接批驳了儒学正统的"天下为公"论和美化君主的"圣王君主论"。可见,他们的思想与西方近代的国家起源"契约论"有诸多共同点②,将中国古代国家起源论发展推向了顶峰,并为中国古代国家起源论的近代转向提供了重要的思想资源。所谓兼收并蓄,一方面是指各种儒家国家起源论吸收了先秦法家、道家等国家起源论的诸多思想。如,鲍敬言的《无君论》对君主制和国家起源论的批判便是以道家思想为基础的。王夫之则吸收了法家的历史进化的国家起源观。他说:"中国之天下,轩辕以前,其犹夷狄乎?太昊以上,其犹禽兽乎?禽兽不能全其质,夷狄不能备其文。文之不备,渐至于无文,则前无与识,后无与传,是非无恒,取舍无据。所谓饥则呴呴,饱则弃余者,亦植立之兽而已矣。"③在这里,王夫之将社会和国家的起源视为一个由"植立之兽"进化到"不能备其文"的夷狄,再进化到文明社会的自然历史进程。从顾炎武的"合天下之私以成天下之公"思想则能看到法家性恶论国家起源说的影子。另一方面是指不同形态儒家国家起源论相互间的借鉴。如,班固在国家起源问题上宣扬"君权神授"和"符命论",同时又吸收了荀子的"明分使群"说,认为这是国家起源的必经途径和前提,"故不仁爱则不能群,不能群则不胜物,不胜物则养不足。群而不足,争心将作,上圣卓然先行敬让博爱之德者,众心说而从之。从之成群,是为君矣;归而往之,是为王矣"④。

中国古代国家起源论的发展及其特征,表明它是一种既具有悠久历史

---

① (清)顾炎武著,(清)黄汝成集释:《日知录集释》卷三《言私其豵》,长沙:岳麓书社,1994年。
② 参见[美]约翰·麦克里兰著、彭淮栋译:《西方政治思想史》,海口:海南出版社,2003年。
③ (清)王夫之:《思问录·外篇》,北京:中华书局,1956年。
④ (汉)班固:《汉书》卷二三《刑法志》。

传统、又富有生命活力的理论体系,这在人类政治思想史和历史哲学史上是非常宝贵的。今天看来,中国古代国家起源论固然多是理论的构想或推测,不像现代国家起源论有历史学、考古学和人类学的丰富材料作实证支撑,然而,却不乏天才的想象、精辟的见解,有重要的理论价值。如,先秦法家和荀子、唐代的柳宗元、明清启蒙思想家重视从人自身和社会历史的角度来回答国家起源问题,肯定国家的起源和发展是一种社会历史的进步。明清启蒙思想家对君民关系所作的新思考,批判君主专制,对国家起源作出了类似于近代契约论的深刻回答。特别是儒家国家起源论强调道德和圣贤在国家起源和形成中的重要作用,其"君权神授"和"符命"说是唯心和荒谬的,然而,以人性善为理论基点,用道德衡定国家统治者的合法性,认为国家发展的终极目标是建立理想的道德完善的社会,这充分体现了中国文化的道德理性精神,与以科学理性或工具理性为精神的西方国家起源论走着不同的发展道路。可见,深入研究和充分发掘中国古代国家起源论的诸多合理思想,不仅是一项重要的学术工作,而且对中国当代政治文明建设和向世界彰显中国传统政治文明的价值也具有重要意义。

(原载《史学史研究》,2012年第3期)

中国古代国家观的新发展

宋元明清时期是中国历史上多民族国家发展的重要时期,北方少数民族与中原汉民族的冲突与融合趋势进一步发展,雄踞北方的辽朝和金朝,以及后来的元朝和清朝,对中国多民族国家历史的发展都产生了极其重大和深远的影响。契丹、女真、蒙古和满族在建立国家政权和相关制度的过程中,根据各自不同的社会历史条件和现实要求,或"因俗而治",或易俗而"行汉法",在结合本民族历史文化风俗的基础上,不同程度地吸收了历史上或当时主流意识的国家观及其制度,分别建立起颇具特色的国家政权。这一时期的史学家和政治家们则从历史之势、历史之变与常相统一的思想出发,对其进行理论总结和阐述,对中国古代国家观的发展作出了重要贡献。

一、"因俗而治"、"缘情制宜"的国家观念

"因俗而治"本是指中国历史上的大一统中央政权或割据时期的主体政权在治理周边少数民族地区时,考虑到这些民族地区自身的历史文化风俗而采取的一种特殊的统治和管理模式。而这一时期的契丹族在建立国家政权时所采取的"因俗而治"的国策则与此不同,主要是指契丹族在建立和完善国家政权的过程中,从本民族和汉族等民族所处的社会历史条件出发,建立起的一种颇具特色的"官分南北,以国制治契丹,以汉制待汉人"的国家统

治和管理模式,以求更好地发挥国家政权的职能,使国家保持稳定和走向强盛。

对于这种国家统治和管理模式,《辽史·百官志》有明确的记载:"官生于职,职沿于事,而名加之。后世沿名,不究其实……契丹旧俗,事简职专,官制朴实,不以名乱之,其兴也勃焉。太祖神册六年,诏正班爵。至于太宗,兼制中国,官分南北,以国制治契丹,以汉制待汉人。国制简朴,汉制则沿名之风固存也。辽国官职,分北南院,北面治宫帐、部族、属国之政,南面治汉人州县、租赋、军马之事。因俗而治,得其宜矣……事简职专,此辽所以兴也。"①这段文字所记载的辽朝国家政权及其职能的设置与分工,当然是对辽朝国家政权及其职能的一个历史描述。值得注意的是,史家在分析这一历史现象形成的原因时,提出了两点重要理由:一是"官生于职,职沿于事,而名加之","后世沿名,不究其实",而契丹旧俗,"事简职专,官制朴实,不以名乱之,其兴也勃焉",也就是说,辽朝国家机构及其官职的设立是名实相符的,没有繁冗的官僚机构和人员,故辽朝能勃兴。二是"因俗而治",既考虑契丹本族实情,又考虑兼治中原的现实状况,采取"以国制治契丹,以汉制待汉人。国制简朴,汉制则沿名之风固存也……因俗而治,得其宜矣。"由于因俗而治,故能得治国之宜,使辽朝兴盛。这两点原因中最根本的是"因俗而治",因为辽朝国家政权机构的设置尚简崇实,是辽朝当时社会历史现状的反映。

辽朝在礼乐制度方面也是"因俗而治"。《辽史·礼志》序说:"理自天设,情由人生。以理制情,而礼乐之用行焉……一文一质,盖本于忠。变通革弊,与时宜之,唯圣人为能通其意。执理者胶瑟聚讼,不适人情;徇情者稗稗绵蕝,不中天理。秦汉而降,君子无取焉。""辽本朝鲜故壤,箕子八条之教,流风遗俗,盖有存者。自其上世,缘情制宜,隐然有尚质之风。遥辇胡剌可汗制祭山仪,苏可汗制瑟瑟仪,阻午可汗制柴册、再生仪。其情朴,其用俭。敬天恤灾,施惠本孝,出于悃忱,殆有得于胶瑟聚讼之表者。太古之上,

---

① (元)脱脱等:《辽史》卷四五《百官志》,北京:中华书局,1974年。

椎轮五礼,何以异兹。太宗克晋,稍用汉礼"。"今国史院有金陈大任《辽礼仪志》,皆其国俗之故,又有《辽朝杂礼》,汉仪为多"①。这段记载说明了辽朝既保持其情朴和用俭等尚质之风的礼仪,同时又逐步使用汉礼,其《辽礼仪志》皆其国俗之故,而《辽朝杂礼》则以汉仪为多,这是辽朝实行两种礼乐制度的有力说明。对于辽朝实行两种礼仪制度的原因,史家的回答同样体现了深厚的历史意识,即从"理自天设,情由人生。以理制情,而礼乐之用行焉"这一礼乐形成的理论依据出发,说明辽朝礼仪正是"与时宜之"和"缘情制宜"的结果。这与上述所论辽朝"官分南北"的统治模式是"因俗而治,得其宜矣",同样体现出历史的"时宜"意识,即国家制度职能的设置,必须"宜之"、"制宜",即以自身的社会历史条件为依据,这样才能最终"得宜",即充分发挥国家机器的职能,使国家强盛。

"因俗而治"的国家政权统治和管理模式,对于辽朝这样一个仍以游牧生产方式为主体的少数民族政权来说自有其历史合理性。但是,随着辽朝社会经济的发展及与中原文化交往的扩大,它的局限性和落后性开始显露,因而逐步受到冲击。一些大臣开始主张将"二元化"的中央政权机构合而为一。重熙十二年(1043年),辽大臣萧孝忠入朝,"封楚王,拜北院枢密使。国制,以契丹、汉人分北、南院枢密治之。孝忠奏曰:'一国二枢密,风俗所以不同。若并为一,天下幸甚。'事未及行,薨"②。此事并未就此罢休。到了咸雍六年(1070年),"帝(按,指耶律洪基)以契丹、汉人风俗不同,国法不可异施,于是命惕隐苏、枢密使乙辛等更定《条制》"③。然而,由于辽朝最终未能入主中原,"因俗而治"的二元国家体制并没有被最终打破。

二、"必行汉法乃可长久"的治国思想

后来建立的金、元和清,与辽便不同了。金灭北宋,建立起一个雄踞大

---

① (元)脱脱等:《辽史》卷四九《礼志一》。
② (元)脱脱等:《辽史》卷八一《萧孝忠》。
③ (元)脱脱等:《辽史》卷六二《刑法志下》。

半个中国的强大王朝。元和清都建立起了中国历史上疆域最广大的大一统封建王朝。为维护其统治,他们在国家政权的建设过程中基本上采取了"行汉法"的统治方式,即不断改变本民族中落后于中原的政治、经济、文化及社会生活方式,学习先进的中原儒家文化来治理国家。其中,元朝在改变自己的风俗推行汉法上具有相当的典型性。

蒙元在逐步推行"汉法"的过程中,元初政治家耶律楚材为此作了很多努力。他崇尚儒家思想,认为其是历万世不变的治国大法。他认为:"三纲五常,圣人之名教,有国家者莫不由之,如天之有日月也。"①他认为元统治者只有恢复儒家思想,才能实现天下太平。为此,他曾向蒙元统治者提出过一整套推行"汉法"的设想,即:"定制度、议礼乐、立宗庙、建宫室、创学校、设科举、拔隐逸、访遗老、举贤良、求方正、劝农桑、抑游惰、省刑罚、薄赋敛、尚名节、斥纵横、去冗员、黜酷吏、崇孝悌、赈困穷。"②作为蒙元重臣,其要求蒙古族易俗以推行"汉法"的主张得到了不同程度的推行。

对于易俗而推行汉法的重要性,元世祖忽必烈时的重臣许衡作了更明确和深刻的论述。至元二年(1265年),他向元世祖上疏治国之要策,起首便说:"自古立国,皆有规模。循而行之,则治功可期。否则心疑目眩,变易分更,未见其可也。昔子产相衰周之列国,孔明治西蜀之一隅,且有定论,终身由之;而堂堂天下,可无一定之说而妄为之哉?考之前代,北方之有中夏者,必行汉法乃可长久。故后魏、辽、金历年最多,他不能者,皆乱亡相继,史册具载,昭然可考。使国家而居朔漠,则无事论此也。今日之治,非此奚宜?夫陆行宜车,水行宜舟,反之则不能行;幽燕食寒,蜀汉食热,反之则必有变。以是论之,国家之当行汉法无疑也。然万世国俗,累朝勋旧,一旦驱之下从臣仆之谋,改就亡国之俗,其势有甚难者。窃尝思之,寒之与暑,固为不同。然寒之变暑也,始于微温,温而热,热而暑,积百有八十二日而寒始尽。暑之变寒,其势亦然,是亦积之之验也。苟能渐之摩之,待以岁月,心坚而确,事

---

① (元)脱脱等:《辽史》卷一四六《耶律楚材》。
② (元)耶律楚材:《西游录》卷下,北京:中华书局,2000年。

易而常,未有不可变者。此在陛下尊信而坚守之,不杂小人,不责近效,不恤流言,则致治之功,庶几可成矣。"①许衡在这里通过历史事实明确告诉元统治者,北方少数民族如果想要拥有中国(中夏),只有"行汉法乃可长久",如北魏、辽朝和金朝,否则,"皆乱亡,史册具载,昭然可考",由此提出了"国家之当行汉法无疑也"的国策。同时,他又认识到要在蒙古族中迅速易俗而行汉法非一日之功,如同寒暑之变,"其势有甚难者",希望最高统治者对此要有清醒的认识,以更坚定地推行汉法。

对于金朝和元朝关于易俗而推行汉法的国家统治管理的历史经验与教训,后代的史家作过不同程度的阐述。这里通过《金史》和《元史》两部正史中相关的"志"的记载和论述以窥一斑。

如《金史》在论金朝选举兼采唐、宋、辽之制的原因时说:"自三代乡举里选之法废,秦、汉以来各因一代之宜,以尽一时之才……辽起唐季,颇用唐进士法取人,然仕于其国者,考其致身之所自,进士才十之二三耳!金承辽后,凡事欲轶辽世,故进士科目兼采唐、宋之法而增损之。其及第出身,视前代特重,而法亦密焉。若夫以策论进士取其国人,而用女直文字以为程文,斯盖就其所长以收其用,又欲行其国字,使人通习而不废耳。终金之代,科目得人为盛。诸宫护卫、及省台部译史、令史、通事、仕进皆列于正班,斯则唐、宋以来之所无者,岂非因时制宜,而以汉法为依据者乎?"②这里充分肯定了金朝能"因一代之宜"和"因时制宜",兼采唐宋选举取士之法的举措,从而得人之盛。同时,又指出正是由于金朝后来未能谨守汉法而致衰亡,这是从反面论证了不能坚守易俗而行汉法所带来的危害。

又如《元史》在论设官分职的必要性及元朝官制的变化时说:"王者南面以听天下之治,建邦启土,设官分职,其制尚矣。汉、唐以来,虽沿革不同,恒因周、秦之故,以为损益,亦无大相远。大要欲得贤才用之,以佐天子、理万民也。"又说:"元太祖起自朔土,统有其众,部落野处,非有城郭之制,国俗淳

---

① (明)宋濂等:《元史》卷一五八《许衡》。
② (元)脱脱等:《金史》卷五一《选举一》,北京:中华书局,1975年。

厚,非有庶事之繁,惟以万户统军旅,以断事官治政刑,任用者不过一二亲贵重臣耳。及取中原,太宗始立十路宣课司,选儒术用之。金人来归者,因其故官,若行省,若元帅,则以行省、元帅授之。草创之初,固未暇为经久之规矣。世祖即位,登用老成,大新制作,立朝仪,造都邑,遂命刘秉忠、许衡酌古今之宜,定内外之官……官有常职,位有常员,其长则蒙古人为之,而汉人、南人贰焉。于是一代之制始备,百年之间,子孙有所凭借矣。大德以后,承平日久,弥文之习胜,而质简之意微,侥幸之门多,而方正之路塞。官冗于上,吏肆于下,言事者屡疏论列,而朝廷讫莫正之,势固然也。"[1]史家在这里指出了,正是由于元世祖用汉臣之建议,"酌古今之宜",以汉法设立官制,才奠定元朝的一代之制。同时,也指出大德之后,由于未能谨守原定的汉法,亦难免使好的制度遭受破坏。

以上所论,着重从统一多民族国家的视角,阐述了"因俗而治"、"缘情制宜"的国家观和"必行汉法乃可长久"的治国思想,进而说明中国古代国家观在发展过程中所具有的特点。

(原载《学习与探索》,2008年第2期)

---

[1] (明)宋濂等:《元史》卷八五《百官一》。

程朱理学的"圣王"君主论
——以二程和朱熹思想为代表

二程和朱熹是程朱理学的创立者和集大成者。程朱理学的形成和发展从根本上说是为解决宋代以来封建统治所面临的政治、经济、文化和民族等方面的问题,力图给"经世致用"开出新的良方。程朱理学在社会政治和历史理论方面的一个重要内容是,从理学的基本范畴和基本原理出发,对为君之道作了系统阐述,甚至可以说,程朱构建其理学理论体系的宗旨就是为人君治国平天下提供系统的理论指导。他们从理、道、心、性等理学基本范畴出发,主张以义理正人君,要求人君明义利之辨;强调人君要格君心和正心诚意,要求人君讲王霸之辨。其最终目的则是使人君明尧舜之道,复三代王道之治。他们的君主论本质上是一种内圣外王的圣王观,丰富和发展了中国历史上的君主论,对宋元明清时期的君主政治产生了重要影响。学术界对程朱理学的政治思想和历史理论都有研究,其中不同程度地涉及他们的君主论,然而,专门和系统论述这一问题的却很少。这里,以二程和朱熹的思想为代表对程朱理学的"圣王"君主论作一梳理和评析。

一、以"义理之正"论君主

"理"是程朱理学的最基本范畴,被视为世界和人类社会的本体。朱熹说:"宇宙之间,一理而已。"①此一理存在于万物之中,使万物各具其理,"自上推而下来,只是此一个理,万物分之以为体,万物之中又各具一理。所谓'乾道变化,各正性命',然总又只是一个理"②。人类社会也受"理"之主宰,社会生活中人与人之间行为关系的准则,便构成了人类社会的各种理,其中最基本的就是五伦(理)。他说:"夫天下之事莫不有理。为君臣者有君臣之理,为父子者有父子之理,为夫妇、为兄弟、为朋友以至于出入起居、应事接物之际,亦莫不各有理焉。"③又说:"其张之为三纲,其纪之天地万物各得其性,为五常,盖皆此理之流行,无所适而不在。"④由于理是绝对的和先验的,因此,程朱理学又称其为"天理"。

那么,理是什么呢?二程和朱熹对此作了许多解释,其最基本的观点则是:理即是性。他们认为万物皆有性,"天下无无性之物"⑤。而性即是理,"性即理也","理即性也"。程颐说:"性即理也,所谓理,性是也。"⑥当然,"性即是理"是有特定内涵的。朱熹说,性,"即天地所以生物之理"⑦。可见,所谓理即性、性即理的真正含义是,性是天地万物先天的本质属性,理则是性在天地万物中的存在和反映,或者说,性即理的本质特征与属性。

程朱将性与理等同,并非是从一般哲学意义上来立论的,而是从人类社会生活的道德本位论着眼的。他们所说的性,主要是指人性;所说的理,主要是指人类社会生活中的理,其目的在于论证人性即(天)理。朱熹说"性,

---

① (宋)朱熹:《晦庵先生朱文公文集》卷七〇《读大纪》(下文简称《朱文公文集》),载(宋)朱熹撰,朱杰人、严佐之、刘永翔主编:《朱子全书》(第20—25册),上海:上海古籍出版社;合肥:安徽教育出版社,2002年。
② (宋)黎靖德编,杨绳其、周娴君点校:《朱子语类》卷九四《周子之书》,长沙:岳麓书社,1997年。
③ (宋)朱熹:《朱文公文集》卷一四《甲寅行宫便殿奏札二》。
④ (宋)朱熹:《朱文公文集》卷七〇《读大纪》。
⑤ (宋)黎靖德编,杨绳其、周娴君点校:《朱子语类》卷四《性理一》。
⑥ 《河南程氏遗书》卷二二上《伊川先生语八上》,载(宋)程颢、程颐著,王孝鱼点校:《二程集》,北京:中华书局,1981年。
⑦ (宋)朱熹:《朱文公文集》卷四三《答李伯谏》。

即理也。天以阴阳五行化生万物,气以成形,而理亦赋焉,犹命令也。于是人物之生,因各得其所赋之理,以为健顺五常之德,所谓性也"①;又说,"性是理之总名,仁、义、礼、智皆性中一理之名"②;"性者,人之所受乎天者,其体则不过仁、义、礼、智之理而已"③。

程朱继承和发展了孟子的性善论,进而从性理同一的角度,论证了理即是善,即是仁。二程说,"仁者天下之正理"④;又说:"天下之理,原其所自,未有不善。喜怒哀乐未发,何尝不善?发而中节,则无往而不善。"⑤朱熹说,天地万物都有性,但人性与物性不同,"独人于其间得形气之正,而能有以全其性"⑥。所谓"得形气之正"和"全其性",就是指人天生便具有仁义礼智之性,"自天之生此民,而莫不赋之以仁、义、礼、智之性"⑦。所以说,"性即天理,未有不善者也"⑧;"浑然天理便是仁"⑨。

由于理是人性在社会生活和人伦关系中的具体反映,所以,理存在于社会关系的方方面面和社会生活的各个领域。朱熹说:"且所谓天理复是何物? 仁、义、礼、智岂不是天理? 君臣、父子、兄弟、夫妇、朋友岂不是天理?"⑩又说"三纲之要,五常之本,人伦天理之至"⑪。也就是说,作为人类社会生活的理,具体存在和体现在君臣、父子、兄弟、夫妇、朋友等社会关系的不同方

---

① (宋)朱熹:《中庸章句集注》第一章,载(宋)朱熹撰,朱杰人、严佐之、刘永翔主编:《朱子全书》第6册,上海:上海古籍出版社;合肥:安徽教育出版社,2002年。
② (宋)黎靖德编,杨绳其、周娴君点校:《朱子语类》卷五《性理二》。
③ (宋)朱熹:《四书或问》,《孟子或问》卷十四,载(宋)朱熹撰,朱杰人、严佐之、刘永翔主编:《朱子全书》第6册,上海:上海古籍出版社;合肥:安徽教育出版社,2010年。
④ 《河南程氏经说》卷六《论语解·八佾》,载(宋)程颢、程颐著,王孝鱼点校:《二程集》,北京:中华书局,1981年。
⑤ 《河南程氏遗书》卷二二上《伊川先生语八上》。
⑥ (宋)朱熹:《孟子集注》卷八《离娄章句下》,载(宋)朱熹撰,朱杰人、严佐之、刘永翔主编:《朱子全书》第6册,上海:上海古籍出版社;合肥:安徽教育出版社,2002年。
⑦ (宋)朱熹:《朱文公文集》卷一五《经筵讲义》。
⑧ (宋)朱熹:《孟子集注》卷一一《告子章句上》。
⑨ (宋)黎靖德编,杨绳其、周娴君点校:《朱子语类》卷二八《论语十》。
⑩ (宋)朱熹:《朱文公文集》卷五九《答吴斗南》。
⑪ (宋)朱熹:《朱文公文集》卷一三《癸未垂拱奏札二》。

面。而三纲五常的维持是必须通过一定的制度和具体规则来实现的,因此,理在社会生活中又体现为礼。程颢说:"礼者,理也,文也。理者,实也,本也。文者,华也,末也。理文若二,而一道也。"①在这里,理是礼之实,即礼的内容;而礼是理之文,即理的表现形式,两者是内容与形式的关系,既相异,又合为一体。也就是说,制定礼是为了维护和遵守社会生活中的"理"。

理既然是性,是至善,那么,为何还要正理呢?在程朱看来,性有天地(命)之性与气质之性之分,性即是理,实质是指天地(命)之性的性,而非气质之性的性。他们认为,"天地之性"是本源,是人和物未生之前所共有的本性;"气质之性"是人出生后所形成的。二程说,"天命之性"即"理","自性而行,皆善也。圣人因其善也,则为仁、义、礼、智、信以名之"②;"气质之性"是"气",善恶混杂,"有自幼而善,自幼而恶,是气禀有然也"③。朱熹进一步发展了二程的思想,将人性分为"天命之性"(亦称"天地之性"或"本然之性")和"气质之性",认为具有"理"的"性"曰"天命之性",即理,"论天地之性,则专指理言"④。天命之性或天地之性就是天理,是完美的和至善的,"盖本然之性,只是至善"⑤;而气质之性,"则以理与气杂而言之"⑥,因此,有善恶之分。圣人则只有天地之性,"圣人纯于义理,而无人欲之私,则其所以代天而理物"⑦。所以,人君要内圣而王,就必须去气质之性,存天地(命)之性(即理),这一过程就是人君正理的道德修养过程,即内圣的过程。

义,是程朱讲人君之正的另一重要范畴。他们在讲以理正君时,往往还将义与理连用,称"义理"。在他们看来,义与理密不可分,义实为天理的恰

---

① 《河南程氏粹言》卷一《论道篇》,载(宋)程颢、程颐著,王孝鱼点校:《二程集》,北京:中华书局,1981年。
② 《河南程氏遗书》卷二五《伊川先生语十一》。
③ 《河南程氏遗书》卷一《二先生语一》。
④ (宋)黎靖德编,杨绳其、周娴君点校:《朱子语类》卷四《性理一》。
⑤ (宋)黎靖德编,杨绳其、周娴君点校:《朱子语类》卷五九《孟子九》。
⑥ (宋)黎靖德编,杨绳其、周娴君点校:《朱子语类》卷四《性理一》。
⑦ (宋)朱熹:《四书或问》,《中庸或问》卷三。

当体现,是理这一道德原则指导下的当然行为。朱熹说:"义者,天理之所宜。"①具体到社会生活领域,义则是指人的思想和言行要符合伦理道德规范。二程说,"义者宜也,权量轻重之极"②;"行之而人情宜之者,义也"③。所以,朱熹又将理与义的关系称为体用关系。他在解释"明道正谊"(按:程朱也将正义称为正谊)时说:"道、义是个体、用。道是大纲说;义是就一事上说。"④这里的道,也就是天理⑤,所谓"道是就大纲说",是指三纲五常(天理)是永恒不变的本体,"义就是一事"说,是指人要以三纲五常为准则来行事。

义是伦理道德极则的理所规定的当然行为,是理这一本体的展现和具体运用,所以,义即是立人之道。二程说:"昔圣人谓'立人之道曰仁曰义。'……仁义,尽人之道矣。"⑥义既然是立人之道,那么,人君正义和行义便极其重要了。故此,二程说,"王者天下之义主也"⑦。也就是说,人君应当成为遵守封建纲常伦理道德(天理与道)的楷模。人君之道要唯义所在,"道必充于己,而后施以及人;是故道非大成,不苟于用。然亦有不私其身,应时而作者也。出处无常,惟义所在"⑧。人君如果不行义,则不能得天下,不能服民心,"王者如天地之无私心焉,行一不义而得天下不为"⑨。反之,"举措合义,则民心服"⑩。

---

① (宋)朱熹:《论语集注》卷二《八佾第三》,载(宋)朱熹撰,朱杰人、严佐之、刘永翔主编:《朱子全书》第6册,上海:上海古籍出版社;合肥:安徽教育出版社,2002年。
② 《河南程氏遗书》卷九《二先生语九》。
③ 《河南程氏粹言》卷一《论道篇》。
④ (宋)黎靖德编,杨绳其、周娴君点校:《朱子语类》卷九五《程子之书一》。
⑤ 在程朱理学中,道在本体论意义上即是指理。朱熹说:"阴阳,气也,形而下者也;所以一阴一阳者,理也,形而上者也。道即理之谓也。"《通书注》,"诚上第一",载(宋)朱熹撰,朱杰人、严佐之、刘永翔主编:《朱子全书》第13册,上海:上海古籍出版社;合肥:安徽教育出版社,2002年。
⑥ 《河南程氏粹言》卷一《论道篇》。
⑦ 《河南程氏外书》卷八《游氏本拾遗》。
⑧ 《河南程氏文集》卷五《伊川先生文一·上仁宗皇帝书》,载(宋)程颢,程颐著,王孝鱼点校:《二程集》,北京:中华书局,1981年。
⑨ 《河南程氏遗书》卷二四《伊川先生语十》。
⑩ 《河南程氏粹言》卷一《论政篇》。

在程朱看来,要正义和行义,还要去利,因为天下之事唯义利而已。程颢说:"大凡出义则入利,出利则入义。天下之事,惟义利而已。"①那么,利是什么呢?朱熹说:"利者,人情之所欲。"②又说:"仁义根于人心之固有,天理之公也;利心生于物我之相形,人欲之私也。循天理,则不求利而自无不利;殉人欲,则求利未得而害己随之。"③也就是说,"义"根于先天固有的心,属"天理"之公,"利"出于物我相互比较,属于"人欲"之私;循义不求利而利无不在,殉人欲却不能求利且害己。所以,朱熹认为,明义利之辨,是为了"自天子以至于庶人,人人得其本心以制万事,无一不合宜者,夫何难而不济"④。故此,"而今须要天理人欲,义利公私,分别得明白"⑤。

朱熹如此重视"义利之辨",是因为这与政治的良莠和国家的兴衰息息相关,"其心有义利之殊,而其效有兴亡之异"⑥。他认为,古代圣贤都是以仁义为本为先的楷模,"古圣贤之言治,必以仁义为先,而不以功利为急……盖天下万事本于一心,而仁者,此心之存之谓也。此心既存,乃克有制。而义者,此心之制之谓也"⑦。又说:"圣人之心,浑然天理……其视不义之富贵,如浮云之无有,漠然无所动于其中也。"⑧所以,他对永嘉之学的义利观严加指责,"直说义理与利害只是一事,不可分别,此大可骇……熹窃以为今日之病,唯此为大"⑨。

当然,朱熹没有完全否定利存在的合理性。他说,"若说全不要利,又不成特地去利而就害。若才说著利,少间便使人生计较,又不成模样";"利不是不好。但圣人方要言,恐人一向去趋利;方不言,不应是教人去就害,故但

---

① 《河南程氏遗书》卷一一《明道先生语一》。
② (宋)朱熹:《论语集注》卷二《八佾第三》。
③ (宋)朱熹:《孟子集注》卷一《梁惠王章句上》。
④ (宋)朱熹:《朱文公文集》卷七五《送张仲隆序》。
⑤ (宋)黎靖德编,杨绳其、周娴君点校:《朱子语类》卷一三《学七》。
⑥ (宋)朱熹:《孟子集注》卷一二《告子章句下》。
⑦ (宋)朱熹:《朱文公文集》卷七五《送张仲隆序》。
⑧ (宋)朱熹:《论语集注》卷四《述而第七》。
⑨ (宋)朱熹:《朱文公文集》卷五三《答石天民》。

罕言之耳"①。可见,朱熹承认求"利"是人的本性,但认为不能一味趋利。其次,他强调"得道义则功利自至","正其谊,则利自在;明其道,则功自在。专去计较利害,定未必有利,未必有功"②。再者,朱熹讲重义轻利主要是就人君道德修养和治国之本而言的,他并不反对人君治国时讲经济之利。对此,张立文说:"朱熹继承了儒家重'义'轻'利'的传统,然有所修正与阐发:他认为一方面,作为封建政府和地方官吏,应该实行奖励生产,开荒救灾,薄赋赈济以及增加国家财政收入等措施,要讲'利'……另一方面,作为每一个人的道德修养来讲,应该重'义'轻'利',讲'义'不讲'利',两者不能混而为一。"③

总之,在程朱看来,理是贯通天人古今的,是人类历史和社会生活的本体;理即是性,性即是理;理本质上是善,是仁,它在社会生活领域体现为基本的道德伦理规范(三纲五常)及建立在此基础上的各种制度(礼)。义则要求人们的思想和言行举止要符合天理,即,遵守体现理的道德伦理规范及其礼仪制度。因此,作为一国之主的人君要明义利之辨,其在内在道德品质的修养上合乎义理,其治国之举措要行义理之政。

二、格君心(正心)与明理欲之辨

二程和朱熹将理视为绝对的具有道德意义的天理,表明了它是一种道德本位(体)的伦理哲学和政治思想。这种哲学运用于君主论上,就是将道德修养,即修身,视为人君之所以为人君的先决条件,如果人君不能首先完善自身的道德修养,就不能得义理,也就无以为人君。因此,程朱进而将修身视为人君治国之本。二程说"欲治国治天下,须先从修身齐家来"④,"自天子以至于庶人,壹是皆以修身为本"⑤;又说:"天下之理,一而已……举斯心以加诸彼,远而推之四海而准,久而推之万世而准。故一修身而知所以治

---

① (宋)黎靖德编、杨绳其、周娴君点校:《朱子语类》卷三六《论语十八》。
② (宋)黎靖德编、杨绳其、周娴君点校:《朱子语类》卷三七《论语十九》。
③ 张立文:《朱熹思想研究》,北京:中国社会科学出版社,1994年,第540页。
④ 《河南程氏遗书》卷二二上《伊川先生语八上》。
⑤ 《河南程氏经说》卷五《礼记·伊川先生改正大学》。

人,知所以治人而知所以治天下国家。"①

那么,人君如何修身呢?程朱认为,根本途径是"格君心",也就是人君要正其心,此即所谓"欲修其身者,先正其心"。程朱十分重视格物穷理,将它视为人身修养的起点和唯一途径。程颐说:"人之学莫大于知本末终始。致知在格物,则所谓本也,始也;治天下国家,则所谓末也,终也。治天下国家,必本诸身,其身不正而能治天下国家者无之。"②程颐将格物作为治国平天下之本,这里的本是指起始和基础的意思。所谓格物,是指要穷究事物的本质与规律,"格,至也,言穷至物理也"③。在他们看来,人要为圣,首先要穷究世间一切事物之理,"随事观理,而天下之理得矣。天下之理得,然后可以至于圣人。君子之学,将以反躬而已矣。反躬在致知,致知在格物"④。

不过,作为人君所格之物最重要是君心,即,人君要通过"格"这一行为达到道德上(心)的至善。格(正)君心之所以十分重要,是因为心为人之本和身之主宰。程颐说:"学者先务,固在心志……人心不能不交感万物,亦难为使之不思虑。若欲免此,唯是心有主。"⑤朱熹说:"盖天下万事,本于一心。"⑥又说:"心是神明之舍,为一身之主宰。"⑦

既然心为人身之主宰,天下万事本于一心,那么,作为一国之主的人君格(正)其心就极为重要了。朱熹说:"天下之事,千变万化,其端无穷,而无一不本于人主之心者,此自然之理也。故人主之心正,则天下之事无一不出于正;人主之心不正,则天下之事无一得由于正。"⑧所以,程朱反复强调"正君心"是人君治天下之起始,是治国的"大根本"。二程说:"治道亦有从本而

---

① 《河南程氏经说》卷八《中庸解》。
② 《河南程氏遗书》卷二五《伊川先生语十一》。
③ 《河南程氏遗书》卷二二上《伊川先生语八上》。
④ 《河南程氏遗书》卷二五《伊川先生语十一》。
⑤ 《河南程氏遗书》卷一五《伊川先生语一》。
⑥ (宋)朱熹:《朱文公文集》卷七五《送张仲隆序》。
⑦ (宋)黎靖德编,杨绳其、周娴君点校:《朱子语类》卷九八《张子之书一》。
⑧ (宋)朱熹:《朱文公文集》卷一一《戊申封事》。

言,亦有从用而言。从本而言,惟从格君心之非,正心以正朝廷,正朝廷以正百官。"①正心为治天下之始,"正心以正身,正身以正家,正家以正朝廷百官,至于天下,此其序也"②。朱熹说:"天下事有大根本,有小根本,正君心是大本。"③他十分赞同西汉董仲舒"正心以正朝廷,正朝廷以正百官,正百官以正万民,正万民以正四方"④的观点,认为人主之心正邪与否决定了天下之事的正邪,"天下之事,其本在于一人。而一人之身,其主在于一心。故人主之心一正,则天下之事无有不正;人主之心一邪,则天下之事无有不邪"⑤。

格(正)君心之所以会成为人君治天下之始和天下事之大根本,又是由程朱对理与心的关系的认识决定的。在他们看来,理与心是合而为一的,理即在心中,理即是心,格君心就是使人君格天理和明天理。二程说,天理,"自存诸人言之谓之心"。⑥又说:"心也,性也,天也,一理也。"⑦朱熹说:"心与理一,不是理在前面为一物,理便在心之中。"⑧理存在于心中,通过心才能认识到理。二程说:"心所感通者,只是理也。"⑨又说:"心具天德,心有不尽,则于天德不尽,其于知天难矣。"⑩所谓天德,即是天理,尽心以尽天德,也就是正心而达天理。总之,理依心而存,理与心为一,人必须通过心才能认识和把握天理,从而达到道德的至善(修身的目标),为治国平天下(外王)奠定基础。

然而,心并非都是善,并非都能明天理。程朱认为,心有人心与道心之分,人心即私欲,是邪恶的,故危殆;道心即天理,是至善的。因此,作为一国

---

① 《河南程氏遗书》卷一五《伊川先生语一》。
② 《河南程氏遗书》卷二上《二先生语二上》。
③ (宋)黎靖德编,杨绳其、周娴君点校:《朱子语类》卷一〇八《朱子五》。
④ (宋)朱熹:《朱文公文集》卷一一《庚子应诏封事》。
⑤ (宋)朱熹:《朱文公文集》卷一二《己酉拟上封事》。
⑥ 《河南程氏遗书》卷二二上"伊川先生语八上"。
⑦ 转见(宋)朱熹:《孟子集注》卷一三《尽心章句上》。
⑧ (宋)黎靖德编,杨绳其、周娴君点校:《朱子语类》卷五《性理二》。
⑨ 《河南程氏遗书》卷二上《二先生语二下》。
⑩ 《河南程氏粹言》卷二《心性篇》。

之主的人君便要特别重视人心与道心之分别,要通过格君心来辨天理与人欲,以去人欲(人心)和存天理(道心),最终完成得天理之正的内圣目标。

二程说:"'人心',私欲也;'道心',正心也。"①又说:"人心,私欲,故危殆;道心,天理,故精微。灭私欲,则天理明矣。"②朱熹继承和发展了二程的人心、道心二分说和理欲对立说。他虽然肯定人心是人正常的生理需求,"虽圣人不能无人心,如饥食渴饮之类",但是,又强调人心的危害性,说:"人心者,人欲也。危者,危殆也。"③又说,"人心"出之于"形气之私","人心易动而难反,故危而不安"④;"人心既从形骸上发出来,易得流于恶"⑤。然而,"道心则是义理之心"⑥,"道心是本来禀受得仁义礼智之心"⑦,因此,道心是至善的。由于人心是恶,是危殆,所以,人君必须正心,以此去人心及私欲,这样才能明道心和天理,才能为圣为王。总之,不正心(去人心和私欲),就不能存道心和明天理。故此,朱熹十分赞成孟子"天理人欲,不容并立"⑧的观点。

朱熹还从道心与人心的统一性和相关性,阐明存道心(天理)的重要性。他说,"道心人心,本只是一个物事","譬如一物判作两片,便知得一个好,一个恶"⑨。"道心却杂出于人心之间,微而难见,故必须精之一人,而后中可执"⑩。因此,如何发挥心的认识能力和作出正确的道德判断,即,以心存义理,便十分关键。朱熹说:"人之一心,天理存则人欲亡,人欲胜则天理灭,未有天理人欲夹杂者。"⑪又说:"只是这一个心,知觉从耳目之欲上去,便是人

---

① 《河南程氏遗书》卷一九《伊川先生语五》。
② 《河南程氏遗书》卷二四《伊川先生语十》。
③ (宋)黎靖德编、杨绳其、周娴君点校:《朱子语类》卷七八《尚书一》。
④ (宋)朱熹:《朱文公文集》卷六五《尚书·大禹谟》。
⑤ (宋)黎靖德编、杨绳其、周娴君点校:《朱子语类》卷七八《尚书一》。
⑥ (宋)黎靖德编、杨绳其、周娴君点校:《朱子语类》卷六二《中庸一》。
⑦ (宋)黎靖德编、杨绳其、周娴君点校:《朱子语类》卷七八《尚书一》。
⑧ (宋)黎靖德编、杨绳其、周娴君点校:《孟子集注》卷五《滕文公章句上》。
⑨ (宋)黎靖德编、杨绳其、周娴君点校:《朱子语类》卷七八《尚书一》。
⑩ (宋)黎靖德编、杨绳其、周娴君点校:《朱子语类》卷六二《中庸一》。
⑪ (宋)黎靖德编、杨绳其、周娴君点校:《朱子语类》卷一三《学七》。

心,知觉从义理上去,便是道心。"①所以,他认为,"'必使道心常为一身之主,而人心每听命焉',乃善也。"②在朱熹看来,圣人与凡人的根本区别在于:"圣人不以人心为主,而以道心为主","圣人全是道心主宰"③。

总之,在程朱看来,格(正)君心是人君修身之道,人君只有通过格君心才能明人心与道心之善恶是非,才能达到明天理,去人欲的这一人身修养最高目标,为其治国平天下打下内圣的基础。故而,朱熹说:"孔子所谓'克己复礼',《中庸》所谓'致中和'、'尊德性'、'道学问',《大学》所谓'明明德',《书》曰:'人心惟危,道心惟微,惟精惟一,允执厥中。'圣贤千言万语,只是教人明天理,灭人欲。"④

三、尧舜之道与三代之治

程朱强调格君心,主张人君通过正心来去人欲、存天理,明义利之辨,其最终目标是为了使人君能够奉行儒家理想的为政之道,即尧舜之道,重新实现理想的社会——三代之治。在他们看来,三代是"理"("天理")流行,二帝(尧)三王是以德为本,行仁政,为"王道"之治;三代以后,人君为治不以德为本,重利轻义,重事功,是"霸道"政治。

二程认为,得天理之正,便是尧舜之道,即王道;徇私欲则是霸道。程颢说:"得天理之正,极人伦之至者,尧、舜之道也;用其私心,依仁义之偏者,霸者之事也。"在他看来,汉唐有为之君所行均非王道,"论其人则非先王之学,考其时则皆驳杂之政,乃以一曲之见,幸致小康,其创法垂统,非可继于后世者,皆不足为也"⑤。三代以后的人君之治无一不背离了天理,都是以末胜本,先王则是损人欲而复天理,"天下之害,皆以远本而末胜也。峻宇雕墙,本于宫室;酒池肉林,本于饮食;淫酷残忍,本于刑罚;穷兵黩武,本于征伐。

---

① (宋)黎靖德编,杨绳其、周娴君点校:《朱子语类》卷七八《尚书一》。
② (宋)黎靖德编,杨绳其、周娴君点校:《朱子语类》卷六二《中庸一》。
③ (宋)黎靖德编,杨绳其、周娴君点校:《朱子语类》卷七八《尚书一》。
④ (宋)黎靖德编,杨绳其、周娴君点校:《朱子语类》卷一二《学六》。
⑤ 《河南程氏文集》卷一《明道先生文一·论王霸札子》。

先王制其本者,天理也;后王流于末者,人欲也。损人欲以复天理,圣人之教也"①。

朱熹也推崇尧舜之道和三代王道之治,贬责汉唐人君,称其为霸道之治,为此,他与功利主义学派的代表陈亮进行了一场王霸义利之辨的激烈论战。他说,古代圣贤都重视道心和人心之辨,以明天理人欲之分,而三代以后人君却只是在利欲场中出没,"但古之圣贤,从本根上便有惟精惟一功夫,所以能执其中,彻头彻尾无不尽善。后来所谓英雄,则未尝有此功夫,但在利欲场中头出头没,其资美者乃能有所暗合,而随其分数之多少以有所立,然其或中或否,不能尽善则一而已……盖圣人之目固大,心固平,然于本根亲切之地、天理人欲之分,则有毫厘必计、丝发不差者"②。朱熹认为,王道之治就是得天理之正,而行人欲便是天理不正;三代人君是正心以顺天理,行王道;三代以后的人君去仁义,行私欲,是霸道。他说:"古之圣人致诚心以顺天理,而天下自服,王者之道也……若夫齐桓晋文,则假仁义以济私欲而已。设使侥幸于一时,遂得王者之位而居之,然其所由,则固霸者之道也。"③又说,三代圣王言治,"必以仁义为先,而不以功利为急"④。然而,后世人君只知求功利,三代以后的1500年间,"其间虽或不无小康,而尧、舜、三王、周公、孔子所传之道,未尝一日得行于天地之间也"⑤。又说,汉唐人君做事,"都是自智谋功力中做来,不是自圣贤门户来,不是自自家心地义理中流出"⑥。"其无一念之不出于人欲也,直以其能假仁借义以行其私"⑦。他对唐太宗指责尤烈,认为唐太宗是无君臣、父子和夫妇之义,"唐太宗以晋阳宫人

---

① 《河南程氏粹言》卷一《论道篇》。
② （宋）朱熹:《朱文公文集》卷三六《答陈氏乙巳〈比者匆匆奉状〉书》。
③ （宋）朱熹:《四书或问》,《孟子或问》卷一,清文渊阁四库全书本。
④ （宋）朱熹:《朱文公文集》卷七五《送张仲隆序》。
⑤ （宋）朱熹:《朱文公文集》卷三六《答陈氏甲辰离棘寺归书》。
⑥ （宋）黎靖德编,杨绳其、周娴君点校:《朱子语类》卷二五《论语七》。
⑦ （宋）朱熹:《朱文公文集》卷三六《答陈氏甲辰离棘寺归书》。

侍高祖,是致其父于必死之地,便无君臣、父子、夫妇之义"①。

陈亮主张,"心无常泯,法无常废",汉唐人君亦有义理之心,汉唐之治并非都是霸道之治,充分肯定汉唐之治,称汉高祖和唐太宗为一世英雄。对此,朱熹反驳说:"盖有是人则有是心,有是心则有是法,固无常泯常废之理。但谓之无常泯,即是有时而泯矣;谓之无常废,即是有时而废矣。盖天理人欲之并行,其或断或续,固宜如此。至若论其本然之妙,则惟有天理而无人欲。是以圣人之教人,必欲其尽去人欲而复全天理也。若心则欲其常不泯而不恃其不常泯也,法则欲其常不废而不恃其不常废也。所谓'人心惟危,道心惟微,惟精惟一,允执厥中'者,尧、舜、禹相传之密旨也。夫人自有生而梏于形体之私,则固不能无人心矣;然而必有得于天地之正,则又不能无道心矣。日用之间,二者并行,迭为胜负,而一身之是非得失,天下之治乱安危,莫不系焉。"又说:"盖义理之心,顷刻不存则人道息……夫谓道之存亡在人,而不可舍人以为道者,正以道未尝亡,而人之所以体之者有至有不至耳;非谓苟有是身则道自存,必无是身然后道乃亡也。天下固不能人人为尧,然必尧之道行,然后人纪可修,天地可立也。天下固不能人人皆桀,然亦不必人人皆桀,而后人纪不可修,天地不可立也。但主张此道之人,一念之间不似尧而似桀,即此一念之间便是架漏度日,牵补过时矣……惟圣尽伦,惟王尽制,固非常人所及,然立心之本,当以尽者为法,而不当以不尽者为准。"在朱熹看来,"汉唐之君虽或不能无暗合之时,而其全体却只在利欲上。此其所以尧、舜、三代自尧、舜、三代,汉祖唐宗自汉祖唐宗,终不能合而为一也……盖举其始终而言,其合于义理者常少,而其不合者常多;合于义理者常小,而其不合者常大"②。

程朱认为,古今的历史虽然已经发生变化,然而天下之事却有着共通之道。程颢说:"为治之大原,牧民之要道,则前圣后圣,岂不同条而共贯哉?"③

---

① (宋)黎靖德编,杨绳其、周娴君点校:《朱子语类》卷一三六《历代三》。
② (宋)朱熹:《朱文公文集》卷三六《答陈同甫〈去秋辱答教〉书》。
③ 《河南程氏文集》卷一《明道先生文一·论十事札子》。

朱熹说："凡言道者,皆谓事物当然之理,人之所共由者也。"①又说:"道者,古今共由之理,如父之慈,子之孝,君仁臣忠,是一个公共底道理。德,便是得此道于身,则为君必仁,为臣必忠之类,皆是自有得于己,方解恁地。尧所以修此道而成尧之德,舜所以修此道而成舜之德。"②因此,道是亘古不变的,"自是亘古亘今常在不灭之物,虽千五百年被人作坏,终殄灭他不得耳"③。

而奉天理,正君心,明理欲之分和义利之辨,行德政,以仁义治天下的王道,便是古今人君治天下的共由之道。他们又将其化约为一个历史发展的永恒"道统",即"人心惟危,道心惟微,惟精惟一,允执厥中",并称此为圣人十六字心传,朱熹将此推崇为"尧舜相传之道"④。此"十六字"道统心传由尧授舜,舜授禹,禹传汤,汤传文、武、周公,文、武、周公传孔、孟,代代相续。但孟子后就中断了。历史之所以分三代王道之治和汉唐霸道之治,就在于此十六字心传(道统)没有为后代帝王继承。程颐说:"周公没,圣人之道不行;孟轲死,圣人之学不传。道不行,百世无善治;学不传,千载无真儒。"⑤朱熹对程颐此言十分赞同,称这是使圣人之道"粲然复明于世"⑥。在他们看来,后代的英明君主即便靠其"资质之美",偶有一言一行合乎"道",但由于仅从"人欲"出发行事,因而最多只能与王道暗合,所行仍是霸道。汉唐帝王只知计功言利,持智力以胜,历史退化了。⑦

因此,他们认为后代人君为政和治国的根本之道就是学习和追随圣人

---

① (宋)朱熹:《论语集注》卷一《学而第一》。
② (宋)黎靖德编,杨绳其、周娴君点校:《朱子语类》卷一三《学七》。
③ (宋)朱熹:《朱文公文集》卷三六《答陈氏甲辰离棘寺归书》。
④ (宋)黎靖德编,杨绳其、周娴君点校:《朱子语类》卷五八《孟子八》。
⑤ 《河南程氏文集》卷一一"伊川先生文七·明道先生墓表"。
⑥ 《孟子集注》卷十四《尽心章句下》。
⑦ "道统"论最早是由韩愈提出的。在唐代儒、释、道的斗争中,韩愈为与佛、道抗衡,仿效佛教宗派相传的"法统",编制了一个源远流长的儒家"道统",以图压制佛道两家。他说:"斯吾所谓道也,非向所谓老与佛之道也。尧以是传之舜,舜以是传之禹,禹以是传之汤,汤以是传之文、武、周公。文、武、周公传之孔子,孔子传之孟轲,轲之死,不得其传焉。"(唐)韩愈:《韩昌黎集》卷十一《原道》,北京:商务印书馆,1958年。

之训和法先王之治。二程说:"必也以圣人之训为必当从,以先王之治为必可法,不为后世驳杂之政所牵滞,不为流俗因循之论所迁改,信道极于笃,自知极于明,去邪勿疑,任贤勿贰,必期致治如三代之隆而后已也。"①又说,立志、责任和求贤为"治天下之本也",三者之中,"复以立志为本,君志立而天下治矣。所谓立志者,至诚一心,以道自任,以圣人之训为可必信,先王之治为可必行,不狃滞于近规,不迁惑于众口,必期致天下如三代之世,此之谓也"②。

当然,程朱主张行尧舜之道和复三代之治,并非是简单的复古。他们认为社会历史发展随时因革,人君治理天下也要因时而制,不可盲目复古,更不能简单的复三代之政。程颢说:"古今风气不同,故器用亦异宜。是以圣人通其变,使民不倦,各随其时而已矣。"③因此,善为治者并非是简单的复三代之政,"必井田,必封建,必肉刑,非圣人之道也。善治者,放井田而行之而民不病,放封建而使之而民不劳,放肉刑而用之而民不怨。故善学者,得圣人之意而不取其迹也"④。从这个意义上说,我们又不能简单地将程朱理学的历史观视为复古史观,他们不是为复古而复古,而是以复古为旗帜来积极鼓吹对现实的变革。

(原载《朱子学刊》第16辑,黄山书社,2006年12月)

---

① 《河南程氏粹言》卷二《君臣篇》。
② 《河南程氏文集》卷五《伊川先生文一·为家君应诏上英宗皇帝书》。
③ 《河南程氏遗书》卷一一《明道先生语一》。
④ 《河南程氏遗书》卷二五《伊川先生语十一》。

明清之际启蒙思想家论风俗、教化和国运兴衰

风俗与教化①是中国传统社会文化建设的基本内容。历代英明的统治者都力图通过敦化风俗、行教化来维持国家和社会的安定和发展。许多思想家和其他有识之士也对风俗、教化和国家兴衰的问题进行了大量的讨论和阐发。明清鼎革使众多怀抱民族大义的有识之士痛心疾首。他们在反思和寻找明代灭亡的原因时,不约而同地将思想视角指向了明代,特别是明末风俗和教化的衰坏,尤其是士风的窳败。其中,顾炎武、王夫之和唐甄等启蒙思想家所作的思考尤为深刻,他们从明亡的惨痛现实教训出发,全面考察了中国历代风习变迁、教化行废与国运兴衰的关系,在继承和发展中国儒家重视以风教治国思想的基础上,从不同角度和层面对风俗(气)变迁与国家兴衰、行教化与正风俗、振士风与兴国运等问题进行了新的理论思考与阐

---

① 风俗(气)和教化是密切联系的,教化的目的是为了树立良好的风俗,风俗是教化的基本内容。两者间的密切关系可以通过"风"在古代典籍中的训释反映出来。"风"在中国古代即指风俗和风气,《古今韵会举要·东韵》:"风,风俗也。"如,移风易俗;更指教(育)化、感化,《广韵·东韵》:"风,教也。"《古今韵会举要·东韵》:"风,上行下效谓之风。"又训:"风,王者之声教也。"《诗·周南·关雎·序》:"上以风化下,下以风刺上。"《汉书·武帝纪》曰:"导民以礼,风之以乐。"

发。他们对明末社会风气,特别是士大夫和官宦不讲礼义廉耻、空谈性理、不务实事等恶劣风气的猛烈抨击,对窳败的教化和士风导致明王朝社稷倾覆的历史教训的深刻总结,尤有警世意义。他们的思想不仅极大地丰富和拓展了中国传统的风俗和教化思想,而且对我们今天培育良好的社会习俗和风气,构建和谐社会,也有重要的启示和参考价值①。

一、风俗和风气变迁与国家兴衰

风俗,是指历史上积袭相沿的社会风尚、礼仪交往和生活习惯的总和。风气,是指社会上或某些群体间流行的爱好或习惯。相比较而言,风俗是历史地形成的,具有稳定性;风气是当下时代新出现的,具有变易性。然而,两者都是社会生活中的人们某些共同的行为方式、心理状态和精神世界的表现和反映;同时,又都是对人们生活言行举止的一种规范。因此,两者同属一个范畴,对国家的治乱都起着重要作用。顾炎武等从不同角度和层面对风俗与风气变迁与国家兴衰的关系进行了讨论,指出良风善俗是国家兴盛的基础和标志。

顾炎武对风俗与国家兴衰的关系进行了大量阐述,他是当时对此问题最为关注的思想家。他的《日知录》是这方面的代表作。其弟子潘耒在《日知录·序》中称此书"叹礼教之衰迟,伤风俗之颓败,则古称先,规切时弊,尤为深切著明"。顾炎武将风俗视为天下之大事,国政之根本,风俗败则国家败。他赞同罗仲言"风俗者,天下之大事"②的观点,说,"有风俗,然后有政

---

① 目前,大陆学术界对此所做的系统和深入研究不够,有关顾炎武、王夫之和唐甄这方面的思想或是在一些中国思想史的专著有提及,或是在有关思想家研究的专著有提及。有关的研究文章也很少,主要有周可真:《论顾炎武的"教化"思想》,载《中国社会科学院研究生院学报》,2000年第6期;姜观吾:《从风俗的角度分析明王朝覆亡的原因——读顾炎武〈日知录〉》,载《盐城师专学报(社会科学版)》,1991年第3期;冯天瑜:《从顾炎武的"移风易俗"到鲁迅的"改造国民性"》,载《社会学》,1985年第1期;李世扬:《论唐甄树立良好社会风气的思想》,载《浙江学刊》,2000年第3期。

② (清)顾炎武著,(清)黄汝成集释:《日知录集释》卷一三《廉耻》,长沙:岳麓书社,1994年。

事,有政事,然后有国家"①,"风俗衰而叛乱作矣"②;又说,"然则人君为国之存亡计者,其可不致审于民俗哉"③;"论世而不考其风俗,无以明人主之功"④。《日知录》第十三卷中的"周末风俗"、"秦纪会稽山刻石"、"两汉风俗"、"正始"、"宋世风俗"、"清议"诸条,从清议、名教、廉耻、流品、重厚、耿介、乡原、俭约、大臣、除贪、贵廉、禁锢奸臣子孙、家事、奴仆、阉人、田宅、三反等方面对夏商周三代至明朝的风俗变迁与国家兴衰存亡的关系作了全面的历史考察。他称赞东汉风俗之美为三代以来所未有,称由于东汉光武帝尊崇节义,敦励名实,举用者皆经明修行之人,使"风俗为之一变",因此,东汉末年虽然朝政昏浊,国事日非,"而党锢之流,独行之辈,依仁蹈义,舍命不渝,风雨如晦,鸡鸣不已"⑤。他对魏晋清谈之风十分反感,认为正始之风是典型的亡国之风,"是孟子所谓杨、墨之言,至于使天下无父无君,而入于禽兽者也"⑥。他称誉宋代风俗,说:"于是中外荐绅知以名节为高,廉耻相尚,尽去五季之陋。故靖康之变,志士投袂起而勤王,临难不屈,所在有之,及宋之亡,忠节相望。呜呼!观衰、平之可以变而为东京,五代之可以变而为宋,则知天下无不可变之风俗也。"⑦他对明代社会及士大夫的不良风气作了深刻揭露,认为明代的灭亡是其风俗、特别是士风败坏造成的,提出了"今日之务正人心,急于抑洪水"的观点。他指责明中后期和魏晋时一样,士大夫空疏浮虚,崇尚言辞,抛弃实学,导致明亡,"刘、石乱华,本于清谈之流祸,人人知之,孰知今日之清谈,有甚于前代者。昔之清谈谈老、庄,今之清谈谈孔、孟,未得其精而已遗其粗,未究其本而先辞其末。不习六艺之文,不考百王

---

① (清)顾炎武:《亭林文集》卷五《华阴王氏宗祠记》,载《顾亭林诗文集》,北京:中华书局,1983年。
② (清)顾炎武著,(清)黄汝成集释:《日知录集释》卷一三《清议》。
③ (清)顾炎武著,(清)黄汝成集释:《日知录集释》卷六《桀纣帅天下以暴》。
④ (清)顾炎武著,(清)黄汝成集释:《日知录集释》卷一三《周末风俗》。
⑤ (清)顾炎武著,(清)黄汝成集释:《日知录集释》卷一三《两汉风俗》。
⑥ (清)顾炎武著,(清)黄汝成集释:《日知录集释》卷一三《正始》。
⑦ [清]顾炎武著,(清)黄汝成集释:《日知录集释》卷一三《宋世风俗》。

之典,不综当代之务,举夫子论学论政之大端一切不问,而曰'一贯'、曰'无言'。以明心见性之空言,代修己治人之实学。股肱惰而万事荒,爪牙亡而四国乱。神州荡覆,宗社丘墟"①。又说:"彼都人士,为人说一事,置一物,未有不索其酬者。百官有司受朝廷一职事,一差遣,未有不计其获者。自府史胥徒上而至于公卿大夫,真可谓之同心同德者矣。苟非返普天率土之人心,使之先义而后利,终不可以致太平。故愚以为今日之务正人心,急于抑洪水也。"②

王夫之则阐述了以人君为代表的上层统治者和以士人为代表的民间社会在"风教之兴废"中的作用,说:"风教之兴废,天下有道,则上司之;天下无道,则下存之;下亟去之而不存,而后风教永亡于天下。"③他特别强调君臣为政的道德风尚对国家兴衰的作用。他结合东晋南朝历史,抨击了当时的门阀朝臣把家族存亡置于皇朝存亡之上的恬不知耻的风气,说:"大臣者,风教之去留所托也。晋、宋以降,为大臣者,怙其世族之荣,以瓦全为善术,而视天位之去来,如浮云之过目。故晋之王谧,宋之褚渊,齐之王晏、徐孝嗣,皆世臣而托国者也,乃取人之天下以与人,恬不知耻,而希佐命之功。"④他考察了自汉至隋的"伪德"和"伪人"造成政治乱败的惨痛教训,说:"持德而以之化民,则以化民故而饰德,其德伪矣。""伪德"的表现形式和危害是:"挟一言一行之循乎道,而取偿于民,顽者侮之,黠者亦饰伪以应之,下上相率以伪,君子之所甚贱,乱败之及,一发而不可收也。"关于"伪人",他说:"夫为政者,廉以洁己,慈以爱民,尽其在己者而已。"反之,"持此为券以取民之偿",便是"伪人"。他指责隋文帝"奖天下以伪",结果,"上下相蒙以伪,奸险戕夺,若火伏油中,得水而焰不可扑,隋之亡也,非一旦一夕之致也。其所云'德化'者,一廉耻荡然之为也"。他反复揭示伪德、伪人对政治的危害,认为德之于

---

① (清)顾炎武著,(清)黄汝成集释:《日知录集释》卷七《夫子之言性与天道》。
② (清)顾炎武著,(清)黄汝成集释:《日知录集释》卷一二《河渠》。
③ (清)王夫之:《读通鉴论》卷一七《梁武帝》,北京:中华书局,1975年。
④ (清)王夫之:《读通鉴论》卷一七《梁武帝》。

政的关键在于"诚","夫德者,自得也;政者,自正也。尚政者,不足于德;尚德者,不废其政;行乎其不容已,而民之化也,俟其诚之至而动也"①。王夫之从风教论到"德化"的诚与伪,深刻阐明了君臣营造良好的政治风气对于国家兴衰的决定性作用。

唐甄则从统治者的生活作风来讨论国运的兴衰,提出俭朴之风是兴国之候,奢华之风是亡国之候。他说:"朴者,天地之始气,在物为萌,在时为春,在人为婴孩,在国为将兴之候。奢者,天地之终气,在物为茂,在时为秋,在人为老多欲,在国为将亡之候。圣人执风之机以化天下,其道在去奢而守朴。"圣人耳不听好音,目不视彩色,口不尝珍味,身不衣轻暖,均非俭于耳、目、口、身,而是为了养天下之耳、目、口、身,"四者,不从心之欲,非俭于心也,所以养天下之心也。当是之时,家无涂饰之具,民鲜焜耀之望,尚素,弃文,反薄,归厚,不令而行,不赏而劝,不刑而革,而天下大治矣"②。

中国传统的风俗论主要是以儒家纲常伦理道德为原则和内容的,特别是在宋元明清时期,经过改造的儒家思想——程朱理学再次被强化为统治思想后。程颐将风俗之本归于仁,说:"所谓仁者,风移俗易,民归于仁。"③顾炎武则对此作了发展,指出风俗之本是忠孝,正风俗就是要遵守忠孝等伦理道德和讲仁爱。他说:"夫子所以教人者,无非以立天下之人伦,而孝弟,人伦之本也;慎终追远,孝弟之实也……是故有人伦,然后有风俗……故民德厚而礼俗成,上下安而暴慝不作。"④又说:"子孙不忘其祖父,孝也;后人不忘其先民,忠也;忠且孝,所以善俗而率民也。"⑤而以孝弟为本,即是以仁为本。他说:"五品之人伦,莫不本于中心之仁爱……自此而推之,郊社之礼,所以仁鬼神也;射乡之礼,所以仁乡党也;食飨之礼,所以仁宾客也。亲亲而仁

---

① 上述引文均见(清)王夫之:《读通鉴论》卷十九《隋文帝·一〇》。
② (清)唐甄:《潜书》下篇上《尚治》,北京:中华书局,1963年。
③ (宋)程颐:《河南程氏遗书》卷一八《伊川先生语四》,载(宋)程颢、程颐:《二程集》,北京:中华书局,1981年。
④ (清)顾炎武:《亭林文集》卷五《华阴王氏宗祠记》,载《顾亭林诗文集》。
⑤ (清)顾炎武:《亭林文集》卷二《程正夫诗序》,载《顾亭林诗文集》。

民,仁民而爱物,而天下之大经毕举而无遗矣。故曰:孝弟为仁之本。"①又说:"尧舜之道,孝弟而已矣。是故'克明俊德,以亲九族;九族既睦,平章百姓;百姓昭明,协和万邦。黎民于变时雍'。此之谓孝弟为仁之本。"②正是由于传统的风俗论是以儒家纲常伦理道德作为基本准则和内容的,因此,它被人们视为决定国家治乱兴衰的根本大事。

明清之际思想家的风俗论多是打着复古的旗帜,如顾炎武说,"古人风俗之厚"③。他们往往是通过盛赞三代或前代的风俗醇美,来比照现实和抨击当时风俗之败坏,以达到挽救颓风败俗的目的。这正如梁启超在《清代学术概论》中总结和评价清代学术思想的风格和特征时所说的:"以复古为解放。"所以,对顾炎武等学习和返求三代古风美俗的主张不能简单以复古和保守来予以贬低。

二、以行教化和正风俗治国安邦

以教化治天下是中国历史上的统治阶级治国安邦与稳定社会的基本手段之一,是以德治国政治理念的具体表现,属于国家文化教育管理职能的范畴。儒家十分重视以教化治国,并形成了一整套的理论与方法。孔子认为民可"富之"而后继以"教之"(《论语·子路第十三》)。孟子说:"善政不如善教之得民也。善政,民畏之;善教,民爱之。善政得民财,善教得民心。"(《孟子·尽心上》)在孔、孟看来,治民单靠政和法是不够的,根本之道是靠教化,善政不如善教。这种思想成为此后英明统治者治国安邦的理论指导。这一思想在宋代以来被许多儒家思想家、特别是宋明理学家加以发展,更是受到统治者的肯定,以教化治天下的思想进一步强化。教化的内涵相当丰富,不过其主要含义是指统治者利用仁政和教育等手段来纯正风俗和社会风气,最终达到国泰民安。

---

① (清)顾炎武著,(清)黄汝成集释:《日知录集释》卷六《肫肫其仁》。
② (清)顾炎武著,(清)黄汝成集释:《日知录集释》卷七《孝弟为仁之本》。
③ (清)顾炎武著,(清)黄汝成集释:《日知录集释》卷一九《直言》。

关于教化在治国中的地位和作用。程颐将教化视为人君之职,指出生民之道在于"以教为本",而不是刑罚,反对三代以后恃法以治民,认为只有这样才能美风俗和成善治。他说:"窃以生民之道,以教为本。故古者自家党遂至于国,皆有教之之地……此三代盛治由教而致也。后世不知为治之本,不善其心而驱之以力,法令严于上,而教不明于下,民放僻而入于罪,然后从而刑之。噫!是可以美风俗而成善治乎?"①他还指出,有教无教对人之为人影响至深,"古有教,今无教。以其无教,直坏得人质如此不美。今人比之古人,如将一至恶物,比一至美物"②。对此,顾炎武有着类似的认识,他结合明末的社会现实,对教化在治平天下中的作用作了具体而深刻的概括,提出"有天下者,诚思风俗为人才之本,而以教化为先"③的重要思想。他赞同罗仲"教化者,朝廷之先务……风俗者,天下之大事"④的观点,指责三代以后人主不知以教化治国,只知赋敛和役使于民,"凡所以为厚生正德之事,一切置之不理,而听民之所自为,于是乎教化之权常不在上而在下",结果,"国乱于上而教明于下";至明末后果更是不堪想象,"先王之所以为教,贤者之所以为俗,殆渐灭而无余矣……昔春秋之时,弑君三十六,亡国五十二,而秉礼之邦,守道之士不绝于书,未若今之滔滔皆是也,此五帝三王之大去其天下,而乾坤或几乎息之秋也。又何言政事哉!"⑤因此,他认为要重振天下之治,避免重蹈明代亡国的覆辙,首要之务就是厉行风教,重振风俗。

教化是国家文化教育管理职能的体现,作为教化职能执行的主体——统治者,特别是人君承担着直接和主要的责任。因此,统治者,特别是人君在推行教化中的作用以及采取什么手段来推行教化,历来是人们关注和探

---

① (宋)程颐:《河南程氏文集》卷九《伊川先生文五·为家君请宇文中允典汉州学书》,载(宋)程颢、程颐撰,王孝鱼点校:《二程集》。
② (宋)程颐:《河南程氏遗书》卷一七《伊川先生语三》,载(宋)程颢、程颐撰,王孝鱼点校:《二程集》。
③ (清)顾炎武著,(清)黄汝成集释:《日知录集释》卷一七《生员额数》。
④ (清)顾炎武著,(清)黄汝成集释:《日知录集释》卷一三《廉耻》。
⑤ (清)顾炎武:《亭林文集》卷五《华阴王氏宗祠记》,载《顾亭林诗文集》。

讨的重点。顾炎武、王夫之和唐甄等对此多有论及。

首先，由于人君对风气的转移起着关键作用，因此人君要先端正自己的品行，以仁政治天下。顾炎武视人君好仁为淳厚民风之根本，说："治化之隆，则遗秉滞穗之利及于寡妇；恩情之薄，则稷钮箕帚之色加于父母。故欲使民兴孝、兴弟，莫急于生财。以好仁之君，用不畜聚敛之臣，则财足而化行。人人亲其亲，长其长，而天下平矣。"①唐甄认为人君对扭转社会风气起着关键作用，说："昔者秦奢而汉朴，及其治也，世多长者之行；隋奢而唐朴，及其治也，锦绣无所用之。夫二代之君，未闻尧舜之道也，与其将相起于微贱，鉴亡国之弊，以田舍处天下，人之化之则若此。"②顾炎武、唐甄的这些思想显然是对儒家正统正君思想的继承。如孟子便说："君仁莫不仁，君义莫不义，君正莫不正。一正君而国定矣。"（《孟子·离娄上》）孟子在这里将人君的正德视为定国之本。程朱理学亦反复强调"正君心"是人君治天下之起始，是治国的"大根本"。二程说："治道亦有从本而言，亦有从用而言。从本而言，惟从格君心之非，正心以正朝廷，正朝廷以正百官。"③朱熹说："天下事有大根本，有小根本，正君心是大本。"④

其次，人君不要以己之私利病民和害民，应当满足百姓基本的生活需求，只有这样，才能行教化和正风纯俗。王夫之提出人君不私天下之财便可以行风教，说："且天下之赋税，皆天子之有矣，不欲私之，而以禄赐均之于百官。既已予之，则不可夺之以归己。于是而廉隅饬焉，风教行焉。推此而定上下之章，以内临外，以尊临卑，以长临属。司宪者，秉法以纠百职，百职弗敢衺也；奉使巡宣者，衔命以行郡邑，郡邑弗敢黩也；君子之廉以奖，而小民之生以遂。故为之禁制以厚其坊，督抚、监察、郡守不敢奉其壶飱；方面、监司、邑令不敢呈其竽牍；以法相裁，以义相制，以廉相帅，自天子始而天下咸

---

① （清）顾炎武著，（清）黄汝成集释：《日知录集释》卷六《未有上好仁而下不好义者也》。
② （清）唐甄：《潜书》下篇上《尚治》。
③ （宋）程颐：《河南程氏遗书》卷一五《伊川先生语一》，载（宋）程颢、程颐：《二程集》。
④ （宋）黎靖德编，杨绳其、周娴君点校：《朱子语类》卷一〇八《朱子五》。

受裁焉。君子正而小人安,有王者起,莫能易此矣。"①顾炎武指出百姓安居乐业是淳厚风俗的保障,说:"今将静百姓之心而改其行,必在制民之产,使之甘其食,美其服,而后教化可行,风俗可善乎。"②唐甄则从人君要存朴去奢的角度阐述了自己的看法,说:"心体性德,既已自修;天地万物,何以并治?必措之政事而后达。昔者尧舜治天下,风之则动,教之则率,不赏而劝,不刑而革。后世风之而多顽,教之而多犯,赏之罚之而不以为惩劝,于是为政者又罔知所措矣。孟子则告之曰:'尧舜之治无他,耕褥是也,桑蚕是也,鸡豚狗彘是也。百姓既足,不思犯乱,而后风教可施,赏罚可行。'于是求治者乃知所从焉。"③因此,人君要树立存朴去奢的风气,要采取"先贵人"的政策,即:"捐珠玉,焚貂锦,寡嫔御,远优佞,卑宫室,废苑囿,损馐品,却异献。君既能俭矣,次及帝后之族,次及大臣,次及百职,莫敢不率。贵人者,万民之望也;贵之所尚,贱之所慕也。贵尚而贱不慕,世未有也。"④

三是,推行教化和良风美俗,要顺民情和民性,反对以法治民。王夫之认为要改变天下之风气,不能拂民之情性,他说,"情者,性之依也,拂其情,拂其性矣。性者,天之安也,拂其性,拂其天矣","圣王不作,礼崩乐坏,政暴法烦,祇以增风俗之浮荡而已矣"⑤。唐甄指出,培育良好社会风气的根本在于顺民情,而不是习于刑法之苟安,"沮于时势之难行,习于刑法之苟安,举天下之民,縶之,策之,如牛马然。民失其情,诈伪日生,文饰日盛,嗜欲日纵。于是富贵之望胜,财贿之谋锐,廉耻之心亡,要约之意轻,攘窃之计巧,争斗之气猛。六邪易性,非贤,师奸,比离,闲决,不可以安,不可以动。安则为奸,动则为寇,此天下之乱所以相继而不已也。天地虽大,其道惟人;生人虽多,其本惟心;人心虽异,其用惟情;虽有顺逆刚柔之不同,其为情则一

---

① (清)王夫之:《读通鉴论》卷二九《五代中一》。
② (清)顾炎武著,(清)黄汝成集释:《日知录集释》卷一二《人聚》。
③ (清)唐甄:《潜书》上篇上《宗孟》。
④ (清)唐甄:《潜书》下篇上《尚治》。
⑤ (清)王夫之:《读通鉴论》卷一〇《三国一六》。

也"①。王夫之和唐甄的这种教化论不仅体现了儒家民本主义的思想,还体现了自然主义色彩,这与宋元明清时以程朱理学为代表的儒家正统教化风俗论又存在差异。

三、士风良莠与国运兴衰

士风问题属于社会风气的范畴。士在中国传统社会为四民之首,是社会的中坚力量;士进而为官宦,又成为统治者统治和管理国家所依靠的主要社会阶层。特别是经历过唐末五代之乱,门阀世家大族遭到了毁灭性打击。到宋元明清时期,通过科举取士所形成的士人阶层已成为国家统治和社会管理的基本力量,故而,士风的良莠便直接关系着国家命运的沉浮,士风问题也由此凸显为宋元明清时期的重大政治与社会问题。明清之际的鼎革,更是直接验证了这一点。由此,士风问题激起了明清之际思想家和有识之士的广泛反思和讨论。顾炎武等启蒙思想家是其中的代表,他们主要从士风与国运的关系和如何才能培养良好的士风两方面作了论述②。

顾炎武等认为士风的好坏能够耸动天下之风气和习俗,决定着国运之兴衰,因此,整治士风是治国之本,他说:"世道下衰,人材不振……有国者登

---

① (清)唐甄:《潜书》下篇上《尚治》。
② 这里的士风,是从广义上说的,既指未入仕或已不为仕的士人风气,也指入仕和为仕的官宦风气。明清之际的启蒙思想家因于国破家亡而切责明代士风。然而,对于明代士风,后世虽然也以批评居多,但是,也有褒扬的,如,明清史专家孟森在评价明代官僚士大夫时说,他们中"求为正人君子者多,而英挺不欲自卑之士大夫,即不必尽及诸儒之门,亦皆思以名节自见。故阉宦贵戚,混浊于朝,趋附者固有其人;论劾蒙祸、至死不悔者在当时实极盛,即被祸致死,时论以为荣,不似后来清代士大夫,以帝王之是非为是非,帝以为罪人,无人敢道其非罪。故清议二字,独存于明代",所以"明一代士大夫风尚最可佩"。(孟森:《明清史讲义·上》,南京:江苏文艺出版社,2008年,第155页。)当代史学界对明代和晚明士风的研究则揭示了明代、特别是晚明士风的复杂性,如,葛春蕃:《明代知识分子和士风》,载《书屋》,2004年第2期;谢苍霖:《明代士风訾议》,载《九江师专学报(哲学社会科学版)》,1990年第3期;刘春玲:《论晚明士风的嬗变》,载《阴山学刊》,2003年第4期;刘晓东:《晚明士人生计与士风》,载《东北师范大学学报(哲学社会科学版)》,2001年第1期,等等。

崇重厚之臣,抑退轻浮之士,此移风易俗之大要也。"①他对明代唯利是图等窳败的士风及其危害予以深刻揭露和猛烈抨击,提出了"士之有耻则天下有风俗,士之无耻为国之大耻"等重要思想。他说:"凡今之所以为学者,为利而已,科举是也。其进于此,而为文辞著书一切可传之事者,为名而已,有明三百年之文人是也。君子之为学也,非利己而已也,有明道淑人之心,有拨乱反正之事,知天下之势之何以流极而至于此,则思起而有以救之。"②又说:"乃以今观之,则无官不赂遗,而人人皆吏士之为矣;无守不盗窃,而人人皆僮竖之为矣。自其束发读书之时,所以劝之者,不过所谓千钟粟、黄金屋,而一日服官,即求其所大欲。君臣上下怀利以相接,遂成风流,不可复制。"③顾炎武继承和发展了管仲"礼义廉耻,国之四维;四维不张,国乃灭亡"和罗仲言"朝廷有教化,则士人有廉耻,士人有廉耻,则天下有风俗"的思想,进而提出了士大夫之无耻为"国耻"的惊世之论。他在评论欧阳修《新五代史·冯道传》"礼义,治人之大法;廉耻,立人之大节。盖不廉则无所不取,不耻则无所不为。人而如此,则祸败乱亡亦无所不至。况为大臣,而无所不取,无所不为,则天下其有不乱,国家其有不亡者乎?"的话时说:"然而四者之中,耻尤为要。故夫子之论士,曰'行己有耻'……所以然者,人之不廉而至于悖礼犯义,其原皆生于无耻也。故士大夫之无耻,是谓国耻。吾观三代以下,世衰道微,弃礼义,捐廉耻,非一朝一夕之故。"④以士大夫之无耻为"国耻",深刻揭示了士风之良莠对国运兴衰所具有的决定作用。顾炎武的思想后来为晚清思想家龚自珍所继承,龚自珍喊出了"士皆知有耻,由国家永无耻矣;士不知耻,为国之大耻"⑤的时代强音,对晚清政治变革起到了重要的推动作用。

那么,如何扭转窳败的士习和培养良好的士风呢?

---

① (清)顾炎武著,(清)黄汝成集释:《日知录集释》卷一三《重厚》。
② (清)顾炎武:《亭林余集·与潘次耕札》,载《顾亭林诗文集》。
③ (清)顾炎武著,(清)黄汝成集释:《日知录集释》卷一三《名教》。
④ (清)顾炎武著,(清)黄汝成集释:《日知录集释》卷一三《廉耻》。
⑤ (清)龚自珍:《龚自珍全集》第一辑《明良论二》,上海:上海人民出版社,1975年。

上篇　历史文化观与史家思想

首先,从士人自身方面说,要自觉以儒家心性道德和仁义礼智之学作为求学修身之道,这是培养良好士风的根本保证。顾炎武认为,要扭转明末颓废的士风,首要之道是士人要学"圣人之道",它包括"博学于文"和"行己有耻"两方面,"自一身以至于天下国家,皆学之事也;自子臣弟友以至出入、往来、辞受、取与之间,皆有耻之事也。耻之于人大矣……士而不先言耻,则为无本之人;非好古而多闻,则为空虚之学。以无本之人,而讲空虚之学,吾见其日从事于圣人而去之弥远也"①。这一思想是对程朱思想的继承和发展。程颐说:"士之所以贵乎人伦者,以明道也。若止于治声律,为禄利而已,则与夫工技之事,将何异乎?"又说:"后之儒者,莫不以为文章、治经术为务。文章则华靡其词,新奇其意,取悦人耳而已。经术则解释辞训,较先儒短长,立异说以为己工而已。如是之学,果可至于道乎?"②朱熹认为士风日下和风俗日衰的根源是"圣学不传,世之为士者,不知学之有本";所谓学之本即是新民明德,"予惟古之学者无他,明德新民,求各止于至善而已"③。

其次,统治者要采取有利于培养好的士风的措施。王夫之认为人君应当以诚待士,"先王之造士也,宾之于饮,序之于射,节之以礼,和之以乐。其尊之也,乞之而后言;其观之也,旅而后语。分之于党塾、州序,以静其志;升之于司马,而即试以功。其以立国体也,即以敦士行也。驯其气而使安也,即以专其气而使昌也。使之求诸己而无待于物也,即以公诸天下而允协于众也。故虽有乱世暴君、奸人逆党,而不能加以非道之刑戮。战国之士气张,而来嬴政之坑;东汉之士气竞,而致奄人之害;南宋之士气嚣,而召蒙古之辱。诚以先王之育士者待士,士亦诚以先王之育士者自育,岂至此哉?"④顾炎武提出要以劝学和奖廉培养贤士和纯化习俗,说:"今日所以变化人心,

---

① (清)顾炎武:《亭林文集》卷三《与友人论学书》,载《顾亭林诗文集》。
② (宋)程颐:《河南程氏文集》卷八《伊川先生文四·为家君作试汉州策问三首》,载(宋)程颢、程颐著《二程集》。
③ (宋)朱熹:《晦庵先生朱文公文集》卷七五《福州州学经史阁记》,载《朱子全书》,上海:上海古籍出版社,合肥:安徽教育出版社,2010年。
④ (清)王夫之:《宋论》卷一四《理宗七》,北京:中华书局,1964年。

荡涤污俗者,莫急于劝学、奖廉二事。天下之士,有能笃信好学,至老不倦,卓然可当方正有道之举者,官之以翰林、国子之秩,而听其出处,则人皆知向学,而不竞于科目矣。庶司之官,有能洁己爱民,以礼告老,而家无儋石之储者,赐之以五顷十顷之地,以为子孙世业,而除其租赋,复其丁徭,则人皆知自守而不贪于货赂矣……遂使名高处士,德表具僚,当时怀稽古之荣,没世仰遗清之泽,不愈于科名、爵禄劝人,使之干进而饕利者哉?以名为治,必自此涂始矣。"①与此相辅,他主张通过惩戒奸臣来树立良好风气,说:"窃谓宜令按察司各择其地之奸臣一二人,王法之所未加,或加而未尽者,刻其名于狱门之石,以为世戒。而禁其后人之入仕,九刑不忘,百世难改,亦先王树之风声之意乎?"②

总之,明清之际顾炎武、王夫之和唐甄等启蒙思想家有关风俗、教化、士风与国运的上述思想,极大地丰富了中国传统的风俗教化论及其治国思想。特别是顾炎武在历史和系统地考察了中国历代风俗和风气的转变与国运兴衰的关系后,提出了"风俗者,天下之大事"、"有风俗,然后有政事,有政事,然后有国家"的风俗论,"有天下者,诚思风俗为人本之本,而以教化为先"的教化论,"士大夫之无耻,是谓国耻"和"博学于文"和"行己有耻"的士风论,并将三者有机融合起来,对中国传统如何以风俗和教化治理国家问题进行了深刻的理论总结,体现了深邃的历史理性意识,达到了很高的理论水平,至今仍有重要的理论价值和现实借鉴意义。

(原载《齐鲁学刊》,2009年第1期)

---

① (清)顾炎武著,(清)黄汝成集释:《日知录集释》卷一三《名教》。
② (清)顾炎武著,(清)黄汝成集释:《日知录集释》卷一三《禁锢奸臣子孙》。

孙中山民本史观的道德价值取向初探

赋予历史观以一种道德取向是近代以来中国思想界较普遍的现象。形成这种现象的主要原因，一方面是直接或间接受中国儒家心性道德论和大同学说等思想的影响，另一方面是受西方近代出现的将进化与伦理相结合的进化论、特别是互助进化论的影响。作为中国近代民主革命的先行者和思想家，孙中山便建构起一个具有鲜明道德取向的历史观，作为自己革命主张的理论依据。孙中山的历史观本质上说并非是一般所说的"民生史观"，而是"民本史观"[①]。其民本史观的基本特征是具有浓厚和鲜明的道德性，从伦理道德的视域来考察和评价历史，构成其历史观的核心价值取向。在他

---

① 长期以来，人们一般将孙中山的历史观概括为民生史观。这虽然反映了孙中山晚年历史观关注的重心，但是难以涵盖孙中山历史观所包含的诸多内容和本质特征，不能全面反映他对民众在社会历史中的地位和在社会历史发展进程作用的基本认识。民本思想和精神才是孙中山历史观的核心和宗旨所在，其历史观是一种建立在民本思想基础上的"民本史观"。在孙中山看来，民为三民主义之本，历史进化便是三民主义不断实现的进程；民众是社会历史发展的基本力量和物质财富的创造者，是革命的基本力量；民众是国家主人和政治主体，人类历史即是民权进化的历史；民生是社会发展的重心，是社会历史发展的动力；人类社会的终极目标就是建立真正实现民众自由、平等和幸福的理想社会——大同世界。（参见拙文《是民生史观？还是民本史观？——对孙中山历史观本质属性的新审视》，收入马来西亚拉曼大学中华研究中心2011年7月2—4日主办的会议论文集：《辛亥革命百年：孙中山、近代中国与海外华人国际学术研讨会论文集》。）

看来,人类进化史本质上应当是互助的道德文明进化史;道德理性的不断提升是社会历史发展的动力和目标,社会历史发展就是道德文明不断提升的过程,人类历史发展的终极目标是要建立道德完善的大同世界;中西文化的差别就在于中国文化是道德文明和王道文化,西方文化是物质文明和霸道文化,中国文化代表了人类文化发展的终极方向。换言之,孙中山历史观可称为"道德取向的民本史观"。孙中山民本史观的道德精神既继承了儒家仁爱思想和大同学说等,又充分吸取了西方民主主义、社会主义和互助进化等思想,体现了传统与现代、中国文化与西方文化的融合,对中国现代历史思想的多途发展产生了直接影响。大陆学术界以往主要是从孙中山历史观的唯心或唯物的一元论,或唯心与唯物混杂的二元论来讨论其基本属性与特征①。海外学术界系统和深入地探讨其历史观的道德伦理取向的论述也少见。故此,拙文拟对孙中山民本史观的道德价值取向做一初步探讨,以求拓展孙中山历史观研究的新视野,发掘其历史观的新内涵。

一、人类进化史是互助的和道德文明的进化史

孙中山是主张社会历史进化论的。他说:"天下事非以竞争为不将。当此二十世纪,为优胜劣败、生存竞争之世界。为[如]政治、工业,商业种种,非竞争何以有进步。"②但是,人类历史的进化与自然的进化不同,道德与互助起着决定性作用。

1912年,孙中山提出自然的进化是天演淘汰,人类的进化则为道德的进化,两者有本质不同,那种将人类历史上国家强弱之战争、人民贫富之悬殊皆视为天演淘汰之公例,认为世界仅有强权而无公理,以强权为世界唯一真

---

① 参见韦杰廷:《孙中山社会历史观研究述评》,载《湖南师范大学社会科学学报》,1986年第1期。十多年来,大陆亦有新观点提出,如,蒋大椿说:"孙中山研究历史的观点和方法是带有直观性的唯物主义,而他由此得出的民生史观是多元动力的主体进化史观。"(蒋大椿:《孙中山民生史观析论》,载《中国社会科学》,2000年第2期。)但是,仍多是从唯物与唯心的视角来考察孙中山历史观的基本特征。

② 《孙中山全集》第3卷,北京:中华书局,1984年,第45页。

理是错误的,"我人诉诸良知,自觉未敢赞同,诚以强权虽合于天演之进化,而公理实难泯于天赋之良知。故天演淘汰为野蛮物质之进化,公理良知实道德文明之进化也。社会组织之不善,虽限于天演,而改良社会之组织,或者人为之力尚可及乎?社会主义所以尽人所能,以挽救天演界之缺憾也"①。因此,在他看来,"物竞争存之义,已成旧说,今则人类进化,非相匡相助,无以自存"②。又说:"从前学说,准物质进化之原则,阐发物竞生存之学理。野蛮时代,野兽与人类相争,弱肉强食,优胜劣败,弱者劣者,自然归于天演淘汰之例……今世界日进文明,此种学理,都成野蛮时代之陈谈,不能适用于今日。今日进于社会主义,注重人道,故不重相争,而重相助,有道德始有国家,有道德始有世界。"③他晚年对人类互助进化原则作了进一步阐释,指出宇宙进化分物质进化、物种进化和人类进化,"物种以竞争为原则,人类则以互助为原则。社会国家者,互助之体也;道德仁义者,互助之用也。人类顺此原则则昌,不顺此原则则亡"④。

孙中山也指出了人类道德进化的曲折性和复杂性。首先,人类的互助进化不是直线的,而是曲折的。他说,互助进化原则行之于人类当已数十万年,"然而人类今日犹未能尽守此原则者,则以人类本从物种而来,其人于第三期之进化为时尚浅,而一切物种遗传之性尚未能悉行化除也。然而人类自入文明之后,则天性所趋,已莫之为而为,莫之致而致,向于互助之原则,以求达人类进化之目的矣"⑤。其次,文明进步既会带来善果,也可带来恶果,"因为社会问题是文明进步所致,文明程度不高,那社会问题也就不大……况且文明进步是自然所致,不能逃避的。文明有善果,也有恶果,须要取那善果,避那恶果"⑥。

---

① 《孙中山全集》第2卷,北京:中华书局,1982年,第507—508页。
② 《孙中山全集》第2卷,第360页。
③ 《孙中山全集》第3卷,第25页。
④ 黄彦编注,孙中山:《建国方略》,广州:广东人民出版社,2007年,第47页。
⑤ 黄彦编注,孙中山:《建国方略》,第47—48页。
⑥ 《孙中山全集》第1卷,北京:中华书局,1981年,第327页。

那么,为何历史进化与自然进化不同呢?孙中山认为,根本原因在于"自然与人事,固绝对之不同也"。当人初生穴居野处和靠自然生存时是自然人,"此自然人之时代,固无所谓理乱兴衰之时势也。及其进化也,由猎而牧而耕而织,于是有夏葛而冬裘,暑扇而寒火,则人事进化矣。其进化之程度愈高,则离天然愈远;及至历史之时代,则人事渐繁,而理乱兴衰之事毕现,然后乃有'时势'之名称"①。又说:"夫时势者,人事之变迁也;自然者,天理之一定也。"②也就是说,孙中山认为自然变化是由客观规律(即天理)绝对规定了的,而人事之变迁即时势(即人类历史)却离不开人主观上的积极活动,即人为力的作用,人为力是历史进化的主要力量。他在论及人类各民族进化时便说,民族进化"是天然力和人为力凑合而成。人为的力量,可以巧夺天工,所谓人事胜天。这种人为的力,最大的有两种,一种是政治力,一种是经济力,这两种力关系于民族兴亡,比较天然力还要大"③。而人为力的作用便是要使历史发展趋向道德文明,此即他所说的"文明有善果,也有恶果,须要取那善果,避那恶果"。

不过,孙中山对历史进化中自然力和人为力的认识并不严密、甚至存在矛盾。他在谈到区分民族和国家形成最适当的方法是用什么力造成时说:"用中国的政治历史来证明,中国人说王道是顺乎自然,换一句话说,自然力便是王道。用王道造成的团体,便是民族。武力就是霸道,用霸道造成的团体,便是国家……自古及今,造成国家没有不是用霸道的。至于造成民族便不相同,完全是由于自然,丝毫不能加以勉强。"④其次,不同种族所以能结合成种种相同民族,"自然不能不归功于血统、生活,语言,宗教和风俗习惯这五种力。这五种力,是天然进化而成的,不是用武力征服得来的"⑤。这里,孙中山是将王道这种道德政治视为自然力,而将霸道视为人为力。

---

① 《孙中山全集》第1卷,第384页。
② 《孙中山全集》第1卷,第386页。
③ 《孙中山全集》第9卷,北京:中华书局,1986年,第197页。
④ 《孙中山全集》第9卷,第186页。
⑤ 《孙中山全集》第9卷,第188页。

可见,孙中山的历史进化论贯穿着道德理性精神,社会进化是道德伦理的历史时间载体,社会进化本质上即是、且应当是道德的进化。孙中山面对中国民族生存危机和西方近代民族国家发展弊病,对中国传统文化道德精神作了现代发展,否定了西方自然进化论和社会达尔文主义,吸收了与中国德性文化相类的互助进化论,描绘了历史进化的新模式。

二、道德和心力是历史发展的动因和决定力量

孙中山对历史发展的动因和决定力量作过不同表述,包括心理、精神、道德、人格、知识、主义、政治、民生、生存等因素。这些范畴涉及政治、经济、文化和道德社会历史的诸多方面,以至于人们在判定其历史观根本属性时产生了唯心与唯物,一元、二元或多元的分歧和争论。这其中固然有孙中山理论上的矛盾,但是,孙中山在谈到历史发展的根源动力和决定力量一类的问题时,主要是指向道德性因素和力量的。

孙中山对于道德、人格是社会历史进化和发展的根源和动力作过明确阐述,指出中国要实现复兴和强大,就要恢复中国固有的道德,就要重视人格的修养。首先,道德是国家和民族生存和发展的根本。他说,一个国家能够强盛起初都是由于武力发展,继之以种种文化的发扬,"但是要维持民族和国家的长久地位,还有道德问题,有了很好的道德,国家才能长治久安……因为我们民族的道德高尚,故国家虽亡,民族还能够存在;不但是自己的民族能够存在,并且有力量能够同化外来的民族。所以穷本极源,我们现在要恢复民族的地位,除了大家联合起来做成一个国族团体以外,就要把固有的旧道德先恢复起来。有了固有的道德,然后固有的民族地位才可以图恢复"①。中国固有的道德便是正心诚意,他说:"常人有言,中国四万万人实等于一片散沙,今欲聚此四万万散沙而成为一机体结合之法治国家,其道为何?则必从宣誓以发其正心、诚意之端,而后修、齐、治、平之望可几也。"②又说,现在

---

① 《孙中山全集》第9卷,第242—243页。
② 黄彦编注,孙中山:《建国方略》,第67页。

各国的政治都进步,只有中国是退步,除了受外国政治经济的压迫外,"推究根本原因,还是由于中国人不修身。不知道中国从前讲修身,推到正心、诚意、格物、致知,这是很精密的知识,是一贯的道理。象这样很精密的知识和一贯的道理,都是中国所固有的。我们现在要能够齐家、治国,不受外国的压迫,根本上便要从修身起,把中国固有知识一贯的道理先恢复起来,然后我们民族的精神和民族的地位才都可以恢复"①。其次,国民的人格决定国家的兴衰。他说,人类进步的方法就是彼此互相劝勉身体力行,造成顶好的人格,"人类的人格既好,社会当然进步……我们要人类进步,是在造就高尚人格"②;要救国也要靠好的人格,"我们要造成一个好国家,便先要人人有好人格……我们要问政治的人,想中国改良成一个好国家,便是想得有一个机会,令四万万人都变成好人格。这个方法是在什么地方呢?要正本清源,自根本上做工夫,便是在改良人格来救国"③。中国近几百年的落后和贫弱即在于国民人格的堕落,"中国的一切事业,到了今日,可说是腐败到了极点。腐败的原因,是在人民过于堕落"④。"用民族的性格证明,中国人实在是比外国人优。弄到现在国势象这样的衰微,自然不能不归咎于我们的堕落,因为堕落所以便不能振作"⑤。因此,改造和富强中国的根本在于培养国民良好的人格。

孙中山一生对心理、人心、意志和精神是社会历史的决定因素或动力作过反复的阐述。1905年,他便对心理力量的决定作用作过论述:"惟夫一群之中,有少数最良之心理能策其群而进之,使最宜之治法适应于吾群,吾群之进步适应于世界,此先知先觉之天职,而吾《民报》所为作也。"⑥辛亥革命

---

① 《孙中山全集》第9卷,第249—250页。
② 《孙中山全集》第8卷,北京:中华书局,1986年,第315—316页。
③ 《孙中山全集》第8卷,第319页。
④ 《孙中山全集》第8卷,第533页。
⑤ 《孙中山全集》第8卷,第540页。
⑥ 《孙中山全集》第1卷,第289页。

上篇　历史文化观与史家思想

胜利后,他又明确说:"中国革命事业,实全国人心理所成。"①晚年总结辛亥革命失败教训时,他更是将民众心理的缺失视为根本原因,认为要建设好民国必须进行心理建设。为此,从1918年底开始,他在上海闭门著书,撰写了有关国民心理建设的重要著作《孙文学说——行易知难(心理建设)》。他在与友人的信中说:"方今国事颠跻,根本之图,自以鼓吹民气、唤醒社会最为切要。尊论所及,深符鄙意。文自客岁以来,闭户著书,不理外事,亦欲以素所蕴蓄唤起国人。异日群众之心理丕变,则澄清瑕秽之功,庶有可期,然后乃足以建设真正民治也。"②在他看来,心为万事之源,心力之功无限。他说:"夫国者人之积也,人者心之器也,而国事者,一人群心理之现象也。是故政治之隆污,系乎人心之振靡。吾心信其可行,则移山填海之难,终有成功之日;吾心信其不可行,则反掌折枝之易,亦无收效之期也。心之为用大矣哉!夫心也者,万事之本源也。"③又说:"国民!国民!当急起直追,万众一心,先奠国基于方寸之地为去旧更新之始,以成良心上之建设也。"④

综合考察孙中山的相关论述,他所谓的人心、心理或精神,本质上即是指道德性的良心或意志力。他晚年在强调人心决定革命成败时讲得很清楚,他说,要做革命事业,"就是要从自己的方寸地做起,要把自己从前不好的思想、习惯和性质,象兽性、罪恶性和一切不仁不义的性质,都一概革除。所以诸君要在政治上革命,便先要从自己的心中革起。自己能够在心理上革命,将来在政治上的革命便有希望可以成功"⑤。又说,心理建设对于民国建设具有决定作用,"须知民国何由发生,亦只发生于国民之心。始因世界造化大潮流,感受于少数人心理,由是演进及于多数人心理,血[而]帝制以倒,民国以成"⑥。又说:"我们要国家巩固,永远不倒,是用什么做基础呢?

---

① 《孙中山全集》第3卷,第20页。
② 《孙中山全集》第5卷,北京:中华书局,1985年,第91页。
③ 黄彦编注,孙中山:《建国方略》,第2—3页。
④ 黄彦编注,孙中山:《建国方略》,第69页。
⑤ 《孙中山全集》第10卷,北京:中华书局,1986年,第293页。
⑥ 《孙中山全集》第3卷,第318页。

51

要用人心做基础,要用人人的方寸之地做基础。人人的心内都赞成民国,倾向民国,然后民国才不致倒,才可以巩固。"①但他并不否认物质对精神的作用,认为精神与物质是体用关系,"总括宇宙现象,要不外物质与精神二者。精神虽为物质之对,然实相辅为用。考从前科学未发达时代,往往以精神与物质为绝对分离,而不知二者本合为一。在中国学者,亦恒言有体有用。何谓体?即物质。何谓用?即精神……人者有精神之用,非专恃物质之体也。我既为人,则当发扬我之精神,亦即所以发扬为人之精神,故革命在乎精神"②。"故全无物质亦不能表现精神,但专恃物质,则不可也"③。

孙中山还曾说知识是文明进步的根本,不过他所说的知识往往也是从德性之知的作用来立论的。他说,"世界进化,随学问为转移。自有人类以来,必有专门名家发明各种专门学说,然后有各种政治、实业之天然进化","东西各国之文明,皆由学问得来。我国当革命以前,专制严酷,人无自由之权。然能提倡革命,一倡百和,以至成功,皆得力于学说之鼓吹"④。具体到中国革命,这种知识就是三民主义。所以,他也将主义视为革命和救国的决定力量,说:"主义就是一种思想,一种信仰和一种力量。大凡人类对于一件事,研究当中的道理,最先发生思想;思想贯通以后,便起信仰,有了信仰,就生出力量。所以主义是先由思想再到信仰,次由信仰生出力量,然后完全成立……信仰三民主义便能发生出极大势力,这种极大势力便可以救中国。"⑤这种主义既是一种知识,也是一种道德力量。他明确地说,主义是革命成功的关键,要使革命取得成功,就要使革命者知道革命主义,"要他们都明白主义、信仰主义,能够替主义去牺牲,造成一个完全人格,便要请诸君自今晚起,自己明白革命的主义,能够替主义去牺牲,然后才扩充到兵士,所谓己立

---

① 《孙中山全集》第10卷,北京:中华书局,1986年,第29页。
② 《孙中山全集》第6卷,北京:中华书局,1985年,第12—13页。
③ 《孙中山全集》第6卷,第13页。
④ 《孙中山全集》第2卷,北京:中华书局,1982年,第423页。
⑤ 《孙中山全集》第9卷,第184页。

立人,己达达人"①。孙中山将知识道德化的倾向是与中国儒家哲学以德性之知来统摄闻见之知的影响分不开的。

三、历史的终极目标是建立道德理想主义的大同世界

孙中山认为,人类历史发展的终极目标是建立大同世界。虽然他对大同世界的认识前后期不同,前期强调平等和世界和平的内涵,后期更重视民生或民生主义的内涵。然而,其精神是不变的,即都是从道德价值取向来立论的,体现了道德理想主义。

孙中山较早阐述大同思想是在辛亥革命胜利后,主张通过民族和国家间的互助与和平来实现人类大同。他说,"现在世界文明未达极点,人类智识,犹不免于幼稚,故以武装求和平,强凌弱,大欺小之事,时有所闻。然使文明日进,智识日高,则必推广其博爱主义,使全世界合为一大国家,亦未可定。"此世界唯一之大国,"即所谓大同之世是也。虽然,欲泯除国界而进于大同,其道非易,必须人人尚道德、明公理,庶可致之,今世界先觉之士,鼓吹大同主义者已不乏其人,我五大种族皆爱和平,重人道,若能扩充其自由、平等、博爱之主义于世界人类,则大同盛轨,岂难致乎?"②他在另一文中则说:"近日社会学说,虽大昌明,而国家界限尚严。国与国之间,不能无争。道德家必愿世界大同,永无争战之一日。我辈亦须存此心理,感受此学说。将来世界上总有和平之望,总有大同之一日,此吾人无穷之希望,最伟大之思想。"③而中国人口占人类四分之一,有促进世界和平、达成世界大同的义务,也有着爱好和平的美德;虽然人类依然充满争斗,世界仍是一大战场,但是,"道德家必愿世界大同,与永无战争之一日,我辈须存此心理,感受此学说,将来世界上总有和平之望,总有大同之一日,此吾人无穷之

---

① 《孙中山全集》第8卷,第477页。
② 《孙中山全集》第2卷,第439页。
③ 《孙中山全集》第3卷,第25页。

希望,最伟大之思想"①。

孙中山晚年开始将民生主义作为大同世界的内涵,指出大同之世即民生幸福的太平之世,即社会主义和共产主义。他说,孔子有言"大道之行也,天下为公",如此,"则人人不独亲其亲,不独子其子,是为大同世界。大同世界即所谓'天下为公'。要使老者有所养,壮者有所营,幼者有所教"②。"新世界国家,与以前国家不同,通常国家仅能保民,而不能教民、养民。真能教民、养民者,莫如三代……预料此次革命成功后,将我祖宗数千年遗留之宝藏,次第开发,所有人民之衣、食、住、行四大需要,国家皆有一定之经营,为公众谋幸福。至于此时,幼者有所教,壮者有所用,老者有所养,孔子之理想的大同世界,真能实现,造成庄严华丽之新中华民国,且将驾欧美而上之"③。在他看来,"民生主义就是社会主义,又名共产主义,即是大同主义"④。当然,他对大同之世的理解并不限于经济层面的民生主义,更是指社会制度层面的三民主义社会。他说:"我们三民主义的意思,就是民有、民治、民享。这个民有、民治、民享的意思,就是国家是人民所共有,政治是人民所共管,利益是人民所共享。照这样的说法,人民对于国家不只是共产,一切事权都是要共的。这才是真正的民生主义,就是孔子所希望之大同世界。"⑤孙中山在这里将民族,特别是民权的实现称为真正的民生主义,是由于他认为民生主义是实现大同世界的最后阶段和步骤。

孙中山视民生(主义)的实现为大同之世的内涵,强调了民生的伦理力量,体现了他对民众生存的苦难的深切悲悯和同情。他在谈及中国为何要尽快实行民生主义时说,多灾多难的中国是一个民穷财尽的和很痛苦的世界,"无论那一种人在这个世界之内,都不能享人生的幸福。现在中国之内,这种痛苦日日增进,这种烦恼天天加多。我们看到这种痛苦世界,应该有悲

---

① 《孙中山全集》第3卷,第25页。
② 《孙中山全集》第6卷,第36页。
③ 《孙中山全集》第6卷,第38—39页。
④ 《孙中山全集》第9卷,第355页。
⑤ 《孙中山全集》第9卷,第394页。

天悯人之心,发生大慈大悲去超度这种世界。把不好的地方,改变到好的地方;把这种旧世界,改造成新世界"①。他和美国友人林百克交流时更明确地强调了民生的道德性,说:"民生是一种道德力,而非阶级仇恨。它既是实际的,也是理想的……我应该说,民生远比其他二大主义更重视我们的伦理传统:在中国人信仰民族主义和民权主义之后,应藉自己人格的觉醒,作为一个有益人类幸福的媒介;此一自觉,将使他变成爱群乐群的君子。在这个对世界具有价值的自觉中,利己主义遂为利他主义所替代……所以我再强调,民生便是一种伦理力,是运用伦理的方式,使各阶级合作和谐,而绝不是使各阶级互相仇视而益形分歧。"②

由此可见,孙中山的大同世界是一种伦理本位和道德理想主义的历史发展目的论。它吸取中国儒家的仁爱思想和大同学说,又融合了近代西方自由、平等的政治思想,社会主义和共产主义思想。特别是他晚年以民生主义的实现来阐述大同社会的内涵,既反映出中国儒家史观的道德精神,又有时代的新内涵,鲜明展现了其历史观的道德价值取向。

四、东西(中西)文化的高下之别根本在于道德文明

孙中山历史观的道德取向还表现在以道德文明的高下来衡量中西文化的优劣。他认为中国或东方文化是道德文明,西方文化是物质文明;道德文明是持久的,要比物质文明优越。这是典型的道德文明中心论,表明他认为在历史发展中道德文明比物质文明具有根本的地位和决定性意义。

早在1896年,孙中山在谈到为什么要从事革命时便对中西文明作了根本区分,说:"生于晚世,目不得睹尧舜之风、先王之化,心伤挞房苛残、生民憔悴,遂甘赴汤火,不让当仁,纠合英雄,建旗倡义。拟驱除残贼,再造中华,

---

① 《孙中山全集》第9卷,第504页。
② 罗刚:《中华民国国父实录(1—6册)》,台北:罗刚先生三民主义奖学金基金会,1988年,第3461页。

以复三代之规,而步泰西之法,使万姓超甦,庶物昌运,此则应天顺人之作也。"①这里所说的三代之规,就是指中国三代文明之世,泰西之法则是指西方物质文明。1912年,他明确指出物质文明是容易超越的,如果中国能快速超越西方物质文明,那么在文明上就会远远超越西方,"我中国是四千余年文明古国,人民受四千余年道德教育,道德文明比外国人高若干倍,不及外国人者,只是物质文明。物质上文明,就是农工与各种实业,比较起来,实在不及外国多矣。""我们物质上文明,只须三五年即可与外国并驾齐驱。我们道德上文明,外国人是万万赶不及我们大。结果岂不比东西各国更加倍文明?"②

孙中山晚年对此作了深入和全面的论述。1924年11月,他在日本神户演说大亚洲主义时,分别称亚洲(东方)文化和欧洲(西方)文化为王道文化与霸道文化,认为王道文化才是人类历史发展的正轨和出路所在。首先,他认为亚洲文化是世界文化最古老的发祥地,不仅欧洲古希腊和罗马的文化是从亚洲传过去的,而且近代世界上最新的种种文化也都是由亚洲文化发生出来的,直到近几百年以来,"欧洲各民族才渐渐发扬,欧洲的各国家才渐渐强盛起来"③。其次,欧洲文化是科学的文化和功利的文化,亦是霸道的文化;亚洲文化讲仁义道德,是王道的文化,比西洋要高得多。他说,专就近几百年的文化讲,欧洲物质文明极发达,表面上自然好于亚洲,但是本质上说,欧洲近百年的文化,"是科学的文化。是注重功利的文化。这种文化应用到人类社会,只见物质文明,只有飞机炸弹,只有洋枪大炮,专是一种武力的文化……所以欧洲的文化是霸道的文化。但是我们东洋向来轻视霸道的文化。还有一种文化,好过霸道的文化,这种文化的本质,是仁义道德……所以亚洲的文化,就是王道的文化"④。又说,"自欧洲的物质文明发达,霸道大

---

① 《孙中山全集》第1卷,第46页。
② 《孙中山全集》第1卷,第533页。
③ 《孙中山全集》第11卷,北京:中华书局,1986年,第401页。
④ 《孙中山全集》第11卷,第405页。

行之后,世界各国的道德,便天天退步",因此,"东洋的道德,便比西方高得多"①。第三,西方的霸道文化导致人类道德退步,东方的王道文化才符合世界文化发展的潮流。他说,"大亚洲主义"的核心问题,"就是文化问题,就是东方文化和西方文化的比较和冲突问题"。造成大亚洲主义的基础就是东方固有的文化,"仁义道德就是我们大亚洲主义的好基础。我们有了这种好基础,另外还要学欧洲的科学,振兴工业,改良武器"②。他指出,西方也有少数人被仁义道德感化了,意识到东方王道文化的价值,"由此可见西方之功利强权的文化,便要服从东方之仁义道德的文化。这便是霸道要服从王道,这便是世界的文化日趋于光明"③。

孙中山还将中西文化的长处分别定位为政治哲学和物质文明(或科学),说,"欧洲之所以驾乎我们中国之上的,不是政治哲学,完全是物质文明",中国要学习西方的只是其科学,"至于讲到政治哲学的真谛,欧洲人还要求之于中国"④。然而,他所谓的中国政治哲学是指一种道德知识,不过是其中国文化道德本位论的另一种表述。他说:"中国有什么固有的知识呢?就人生对于国家的观念,中国古时有很好的政治哲学。我们以为欧美的国家近来很进步,但是说到他们的新文化,还不如我们政治哲学的完全。中国有一段最有系统的政治哲学,在外国的大政治家还没有见到,还没有说到那样清楚的,就是《大学》中所说的'格物、致知、诚意、正心、修身、齐家、治国、平天下'那一段话。把一个人从内发扬到外,由一个人的内部做起,推到平天下止。像这样精微开展的理论,无论外国什么政治哲学家都没有见到,都没有说出,这就是我们政治哲学的知识中独有的宝贝,是应该要保存的。这种正心、诚意、修身、齐家的道理,本属于道德的范围,今天要把他放在知识范围内来讲,才是适当。"⑤

---

① 《孙中山全集》第11卷,第405页。
② 《孙中山全集》第11卷,第407—408页。
③ 《孙中山全集》第11卷,第408—409页。
④ 《孙中山全集》第9卷,第230—231页。
⑤ 《孙中山全集》第9卷,第247页。

可见,孙中山的中西历史文化比较表现出鲜明的道德文明中心论和东方文化优越论。当然,他并不否定西方文明的重要性和价值。因此,他一方面反对新文化运动以来醉心西方新文化和一味排斥传统道德的做法,说:"一般醉心新文化的人,便排斥旧道德,以为有了新文化,便可以不要旧道德。不知道我们固有的东西,如果是好的,当然是要保存,不好的才可以放弃。"①一方面又指出,中国在恢复了固有的道德、知识和能力之后,"仍未能进中国于世界一等的地位,如我们祖宗之当时为世界之独强的。恢复我一切国粹之后,还要去学欧美之所长,然后才可以和欧美并驾齐驱。如果不学外国的长处,我们仍要退后"②。

五、理论价值与局限

综上所述,在孙中山看来,道德理性和精神是历史发展的核心价值取向,它体现在人类历史进化的进程、发展模式、发展动力、终极目标、文明优劣等诸多方面。孙中山主张社会历史发展的道德核心价值取向,是以中国传统儒家思想为基础,同时充分吸收西方近代思想,是在融会中西相关思想的基础上形成的。正如他晚年总结革命生涯时所说:"余之谋中国革命,其所持主义,有因袭吾国固有之思想者,有规抚(仿效,依循)欧洲之学说事迹者,有吾所独见而创获者。"③

具体而言,孙中山关于历史是互助与道德文明进化的思想,主要是吸收和融合了中国儒家仁爱思想、和合精神与西方各种进化论思想。他早年爱好达尔文的进化论,称自己"于西学则雅癖达文之道"④。后来,他从中国社会现实变革需要出发,以中国传统仁爱思想为基础,批判了西方自然进化论和社会达尔文主义,吸收了与中国文化精神相通的克鲁泡特金的互助进化

---

① 《孙中山全集》第9卷,第243页。
② 《孙中山全集》第9卷,第251页。
③ 《孙中山全集》第7卷,北京:中华书局,1985年,第60页。
④ 《孙中山全集》第1卷,第48页。

论。马自毅指出,20世纪前后中国开始盛行的社会达尔文主义毕竟与以伦理道德为本位的中国传统文化有相当大的差距。为了化解这种不和谐,有些人开始试图调和两者之间的关系。克鲁泡特金充满爱和道德说教的互助说正是在这种思想迷惘的状态下传入中国的,它比冷酷的社会达尔文主义更接近中国人的道德伦理观,更符合他们自觉或潜在的文化意识与文化心理,因而立即被当作补救达尔文学说不足的西方新学理,迅速成为与进化论并行、交织的又一思潮。孙中山即是在这种背景下接收互助进化论的①。其次,他的道德动力论,主要是承继了儒家心性论以及建立在该理论基础上的"修齐治平"学说。他曾说,要恢复中国的民族地位,根本上就要把固有的旧道德,即正心诚意和修齐治平先恢复起来,这是对儒家心性道德史观的具体发展。同时,他的观点也吸取了西方道德互助论的相关内容。第三,其历史观的大同学说既承继了中国儒家的王道论,特别是《礼记·礼运》篇的大同思想②,又充分吸收了包括马克思主义学说在内的西方近代诸多社会主义和共产主义思想,赋予其新的时代内容,将大同学说发展到一个新的理论阶段。总之,孙中山民本史观所蕴含和体现的道德价值取向使其历史观成为中国近现代思想史上最有影响和理论价值的历史哲学之一,对中国现代文化保守主义、马克思主义和自由主义历史文化观都产生了程度不同的影响。

孙中山民本史观思想也存在明显的理论局限性。首先,他既强调道德因素,特别是心力是历史发展的决定力量,然而,他晚年在演讲民生主义时又明确阐述了民生是"历史的重心"、"社会进化的重心"、"原动力"和"动力"的思想。他说:"古今一切人类之所以要努力,就是因为要求生存;人类因为要有不间断的生存,所以社会才有不停止的进化。所以社会进化的定律,是

---

① 马自毅:《论孙中山的进化观》,载《近代史研究》,1987年第5期。
② 吴义雄说,孙中山到传统文化中去寻找大同学说的依据,"同样表现在他以《〈礼记·礼运》篇中的语言来解释他用民权主义、民生主义表述的大同理想。也许这不仅是一种方法,他多次手书《礼运》篇的典故,可以说明这篇古代大同思想的典范之作已成他的心魂之所系。"(吴义雄:《孙中山与近代大同学说的终结》,载《中山大学学报论丛》,1994年第1期。)

人类求生存。"①而人类求生存的问题就是民生问题,"所以民生问题才可说是社会进化的原动力"②。又说:"社会问题才是历史的重心,而社会问题中又以生存为重心,那才是合理……民生为社会进化的重心,社会进化又为历史的重心,归结到历史的重心是民生,不是物质。""人类求解决生存问题,才是社会进化的定律,才是历史的重心。"③正因为如此,社会的政治、经济和道德问题都要以民为重心,"民生就是社会一切活动中的原动力。因为民生不遂,所以社会的文明不能发达,经济组织不能改良,和道德退步,以及发生种种不平的事情"④。其次,他还多次提出政治问题的解决决定社会问题的解决,政治是历史进化的动力。他说,政治决定其他问题的解决,"因为一国之内,人民的一切幸福都是以政治问题为依归的。国家最大的问题就是政治,如果政治不良,在国家里头无论什么问题都不能解决"⑤。他认为,在社会发展的各种力量中,"若夫最大权力者,无如政治。政治之势力,可为大善,亦能为大恶!吾国人民之艰苦,皆不良之政治为之"⑥。关于道德与政治的关系。他说,政治决定道德的进步,"今日得一种高尚完全之政体,政体既改良,人民道德亦必随之改良,方可表示共和政体之真象"⑦。他甚至说:"政治是促人群进化之唯一工具,故教育家当为政治的教育家。"⑧"政治的力量,足以改造人心、改造社会,为用至弘,成效至著"⑨。他所说的政治,本质上是指以道德为核心的政治,因为他明确说:"我国人视孔子为圣人、为宗教家。以世界学者的眼光观察之,则孔子为政治家,为政治教育家。试读孔氏书,其教旨于诚意正心修身,以及齐家、治国、平天下三致意焉。所谓齐家、治国、

---

① 《孙中山全集》第9卷,第369页。
② 《孙中山全集》第9卷,第371页。
③ 《孙中山全集》第9卷,第365页。
④ 《孙中山全集》第9卷,第386页。
⑤ 《孙中山全集》第9卷,第297页。
⑥ 《孙中山全集》第2卷,第359页。
⑦ 《孙中山全集》第3卷,第25页。
⑧ 《孙中山全集》第5卷,第562页。
⑨ 《孙中山全集》第5卷,第563页。

平天下,非政治教育而何?"①再者,他的中西文明优劣论表现出明显的道德文明中心论和东方文明优越论。虽然他也指出中国要成为世界强国,与欧美并驾齐驱,就必须学习西方的科学;中国虽然要发扬传统的王道文化,反对以讲求武力和战争为霸道文化,但是要成为世界强国,也不能不要战争和武力,表现出浓厚的将政治和经济问题化约为道德问题的道德化约论倾向。道德文明是人类历史发展的必然趋势、奋斗目标和理想世界,然而,这种道德化约论如何应对和解决近代以来中国所面临的西方工具理性文明的强力挑战和冲击,孙中山还没有作出充分和圆满的回答。

(原载《江淮论坛》,2012年第2期)

---

① 《孙中山全集》第5卷,第563页。

陈独秀"伦理革命"思想的再认识
——兼论新文化运动的首要目标和中心内容

新文化运动前期(以"五四"为分界线),陈独秀提出了"伦理革命"的口号,①猛烈抨击中国传统的儒家伦理道德,大力宣扬西方资本主义的伦理道德。以往,学术界对陈独秀伦理思想的研究,主要是介绍和分析陈独秀批判儒家伦理道德及传播西方近代伦理道德的具体内容及其反封建意义,而且,研究的力度不够②。本文不拟对陈独秀"伦理革命"的思想作全面研究,只就其在新文化运动中的地位、思想来源和在近代中国伦理变革中的历史定位这三个学术界研究不够或较少关注的问题进行探讨。

---

① 陈独秀在1917年2月的《文学革命论》一文中正式提出了"伦理道德革命"。他说,欧洲近代的进步和发展是革命所赐,"故自文艺复兴以来,政治界有革命,宗教界有革命,伦理道德亦有革命,文学艺术,亦莫不有革命,莫不因革命而新兴而进化"。而中国近代政治革命未能真正成功,大部分原因"则为盘踞吾人精神界根深底固之伦理道德文学艺术诸端,莫不黑幕层张,垢污深积"。又说,"孔教问题,方喧呶于国中,此伦理道德革命之先声也"。(《陈独秀著作选》第1卷,上海:上海人民出版社,1993年,第260页。)

② 1983年—2004年"中国学术期刊网"有关陈独秀研究的文章,直接论及陈独秀伦理道德的仅有7篇,另有一些文章在论及陈独秀批判孔教、儒家思想及其国民性改造主张时涉及陈独秀的伦理道德思想。各种陈独秀传记和思想研究专著对此多是一般性介绍,深入的研究不多。

上篇　历史文化观与史家思想

一、伦理革命是新文化运动的首要目标和中心内容

学术界以往在介绍陈独秀领导的新文化运动的主要内容时,基本上是从其宣扬科学和民主、反对旧道德和提倡新道德及倡导文学革命三个方面来概括的,尤其是凸显其科学性与民主性,将其视为新文化运动的根本目标和中心内容。我认为,这一观点值得商榷。综观新文化运动前期陈独秀的主要言论,他所倡导的"伦理革命",即在中国彻底推倒以三纲五常为核心的儒家伦理道德,建立西方近代资产阶级的伦理道德,才是新文化运动的首要目标和中心内容。

1915年9月15日,新文化运动发起的标志《青年杂志》在上海创刊。陈独秀在发刊词《敬告青年》中向青年提了六点要求,即:自主的而非奴隶的;进步的而非保守的;进取的而非退隐的;世界的而非锁国的;实用的而非虚文的;科学的而非想象的。这六点实际上是向世人宣告了新文化运动的主题和基本内容。其中,首要的和最根本的内容即是要青年人建立以自由、平等和独立的近代人格为核心的新道德。而所谓"进取的而非退隐的、实用的而非虚文的、科学的而非想象的"三点也意在号召青年树立积极进取、讲求功利和实际的人生价值观,直接或间接与建立新的伦理观有关。陈氏将伦理革命视为新文化运动的首要目标和中心内容的思想在《吾人之最后觉悟》中有更直接和明白的阐述。他说:"自西洋文明输入吾国,最初促吾人之觉悟者为学术,相形见绌,举国所知矣;其次为政治,年来政象所证明已有不克守缺抱残之势。继今以往,国人所怀疑莫决者,当为伦理问题。此而不能觉悟,则前之所谓觉悟者,非彻底之觉悟,盖犹在惝恍迷离之境。吾敢断言曰:伦理的觉悟,为吾人最后觉悟之最后觉悟。"[①]

陈独秀之所以将伦理革命视为新文化运动的首要目标和中心内容,首先在于他的道德决定论。他认为,道德在人类社会中的存在是普遍和永久

---

① 陈独秀:《吾人之最后觉悟》,《陈独秀著作选》第1卷,上海:上海人民出版社,1993年,第179页。

的,具有人类最高精神的作用,"无论人类进化至何程度,但有二人以上之交际,当然发生道德问题","愚固深信道德为人类之最高精神作用,维持群益之最大利器,顺进化之潮流,革故更新之则可,根本取消之则不可也。"①伦理对政治有重大的和决定性的影响,在中国则更为明显,中国古代政治就是伦理政治,"伦理思想,影响于政治,各国皆然,吾华尤甚。儒者三纲之说,为吾伦理政治之大原,共贯同条,莫可偏废"②。自汉代"独尊儒术"后,中国的封建政治就以伦理政治为特征,"孔教之精华曰礼教,为吾国伦理政治之根本"③。

其次,是陈独秀对辛亥革命后中国政治乱象的根源所作思考的结果。目睹袁张复辟的丑剧和当时屡屡泛起的复古逆流,使陈独秀得出了以孔教为核心的封建道德礼教与近代民主政治势不两立的结论。他认为,不仅要从政治上打倒封建主义,更要从思想文化上摧毁其"根基"——封建道德伦理,这样才能为民主共和政治的确立和发展奠定坚实的民众基础和思想基础。他说,"孔氏视上下尊卑贵贱之义,不独民生之彝伦,政治之原则,且推本于天地,盖以为宇宙天地之大法也矣","盖主张尊孔,势必立君;主张立君,势必复辟,理之自然,无足怪者"④。因此,如果不把儒家思想铲除殆尽,那么,帝制复辟必将接踵产生。"盖伦理问题不解决,则政治学术,皆枝叶问题。纵一时舍旧谋新,而根本思想,未尝变更,不旋踵而仍复旧观者,此自然必然之事也"⑤。所以,政治革命必须继之以伦理革命。否则,政治上采用共和宪政,而伦理上保守封建纲常道德,二者必相冲突,"盖共和立宪制,以独立平等自由为原则,与纲常阶级制为绝对不可相容之物,有其一必废其一"⑥。

既然伦理革命是新文化运动的首要目标和中心内容,那么,如何看待民

---

① 陈独秀:《答淮山逸民(道德)》,《陈独秀著作选》第1卷,第277页。
② 陈独秀:《吾人最后之觉悟》,《陈独秀著作选》第1卷,第179页。
③ 陈独秀:《宪法与孔教》,《陈独秀著作选》第1卷,第224页。
④ 陈独秀:《复辟与尊孔》,《陈独秀著作选》第1卷,第338、339页。
⑤ 陈独秀:《宪法与孔教》,《陈独秀著作选》第1卷,第224页。
⑥ 陈独秀:《吾人最后之觉悟》,《陈独秀著作选》第1卷,第179页。

主、科学在新文化运动中的地位及其与伦理革命的关系呢?宣扬民主和科学的确是新文化运动的基本内容,但是,它们只是新文化运动的两件重要武器和工具,而不是新文化革命运动的目的。因此,对于伦理革命而言,民主和科学只是它所使用的工具,进行伦理革命和宣扬民主科学是目的与手段(工具)的关系。对此,陈独秀讲得很清楚。《青年杂志》的发刊词郑重声明,科学和人权(即民主)"若舟车之有两轮焉","国人而欲脱蒙昧时代,羞为浅化之民也,则急起直追,当以科学与人权并重"①。后来,他在为《新青年》罪案辩护时又说,只有德先生和赛先生"可以救中国政治上道德上学术上思想上一切的黑暗"②。换言之,在新文化运动前期这一特定时代条件下,科学和民主只是帮助建立新道德的工具。只有确立民主和科学的观念和方法,才能在中国树立西方资产阶级政治伦理。这是陈独秀在新文化运动发起时便提出科学与人权口号的根本原因。当然,在他看来,民主之于新伦理道德的建立,不仅是一种工具,而且,民主本身亦包含在伦理革命的内容之中,所以,他将"人权"与独立、平等的自由人格相等同起来(按:详见文章第二部分)。那么,"科学"呢?它同样是建立新伦理道德所需要的工具。陈独秀认为,伦理道德不是先验和神意的,而是人类社会形成后人们不断探索和求真的结果,"原夫道德观念之成立,由于人类有探索真理之心,道德之于真理,犹木之于本,水之于源也"③。既然如此,在伦理道德上树立科学求是的理性观念和方法便极其重要了。所以,在他看来,如果没有民主与科学这两只现代文明舟车之轮,伦理革命要在中国取得成功是不可能的。

将伦理变革视为是社会变革的根本,是一种伦理道德决定论,它实际是中国儒家道德决定论和伦理本位主义思维方式的反映。儒家文化思维方式对陈独秀伦理革命思想影响的另一表现是,他常常以传统道德概念来阐释新道德,即"旧瓶装新酒"。这说明,陈独秀虽然是激进的反传统主义者,但

---

① 陈独秀:《敬告青年》,《陈独秀著作选》第1卷,第135页。
② 陈独秀:《〈新青年〉罪案之答辩书》,《陈独秀著作选》第1卷,第443页。
③ 陈独秀:《道德之概念及其学说之派别》,《陈独秀著作选》第1卷,第299页。

是,当他思考现实问题时,骨子里又常常难以摆脱中国传统文化思维的影响。不过,这也是近代以来众多文化激进主义者反传统时所具有的共同思维特征。

二、"伦理革命"的思想来源

笼统地说陈独秀的"伦理革命"思想主要来源于西方资产阶级伦理观,是不够具体和确切的。新文化运动前期,陈独秀的伦理革命思想主要是吸收和糅合了18世纪启蒙时期以法国卢梭为代表的民主主义政治伦理观、18到19世纪的英国功利主义伦理观和19世纪社会进化论伦理观的一些思想和观点,同时还受法国空想社会主义伦理观的某些影响。

陈独秀伦理革命的核心是"新人格",即主张个人的自由、平等和独立自主。他说:"尊重个人独立自主之人格,勿为他人之附属品……若以一人而附属一人,即丧其自由自尊之人格,立沦于被征服之女子奴隶俘虏家畜之地位。此白皙人种所以兢兢于独立自主之人格,平等自由之人权也。"①陈独秀所以将"新人格"摆到如此重要的地位,是因为他认为新的人格与"人权"是等同的。他在《新青年》发刊词中将"自主的而非奴隶的"人权作为第一要义,"等一人也,各有自主之权,绝无奴隶他人之权利,亦绝无以奴自处之义务"。"盖自认为独立自主之人格以上,一切操行,一切权利,一切信仰,唯有听命各自固有之智能,断无盲从隶属他人之理"②。也就是说,树立独立、自主、自由和平等的新人格即是树立近代资产阶级的"人权"观。因此,"新人格"自然成了新文化运动的根本目标和中心内容。其次,在陈独秀看来,是否主张"新人格"是新、旧道德和中西文明的根本区别。他说,以"三纲"为中心的旧道德所宣扬的忠孝节,"皆非推己及人之主人道德,而为以己属人之奴隶道德也"③。这种伦理道德,"一曰损坏个人独立自尊之人格;一曰窒碍

---

① 陈独秀:《一九一六年》,《陈独秀著作选》第1卷,第172页。
② 陈独秀:《敬告青年》,《陈独秀著作选》第1卷,第130—131页。
③ 陈独秀:《一九一六年》,《陈独秀著作选》第1卷,第172页。

个人意思之自由;一曰剥夺个人法律上平等之权利(如尊长卑幼同罪异罚之类);一曰养成依赖性戕贼个人之生产力。东洋民族社会中种种卑劣不法惨酷衰微之象,皆以此四者为之因"①。因此,必须打碎"奴隶之道德",树立平等人权的新信仰,恢复"独立自主之人格",以求政治的进步。

陈独秀把建立自由、平等和独立人格摆在国民道德教育的核心地位,并将之等同于"人权",显然是受到以卢梭为代表的民主主义政治伦理观的影响。以卢梭为代表的启蒙思想家十分重视对国民的政治思想启蒙和道德观念培育,他们提出的自由、平等和博爱的口号,既是资产阶级革命的政治纲领,也是改造国民道德的伦理原则,其中,社会契约论和天赋人权论"则更以明确的道德启蒙语言,提出改造国民道德的主张"②。这一系统阐述人的自由、平等的政治思想及其伦理观在近代中国产生了广泛和深远的影响。不过,陈独秀主要是吸收了其中的天赋人权论及其伦理观,并将之作为文化启蒙和国民性改造的宗旨。这从他对人权说的推崇可以得到证明。他说,"近代文明之特征,最足以变古之道,而使人心社会划然一新者,厥有三事:一曰人权说,一曰生物进化论,一曰社会主义",而"人权说"居近代三大文明之首,"人类之得以为人,不至永沦奴籍者,非法兰西人之赐而谁耶?"③

陈独秀的伦理革命思想也受到英国功利主义伦理观的重要影响。功利主义和民主主义是西方近代不同历史时期的两种不同思想体系,两者都主张人的自由、平等和独立,但两者对个人价值及其实现方式、个人利益与社会利益关系的阐述是不同的。第一,功利主义伦理观的基本观点是,人都是求乐避苦的,这是人性所在,因此,个人利益是人的所有行为的依据和道德产生的根源。第二,在对待个人利益和社会利益的关系上,功利主义强调个人利益的优先性和最终决定性,认为社会利益是由个人利益组成的,它最终

---

① 陈独秀:《东西民族根本思想之差异》,《陈独秀著作选》第 1 卷,第 167 页。
② 张岂之、陈国庆:《近代伦理思想的变迁》,北京:中华书局,1993 年,第 145 页。
③ 陈独秀:《法兰西人与近世文明》,《陈独秀著作选》第 1 卷,上海:上海人民出版社,1993 年,第 136、137 页。

是为个人利益服务的,并由个人利益来体现;在此基础上,他们承认个人利益与社会利益的一致性,因此,这是一种"最大多数人的最大幸福"的"合理利己主义";第三,他们对个人经济独立与人的自由关系作了论证。

这一时期,陈独秀对功利主义伦理观的一些重要观点作了介绍,并以之批判儒家伦理的非个人主义。他说,"西洋民族,自古迄今,彻头彻尾,个人主义之民族也……举一切伦理,道德,政治,法律,社会之所向往,国家之所祈求,拥护个人之自由权利与幸福而已"。国家利益、民族利益与个人利益虽然是一致的,但是,前者在根本上是为个人利益服务的,"国家利益,社会利益,名与个人主义相冲突,实以巩固个人利益为本因也"①。与此相反,中国的宗法制度则以维护宗族利益来否定个人利益。陈独秀还提出,中国的青年要成为真正的青年,不仅要在生理上完成青年的资格,还要在精神界除旧布新,树立功利主义的幸福观。他说:"人之生也,求幸福而避痛苦,乃当然之天则。英人边沁氏,幸福论者之泰斗也。"②为此,必须将功利主义伦理教育作为新教育的第一教育方针,他说,"英吉利所重者,个人自由之私权也",现实主义的教育方针,"见之伦理道德者,为乐利主义;见之政治者,为最大多数幸福主义"③。所谓乐利主义即是功利主义,而"最大多数幸福主义"正是功利主义最基本的伦理原则。另外,他还对人格独立与个人经济关系作了论述,认为培养新的人格必须以相应的经济生活为条件,只有独立的经济生活,才能产生独立的人格。他说:"现代生活,以经济为之命脉,而个人独立主义,乃为经济学生产之大则,其影响遂及于伦理学。故现代伦理学上之个人人格独立,与经济学上之个人财产独立,互相证明,其说遂至不可动摇;而社会风纪,物质文明,因此大进。"④又说:"西洋个人独立主义,乃兼

---

① 陈独秀:《东西民族根本思想之差异》,《陈独秀著作选》第1卷,上海:上海人民出版社,1993年,第166页。
② 陈独秀:《新青年》,《陈独秀著作选》第1卷,上海:上海人民出版社,1993年,第186页。
③ 陈独秀:《今日之教育方针》,《陈独秀著作选》第1卷,第141、143页。
④ 陈独秀:《孔子之道与现代生活》,《陈独秀著作选》第1卷,上海:上海人民出版社,1993年,第232—233页。

伦理经济二者而言,尤以经济上个人独立主义为之根本也。"而中国古代平民百姓由于在经济上处于依附地位,因此丧失了独立自主的人格,"父兄养成年之子弟,伤为父兄者之财产也小,伤为子弟者之独立人格及经济能力也大"①。由于没有独立自主的人格,不能平等地参与经济活动,因而无从培养处理经济事务的能力,这反过来又阻碍了独立人格的形成。

功利主义政治伦理观在19世纪末和20世纪初由严复和和梁启超介绍传播到中国,但是,辛亥革命时期资产阶级革命派对此没有产生什么兴趣。那么,作为一名激进的民主主义革命者,陈独秀为什么这时要借用它来从事伦理革命呢?这是因为,在他看来,功利主义与民权自由、立宪共和同是近世文明的产物,均是民主共和的重要条件,"民权自由立宪共和与功利主义,在形式上虽非一物;而二者在近世文明上同时产生,其相互关系之深,应为稍有欧洲文明史之常识者所同认也。所谓民权,所谓自由,莫不以国法上人民之权利为其的解,为之保障。立宪共和,倘不建筑于国民权利之上,尚有何价值可言?此所以欧洲学者或称宪法为国民权利之证券也……功利主义之所谓权利主张,所谓最大多数之最大幸福等,乃民权自由立宪共和中重要条件"②。

19世纪末和20世纪初,社会达尔文主义伦理进化思想经严复的系统介绍,在中国思想界产生了广泛和深远的影响,成为中国社会各领域变革的重要理论武器。这一理论也成为陈独秀伦理革命的思想武器。他说:"宇宙间精神物质,无时不在变迁即进化之途。道德彝论,又焉能外?"③又说:"盖道德之为物,应随社会为变迁,随时代为新旧,乃进化的而非一成不变的,此古代道德所以不适于今世也。"④所以,"吾人往往以为道德不能变易,吾人今日所遵之道德,即自有生民以来所共认之道德,此大误也。夫道德变迁之迹,

---

① 陈独秀:《孔子之道与现代生活》,《陈独秀著作选》第1卷,第232、233页。
② 陈独秀:《再质问〈东方杂志〉记者》,《陈独秀著作选》第1卷,第480页。
③ 陈独秀:《孔子之道与现代生活》,《陈独秀著作选》第1卷,第231页。
④ 陈独秀:《答淮山逸民(道德)》,《陈独秀著作选》第1卷,第277页。

实有显著不可掩之事实"①。正因为道德要随着时代的变化而演进,因此,陈独秀认为复古派和守旧派所提倡的"天不变,道亦不变"的伦理不变观是错误的,中国必须重建新的道德观。

新文化运动前期,陈独秀主要是接受了资产阶级伦理观,不过,他对社会主义伦理观也表露出某种认同。他说,西方近代道德学说主要分个人主义自利派和社会主义利他派,"故自利主义者,至坚确不易动摇之主义也。惟持极端自利主义者,不达群己相维之理,往往只知有己不知有人。极其至将破坏社会之组织。夫人者群居之动物也。文明愈进,则群之相需也愈深……故言自利主义,而限于个人,不图扩而充之至于国家自利,社会自利,人类自利,则人类思想生活之冲突,无有已时。他日道德问题之解决不外是欤"②。这说明他对个人主义伦理观是有条件的赞同的,对社会主义伦理观持某种肯定态度。这种认识在他发起新文化运动运动时已萌生,他在《青年杂志》创刊号所写的《法兰西人与近世文明》一文中盛赞社会主义(按:指空想社会主义)是法兰西民族对近代世界的三大贡献之一。

三、伦理革命思想的特色和历史地位

中国近代的政治变革和思想解放,是同提倡个性解放和人格独立,批判儒家伦理道德(特别是封建礼教压制和束缚人的独立、平等和自由)紧密联系在一起的。重视并切实进行国民性改造,特别是注重国民新道德的培养,以适应中国社会改造的需要,是中国近代资产阶级的共同追求和基本思想特征。

在维新变法时期,资产阶级维新派就注重伦理道德革新对中国社会变革的作用,运用西方进化伦理观、卢梭的自由平等观和英国功利主义伦理观来抨击中国传统的伦理道德,严复和梁启超更是明确提出了"新民德"的主张,并将之作为变法维新的基本目标之一。1895年,严复在《原强》中便提出了"新民德"的主张,梁启超的《新民说》则对之作了继承和发展,系统阐述了

---

① 陈独秀:《道德之概念及其学说派别》,《陈独秀著作选》第1卷,第299—301页。
② 陈独秀:《道德之概念及其学说派别》,《陈独秀著作选》第1卷,第301页。

"新民德"的内容和意义,将它视为新民和新国的首要任务。辛亥革命时期,章太炎首倡"个性解放",把争取个性解放、人格独立同批判封建伦理道德结合起来。孙中山认为中国国民性难以完成民主共和的大任,提出"不知不觉"的民众需要"先知先觉"的革命党人来教育和领导,反映了对国民人格培养的极端重视。由此可见,陈独秀重视伦理革命在中国社会变革中的重要作用和强调国民道德改造的思想主张,是与资产阶级维新派和革命派的道德变革思想一脉相承的。在理论来源上,陈独秀伦理革命思想对资产阶级维新派和革命派的伦理思想作了很多继承,运用了资产阶级维新派和革命派曾经宣扬过的西方近代各种伦理思想,在不少方面,陈独秀伦理革命的思想水平并未超越此前的梁启超、严复、谭嗣同、孙中山和章太炎①。

另一方面,陈独秀又根据时代的发展和社会的需要,对资产阶级维新派和革命派的伦理思想作了不少发展,有自身的鲜明特征和历史贡献。

首先,陈独秀将新伦理道德与儒家伦理道德完全对立起来,并认为儒家伦理道德是中国传统文化的核心,是中国落后的根源,从而将彻底打倒儒家伦理道德与全盘否定中国传统文化直接联系起来,这样,便将中国近代以来批判儒家伦理道德的斗争提高到前所未有的全面和彻底地反传统的高度,在全社会的范围内对儒家伦理道德的负面因素和危害作了全面的清理。而资产阶级维新派和革命派则不同。康有为、梁启超、严复虽然也对中国儒家伦理道德的危害进行过不同程度的抨击,像梁启超和严复的抨击往往还相当激烈,但是,他们并没有对儒家伦理道德进行全盘否定,而是对它作了不同程度的继承和发展,更没有将批判儒家伦理道德与否定中国传统文化划等号。思想激进的谭嗣同高喊"冲破封建伦常名教之网罗",但是,他的《仁学》将"仁"作为伦理观的最高伦理原则,仍然体现了对儒家伦理道德的某种继承和改造,而且,也没有将伦理道德的革命与彻底否定传统文化相联系。而资产阶级革命派对待传统道德大多比维新派要温和。章太炎倡导保存和

---

① 有关梁启超、严复、谭嗣同、孙中山和章太炎的伦理思想,请参见张岂之、陈国华:《近代伦理思想变迁》一书的有关内容。

发扬"国粹",即中国传统文化。孙中山则力求在继承儒家伦理道德优良传统的基础上,引进西方近代伦理观,来创造新的伦理道德。因此,如果从对中国传统伦理道德破坏的广度、深度和强度来说,陈独秀及其领导的新文化伦理革命无疑要大大超过以往的资产阶级维新派和革命派。

其次,陈独秀系统总结了近代以来传入中国的"民主"和"科学"思想,并将之作为伦理革命的两大理论武器。在资产阶级维新派和革命派那里,科学和民主的观念已经得到不同程度的宣扬和运用,特别是梁启超、严复等对西方的科学和民主作了相当多的介绍,而且,已经将民主、科学的精神和方法的缺乏视为中国国民性低劣的根源。在严复、梁启超、谭嗣同和章太炎的伦理思想中,都不乏以民主和科学为其立说立论之处。然而,他们都没有能够对科学和民主进行十分自觉的和系统的理论阐述,并运用它来系统分析和批判儒家的传统伦理道德。陈独秀在继承维新派和革命派思想的基础上向前迈出了一大步,不但明确把以"新人格"为核心的新伦理观的建立与民主的实现等同起来,而且,深入论述了科学精神和方法对新伦理观建立的必要性和科学伦理观的内涵及其建立的时代意义。正是因为有陈独秀高扬"科学"和"民主"这两大思想利器,才使得新文化运动对中国传统伦理道德的审视和批判能够达到前所未有的深度和广度。

然而,陈独秀的伦理革命思想又是比较混杂的,存在着不少逻辑上的悖论。与资产阶级维新派和革命派相比,陈独秀显然比较多地注意个人的独立和自由的价值和意义,这也是新文化运动启蒙的重要贡献之一。然而,陈独秀仍然是将个人独立、自由和平等的实现视为是达到民族国家独立富强的途径,他说:"集人成国,个人之人格高,斯国家之人格亦高;个人之权巩固,斯国家之权亦巩固。"[①]也就是说,陈独秀倡导的个人主义最终还是服从于整体(国家和民族)主义利益的。新文化运动固然是以倡导个人解放为核心,然而,新文化运动本身不是终极目标,它也是一种手段和途径,它的最终

---

① 《一九一六年》,《陈独秀著作选》第1卷,第172页。

目标是"救国"。这里无意对中国现代化进程中,个人解放与民族(国家)解放谁应当为先、谁是根本价值目标所在进行评判,只是想说明,陈独秀的这种伦理革命观存在逻辑的悖论。因为,以个人主义为核心价值理念的西方自由民主主义政治伦理观,是将个人利益、而非民族国家的集体利益作为最终目的和核心的,是国家和民族利益服从和服务于个人利益,而不是个人利益服从和服务于国家和民族利益。而陈独秀显然不是这么认识的。当然,这种思想上的悖论,在中国近代以来的大多数革命家和思想家那里是普遍存在的,只有胡适等极少数自由主义者例外。李泽厚先生的"救亡压倒启蒙"说可以被视为是对这种历史现象的一种诠释。由于将民族和国家利益凌驾于个人利益之上,将救国救亡视为压倒一切的任务,所以,当"五四"运动使中国社会的中心问题发生转变后,陈独秀便放弃以个人解放为核心的"伦理革命"运动,转而接受马克思主义集体伦理主义,并走上了政治革命的救国道路。

(原载《安徽史学》,2005 年第 4 期)

梁启超民族主义史学的建构及其意义
—— 对梁启超"新史学"的再认识

有关梁启超新史学的本质、基本特征及其在中国现代史学建立和发展中的作用,以往史学界主要是从其反封建的民主性和科学性(进化史观和科学研究方法)的角度来探讨的,这有其合理性。然而,如果从梁启超新史学理论来源的西方史学主流思想话语和梁启超建构新史学所处的中国近代发展的历史主题来看,上述观点亦有值得再探讨之处。众所周知,建立近代民族国家是近现代世界历史发展的潮流。因此,19世纪西方史学界乃至文化思想界的主流话语无不以民族的、进化的历史观念和政治观念来解释西方历史和世界历史。受此影响,西方民族主义成为中国近代社会各领域变革的重要思想资源和动力。中国近代以来的种种变革(包括改革和革命)或称之为近代化的过程,实际上就是借助和运用近代民族主义思想资源以建立现代民族国家的过程,其中,史学界在传播和运用民族主义方面发挥了极其重要的作用。梁启超是近代中国变革的理论和实践上的先锋和代表人物,民族主义不仅在其政治思想中占有根本性地位,亦是其新史学思想建构的支柱之一。他的新史学实质上是一种建立在民族进化史观上的民族主义史学。这种新史学范式的建立对整个中国现代史学的发展产生了广泛和深远的影响。学术界对此作过一些讨论,但不够深入①。本文拟就梁启超民族主义新史学的建构及其对中国现代新史学建立发展的意义进行探讨。

一、民族主义史学思想的萌生

19世纪末(维新变法前)梁启超的民族主义史学思想开始萌生。甲午战后,中国面临的深重民族危机是梁启超萌生民族主义史学思想的社会现实根源。而严复和康有为等人宣扬的西方种族论和进化论,尤其是社会达尔文主义,则是梁氏民族主义史学思想形成的初步理论来源。同时,从梁的《西学书目表》等文章可以看出,这一时期他接触了《泰西新史揽要》之类的史地著述,这些著述所描绘的近百年西方民族国家迅速崛起和相互争雄的历史,使他对近代民族主义及其对中国变革自强的意义有了直接和初步的认识。

梁启超民族主义史学思想的萌生主要表现在:一是提出进化论意义的"变"的思想;二是宣扬竞争进化性的种族竞争论;三是提出了民族国家性的"群"和"国群"的概念。

关于"变"的思想。梁启超说,天地间没有不变的,"故夫变者,古今之公理也"②。具体到历史观上,就是继承和发展康有为的历史观,宣扬糅合儒家今文经学的"三世说"和西方历史进化论的三世进化观。他说:"春秋立三世之义,以明往古来今天地万物递变递进之理,为孔子范围万世之精意。""《春

---

① 关于民族主义与梁启超史学思想的研究,海外有 Xiaobing Tang(唐小兵),Global Space and the National Discourse: the Historical Thinking of Liang Qichao(《全球空间与国族主义者论述:梁启超的史学思想》),Stanford, CA.: Stanford University Press, 1996。此书主要研讨了梁启超晚年否定原先的民族主义的"后民族主义"史学思想(见王晴佳、古伟瀛:《后现代与历史学——中西比较》,济南:山东大学出版社,2003年)。杜赞奇:《从民族国家拯救历史:民族主义话语与中国现代史研究》(北京,社会科学文献出版社,2003年)在探讨近代民族主义与中国现代史学关系时,谈及梁启超的史学思想。葛志毅:《梁启超文化史观及其所受西方史学思想的影响》(载《学习与探索》,1995年第5期)后半部分就民族主义史学思想对梁启超的影响作了介绍和分析。
② 梁启超:《变法通议·自序》,北京:华夏出版社,2002年。

秋》者,所以治万世之天下也。凡天下万物之不能不变也,天理也;变而日进于善也,天理而加以人事者也……要之,天地万物之情状虽繁虽赜,而惟三世可以驭之"①。在1898年到流亡日本后,梁的这种思想仍然没有发生根本性的改变,他依然用今文经学的三世说来阐释历史进化论,说泰西学者分世界人类为野蛮人、半开化人和文明人三级,"其在《春秋》之义,即谓之据乱世,升平世,太平世。皆有阶级,顺序而升,此进化之理,而世界人民所公认也"②。

那么,历史是怎样进化的呢？受严复《天演论》的直接影响③,梁启超接受了社会达尔文主义的种族竞争进化论,将人类历史视为种族竞争、优胜劣败的历史。其《变法通议》说,自大地生物形成至今的历史,"一言以蔽之曰:'争种族而已'……此生存相竞之公例,虽圣人无如之何者也"。那么,各种族如何才能在竞争中致胜呢？首要之事便是"合种"。他说,种族出现时同是劣种,而后才有战胜劣种的优种,"何也？数种相合,而种之改良起焉,所合愈广,则其改良愈盛。而优劣遂不可同年而语矣"。要而论之,"大抵其种愈大者,则其战愈大,而其胜败愈有关系。善为战者,知非合种不能与他种敌,故专务沟而通之"。他还以中国史作论证,说:"自汉以后,支那之所以渐进于文明成为优种人者,则以诸种之相合也,惟其相合故能并存。"④因此,黄种人要想在与白种人的竞争中取得胜利,就必须合黄种之内的各种族。主张合种,特别是合国内各民族参与国际竞争,显然是近代民族历史进化观。

---

① 梁启超:《读〈春秋〉界说》,载葛懋春、蒋俊编:《梁启超哲学思想论文选》,北京:北京大学出版社,1984年,第25、26页。

② 梁启超:《自由书·文野三界别》,载李华兴、吴嘉勋编:《梁启超选集》,上海:上海人民出版社,1984年,第94页。

③ 严复在1896年曾将《天演论》原稿给梁启超看,见王栻编:《严复集》第3册,北京:中华书局,1986年,第514页。关于严复天演论中的社会达尔文主义的内涵及其对梁启超的影响,可参看张灏:《梁启超与中国思想的过渡》,南京:江苏人民出版社,1995年,第46—48页。

④ 梁启超:《变法通议》,第162、163、171、163页。

上篇　历史文化观与史家思想

关于"群"和"国群"的思想①。梁启超说:"群者,天下之公理也。""群者万物之公性也"。"物之以群相竞,斯固然矣,至其势逼而率相近者,则其相竞也尤甚"②。他进而论述了"群术"的重要,提出了"国群"概念,论证了"群"与国家的必然关系。他说,所以能有千万人群而成的国和亿兆京垓人群而成的天下,"则岂不能群乎哉?以群术治群,群乃成,以独术治群,群乃败……抑吾闻之,有国群,有天下群,泰西之治,其以施之国群则至矣","欲灭人之国者,灭其国之群可矣"③。强调"群术"和"国群"的重要,并以西方"施之国群则至矣"作为价值论断,表明梁启超已意识到要以"群术"将中国人凝聚为近代民族国家。故张灏先生指出:"带着'群'的思想,梁正从儒家合乎道德自发产生的有机社会关系的文化理想向一个早期的民族共同体的思想迈进。"④"国群"论是梁启超"合种"论的发展,亦是其民族主义国家观形成的基础。梁的这一思想是对严复《天演论》有关思想的进一步阐发。他说:"启超问治天下之道于南海先生。先生曰:'以群为体,以变为用。斯二义立,虽治千万年之天下可已。'启超既略述所闻,作《变法通议》。又思发明群义,则理奥例赜,苦不克达。既乃得侯官严君复之治功《天演论》,浏阳谭君嗣同之《仁学》,读之犁然有当于其心……乃内演师说,外依两书,发以浅言,证以实事,作《说群》十篇。"⑤

不过,此间梁启超的民族主义史学思想还不明确和系统,并带有浓厚的

---

①　在19世纪末和20世纪初,中国学术文化思想界所使用的"群"的概念其内涵是不同的,作为专门的术语,它既可以指民族、种族,也可以指国家、社会。如严复译斯宾塞的《群学肄言》,此"群学"即指社会(学)。但有一点是共同的,也就是这一时期的思想家所阐释的"群"的内涵和价值取向基本是近代西方意义的,目的在于反对中国传统的家族和宗法组织及其体现的所谓自私自利的个人主义、家族主义。梁启超这一时期对"群"的阐释的涵义往往也是多重的。梁启超这里所论主要是指民族及其与国家的关系。
②　梁启超:《说群》,载葛懋春、蒋俊编:《梁启超哲学思想论文选》,第12、13页。
③　梁启超:《说群》,载葛懋春、蒋俊编:《梁启超哲学思想论文选》,第10、14页。
④　张灏:《梁启超与中国思想的过渡》,第71页。
⑤　梁启超:《说群》,载葛懋春、蒋俊编:《梁启超哲学思想论文选》,第10页。按:严复的《天演论》中专门论及"群"的有"蜂群"、"人群"、"善群"和"群治"四篇。

儒家传统色彩。他讲进化史观，是以今文三世说来比附和诠释的。他提出蕴含民族国家性质的"国群"观，也只是向儒家大同世界（天下群）终极目标过渡的中介，他说："春秋曰：'太平之世，天下远近大小若一'。记曰：'大道之行也，天下为公……是谓大同。'其斯为天下群者哉！"①

二、民族主义史学思想的全面建构

1898年变法失败流亡日本后，梁启超大量接触了西方思想文化，思想出现重大转变②。西方近代民族主义及其史学思潮对他产生了直接而深刻的影响，宣扬近代民族主义和寻求在中国建立近代民族国家成为他著述的主题，他的近代民族观及其史学思想最终形成。

梁启超接受了卢梭、伯伦知、斯宾塞和布伦奇利等思想家的民族和民族主义思想，主张在中国建立近代民族国家，以实现国家和民族的强盛。他说："故夫民族者，有同一之言语风俗，有同一之精神性质，其公同心因以发达，是固建国之阶梯也。"③又说，"民族主义者，世界最光明正大公平之主义也，不使他族侵我之自由，我亦毋侵他族之自由。其在于本国也，人之独立；其在于世界也，国之独立"，"十八十九两世纪之交，民族主义飞跃之时代也……此一大主义，以万丈之气焰，磅礴冲激于全世界人人之脑中，顺之者兴，逆之者亡"④。民族国家思想"使国民皆以爱国为第一之义务，而强盛之国乃立。19世纪末世界之政治则是也。而自今以往，此义愈益为各国之原力，无可疑也"⑤。近代欧洲的进步完全得力于民族主义，"民族主义者实制

---

①　梁启超：《说群》，载葛懋春、蒋俊编：《梁启超哲学思想论文选》，第11页。
②　梁启超在《三十自述》中说，在1898年变法失败流亡日本后，"自此居日本东京者一年，稍能读日文，思想为之一变。"（转见丁文江、赵丰田编：《梁启超年谱长编》，上海：上海人民出版社，1983年，第171页。）
③　梁启超：《政治学大家伯伦知之学说》，载《饮冰室合集》第2册，文集之十三，北京：中华书局，1989年，第72页。
④　梁启超：《国家思想变迁异同论》，载《饮冰室合集》第1册，文集之六，北京：中华书局，1989年，第20页、第19页。
⑤　梁启超：《论学术之势力左右世界》，载《饮冰室合集》第1册，文集之六，第114页。

造近世国家之原动力也。""故今日欲救中国,无他术焉,亦先建设一民族主义之国家而已","有之则莫强,无之则竟亡,间不容发,而悉听我辈之自择"①。

那么,如何培养民众的民族主义思想和爱国精神呢?梁启超认为,根本途径在于史学教育。《新史学》开宗明义提出:"史学者,学问之最博大而最切要者也,国民之明镜也,爱国心之源泉也。今日欧洲民族主义所以发达,列国所以日进文明,史学之功居其半焉。然则但患其国之无兹学耳,苟其有之,则国民安有不团结,群治安有不进化者。"中国旧史学虽很发达,但因存在四蔽二病及三恶果,使人"虽尽读全史,而曾无有足以激励其爱国之心,团结其合群之力,以应今日之时势而立于万国者。然则吾中国史学外貌虽发达,而不能如欧美各国民之实受其益,职此之由"。故此,要实行民族主义,就要在中国进行一场"史学革命","今日欲提倡民族主义,使我四万万同胞强立于此优胜劣败之世界乎?则本国史学一科,实为无老、无幼、无男、无女、无智、无愚、无贤、无不肖所皆当从事,视之如渴饮饥食,一刻不容缓者也……呜呼,史界革命不起,则吾国遂不可救。悠悠万事,惟此为大"②。

梁启超在《中国史叙论》、《新史学》和《新民说》等论著中全面深入地阐述以民族进化史观为理论基础的新史学的性质、任务、基本内容和功能,建构起了民族主义史学思想体系。

关于新史学的性质,梁启超说:"历史者,叙述人群进化之现象而求得其公理公例者也。"③梁启超所谓的人群进化即是种族(民族)进化。他说:"民族为历史之主脑。"④又说:"历史者何?叙人种之发达与其竞争而已。舍人种则无历史。何以故?历史生于人群,而人之所以能群,必其于内焉有所结,于外焉有所排,是即种界之所由起也。""故夫叙述数千年来各种族盛衰兴亡之迹者,是历史之性质也。叙述数千年来各种族所以盛衰兴亡之故者,

---

① 梁启超:《论民族竞争之大势》,载《饮冰室合集》第1册,文集之十,第11、35页。
② 梁启超:《新史学》,载《饮冰室合集》第1册,文集之九,第1、6—7、7页。
③ 梁启超:《新史学》,载《饮冰室合集》第1册,文集之九,第10页。
④ 梁启超:《中国史叙论》),载《饮冰室合集》第1册,文集之六,第6页。

是历史之精神也"①。也就是说,无人种或种族即无历史,人种或种族进化即是历史。史学便是叙述以种族为单位的人群进化并探求其演化规律的学科。以种族指民族,将两者等同,是当时思想界一普遍现象②。梁启超的上述论述,表明新史学本质上是以民族进化史观为基础的史学。

梁启超以此为基础描述了人类历史民族竞争演化的图景。他把人种分为历史的与非历史的,说:"能自结者,为历史的;不能自结者,为非历史的。何以故?能自结者,则排人;不能自结者,则排于人。排人者,则能扩张本种以侵蚀他种,骎骎焉垄断世界历史之舞台。排于人者则本种日以陵夷衰微,非惟不能扩张于外,而且渐灭于内,寻至失其历史上本有之地位。"③历史的人种又有世界史的与非世界史的。所谓世界史的人种,是指文化武力扩充于外,影响到世界人类历史发展的种族,即在世界文明发展史中先后居主导地位的各个民族。梁启超认为,历史上只有白种人才称得上是世界史的人种。白种人民族在世界史上依次发挥着主导作用,他们的此伏彼起、迭兴迭衰构成了世界文明发展史。因此,"欧罗巴文明实为今日全世界一切文明之母"④;"今世之著世界史者,必以泰西各国为中心点……盖以过去、现在之间,能推衍文明之力以左右世界者,实惟泰西民族,而他族莫能与争也"⑤。促成西方民族历史发展的根本动力是民族间的生存竞争。"竞争为进化之母",竞争与进化相倚,竞争为社会、民族进步的原动力。近代西方之所以进步神速,"皆竞争之明效也。夫列国并立,不竞争则无以自存"。中国历史上只有春秋战国数百年间分立最久,而群治之进为极点。自秦一统局面形成

---

① 梁启超:《新史学》,载《饮冰室合集》第1册,文集之九,第11、12页。
② 梁启超后来意识到种族和民族的区分。1922年,他说,民族与种族不同,种族是人种学研究的对象,而"民族成立之惟一的要素在民族意识,之发现与确立"。(梁启超:《中国历史上民族之研究》,载《饮冰室合集》专集之四十二,北京:中华书局,1989年,第1页。)
③ 梁启超《新史学》,载《饮冰室合集》第1册,文集之九,第12页。
④ 梁启超《新史学》,载《饮冰室合集》第1册,文集之九,第15页
⑤ 梁启超:《中国史叙论》,载《饮冰室合集》第1册,文集之六,第2页。

后,"而为退化之状者,千余年于今矣,岂有他哉,竞争力销乏使然也"①。

在梁启超看来,民族国家的历史从内部来说则是一部"民史"。他说:"前者史家,不过记述人间一二有权力者兴亡隆替之事,虽名为史,实不过一人一家之谱谍;近世史家,必探察人间全体之运动进步,即国民全部之经历,及其相互之关系。"②也就是说,现代史家应当写探察国民全部经历及其相互关系的"民史"。他批判中国传统史学的"正统论"只言"君统",不言"民统",与西方史学正好相反。"泰西之良史,皆以叙述一国国民系统之所由来,及其发达、进步、盛衰、兴亡之原因结果为主,诚以民有统而君无统也。"③中国史学以国统属于君,实是视全国人民为无物,从而使国人永远丧失国民资格而为奴隶。

为什么民族国家史是"民史"呢?或者说,近代民族国家与国民及民主有什么必然的关系呢?梁启超接受了西方的民约论等政治思想,指出近代民族国家由国民构成,国民是国家的主体。他说:"国民者,以国为人民公产之称也。国者积民而成,舍民之外,则无有国。以一国之民,治一国之事,定一国之法,谋一国之利,捍一国之患,其民不可得而侮,其国不可得而亡,是之谓国民。"④"质而言之,则主权者,邦国之所有;邦国者,众人之所有"⑤。因此,近代国家竞争实际是民族间的竞争,归根到底又是国民间的竞争。他说:"今日世界之竞争国民之竞争也。"⑥"在民族主义立国之今日,民弱者国弱,民强者国强";"欲实行民族主义于中国,舍新民未由"⑦。由此可见,所谓的"民史"即是民族国家历史的内在形式,一国民众对外而言,为民族,对内

---

① 梁启超:《新民说》,郑州:中州古籍出版社,1998年,第119页。
② 梁启超:《中国史叙论》,载《饮冰室合集》第1册,文集之六,第1页。
③ 梁启超:《新史学》,载《饮冰室合集》第1册,文集之九,第21页。
④ 梁启超:《论近世国民竞争之大势及中国前途》,载《饮冰室合集》第1册,文集之四,第56页。
⑤ 梁启超:《卢梭学案》,载葛懋春、蒋俊编:《梁启超哲学思想论文选》,第63页。
⑥ 梁启超:《论近世国民竞争之大势及中国前途》,载《饮冰室合集》第1册,文集之四,第59页。
⑦ 梁启超:《新民说》,郑州:中州古籍出版社,1998年,第56、51页。

而言,是国民。进而言之,在梁启超看来,近代民族国家形成的历史,也就是民主国家形成的历史,这是近代国家历史形成和发展的两个方面,或者说,这两方面的历史发展进程是合一的。

新史学的根本任务就是要向国民揭示历史竞争演化的规律和真相,培养他们的民族精神和爱国心。梁启超说:"历史者,以过去之进化,导未来之进化者也……而史家所以尽此义务之道,即求得前此进化之公理公例,而使后人循其理,率其例以增幸福于无疆也。"又说:"史也者,非纪一人一姓之事也,将以述民族之运动、变迁、进化、堕落,而明其原因结果也。"而中国传统书法只在褒贬和专科功罪一二人,只知有一私人之善恶功罪,不知有一团体之善恶功罪,"以此牖民,此群治所以终不进也"。真正的书法(按:即历史编撰原则和精神)应当培养与激励民族全体精神,"吾以为书法者,当如吉朋之《罗马史》,以伟大高尚之理想,褒贬一民族全体之性质,若者为优,若者为劣,某时代以何原因而获强盛,某时代以何原因而致衰亡。使后起之民族读焉,而因以自鉴曰:吾侪宜尔,吾侪宜毋尔"①。

总之,梁启超对新史学的性质、任务、内容和功能的阐述,对中西史学的赞否,无一不贯穿和体现着民族进化史观和民族国家思想;他对中西方历史所作的价值评判,对中国历史未来发展的期待,也是以此立论的。新史学的奠基之作《新史学》通篇贯穿着民族进化史观的主线。所以说,他所构建的新史学本质上是建基于民族进化史观上的民族主义史学。因此,以往从史学的民主性(反封建和主张研究国民的历史)和科学性(进化论史观和近代科学方法论)角度来定性和评价梁启超新史学对中国现代史学建立的意义,似可商讨。因为,所谓新史学的科学性和民主性都不过是民族主义史学新范式的两个基本特征。

三、梁启超民族主义史学构建的意义

如果从民族主义史学是西方近代史学发展的主题,和中国近现代新思

---

① 梁启超:《新史学》,载《饮冰室合集》第1册,文集之九,第11、27、29页。

潮是中西文化冲突与融和的产物这两个大历史背景看,梁启超民族主义新史学既是对西方近代民族主义史学理论的直接运用和推广,也是对儒家文化民族观和历史观的继承和发扬。

有学者指出,西方现代史学本质上是一个建构世界性民族主义国家历史的史学。它始于西方启蒙运动以来理性和进步的历史观,西方史家和哲学家认为,世界存在着普遍的理性,它是建立在同一时间观念之上的。民族国家的历史是这种普遍性的世界史进步发展的顶峰或终结。西方在这种历史发展中最快最先,为此,"民族—国家的兴起在当时不仅是衡量一个文明是否进步的标志之一,而且本身也成为历史研究、著述的中心"。西方现代历史编撰学"正是民族—国家史学的天下,其著述的重点是西方民族—国家的形成及其在历史上的意义"。这一历史思维模式,直接影响到以后非西方国家史学的发展,"事实上,在几乎所有的非西方地区,所谓现代史学的诞生和发展,都不可避免地以民族—国家为中心。当然,非西方地区和国家的民族主义史学,常常是以反抗西方的侵略为目的的,但从史学史的观点来看,这一反抗还是在西方史学观念的模式中完成的"。如中国20世纪初的梁启超、章太炎等人的民族主义史学论述,显然是西方现代历史编撰学的寸步延伸和扩展①。海外的中国近代民族史研究专家杜赞奇则指出,20世纪初,现代民族主义已在中国扎下根来,启蒙历史的叙述结构以及一套相关的词汇,主要通过日语而进入中文,"这些新的语言资源,包括词汇和叙述结构,把民族建构为历史主体,改变了人们对于过去以及现在民族和世界的意义的看法"②。他又说:"一个大体相当于社会达尔文主义的话语已经在中国知识分子中生根。这个话语的循环推理涉及种族、民族、历史三项要素。"③也就是说,近代民族主义为中国新史学提供了理论根源,直接促成了近代中国的民

---

① 王晴佳、古伟瀛:《后现代与历史学——中西比较》,济南:山东大学出版社,2003年,第4—5页。
② 杜赞奇:《从民族国家拯救历史:民族主义话语与中国现代史研究·导论》,第3页。
③ 杜赞奇:《从民族国家拯救历史:民族主义话语与中国现代史研究》,第36页。

族主义史学。国内学者对此也作过一定研究,如俞旦初先生以爱国主义史学来概括20世纪初中国史学发展的主题,称20世纪初中国史学的爱国主义史学思潮,是与新史学思潮并起奔腾,交相辉映的两大思潮①。只不过,这两股思潮实质上是合二为一的,新史学思潮本质上即是近代民族主义史学思潮。

不过,梁启超的民族主义新史学对中国传统儒家文化作了某些继承和发展,绝非西方民族主义史学的简单翻版。综观梁启超一生对新文化的构建,从未以彻底的反传统作为前提和基础。1896年,他曾对中国在进行变革时应当如何处理中西学的关系作过这样的论述:"要之,舍西学而言中学者,其中学必为无用,舍中学而言西学者,其西学必为无本。无用无本,皆不足以治天下,虽庠序如林,逢掖如鲫,适以蠹国,无救危亡。"②这里,梁启超是将中学视为本根的。1898年流亡到日本后,他说自己的思想为之一变。综合考察他流亡日本期间的著述,可以说这一时期是梁在文化观最激进的时期,其言论有明显的西方历史文化中心论和优越论色彩。但是,他仍然没有走向全盘反传统。他在1902年说过这样的话:"今日之世界,民族主义之世界也。凡一国之能立于天地,必有其固有之特性,感之于地理,受之于历史,胎之于思想,播之于风俗。此等特性,有良者焉,有否者焉。良者务保存之,不徒保存之而已,而必采他人之可以补助我者,吸为己有而增殖之。否者务刮去之,不徒刮去之而已,而必求他人之可以匡救我者,勇猛自克而代易之。"③后来,他又转向了主张保存和发扬儒家文化的保守立场。他在1915年说:"若夫孔子教义,其所以育成人格者,诸百周备,放诸四海而皆准,由之终身而不能尽,以校泰西古今群哲,得其一体而加粹者,盖有之矣,若孟子所谓集大成者,庄生所谓大小精粗其运无乎不备,则固未有加于孔子者。孔子虽可毁,斯真虽欲自绝,其何伤于日月也。且试思我国历史,若将孔子夺去,则暗

---

① 俞旦初:《二十世纪初年中国的爱国主义史学思潮》,载《爱国主义与中国近代史学》,北京:中国社会科学出版社,1996年。
② 梁启超:《西学书目表后序》,载李华兴、吴嘉勋编:《梁启超选集》,第38页。
③ 梁启超:《论教育当定宗旨(1902)》,载《饮冰室合集》第2册,文集之十,第60页。

然复何颜色,且使中国而无孔子,则能否搏拊此民族以为一体,盖未可知。"①

梁启超对中西文化的这种态度决定了他在构建民族主义新史学时,对中国传统儒家文化,特别是春秋公羊学的历史"三世说"和文化民族观,作了不同程度的保留和吸收。关于公羊"三世说"对梁启超民族进化史观形成的影响,文章第一部分已作分析,此不再论。同样,公羊学派的民族文化观对梁启超民族主义及其史学思想也产生了重要影响。梁启超民族主义的根本主张之一是提倡"大民族主义",主张中华各民族平等的民族史观。他说:"吾中国言民族者,当于小民族主义之外,更提倡大民族主义。小民族主义者何?汉族对于国内他族是也。大民族主义者何?合国内本部属部之诸族,以对于国外之诸族是也。"②从理论上说,它直接源于伯伦知理的民族国家学说。然而,西方近代民族主义,有主张大民族主义的,也有主张小民族主义的。梁启超之所以接受大民族主义,一方面是出于民族救亡斗争的现实需要,以批判清政府的民族压迫政策和革命派盲目反满的种族革命论,在国民中树立平等的民族观,更好地团结各民族进行民族救亡斗争。另一方面,与他赞同公羊学派的文化民族史观有关。他说,宋儒以来持攘夷之说日盛,不符合孔子《春秋》之大义。孔子《春秋》是治天下而非治一国的,他张三世之义:"其所传闻世……则内其国而外诸夏。所闻世……则内诸夏而外彝狄……所见世,则天下远近大小若一,彝狄进至于爵。故曰有教无类。又曰洋溢乎中国。"③公羊学派的文化民族观,既是对中国古代华夏民族由内向外逐步扩大融合历史进程的描述,也体现了儒家以文化高低而非血缘(宗法)远近区分夷夏和以文化融合周边落后民族(夷狄)的中国文化特征④。这种

---

① 梁启超:《复古思潮平议》,载葛懋春、蒋俊编:《梁启超哲学思想论文选》,第243—244页。

② 梁启超:《政治学大家伯伦知理之学说》,载《饮冰室合集》第2册,文集之十三,第75—76页。

③ 梁启超:《春秋中国夷狄辨序》,载《饮冰室合集》第1册,文集之二,第48页。

④ 钱穆先生对儒家这种民族观与西方民族观的本质区别(民族特征)及其文化历史意义作过深入的阐述。参见徐国利:《钱穆史学思想研究》,台北:台湾商务印书馆,2004年,第99—103页。

思想与西方民族主义中强调民族单一性和排斥性的理论是不同的,它更看重民族融合,以及以文化的交流和教化而非赤裸裸的政治和军事强力来处理民族关系。

20世纪初,以梁启超和夏曾佑等为代表的新史学派、以章太炎和刘师培等为代表的国粹学派、以孙中山等为代表的民主革命派均对中国近代民族主义新史学的建立作出了重要贡献。然而,率先为中国现代民族主义史学的发展构建理论模式和提供系统方法论的则是梁启超。不仅如此,梁启超还运用民族主义史学理论来撰写中国历史著作,为中国现代民族通史的编撰树立了典范。1901年,他在中国近代史学上首次用民族进化史观来构建中国民族发展史,将其分为上世史、中世史、近世史三个时期:上世史"自黄帝以迄秦之一统。是为中国之中国,即中国民族自发达自争竞自团结之时代也";中世史"自秦一统后至清代乾隆之末年,是为亚洲之中国,即中国民族与亚洲各民族交涉繁赜竞争最烈之时代也";近世史"自乾隆末年以至于今日。是为世界之中国,即中国民族合同全亚洲民族,与西人交涉竞争之时代也"①。正如杜赞奇所说,"历史学家梁启超也许是第一个用启蒙的叙述结构来写中国历史的","从那时起,一部线性的、进化的中国史迅速地发展起来"②。

此后,运用民族主义史学理论和方法来考察和撰写中国历史开始成为一种潮流。如,横阳翼天氏(曾鲲化)的《中国历史》(1903年),涉园主人(张元济)的《中国历史教科书》(1903年),陈庆年的《中国历史》(1904年),夏曾佑的《最新中学中国历史教科书》(1904年),刘师培的《中国历史教科书》(1905年),徐念慈的《中国历史讲义》(1908年)等。其中,以梁启超的挚友夏曾佑的著作影响最为广泛和深远,后来的史家称它为中国近代"第一部有名的新式通史"③。此后,民族主义的历史研究和写作模式成为中国现代史学的基本模式。20世纪二三十年代以后,虽然有唯物史观等其他西方历史

---

① 梁启超《中国史序论》,载《饮冰室合集》第1册,文集之六,第11—12页。
② 杜赞奇:《从民族国家拯救历史:民族主义话语与中国现代史研究》,第21页。
③ 齐思和:《近百年来中国史学的发展》,《燕京社会科学》1949年10月第2卷。转见《二十世纪中国史学名著叙录》,石家庄:河北教育出版社,2002年,第29页。

观的传入,但是,以民族进化史观为理论和方法的史学撰述仍是历史研究和撰述的主要模式之一。这从夏曾佑的《最新中学中国历史教科书》被商务印书馆改名为《中国古代史》,在1933年被国民政府列为大学历史丛书可见一斑。而且,即便是那些反对进化论史观的史学流派或史家,也都认同中华民族史是一部各民族不断融合与发展壮大的历史,都从各自的角度来撰述民族史或有近代民族意义的中国通史。马克思主义史学对中国通史民族性的激烈张扬不用多说了,文化保守主义的史家,如钱穆的《国史大纲》和柳诒徵的《中国文化史》同样饱含着强烈的民族主义情结和精神,他们在坚守中国历史文化本位和精神的基础上,也不同程度地吸收了民族进化观的思想,并以之解释中华民族的历史发展。而持相对主义史学思想的史家,如常乃德和雷海宗等,或以民族国家观(国族观),或以民族意义的文化形态学,来解释中国历史的发展,将史学完全视为民族复兴的工具。即使是在中国现代史学界盛极一时,反对理论建构和历史宏大叙事的新考据派(亦称实证派)史家,如顾颉刚和傅斯年等,他们所研讨的问题,如"古史辨"与"夷夏东西说"中所讨论的中华民族起源和形成一类的问题,仍不出民族主义史学范畴,所用的亦多为民族主义史学的话语。可以这样说,在相当程度上,现代中国史学的发展实际上就是民族主义史学不断发展的过程。只是,中国现代民族主义史学的理论基础和方法不再只限于梁启超当时所宣扬的民族进化史观,还有其他的各种民族进化和发展史观。

概而论之,梁启超构建的新史学本质上是以西方近代民族主义史学理论为基础,并吸收了中国传统儒家民族文化观和历史观的民族主义史学。这种新史学不仅对20世纪初的中国新史学,而且对整个中国现代新史学范式的建立和发展都具有奠基性和开创性的意义。对于后一点,我们以往重视不够。在当代,史学界出现了解构和重估西方近代民族主义史学及其意义的后现代性史学思潮,在这一新的历史文化语境下,如何再评介梁启超民族主义新史学对中国现代史学的意义,是另一值得研讨的重要问题,这里不作讨论了。

(原载《史学理论与史学史学刊》,2004—2005年卷)

胡适史学思想的再认识

胡适对自己的学术定位是最感兴趣于史学。他晚年曾说:"有时我自称为历史家;有时又称为思想史家。但我从未自称我是哲学家,或其他各行的什么专家。"①然而,相对于研究成果相当丰富的"胡适学"来说,学术界对作为史学家的胡适的思想研究则可以说是相当薄弱的了。不仅论文不多,专门的论著也很少;而在这有限的论著中,有关其方法论的研究又占了大部分。② 因此,本文结合学术界已有的相关研究成果,拟从胡适的历史观、史学认识论和价值论、史学方法论和史料观等方面,对胡适的史学思想作一个全

---

① 胡适:《胡适的自传》,载葛懋春、李兴芝编:《胡适哲学思想资料选(下)》,上海:华东师范大学出版社,1981年,第53页。
② 在中国学术期刊网1979—2005年所收载的论文题名中有胡适论文共1081篇,而题名为研究胡适史学思想或主要涉及其史学的文章约30篇,仅占总数的3%。在30多篇文章中,论述胡适史学方法论的文章占了相当比例,研究的水平也比较高;此外,多是关于胡适疑古思想及与疑古史学关系的研究,而有关胡适历史观、史料观及其他史学思想的文章就相当少了,也缺乏深入的研究。在中国近现代史学研究的专著中,谈到胡适的史学思想,基本也是研究胡适史学方法论,或涉及其疑古史学思想,对其史学思想的其他方面很少涉及。如,许冠三的《新史学九十年》(长沙:岳麓书社,2003年)将胡适定为"方法学派",张书学的《中国现代史学思潮研究》(长沙:湖南教育出版社,1998年)将其研究内容概括为"胡适:实证主义方法论的鼓吹者"。如胡适自己所言,他一生重视科学方法的传播与运用,研究其史学思想应当注重他的史学方法思想,但这并不意味着只研究他的史学方法思想就够了;否则就容易以偏概全,难以对其史学思想有一个全面的认识与正确的评判。

面的审视和评判。

一、胡适的历史观

胡适虽然没有对历史的本质与构成、历史发展形式、历史动力和历史创造者等历史观的基本问题作过集中和系统的论述,但是我们通过他不同时期各类著述对这些问题零散的阐述,还是能够勾勒出胡适历史观的基本面貌。

首先,胡适主张多元的历史观,反对唯物史观一元的物质经济决定论。他说:"……历史事实的原因往往是多方面的,所以我们虽然极欢迎'经济史观'来做一种重要的史学工具,同时我们也不能不承认思想知识等事也都是'客观的原因',可以'变动社会,解释历史,支配人生观'。"①又说:"我是反对历史单因论的……[历史上的]意外往往比'单因'——例如经济、色欲、上帝等等——更为重要。"②但实际上,胡适是重视文化思想在历史发展中的决定作用的,将思想和观念的革新视为社会变革的基础。他说自己参与新文化运动,通过《新青年》来进行文学革命与思想革命,就是"要想在思想文艺上替中国政治建筑一个革新的基础","我们至今还认定思想文艺的重要。现在国中最大的病根,并不是军阀与恶官僚,乃是懒惰的心理,浅薄的思想,靠天吃饭的迷信,隔岸观火的态度。这些东西是我们的真仇敌!他们是政治的祖宗父母。我们现在因为他们的小子孙——恶政治——太坏了,忍不住先打击他。但我们决不可忘记这二千年思想文艺造成的恶果"③。这表明胡适实际上仍是历史一元论者。而这正是胡适一生致力于所谓中国的文艺复兴运动——文化思想研究和自由主义政治理念宣扬的根源所在。

历史一元论会导致历史必然论(决定论),而历史多元论往往带来历史偶然论。由于胡适本质上对历史发展动力的一元性和二元性存在模糊的认识,便带来了他对历史发展必然性与偶然性的矛盾认识。他说:"一个国家

---

① 胡适:《答陈独秀先生》,载《胡适文存》二集,合肥:黄山书社,1996年,第160页。
② 胡适:《胡适的自传》,载葛懋春、李兴芝编:《胡适哲学思想资料选(下)》,第151页。
③ 胡适:《我的歧路(附录三 答伯秋与傅斯棱先生)》,载《胡适文存》二集,第330、336页。

的强弱盛衰,都不是偶然的,都不能逃出因果的铁律的。我们今日所受的苦痛和耻辱,都只是过去种种恶因种下的恶果。我们要收拾将来的善果,必须努力种现在的新因。"①这是历史必然论,或历史决定论。而他在分析宋元明清新儒学复兴运动时却说,它"并不是桩有心推动的运动。这是半有心、半无心地发展出来的。原来各种时代的一切文艺复兴运动,一切思想变迁,宗教改革,乃至一切文化生活的变迁,都是如此"②。这又是一种历史发展偶因论。

在历史发展观上,胡适持渐进的历史进化观。他说:"进化不是一晚上笼统进化的,是一点一滴的进化的。"③他认为这种渐进的历史演化观才是科学的,也是与辩证唯物史观的根本不同所在。他说,辩证唯物史观出于黑格尔的哲学,是生物学发达以前的进化理论,认为历史进化中一正一反相毁相成的阶段应该永远不断地呈现,这是一种玄学方法。而实验主义是生物进化论出世以后的科学方法,而达尔文的生物演化论表明进化是一点一滴的,进化是一种很复杂的现象,绝没有一个简单的目的地可以一步跳到,更不会有一步跳到之后便可以一成不变。因此,"实验主义从达尔文主义出发,故只能承认一点一滴的不断的改进是真实可靠的进化"④。胡适的意思是说,辩证法所讲的进化是一反一正和相毁相成的,因此这种进化是革命性的。但是,马克思的历史观是出于黑格尔的玄想而非生物学的实证,所以是不科学的。而实用主义点滴进化史观有科学的进化论作理论根据,因此是科学的。问题在于,胡适以黑格尔历史观的唯心性来否定马克思的历史观是错误的。因为,马克思的历史观并不否认历史的渐进式发展,而且充分肯定量变在历史发展中的地位与作用,只是认为历史发展是质变与量变的统一,量变要通过质变来最终完成。同时,马克思的唯物史观是在总结西方近代自然科学和社会科学发展的基础上提出的,是有其经验性的历史依据和科学

---

① 胡适:《赠与今年的大学毕业生》,载《胡适文存》四集,合肥:黄山书社,1996年,第374页。
② 胡适:《胡适的自传》,载葛懋春、李兴芝编:《胡适哲学思想资料选(下)》,第282页。
③ 胡适:《新思潮的意义》,载《胡适文存》一集,合肥:黄山书社,1996年,第533页。
④ 胡适:《介绍我自己的思想》,载《胡适文存》四集,第453页。

方法论基础的,而非如黑格尔的历史哲学是一种非实证的玄学。

胡适的历史渐进论使他主张社会改良论,从根本上反对近代中国的革命道路。他说:"我是不承认政治上什么根本解决的。世界上两个大革命,一个法国革命,一个俄国革命,表面上可算是根本解决了,然而骨子里总逃不了那枝枝节节的具体问题。"① 因此,要在现代中国建立一个"治安的、普遍繁荣的、文明的、现代的统一国家",真正的敌人是贫穷、疾病、愚昧、贪污和扰乱,而这不是政治上的暴力革命可以打倒的,唯一的出路是"集合全国的人才智力,充分采用世界的科学知识与方法,一步一步的作自觉的改革,在自觉的指导下一点一滴的收不断的改革之全功"②。不过,他对革命没有完全否定。他认为社会变革有演进和革命两种方式,"革命和演进是相对的、比较的,而不是绝对相反的。须着自然变化的程序……这是演进。在演进的某一阶段上,加上人工的促进,产生急骤的变化;因为变化来的急骤,表面上好像打断了历史上的连续性,故叫做革命。其实革命也都有历史演进的背景,都有历史的基础","所以革命和演进只有一个程度上的差异,并不是绝对不相同的两件事……但在方法上,革命往往多含一点自觉的努力,而历史演进往往多是不知不觉的自然变化"。因为方法不同,便造成两种不同的结果:一是自然的演变很迟缓,不经济,而革命可以缩短改革的时间;二是自然的演进往往留下许多旧制度和旧势力,而革命可以多铲除一些陈腐的东西,"在这两点上,自觉的革命都优于不自觉的演进"③。所以,他对近代中国革命又作了某些肯定。1934年,他在评价辛亥革命以来中国社会的进步时说,"这二十三年中固然有许多不能满人意的现状,其中也有许多真正有价值的大进步……不能不承认那些进步的一大部分都受了辛亥以来革命潮流的解放作用的恩惠"④。

---

① 胡适:《这一周》,载《胡适文存》二集,第367页。
② 胡适:《我们走哪能条路》,载《胡适文存》四集,第314页。
③ 胡适:《我们走哪能条路》,载《胡适文存》四集,第310—311页。
④ 胡适:《悲观声浪里的乐观》,载《胡适文存》四集,第356页。

那么,如何认识胡适的历史进化论及其渐进改良观呢?首先,胡适对历史发展中事物之间关系的认识过于简单,往往将它视为一种单向的历史因果关系,他在谈到"历史的方法"("祖孙的方法")时说,这种方法"从来不把一个制度或学说看作一个孤立的东西,总把他看作一个中段:一头是他所以发生的原因,一头是他自己发生的效果;上头有他的祖父,下面有他的子孙。捉住了这两头,他再也逃不出去了!"①这种把历史事物和活动发展仅仅归纳为祖孙两极关系的历史因果论,既忽视了历史发展中因果关系的复杂性,也未能将历史事物和活动发展的因果关系和其他关系联系起来加以认识。翦伯赞批评说,"实验主义所谓因果律是没有看见各现象的整个联结及其交互作用的",在胡适等看来,原因与结果之间"只有一种外在的孤立的一次的关系","他们不理解历史现象之整个性与复杂性"②。其次,胡适对革命与改良并无一致的认识。他主张点滴的社会改良,反对革命。但是,他仅反对政治上的革命,而不是文化思想上的革命。胡适是中国现代文化思想史上的激进主义者,认为要实现中国的现代化就要否定中国传统文化、告别中国以往的历史,这无疑是一种思想文化的革命。而这与他主张历史发展的连续性、反对历史发展的突变性和跨越性的历史演化论是矛盾的。按照这种历史演化论,不仅政治上的革命必须反对,包括文化思想等一切社会领域的革命都应当反对。

关于历史的创造者问题。胡适持一种民主主义的民众史观。他认为,社会历史是由无数个人(小我)构成和不断创造出来的,因此人人在历史中都有他的地位和作用,不仅历史伟人可以不朽,普通的民众同样可以不朽。他说,社会的历史像一种有机组织,"从纵剖面看来,社会的历史是不断的;前人影响后人,后人又影响更后人……没有那无数的个人,便没有历史;但是没有历史,那无数的个人也决不是那个样子的个人。总而言之,个人造成

---

① 胡适:《杜威先生与中国》,载《胡适文存》一集,第277—278页。
② 翦伯赞:《评实验主义的中国历史观》,载姜义华编:《中国现代思想史资料简编》(四),杭州:浙江人民出版社,1983年,第430页。

历史,历史造成个人。从横截面看来,社会的生活是交互影响的:个人造成社会,社会造成个人;社会的生活全靠个人分工合作的生活,但个人的生活,无论如何不同,都脱不了社会的影响"。所以,胡适反对中国传统的立德、立功和立言的"三不朽"论,认为那是一种带有"英雄史观"色彩的历史创造观,说:"冠绝古今的道德功业固可以不朽,那极平常的'庸言庸行',油盐柴米的琐屑,愚夫愚妇的细事,一言一笑,也都永远不朽……社会是有机的组织,那英雄伟人可以不朽,那挑水的,烧饭的,甚至于浴堂里替你擦背的,甚至于每天替你家掏粪倒马桶的,也都永远不朽。"①这种人人创造历史的观念具有民主精神,对传统英雄史观和帝王史观的革命,对唤起民众积极投身社会改造事业具有积极意义。

胡适的人人创造历史的观念是建立在个人主义基础上的。他的个人主义一方面重视个人的自由,认为个人自由的获得即是国家自由的实现,"争你们个人的自由,便是为国家争自由。争你们自己的人格,便是为国家争人格。自由平等的国家不是一群奴才建造得起来的!"②另一方面,他又将个人的改造放在社会改造的整体范围和利益内来进行,反对脱离社会的、不顾他人利益的个人主义。他说:"我们的根本观念是:个人是社会上无数势力造成的。改造社会必须从改造这些造成社会、造成个人的种种势力做起。改造社会即是改造个人。"那种只知道改造个人的个人主义是一种"独善的个人主义"和"假的个人主义",是自私自利的"为我主义";应当提倡"真的个人主义",这是一种"非个人主义的新生活"或"社会的新生活"③。所以,在胡适看来这两者是辩证统一和有机结合的。由此可见,胡适提倡的个人主义是兼顾个人主义与整体主义的,它分析问题的立足点首先不是个人,而是社会,认为改造社会才能改造好个人,强调人只有在社会中才能发挥其作用。这与西方自由主义将个人主义置于绝对优先的地位是有差异的,体现了胡

---

① 胡适:《不朽》,载《胡适文存》一集,第 505、508 页。
② 胡适:《介绍我自己的思想》,载《胡适文存》四集,第 456 页。
③ 胡适:《非个人主义的新生活》,载《胡适文存》一集,第 544、539、544—545 页。

适对西方个人主义史观的中国化改造。

关于东西历史文化发展的普遍性与独特性问题①。胡适认为,不同民族的文化其普遍性是基本的和主要的,各民族只是进化的时间先后不同,反对中国历史文化发展独特论,反对中西文明二分法。他说:"文化是民族生活的样法,而民族生活的样法是根本大同小异的。为什么呢？因为生活只是生物对环境的适应,而人类的生理构造根本上大致相同,故在大同小异的问题之下,解决的方法,也不出那大同小异的几种。这个道理叫做'有限的可能说'(The principle of limited possibilities)。"又说:"我们可以说甲种民族在某个时代的知识方法比乙种民族在某个时代的知识方法精密的多；正如我们说汉儒迂腐,宋儒稍能疑古,而清儒治学方法最精。这都不过是时间上、空间上的一种程度的差异。"②不过,胡适不否认各民族的历史文化发展有其独特性。他说:"世界是一个很大的东西,文化是一种很复杂的东西……这样多方面的文化,在这个大而复杂的世界上,不能没有时间上和空间上的个性的区别……若明白了民族生活的时间和空间的区别,那么,一种文化不必须成为世界文化,而自有他存在的余地。"③当然,这种独特性是普遍性下的差异性,而非质的差异性,也就是胡适所说的"有限的可能说"。胡适主张民族历史文化发展以普遍性为主,不仅是一种学理,也是为了反对当时以梁漱溟等为代表的文化保守主义者所主张的东西历史文化二元说或中国历史文化独特论,认为带来西方近代以来历史文化进步的科学、民主和工业等是具有普世意义的,是为了给中国向西方学习提供理论和历史的根据,所以具有很强的现实意义,它有助于中国向西方学习,有助于打破国人文化上的自闭、自卑、自傲等种种不健康的和落后的历史文化心理。

然而,胡适的理论又存在严重的缺陷,这不仅表现在他过于强调各民族

---

① 胡适所谓的文化与历史往往是同义的,他曾说,中国文化史应当包括民族史、语言文字史、经济史、政治史、国际交通史、思想学术史、宗教史、文艺史、风俗史和制度史 10 个门类。(《〈国学季刊〉发刊宣言》,载《胡适文存》二集,第 10 页。)
② 胡适:《读梁漱溟先生的〈东西文化及其哲学〉》,载《胡适文存》二集,第 177、175 页。
③ 胡适:《读梁漱溟先生的〈东西文化及其哲学〉》,载《胡适文存》二集,第 169 页。

历史文化发展的一元性和普遍性,看轻乃至在实际上无视各民族历史文化的独特性,还表现为他没有坚持其理论的自洽性。按他的理论,中西历史文化都经历了古代和近代的发展历程,那么中国古代历史文化应当和西方历史文化一样具有历史价值。可是,他却认为中国历史文化自古以来就不如西方,他说:"……我们的固有文化实在是很贫乏的,谈不到'太丰富'的梦话。近代的科学文化、工业文化,我们可以撇开不谈,因为在那些方面,我们的贫乏未免太丢人了。我们且谈谈老远的过去的时代罢。我们的周秦时代当然可以和希腊、罗马相提并论,然而我们如果下平心研究希腊、罗马的文学、雕刻、科学、政治,单是这四项就不能不使我们感觉我们的文化的贫乏了……在那么早的时代,在二千多年前,我们在科学上早已太落后了!从此以后,我们所有的,欧洲也都有;我们所没有的,人家所独有的,人家都比我们强。"①因此,他认为:"我们如果还想把这个国家整顿起来,如果还希望这个民族在世界上占一个地位——只有一条生路,就是我们自己要认错。我们必须承认我们自己百事不如人,不但物质机械上不如人,不但政治制度不如人,并且道德不如人,知识不如人,文学不如人,音乐不如人,艺术不如人,身体不如人。"②这是典型的、毫无根据的民族历史文化虚无主义。胡适的主观愿望是希望通过批判民族文化保守心理来尽快实现中国的现代化,可是这种观点并不能帮助国民树立民族文化复兴的正确意识和信念。

二、历史认识论与史学价值观

胡适的历史认识思想主要源于实用主义。实用主义的一个显著特征是强调知识或思想(真理)的效用与价值,把一种知识是否有用于人与社会的实际生活作为评判其真与假的标准,也就是说,在实用主义那里,认识及其结果与价值是直接联系在一起的。受这种认识论与价值论的影响,胡适的历史认识思想与其史学价值观也是紧密联系的。同时,胡适的历史认识论

---

① 胡适:《信心与反省》,载《胡适文存》四集,第338页。
② 胡适:《介绍我自己的思想》,载《胡适文存》四集,第459页。

与价值论又有不同于实用主义的方面,表现了理论上的矛盾性。

在历史认识论方面,胡适秉承实用主义,体现了历史认识的相对性。实用主义认为,那种探讨世界本质和规律的哲学是不可验证和毫无意义的,因而拒斥西方传统哲学所提出的哲学本体论问题,由此否认传统哲学的认识论问题。美国哲学史家梯利说,在杜威看来,"一种真正的哲学必须放弃追求绝对的起源和绝对的终结"①;因此,杜威的哲学"否定笛卡尔派的二元论,坚持经验与自然的连续性,这消除了一整套形而上学问题——特别是涉及身心关系问题——而拒绝严格分离认知的主体和所知的客体"②。但这并不是说实用主义没有认识论。实用主义的中心范畴"实在"论(Reality)及其真理观实际是倡导一种认识上的相对主义。按照胡适的解释,"实在"是人感觉到所感觉的东西或现象后形成的意象(Ideas),也就是我们所说的观念或思想。由于每个人的感觉是不同的,所以每个人所形成的意象(思想、观念等)也就不同。而有用的观念和思想即是真理,即所谓的"真观念"。这种认识论重视人的主体性在认识中的作用,认为人的主体认识(感觉)决定人的认识结果,从积极的方面说,有利于发挥人在认识世界和改造世界中的主观能动作用。所以,胡适说:"这种创造的实在论发生一种创造的人生观……这种人生观也不是悲观的厌世主义,也不是乐观的乐天主义,乃是一种创造的'淑世主义.'"③但是,这种认识论将认识的结果视为是主体经验的产物,无视认识对象在认识中的客观地位和作用,否认认识检验标准的客观性,会导致相对主义真理论,因为不同的人认识同一事物或现象,往往会形成不同的认识结果。因此,胡适说:"实在是我们自己改造过的实在。这个实在里面含有无数人造的分子。实在是一个很服从的女孩子,他百依百顺的由我们来替他们涂抹起来,装扮起来……宇宙是经过我们自己创造的工夫的。'无论知识的生活或行为的生活,我们都是创造的。实在的名的一部分和实

---

① [美]梯利:《西方哲学史(增补修订版)》,北京:商务印书馆,1995年,第623页。
② [美]梯利:《西方哲学史(增补修订版)》,第736页。
③ 胡适:《实验主义》,载《胡适文存》卷一,第229页。

的一部分,都有我们增加的分子。"①从这个意义上说,在20世纪50年代批判胡适思想运动期间,有学者将胡适的这段话演绎为"历史是任人打扮的小女孩"并不过分。因为,按照胡适的逻辑,历史也是一种"实在"。由于"实在"本质上是人的意识的产物。那么历史被不同意识的研究者研究后,自然就会得出不同的结论,历史也就成了"任人打扮的小女孩"。

但是,胡适又没有完全坚持实用主义认识论,而是承认历史认识是有绝对性的。他曾为"国故学"下过这样一个定义:"中国的一切过去的文化历史,都是我们的'国故';研究这一切过去的历史文化的学问,就是'国故学',省称为'国学'。"②这里,胡适将中国历史视为"国故",又将对它的研究称为"国故学",这实际是对人的历史认识能力的全面肯定。胡适还说:"整理国故,必须以汉还汉,以魏晋还魏晋,以唐还唐,以宋还宋,以明还明,以清还清;以古文还古文家,以今文还今文家;以程朱还程朱,以陆王还陆王……各还他一个本来面目,然后评判各代各家各人的义理的是非。"③"各还他一个本来面目,然后评判各代各家各人的义理的是非",这表明他不仅承认有外在于人的客观历史事实,而且还有一个客观的标准来判断不同的历史认识结果孰是孰非,这便是一种历史认识绝对论。

胡适在历史认识上的这种矛盾性认识,也导致了他在史学价值观上的不一致性。实用主义哲学把知识的真(真理)与假及其应用(价值)作为其哲学的核心,认为评判各种知识正确与否的标准是其效用,即能否解决实际的问题。"一切'真理'都是应用的假设;假设的真不真,全靠他能不能发生他所应该发生的效果。""真理原来是人造的,是为了人造的,是人造出来供人用的,是因为他们大有用处才给他们'真理'的美名的。"④这种价值论使胡适主张史学应当致用。他一生的学术纲领,也是他领导中国的文艺复兴运动

---

① 胡适:《实验主义》,载《胡适文存》卷一,第228页。
② 胡适:《〈国学季刊〉发刊宣言》,载《胡适文存》二集,第6页。
③ 胡适:《〈国学季刊〉发刊宣言》,载《胡适文存》二集,第6页。
④ 胡适:《实验主义》,载《胡适文存》一集,第214、225页。

(新文化运动)的纲领——研究问题、输入学理、整理国故、再造文明——充分体现了他的学以致用观。所谓的"整理国故",即是研究中国的历史文化,而最终目的便是为了"再造文明"。因此,他在评价自己推崇的清代朴学时说,清代的考据方法尽管精密,但是因始终不曾接近实物,故终不过是几部古书的整理,"于人生有何益处?于国家的治乱安危有何裨补?虽然做学问的人不应该用太狭义的实利主义来评判学术的价值,然而学问若完全抛弃了功用的标准,便会走上很荒谬的路上去,变成枉费精力的废物。这三百年的考证学固然有一部分可算是有价值的史料整理,但其中的绝大部分却完全是枉费心思"①。所以,他又十分赞赏章学诚批判朴学和主张学以致用的思想。这些都表明了胡适的功利主义学术观,主张治学必须与社会和人生实际相结合。在这点上,胡适和傅斯年、顾颉刚等完全反对学术致用是不同的②。

另一方面,胡适又说,"我以为我们做学问不应当先存这个狭义的功利观念。做学问的人当看自己性之所近,拣选所要做的学问,拣定之后,当存一个'为真理而求真理'的态度。研究学术史的人更当用'为真理而求真理'的标准去批评各家的学术"。对于国故学,他认为:"应该尽力指导'国故家'用科学的研究法去做国故的研究,不当先存一个'有用无用'的成见,致生出许多无谓的意见。"③这显然是反功利主义的,与实用主义主张的知识和思想的意义全在于其是否有效用的根本观点是矛盾的。这说明,胡适对史学的求真与致用关系并没有在理论上获得统一的认识。

三、胡适的史学研究法

胡适十分重视史学研究中科学方法的地位,他晚年说:"我治中国思想与中国历史的各种著作,都是围绕着'方法'这一观念打转的。'方法'实在

---

① 胡适:《治学的方法与材料》,载《胡适文存》三集,第100页。
② 有学者认为,在求真与致用问题上,胡适否认史学应当致用,与其他的实证史家没有区别,如张书学著《中国现代史学思潮研究》,这显然是不全面的。
③ 胡适:《论国故学——答毛子水》,载《胡适文存》一集,第321页。

上篇　历史文化观与史家思想

主宰了我四十多年来所有的著述。"①许冠三先生说,据其统计,胡适一生所写的"学问思想的方法"的文章,"约在百万言以上"②。学术界对胡适学术方法研究的文章最多。不过,学术界的研究主要是集中在对他的"大胆的假设,小心的求证"和"历史的态度(方法)"的研究上。胡适一生的确以传播和实践"大胆的假设,小心的求证"、"历史的态度(方法)"为己任,但是这只是他所提出的方法论原则。特别是"大胆的假设、小心的求证",胡适将其视为一切学问研究的基本方法,他说:"实验主义只是一个方法,只是一个研究问题的方法。"③而任何学术研究都有方法论指导下的具体方法,胡适在史学研究上也提出了不少具体的方法。学术界对他的两个方法论原则——十字研究法和历史研究法研究很多,而对他所说的具体史学研究法关注不够,这里就此作一分析。

(一)史料的审定和整理(考证)

胡适认为,历史学必须十分重视对史料的审查和考证。他说:"审定史料乃是史学家第一步根本工夫。西洋近百年来史学大进步,大半都由于审定史料的方法更严密了。"④他在批评中国传统史学时说:"中国人作史,最不讲究史料。神话官书,都可作史料,全不问这些材料是否可靠。却不知道史料若不可靠,所作的历史便无信史的价值。"⑤那么,如何审查和考证史料呢?他在《中国哲学史大纲》中说,"凡审定史料的真伪,须要有证据"。这种证据可分五:一是史事,看书中的史事是否与作书的人的年代相符,如不相符,即可证那一书或那一篇是假的。二是文字,一时代有一时代的文字,作伪书的人多不懂这个道理,往往露出作伪的形迹来。三是文体,后人仿古,而古人决不仿今;而且一个人也有一个人的文体。四是思想,凡能著书立说成家者的思想学说,总有一个系统可寻,绝不致有大相冲突的矛盾。故看一部书里

---

① 胡适:《胡适的自传》,载葛懋春、李兴芝编:《胡适哲学思想资料选(下)》,第106页。
② 许冠三:《新史学九十年》,长沙:岳麓书社,2003年,第152页。
③ 胡适:《我的歧路》,载《胡适文存》二集,第332页。
④ 胡适:《中国哲学史大纲》,上海:东方出版社,1996年,第15页。
⑤ 胡适:《中国哲学史大纲》,上海:第12页。

的学说是否能连络贯串,也可帮助辨别书的真伪;同时,思想进化有一定的次序,一时代有一时代的思想;而且大凡一种重要的新学说发生以后决不会完全没有影响。五是旁证,即是从别书里寻出的。关于史料的整理,约有三端:校勘、训诂和贯通。校勘是书的本子上的整理。训诂是书的字义上的整理。这两层虽极重要,但作哲学史还须有第三层整理的方法"贯通","贯通便是把每一部书的内容要旨融会贯串,寻出一个脉络条理,演成一家有头绪有条理的学说"①。胡适上面所说的史料的审定和整理方法,既体现了"小心的求证"的精神,也体现了"历史的态度",特别是他所说的史料的"贯通",胡适讲的"贯通",是通过史料来描述某家或某派思想的发展,已超越了狭义的史料整理范畴,是"历史的方法"的实际运用。

需要指出的是,这里胡适虽是就中国哲学史史料而言的,实际也是指思想史史料的考证。因为他所说的哲学史实为思想史,他的《中国哲学史大纲》所研究的内容包括:宇宙论、名学及知识论、人生哲学(伦理学)、教育哲学、政治哲学和宗教哲学。他晚年也明确说,"后来我总喜欢把'中国哲学史'改称为'中国思想史'","我个人比较欢喜用'思想史'这个名辞,那比'哲学史'[更为切当]"。② 因此,在他看来这些史料的审定和整理方法是具有普遍意义的。如,他在《〈国学季刊〉发刊宣言》中评判明清三百年国学的整理时,便是从"本子的校勘"、"文字的训诂"和"真伪的考订"三方面来评定的。

(二)中国历史文化研究法

胡适关于中国历史与文化的研究法,主要体现在他所说的国学(国故学),亦即"国故整理"当中。胡适说的国故学,即国学,有广义和狭义之别。广义的国学如上文所称,就是指中国历史和文化的研究,他又将这种国学称为包括10个门类内容的"中国文化史"。狭义的国学仅指学术思想,如他在《新思潮的意义》中讨论为什么要"整理国故"时说,"因为古代的学术思想向

---

① 胡适:《中国哲学史大纲》,第15—17、23页。
② 胡适:《胡适的自传》,载葛懋春、李兴芝编:《胡适哲学思想资料选(下)》,第262、241页。

来没有条理,没有头绪,没有系统"①。这里主要是介绍和分析胡适关于广义的整理国故,即中国历史和文化的研究法。

胡适说,整理国故有索引式整理、总帐式整理和专史式整理三种途径。"索引之法,以一定之顺序,部勒紊乱之资料;或依韵目,或依字画,其为事近于机械,而其为用可补上智才士所难能";"总帐式者,向来集注集传集说之类,似之。同一书也,有古文今文之争,有汉宋之异,有毛郑之别,有郑王之分……辨各家之同异得失,去其糟粕,拾其精华,于以前哲千载之讼争,而省后人无穷之智力";"专史云者,积累既明,乃就性之所近而力之所能勉者,择文化史之一部分,或以类别,或以时分,著为专史。专史者,通史之支流而实为通史之渊源也"②。胡适认为这三步是一个从低级到高级的循序渐进的系统研究整理过程。他十分重视这种系统的整理,说:"学问的进步不单靠积聚材料,还须有系统的整理。"在这一研究系统中,索引式整理是要使人人能用古书,"是提倡国学的第一步";而结帐式整理,一是总结从前的研究成绩,二是预备将来的新研究方向,"前者是预备普及的,后者是预备继长增高的。"但是,"这两项都只是提倡国学的设备……国学的目的是要做成中国文化史。国学的系统的研究,要以此为归宿"③。从胡适所说的整理国故的三步,不难看出都要用到"大胆的假设,小心的求证"和"历史的方法"。

胡适的国故整理法还说明,他与新考据学派的其他一些史家在史学观上是有差别的,并非像一些人所说的仅仅是将史学视为史料考证学或微观历史的研究,而是承认宏观历史的研究,并认为这才是历史研究的最终目的。

(三)比较研究法

胡适很重视史学的比较研究。他说,国学研究的三个基本方针之一是"博采参考比较的资料",即"用比较的研究来帮助国学的材料的整理与解

---

① 胡适:《新思潮的意义》,载《胡适文存》一集,第532—533页。
② 胡适:《〈淮南鸿烈集解〉序》,载《胡适文存》二集,第134页。
③ 胡适:《〈国学季刊〉发刊宣言》,载《胡适文存》二集,第7、8、10页。

释"①。上文已说,胡适所谓的国学研究广义上就是指对中国历史文化的研究,所以用比较的研究来帮助国学材料的整理与解释,即是用比较的方法来研究中国的历史文化。胡适所说的比较研究,既包括中外比较,也包括古今比较。不过,他更强调中外比较,说:"向来的学者误认'国学'的'国'字是国界的表示,所以不承认'比较的研究'的功用……比较的研究是我们应该提倡的。有许多现象,孤立的说来说去,总说不通,总说不明白;一有了比较,竟不须解释,自然明白了。"②因此,他认为研究国学,在方法上要比较和学习西方学者研究古学的科学方法,在材料上要参考比较日本和西方学者所取得的成绩以供借鉴。

胡适将比较研究贯串他全面的史学研究当中。胡适晚年将其一生的学术研究概括为中国思想史和中国文学史两个方面,说这是"整个四十多年成熟的生命里'学术研究'的主要兴趣之所在"③。在中国思想史研究方面,他认为中外比较研究是哲学(思想)史研究的不可缺少的重要方法。胡适是将中国哲学史史料的"贯通"整理作为哲学史研究的关键,而所谓的贯通,就是"必须于校勘训诂之外,还要有比较参考的哲学资料"。为什么呢?"因为古代哲学去今太远,就成了绝学。当时发生那些学说的特别时势,特别原因,现在都没有了。当时讨论最激烈的问题,现在都不成问题了。当时通行的学术名词,现在也都失了原意了。但是别国的哲学史上,有时也曾发生那些问题,也曾用过那些名词,也曾产生出大同小异或小同大异的学说。我们有了这种比较参考的材料,往往能互相印证,互相发明","……我们若想贯通整理中国哲学史的史料,不可不借用别系的哲学,作一种解释演述的工具"④。在中国白话文(学)史方面,胡适将比较研究作为研究中国白话文(国语文)文法及演变的三种最基本方法之一。这种比较研究可以分两步:第一

---

① 胡适:《〈国学季刊〉发刊宣言》,载《胡适文存》二集,第1、13页。
② 胡适:《〈国学季刊〉发刊宣言》,载《胡适文存》二集,第11页。
③ 胡适:《胡适的自传》,载葛懋春、李兴芝编:《胡适哲学思想资料选(下)》,第262页。
④ 胡适:《中国哲学史大纲》,第23—24、24页。

步是,"积聚些比较参考的材料,越多越好",这些材料包括中国古文法、中国各地方言的文法、西洋古今语言的文法和东方古今语言的文法;第二步是,"遇着困难的文法问题时,我们可寻思别种语言里有没有同类或大同小异的方法。若有这种类似的例,我们便可拿他们的通则来帮助解释我们不能解决的例句"①。

胡适的史学比较研究还涉及其他方面,如,对中西考据学方法的比较、中西传记文学的比较等,并注意将这种比较研究放在中西历史文化的大背景下来考察,体现了胡适历史文化比较研究的突出特征。比较的研究,在胡适那里实际是其"小心的求证"的一个方面或阶段,是为了更好地归纳或印证其"大胆的假设"所提出的学术问题的;同时,也是为了配合其"历史的研究法"(即贯通)的运用的。

(四)传记(年谱)的撰写

胡适十分重视传记的写作,说:"我在这几十年中,因为深深的感觉中国最缺乏传记的文学,所以到处劝我的老辈朋友写他们的自传。"②他为此身体力行。有学者统计说,胡适写过的"传记、年谱性质的文章约40篇,包括《四十自述》等关于他本人的自传"③。

那么,如何撰写传记呢?胡适认为最重要的是纪实传真,他批评中国传统传记的写作,说:"传记最重要的条件是纪实传真,而我们中国的文人却最缺乏说老实话的习惯……故几千年的传记文章,不失于谀颂,便失于诋诬,同为忌讳,同是不能纪实的传信。""二千年来,几乎没有一篇可读的传记"。他特别强调:"传记写所传的人最要能写出他的实在身分,实在神情,实在口吻,要使读者如见其人,要使读者感觉真可以尚友其人。"④胡适指出了中国传记的弊病,但是对中国传统传记予以全面否定,尤其是无视中国纪传体史

---

① 胡适:《国语文法概论》,载《胡适文存》一集,第347页。
② 胡适:《〈四十自述〉自序》,载《胡适文存》四集,第450—451页。
③ 张越:《胡适与转型中的中国史学》,载《历史教学》,1999年第8期。
④ 胡适:《〈南通张季直先生传记〉序》,载《胡适文存》三集,第540、541页。

书人物传记的史学价值,则是十分片面的。其次,他主张写传记要有文学化的笔法,以期在传记写作上有创新和突破。他在谈到其《四十自述》的写作时说:"我本想从这四十年中挑出十来个比较有趣的题目,用每个题目来写一篇小说式的文字,略如第一篇写我的父母的结婚……因为这个方法是自传文学上的一条新路子,并且可以让我用(遇必要时)用假的人名、地名描写一些太亲切的情绪方面的生活。"①三是反对儒家品评历史人物的道德标准论,提倡功利主义标准论。如,李觏是北宋反对理学空言义理和主张富民强国的思想家,胡适对他十分赞赏,说:"李觏是一个实用主义家。他很光明昭著的提倡乐利主义。"②他对明末清初思想家费经虞和费密父子的功利主义思想也作了高度评价,称两人是明末清初思想界"很可代表时代的人物"③。

在有关传记的写作中,胡适十分重视中国传统体裁年谱的撰写。他说:"我是最爱看年谱的,因为我认定年谱乃是中国传记体的一大进化。最好的年谱,如王懋竑的《朱子年谱》,如钱德宏等的《王阳明先生年谱》,可算是中国最高等的传记。"④那么,应当如何写年谱呢?胡适指出要重视写出谱主的思想演变,"若年谱单记事实,而不能叙思想的渊源沿革,那就没有什么大价值了"⑤。其次,要以谱主的个人著述作材料。他在评论张謇之子张孝若为其父所撰的年谱时,称赞他"决定打破一切古文家的碑传义法,决定采用王懋竑《朱子年谱》和我的《章实斋年谱》的方法,充分引用季直先生的著作文牍来做传记的材料,总期于充分表现出他的伟大父亲的人格和志愿"⑥。胡适的这些思想丰富了年谱撰写的理论与方法。

(五)中国学术思想史(哲学史)研究法

胡适一生以中国思想史(哲学史)作为研究的重点,他十分重视对思想

---

① 胡适:《〈四十自述〉自序》,载《胡适文存》四集,第450页。
② 胡适:《记李觏的的学说》,载《胡适文存》二集,第22页。
③ 胡适:《费经虞与费密》,载《胡适文存》二集,第35页。
④ 胡适:《〈章实斋年谱〉自序》,载《胡适文存》二集,第132页。
⑤ 胡适:《〈章实斋年谱〉自序》,载《胡适文存》二集,第132页。
⑥ 胡适:《〈南通张季直先生传记〉序》,载《胡适文存》三集,第542页。

上篇　历史文化观与史家思想

史研究方法的总结。其成名作《中国哲学史大纲》的"导言"便对中国哲学史的方法作了详细阐发,指出它主要包括三个环节(或目的):明变、求因和评判。他说,"哲学史第一要务,在于使学者知道古今思想沿革变迁的线索",这是明变。"求因"则是指"还须要寻出这些沿革变迁的原因",这些原因大致有:个人才性不同,所处的时势不同,所受的思想学术不同。第三步是评判,即,"须要使学者知道各家学说的价值"①。但是,这种评判并不是哲学史家以个人的眼光批评古人得失的"主观的"评判,而是"客观的"评判,"要把每一家学说所发生的效果表示出来。这些效果的价值,便是那种学说的价值"。他又说:"但是哲学史先须做了一番根本的工夫,方才可望达到这三个目的。这个根本的工夫,叫做述学。"述学是指在史料的审定和整理基础上,"用正确手段,科学的方法,精密的心思,从所有史料里面,求出各位哲学家一生的行事、思想渊源沿革和学说真面目"②。所以,也可以说胡适的中国哲学(思想)史研究法实际包括述学、明变、求因和评判四个步骤。

上文已说,胡适的"整理国故"在狭义上即是指对中国古代学术思想的整理,他对此也作了具体的解释,认为所谓的"整理"包括四个步骤。他说:"因为古代的学术思想向来没有条理,没有头绪,没有系统,故第一步是条理系统的整理。因为前人研究古书,很少有历史进化的眼光的,故从来不讲究一种学术的渊源,一种思想的前因后果,所以第二步是要寻每种学术思想怎样发生,发生之后有什么影响效果。因为前人读古书,除极少数学者以外,大都是以讹传讹的谬说……故第三步是要用科学的方法,作精确的考证,把古人的意义弄得明白清楚。因为前人对于古代的学术思想,有种种武断的成见,有种种可笑的迷信……故第四步是综合前三步的研究,各家都还他一个本来真面目,各家都还他一个真价值。"③

由此可见,胡适的哲学史研究法和学术思想研究法大体上是一致的,整

---

①　胡适:《中国哲学史大纲》,第 3 页。
②　胡适:《中国哲学史大纲》,第 7 页。
③　胡适:《新思潮的意义》,载《胡适文存》一集,第 532—533 页。

理国故的第一步即相当于"述学",第二步和第三步即是"明变"和"求因",第四步即是"评判"。同时,也不难看出这种研究方法明显体现了"历史的方法"的色彩,所谓的明变和求因实为历史的方法在研究中的具体展现。

胡适还提出过其他一些史学方法,如历史想象法。他在谈到中国封建时代的研究时说,除了要与欧洲和日本的封建制度进行比较,"另外用科学的态度,加上历史的想象力,重视发现古代的所谓封建制度究竟是什么"①。这也说明胡适并不像傅斯年那样只是将史学视为史料学。因为,如果史学只是史料学,那么史学就不需要解释,更不能运用想象力弥补史料的不足来构建历史了。

总之,胡适的史学方法思想不仅是深刻的,而且是比较丰富的,有体系的。"大胆的假设,小心的求证"是其中最根本的方法,"历史的态度"则是历史学研究的基本方法,史料的审定与整理、历史的比较研究、中国文化(历)史、历史传记的撰写、中国思想(哲学)史的研究法等,或是"大胆的假设,小心的求证"和"历史的态度"在具体史学研究中的体现,或是在史学研究不同层面的展开与运用。它们共同构成了胡适史学方法论的体系。

四、胡适的史料观

胡适是中国现代实证史学的代表人物,认为做任何学问都必须重视证据,"拿证据来"成为他一生治学的座右铭。他说,史学研究的证据就是史料,而史学又像实验科学那样人工制造证据反复实验以求验证的结果,所以,做史学的人"全靠用最勤劳的工夫去搜求材料,用最精细的工夫去研究材料,用最严谨的方法去批评审查材料"②。他充分肯定了清代考据学对中国古代史料所作的大量审定,为可靠的历史研究打下了坚实基础。胡适一生对史料做了许多理论阐述,介绍和传播了现代新史学的史料观。

一是研究历史要扩大史料的范围。胡适在谈到如何整理国故时,首先

---

① 胡适:《井田辨·一 寄廖仲恺先生的信》,载《胡适文存》第一集,第301页。
② 胡适:《治学方法》,载葛懋春、李兴芝编:《胡适哲学思想资料选(上)》,第536页。

说的就是要"用历史的眼光扩大研究的范围",因为,"历史是多方面的:单记朝代兴亡,固不是历史;单有一宗一派,也不成历史。过去种种,上自思想学术之大,下至一个字、一只山歌之细,都是历史,都属于国学的研究范围"①。也就是说,胡适是将以往历史所存留下来的、能够反映过去历史的材料都视为史料。胡适主张扩大史料的范围,重视史料的重要作用,其一是受近代新史学观念影响。他认为整理国故包括民族史、政治史、经济史、思想史和民俗史等10个方面,这是与他受鲁滨逊新史学派的影响分不开。胡适说自己1915年—1917年在哥伦比亚大学学习时,便认得历史系的罗宾逊(即鲁滨逊),"可惜我不能在历史系太多的时间……当时最驰誉遐迩的一门课,便是罗宾逊教授的'西欧知识阶级史'……罗氏印有讲授大纲和参考书目。我读了这些大纲之后,觉得它极有用"②。有学者考证,何炳松说他翻译西洋史学,特别是鲁滨逊的《新史学》,是"受到胡适的怂恿";何的译著完成后,"又得到胡适的校阅,成为北大的讲义。以后由胡适推荐提交北大出版委员会,通过作为《北大丛书》出版。胡适允诺写一篇序言,介绍罗宾逊的史学思想,但未能按时交稿"③。由于新史学对史学研究的内容和对象理解较传统史学有了极大地扩张,因此必然会带来史料观念的革新和史料范围的大扩张。其二是有其文化观作基础。胡适说,新文化运动以来,"在中国文化史上我们真也是企图搞出个具体而微的哥白尼革命来。我们在学术研究上不再独尊儒术。任何一项有价值的学问,都是我们研究的对象。把汉学研究的范围扩大,本来也是我个人野心的主要目标"④。文化观导致研究对象扩大,而研究对象的扩大自然会带来史料对象和范围的扩大。

二是对史料与治学方法的关系作了深入分析。如上所述,胡适强调扩大史料范围的意义在于,他认为中国现代新史学的建立仅有科学的方法是

---

① 胡适:《〈国学季刊〉发刊宣言》,载《胡适文存》二集,第7页。
② 胡适:《胡适的自传》,载葛懋春、李兴芝编:《胡适哲学思想资料选(下)》,第98页。
③ 王晴佳:《胡适与何炳松比较研究》,载《史学理论研究》,1996年第2期。
④ 胡适:《胡适的自传》,载葛懋春、李兴芝编:《胡适哲学思想资料选(下)》,第262页。

不够的,要使研究能得出正确的结论,还必须有更丰富的史料作保证。他说:"假设人人能提,最要紧的是能小心的求证;为了要小心的求证,就必须'上穷碧落下黄泉,动手动脚找东西。'"①其次,用同样的方法进行研究,运用不同材料往往会做出不同的成绩。他说:"单学得一个方法是不够的;最要紧的关头是你用什么材料。"②胡适对材料与方法关系的这一重要认识,是对中国传统考据学与西方近现代史学进行比较后得出的。他说:"纸上的学问也不是单靠材料去研究的。单有精密的方法是不够用的。材料可以限死方法,材料也可以帮助方法。三百年的古韵学抵不得一个外国学者运用活方言的实验。几千年的古史传说禁不起三两个学者的批评指摘。然而河南发现了一地的龟甲兽骨,便可以把古代殷商民族的历史建立在实物的基础上……向来学者所认为纸上的学问,如今都要跳在故纸堆外去研究了。"比如,在音韵学方面,"一个格林姆(Grimm)便抵得许多钱大昕、孔广森的成绩。他们研究音韵的转弯,文字的材料之外,还要实地考察各国各地的方言,和人身发音的器官。由实地的考察,归纳成种种通则,故能成为有系统的科学"③。他在评价瑞典汉学家珂罗倔伦时说,由于珂氏采取与中国学者研究古音只知从故纸堆中寻找史料不同的方法,充分参考各地的方言,因此其成就"可算是上集三百年古音研究之大成,而下开后来无穷学者的新门径"④。

三是关于中国哲学史(即思想史)史料的原料与副料。胡适在《中国哲学史大纲》的"导言"中提出了研究中国古代思想(哲学)史的原料和副料及其作用的问题。他说,哲学史的史料大概可分为原料和副料,"哲学史的原料,即是各哲学家的著作。""原料之外,还有一些副料,也极重要。凡古人所作关于哲学家的传记、轶事、评论、学案、书目都是哲学史的副料。"研究中国古代哲学,原料当然十分重要;但是他认为古代,特别是先秦诸子的书,"仔

---

① 胡适:《治学方法》,载葛懋春、李兴芝编:《胡适哲学思想资料选(上)》,第447—448页。
② 胡适:《治学的方法与材料》,载《胡适文存》三集,第102页。
③ 胡适:《治学的方法与材料》,载《胡适文存》三集,第102、101页。
④ 胡适:《〈左传真伪〉的提要与批评》,载《胡适文存》三集,第138页。

上篇　历史文化观与史家思想

细研究起来,这些书差不多没有一部是完全可靠的……如此一想,可知中国古代哲学的史料于今所存不过十分之一二。其余的十分之八九,都不曾保存下来"①。这就给哲学史研究带来了很大困难。因此,研究中国哲学史便必须重视副料作用。他认为副料的重要性有三方面:"第一,各哲学家的年代、家世、事迹,未必在各家著作之中,往往须靠这种副料,方才可以考见。第二,各家哲学的学派系统、传授源流,几乎全靠这种副料作根据……第三,有许多学派的原著已失,全靠这种副料里面,论及这种散佚的学派,借此可以考见他们学说的大旨。"此外,"史料钩沉""也都全靠这些副料里所引的各家学说"②。由于胡适将哲学史等同于思想史,所以他对于哲学史史料的看法也就是对思想史史料的看法。胡适所说的原料相当于通常所说的"一手资料",副料则类似于"二手资料"。胡适对古代,特别是先秦思想史料真伪的判断是有问题的,但是他在当时提出有关思想史史料的两个重要概念,并结合自己的研究作了深入分析,这对当时史学界史料观的革新无疑具有重要意义。特别是考虑到《中国哲学史大纲》1918年出版后在文化学术思想界所引起的轰动及其在此后中国思想史上的影响,就更不难想见胡适的这种史料观的重要学术影响了。

四是对儒家经典的史料性质和价值作了现代阐释。胡适说:"儒家经典之中,除《论》、《孟》及《礼记》之一部分外,皆系古史料而已……我对于'经'的态度,大致如此。"③关于《尚书》,他说:"《尚书》是否可作史料,正难决定。梅赜伪古文,固不用说。即28篇'真古文',依我看来,也没有信史价值……我以为《尚书》或是儒家'托古改制'的书或古代歌功颂德的官书。"④关于《春秋》,他认为只是当时的历史记录和史书,"《春秋》是一部史,与别国的史正是'一也'";"所谓'孔子作《春秋》'者,至多不过是说,孔子开私家学者作历史

---

① 胡适:《中国哲学史大纲》,第8、11、9—10页。
② 胡适:《中国哲学史大纲》,第10、11页。
③ 胡适:《论六经不够作领袖人才的来源》,载《胡适文存》四集,第368页。
④ 胡适:《中国哲学史大纲》,第18页。

109

的风气。创业不易,故孔子的《春秋》也不见得比'断烂朝报'高明多少……此事正不须有什么'微言大义',只要敢说老实话,敢记真实事,便可使人注意了"①。他赞同毛子水认为《春秋》只是孔子利用以前的史官记录而接续记载当时史事的论断。关于《诗经》,他说:"古代的书只有一部《诗经》可算是中国最古的史料。"②又说:"《诗经》并不是一部经典,确实是一部古代歌谣的总集,可以做社会史的材料,可以做政治史的材料,可以做文化史的材料。"③将儒家经典视为史料并对其作系统的论述在明清时期就开始了,尤其是章学诚对"六经皆史"作了深入的阐述。但是,明清时代说经学即史学仅是一个学术命题,并没有反孔和排儒的文化思想革命的意义。20世纪初随着封建帝制时代在中国的结束,儒家的学术思想统治地位也被推翻了,由此儒家经典便只有文献史料的价值了,这一学术思潮在新文化运动时期达到顶峰。所以,胡适上述观点的意义不在于将儒家经典作为文献史料看待,而在于用现代史学的眼光对儒家经典的史料价值作了具体的解释,如他将《诗经》视为社会史、政治史和文化史的材料,这在当时是颇有新意的。

总之,胡适虽然没有对自己的史学思想体系进行明确和系统的论述,但是通过上述的介绍和分析我们还是可以看出胡适的史学思想是相当丰富的,其史学思想的学术意义也不仅仅局限于学术方法论的革新上。他在历史观、历史认识论、史学价值论、史学研究的具体方法和史料观上,或是提出了不少具有现代意义的学术话题,或是回应了现代中国文化思想界提出的重要问题,对现代新史学的建立作了自己的思考和回答,有力地推动了中国现代新史学的建立与发展。同时,胡适的史学思想在理论上又常常表现出矛盾性和局限性,尤其是在历史观、史学认识论和价值论方面,影响了其史学思想的理论价值。

(原载《史学理论与史学史学刊》,2006年卷)

---

① 胡适:《论〈春秋〉答钱玄同》,载《胡适文存》四集,第403、404页。
② 胡适:《中国哲学史大纲》,第18页。
③ 胡适:《谈谈〈诗经〉》,载《胡适文存》四集,第412—413页。

对陈寅恪史学"真了解"精神与方法的新解读
——兼论陈寅恪的"通识"思想

陈寅恪在1930年所作《冯友兰中国哲学史上册审查报告》中谈到如何做到史学"真了解"时，说过一段学界广为传诵的话："凡著中国古代哲学史者，其对于古人之学说，应具了解之同情，方可下笔。盖古人著书立说，皆有所为而发。故其所处之环境，所受之背景，非完全明了，则其学说不易评论，而古代哲学家去今数千年，其时代之真相，极难推知。吾人今日可依据之材料，仅为当时所遗存最小之一部，欲借此残余断片，以窥测其全部结构，必须备艺术家欣赏古代绘画雕刻之眼光及精神，然后古人立说之用意与对象，始可以真了解。所谓真了解者，必神游冥想，与立说之古人，处于同一境界，而对于其持论所以不得不如是之苦心孤诣，表一种之同情，始能批评其学说之是非得失，而无隔阂肤廓之论。"[①]学界对此言的解读主要集中在"了解之同情"的内涵和认识论价值及与"真了解"的关系方面[②]。本文拟从一个新的角

---

① 陈寅恪：《金明馆丛稿二编》，上海：上海古籍出版社，1980年，第247页。
② 代表作主要有：刘梦溪：《"了解之同情"——陈寅恪〈冯友兰中国哲学史上册审查报告〉简释》（载《江西社会科学》，2004年第4期）、桑兵：《"了解之同情"与陈寅恪的治史方法》（载《社会科学战线》，2008年第10期）、张旭东：《也谈"了解之同情"》（载《读书》，2010年第8期）和陈怀宇：《陈寅恪与赫尔德——以了解之同情为中心》（载《清华大学学报（哲学社会科学版）》，2006年第4期。

度来探讨此言的史学内涵和意义。陈氏此言固然是指史家须具有"了解之同情"才能对古代哲学家思想有"真了解"。但对历史的"真了解",即最大限度做到"求真",才是史学研究的首要责任和目的所在,也是衡量和评价史家学术成就的根本标准所在。陈寅恪是20世纪中国史学大师,在史学"真了解"上堪称典范。拙文将力求从史料价值认定、史料的参证与史实的解释、对社会历史的认识和重建三个层面揭示陈氏史学"真了解"精神和方法的内涵与特征。陈氏能很好地做到史学的"真了解",在于他主张历史研究必须具备"通识",即,要从文化和民族的高度来研究中国历史,要坚守中国文化的精髓——"独立之精神,自由之思想"。他的史学思想和实践为中国现代史学发展开辟了一条新的道路。

一、以"通识"求得对各种史料价值的"真了解"

有学者称陈寅恪为"史料学派"的代表人物[①],此言允当与否姑且不论,但说明陈寅恪特别重视史料在史学研究中的作用。重视史料的第一步是判断各类史料是否具有真价值和如何发掘它们的真价值。在这方面,陈寅恪提出要以"通识"的眼光看待各类史料的价值。

中国文献史料浩如烟海,但由于诸多人为原因,出现许多伪史料。对此,中国古代许多史家已经注意到史料的辨伪问题,特别是自宋代以来,史料考辨逐步成为专门的学问,在清代更是蔚为大观,成为学术的主流。近代以来受西方兰克派等实证史学的影响,对中国古代文献史料的辨伪更是学界关注的重心。其间,出现了一种极端的倾向,即对伪史料的价值轻易否定,"古史辨"派更是对伪古书全盘否定。然而,也有史家提出反驳意见。如,1927年2月-6月,梁启超专门在燕京大学演讲古书的真伪和伪书的价值,后编为《古书真伪及其年代》一书。陈寅恪对于这种极端做法亦表示明

---

① 许冠三说,傅斯年和陈寅恪是中国现代"史料学派"的两位代表人物,而且"从著述的实质看",陈寅恪"或许比傅斯年更能代表史料学派";又说:"他对新史学的贡献,首推史料扩充。"(许冠三:《新史学九十年》,长沙:岳麓书社,2003年,第260、261页。)

确反对,提出必须以"通识"的眼光看待和利用伪史料。他在肯定冯友兰以"了解之同情"来"真了解"中国古代哲学家思想后,进而称"至于冯君之书,其取用材料,亦具通识"。陈氏所言大体包括两方面:

首先,以"通识"的眼光来看待上古文献的真伪和伪史料的真价值。他说:"以中国今日之考据学,已足辨别古书之真伪。然真伪者,不过相对问题,而最要在能审定伪材料之时代及作者,而利用之。盖伪材料亦有时与真材料同一可贵。如某种伪材料,若径认为其所依托之时代及作者之真产物,固不可也。但能考出其作伪时代及作者,即据以说明此时代及作者之思想,则变为一真材料矣。中国古代史之材料,如儒家及诸子等经典,皆非一时代一作者之产物。昔人笼统认为一人一时之作,其误固不俟论。今人能知其非一人一时之所作,而不知以纵贯之眼光,视为一种学术之丛书,或一宗传灯之语录,而断断致辩于其横切方面。此亦缺乏史学之通识所致。"①陈氏此言显然是有针对性的,意在批驳以"古史辨"派为代表的一些史家,在考辨出儒家经典和诸子典籍非一时一人之所作后,便否定它们在中国古代历史文化研究中的史料价值的错误做法。他认为史料的真伪只是相对的,而且伪材料往往与真材料同一可贵,关键在于如何看待和利用伪材料中的真史料价值,不过,这就需要"通识"的眼光。陈寅恪对先秦儒家及诸子典籍史料价值实际上是有"真了解"。他的挚友和姻亲俞大维回忆说:"他说:无论你的爱憎好恶如何,《诗经》、《尚书》是我们先民智慧的结晶,乃人人必读之书。关于《尚书》今古文之辨,他认为古文《尚书》,绝非一人可杜撰,大致是根据秦火之后,所传零星断简的典籍,采取有关《尚书》部分所编纂而成,所以我们要探索伪书的来源,研究其所用资料的可靠性,方能慎下结论;不可武断地说,它是全部杜撰的,由此我们可以得见寅恪先生,虽是谨严的学者,却不是偏狭的汉学家。"②其次,以"通识"的眼光来看待传统史论的史料价值。陈

---

① 陈寅恪:《冯友兰中国哲学史上册审查报告》,载《金明馆丛稿二编》,第248页。
② 俞大维:《谈陈寅恪先生》,载张岱年、邓九平主编:《篷窗追忆(学者卷3)》,北京:北京师范大学出版社,1997年,第403页。

寅恪说:"若推此意而及于中国之史学,则史论者,治史者皆认为无关史学,而且有害者也。然史论之作者,或有意,或无意,其发为言论之时,即已印入作者及其时代之环境背景,实无异于今日新闻纸之社论时评。若善用之,皆有助于考史。故苏子瞻之史论,北宋之政论也。胡致堂之史论,南宋之政论也,王船山之史论,明末之政论也。今日取诸人论史之文与旧史互证,当日政治社会情势,益可借此增加了解,此所谓废物利用,盖不仅能供习文者之模拟练习而已也。"①说史论者"治史者皆认为无关史学",亦与称雄当时史学界的实证史学代表人物胡适、顾颉刚和傅斯年等完全否定史论的观点相对立。他认为,历代史家的史论反映了其所处时代的政治思想议论,如与旧史互证,同样是研究政治史和社会史的重要史料。不过,受实证史学的影响,他对史论的评价有片面性,认为史论的史料价值只在于"废物利用"。

陈氏上述言论虽是称赞冯氏能以"通识"眼光看待伪史料和史论的重要史料价值,实则也是他自己看待各类史料价值的基本观点。进而言之,他主张以"通识"的眼光看待史料还表现在他善于发现新史料或原有史料的新价值。他曾说,新史料是新学术成立的两个必要条件之一,"一时代之学术,必有其新材料与新问题。取用此材料,以研求问题,则为此时代学术之新潮流。治学之士,得预于此潮流者,谓之预流(借用佛教初果之名)。其未得预者,谓之未入流。此古今学学术史之通义,非彼闭门造车之徒,所能同喻者也。敦煌学者,今日世界学术之新潮流也"。他进而说,20多年来中国学者的敦煌学研究成就不及域外,重要原因之一便是"国人治学,罕具通识"②。可见,说中国学者的敦煌学研究"罕具通识"也包括对敦煌学史料价值的认识。而陈氏因在敦煌学上的成就,已被公认为是中国敦煌学的开创者。

需要指出的是,陈寅恪所说的新史料不仅是指以前没有发现过或未曾被人使用过的史料,还指那些已经存在的、却未曾被人认识到具有史料价值的文献。这突出地表现在他对中国传统文学作品,如诗和小说史料价值的

---

① 陈寅恪:《冯友兰中国哲学史上册审查报告》,载《金明馆丛稿二编》,第248页。
② 陈寅恪:《陈垣敦煌劫余录序》,载《金明馆丛稿二编》,第236页。

高度重视和利用上。重视文学作品的史料价值是中国现代多数史家的共同认识,而且诸多史家在这方面有着重要的实践①。陈氏是这方面最有影响和最有系统理论总结的史家之一。他援诗证史和以诗释史,大力发掘不受传统史学重视的诗歌的史料价值,并在史学著述中大量运用,《元白诗笺证稿》和《柳如是别传》是他集中运用诗治史的典范之作。他晚年对于中国诗为何能证史,特别是唐诗证史、尤其是元白诗证史曾做过如此理论阐述:"中国诗虽短,却包括时间、人事、地理三点";"中国诗既有此三特点,故与历史关系","把所有分散的诗集合在一起,于时代人物之关系、地域之所在,按照一个观点去研究,连贯起来可以有以下作用:说明一个时代之关系,纠正一件事之发生及经过,可以补充和纠正历史记载之不足,最重要是在纠正。元白诗笺证史即是利用中国诗之特点来研究历史的方法"。又说,唐人多能作诗,遗下的不少,皆可用来证史,何以要用元白诗呢?"一、时代关系。如李太白在前而李商隐在后,元白之诗正在中唐时代,说上说下皆可。二、唐人诗中看社会风俗最好。元白诗于社会风俗方面最多,杜甫、李白的诗则政治方面较多。三、又以元白诗留传者较多。"而以元白诗证史需要注意两个问题:"一、首先要了解唐朝整体局面情况,然后才能解释。二、历史总是在变动的,看诗犹如看活动电影之变动,需看其前后之变迁。若仅就单单一片材料扩大之则不可,必须看到事物前后的变迁。"②他还把小说提高到与官修史书同等的地位。如在研究唐代中后期重进士轻明经的风气及对当时政治的影响时,他便利用了唐代传奇小说集《剧谈录》所记故事,即以明经擢第的元稹遭李贺轻视,后来元稹以制策登第做了礼部郎中,遂诋毁欲参加进士考试的李贺未避父讳致使李贺未能参加进士考试,他说:"《剧谈录》所纪多所疏误,自不待论。但据此故事之造成,可推见当时社会重进士轻明经之情状,

---

① 参见徐国利、陈永霞:《中国现代史家论文学作品的史料价值及其史学实践》,载《史学史研究》,2007年第1期。
② 陈寅恪:《元白诗证史第一讲听课笔记片段》(唐赞记录),载陈寅恪著,陈美延编:《讲义及杂稿》,北京:三联书店,2009年,第483—484页。

故以通性之真实言之,仍不失为珍贵之社会史料也。"①在他看来,小说描述的事实与具体的人和事虽有出入,但它反映了当时社会的一般思想状况,即,"通性之真实"。换言之,文学作品包含社会历史"通性之真实"是他对文学作品史料价值"真了解"所提炼出的一个重要理论观点。

陈寅恪主张以"通识"的眼光来求得对史料价值的"真了解",使许多被传统史学和当时古史辨派等流派的史家视为缺乏史料价值或史料价值不高的文献史料,再现其重要、甚至是与真史料同等重要的史料价值。这不仅促进了中国现代史料学理论的发展,而且,大大扩充了中国现代史学的史料运用范围,为中国现代史学发展奠定了更广泛和坚实的史料基础。

二、"参证"诸类史料求得对史实的"真了解"

史学研究第二步是要通过对搜集到的史料进行考证和解释以求得对史实的客观认识。陈寅恪继承和发展了中国传统考据方法,以"参证"法为基础,进而达到对史实的"真了解"。

陈寅恪的《王静安先生遗书序》对王国维的治史方法和重要贡献做了高度总结:"一曰取地下之实物与纸上之遗文互相释证。凡属于考古学及上古史之作,如《殷卜辞中所见先公先王考》及《鬼方昆夷猃狁考》等是也。二曰取异族之故书与吾国之旧籍互相补正。凡属于辽金元史事及边疆地理之作,如《萌古考》及《元朝秘史之主因亦儿坚考》等是也。三曰取外来之观念与固有之材料互相参证。凡属于文艺批评及小说戏曲之作,如《红楼梦评论》、《宋元戏曲考》、《唐宋大曲考》等是也。此三类之著作,其学术性质固有异同,所用方法亦不尽符会,要皆足以转移一时之风气,而示来者以轨则。吾国他日文史考据之学,范围纵广,途径纵多,恐亦无以远出三类之外。"②他根据王国维学术研究的不同领域、方法运用的主要特征和对近代新史学观念的吸收,将王氏史料考证和解释概括为释证、补证、考证三种类型。众所

---

① 陈寅恪:《唐代政治史述论稿》,上海:上海古籍出版社,1997年,第82页。
② 陈寅恪:《王静安先生遗书序》,载《金明馆丛稿二编》,第219页。

上篇 历史文化观与史家思想

周知,王氏的《古史新证》只提出"二重证据法",即陈氏所说"一曰取地下之实物与纸上之遗文互相释证",至于第二、三条则是他对王氏史学精神和方法所做的诠释,亦可谓是揭示了他自己的史学思想。他认为,王氏史料考证和释史的三类方法足以转移时代风气,为将来中国文史考据学示以"轨则",用今天的学术话语说,就是开创了中国现代文史考据的新"范式",这自然亦是他所推崇的新史学"范式"了。

仔细分析陈寅恪所概括的史料考证和解释的三种类型,既各有其义,又有共通性。"释证"主要是指通过比照不同史料来考证和解释史实;"补证"主要是指以某种史料为主,辅以或补以他种史料来考证和解释史实。陈氏这里说的"参证",即"取外来之观念与固有之材料互相参证",是指取用西方近现代史学理论来解读和阐释史料,抽象言之,即是以理论来解释考证后的史料,属于"释史"的范畴。准确地说,"参证"还应当包括参照或参考不同的史料来考证史实的层面,以最大程度还原史实。可见,陈寅恪所说的"参证"既包括参照不同的史料来考证清楚史实,还包括对史料加以解释。而"释史"是离不开理论,特别是西方的新理论的。汪荣祖便指出了陈寅恪史学考据的这一特点和贡献,他说:"寅恪将唐史研究的结果写成专书,号称'述论',其实其'论'尚多于'述',显然有异于述而不论或述多论少之传统史学,'此乃寅恪史学之'先进'处,'突破'处;亦可见寅恪已掌握近代西方史学'释史'(Interpretation)一道之要旨,故寅恪作史事之解释,不作空泛的惊人语;而实之以丰富的史料,以及谨严的乾嘉考据方法。"① 其次,从广义上说,他所说的"参证"实际上包括了"释证"和"补证",因为,后两者都是指通过对不同类型和不同语言文字的史料相互参照、排比和考证,进而求得对各类史料记载的同一史实的"真了解"。综观陈氏史著,可以发现他正是以"参证"为基本方法,并综合运用释证和补证来考证和解释史实的,这样往往能够真正达到对史实的"真了解"。而这正是他的历史考据的超越之处,它既与清

---

① 汪荣祖:《陈寅恪评传》,南昌:百花洲文艺出版社,1992年,第108页。

代考据以史料辨伪为主是不同的,也与片面追求史料辨伪和只重史料考证而贬斥历史解释的中国现代史学流派及史家旨趣相异①。

下面,以陈寅恪代表作之一的《唐代政治史述论稿》为例来说明他是如何通过参证、释证和补证来求得史实真相的。如,此书上篇《统治阶级之氏族及其升降》首先是考证和判定李唐皇室世系,在此他开宗明义提出要运用史料互相参证进行研究,说:"唐之皇室本有自撰之谱牒,原书今不可见。然如《册府元龟》及《两唐书》等唐皇室先世渊源之记载固出自李唐皇室自撰之谱牒,即唐太宗御撰之《晋书》亦唐皇室自述其氏族渊源之要籍。故兹依据此类唐室自叙其家世之著述,复取其他史料互相参证,以讨论此问题焉。"又说:"李唐世系之纪述,其见于《册府元龟》一《帝王部帝系门》、《旧唐书》一《高祖纪》、《新唐书》一《高祖纪》、《北史》一百《序传》及《晋书》八七《凉武昭王传》等书者,皆不及《新唐书》七十上《宗室世系表》所载之详备,今即依此表与其他史料讨论之。"②那么,如何进行"史料互相参证"呢? 他说,关于李唐皇室世系虽然有《册府元龟》、《旧唐书》、《新唐书》、《北史》及《晋书》的相关文献史料记载,但是,"皆不及《新唐书》七十上《宗室世系表》所载之详备",所以,"今即依此表与其他史料讨论之"。也就是说,他是以《新唐书》的《宗室世系表》为主要史料,同时参照、补充其他相关史料来考评和解释李唐皇室世系的来源问题。通观他的研究,除了使用上述辅助史料外,还使用了《汉书》、《宋书》、《魏书》、《周书》、《隋书》、《唐会要》、唐代李吉甫的《元和郡县图志》和温大雅的《大唐创业起居注》、宋代邓名世的《古今世系书辩证》、清代黄彭年的《畿辅通志》、中央研究院历史语言研究所的河北省隆平县唐光业寺碑的拓本、开元十三年光业寺碑文,巴黎图书馆藏敦煌写本伯希和号第二十五H《唐代祖宗忌日表》等诸多文献资料。通过对上述资料的排比、对照和考证,他对李唐皇室世系作出这样的解释:"故以地域邻接及时代先

---

① 这方面的详细论述可参见盛邦和:《陈寅恪:走出"史料学派"》(载《江苏社会科学》,2002年第3期)。

② 陈寅恪:《唐代政治史述论稿》,第1、2页。

上篇 历史文化观与史家思想

后二者之关系综合推论,颇疑李唐先世本为赵郡李氏柏仁一支之子孙,或者虽不与赵郡李氏之居柏仁者同族,但以同姓一姓同居一地之故,遂因缘攀附,自托于赵郡之高门,衡以南北朝庶姓冒称士族之惯例,殊为可能之事。总而言之,据可信之材料,依常识之判断,李唐先世若非赵郡李氏之'破落户',即是赵郡李氏之'假冒牌'"①。他通过考证又指出,李唐皇室母系有胡有汉,从而得出"李唐血统其初本是华夏,其与胡夷混杂,乃一较晚之事实"的结论,并据此厘清了李唐皇室的血统世系表。至此,他通过各种文献的相互参证、补证和释证,最终重现和解释了李唐皇室世系汉胡血统与世系传承这一学术界一直没有说清的问题。通观此书,经常用到"参证"、"参考"、"参校"、"考"、"补(证)释(证)"的表述,此不胪列。陈氏这种方法不仅表现在大量文献史料的运用,而且还表现在使用的文献史料类型十分丰富,除大量史部文献外,还有许多集部的文献,特别是诗和小说等。在史部中又有正史、地理、别史、杂史等诸多类型的文献;除纸质文献,还有碑刻等;除域内文献,还有海外敦煌文书等。

陈寅恪以参证为基本方法考史和释史,主要是继承了宋代史学的长编考异法。他特别推崇宋代史学,称其达到了中国史学最高峰,"中国史学莫盛于宋"②,"宋贤史学,今古罕匹"③。他认为宋代史学所以能取得如此成就,除了崇尚气节和黜势利,另一重要原因在于以长编考异法治史。1948年,他在给杨树达《论语疏证》作序时说:"今先生汇集古籍中事实语言之与论语有关者,并间下己意,考订是非,解释疑滞。此司马君实李仁甫长编考异之法,乃自来诂释论语者所未有,诚可为治经者辟一新途径,树一新模楷也。"④那么,何谓长编考异法呢?陈氏弟子王永兴以司马光《答范梦得》一文为据予以详细说明:"第一步编修丛目,即先编事目,将事件据《实录》按年月日标

---

① 陈寅恪:《唐代政治史述论稿》,第10—11页。
② 陈寅恪:《陈垣〈明季滇黔佛教考〉序》,载《金明馆丛稿二编》,第240页。
③ 陈寅恪:《隋唐制度渊源略论稿》,上海:上海古籍出版社,1982年,第134页。
④ 陈寅恪:《杨树达论语疏证序》,载《金明馆丛稿二编》,第232页。

119

出,汇集诸书记载逐条将所出篇卷附注于事目之下,逐条附记,编为丛目";"第二步为修长编,检出丛目中所汇集史料,或择一明白详备者、或左右采获、错综铨次、取此舍彼,广取诗赋、诏敕、妖异、诙谐等,宁繁毋略,取舍之由附于注中为考异。司马光此文并未得到学界充分重视,但它完整而具体地记录了宋代史学的'长编考异'之法。"他说,"寅恪先生正是用此法治史的","丛目为长编考异之用,寅恪先生列举史料时,也多次运用长编的或择明白详备者录之、或左右兼采之法。如《唐代政治史述论稿》中篇引《旧唐书·郑覃传》之后,注'此十八字据《新传》之文',此即左右采获、参合录之之例"①。

当然,陈寅恪上述方法不是对宋代史学长编考异法的简单继承,而是做了发展。王永兴说:"运用丛目长编考异之法,寅恪先生不仅考证时间、地理、人事,而且总汇贯通,解明前后因果发展源流之关系,如超越时空限制,考察隋唐制度渊源,这已是运用其法而超越宋代史学的境界了,这是寅恪先生对宋代史学的发展。"②陈氏还批判地吸收了清代考据学方法。如他对清代史学家钱大昕十分推崇,称其为"清代史学家第一人"③即是力证。学术界对陈寅恪史学主要是继承了清代考据学方法,还是宋代史学长编考异法长期以来存在争论。有学者称,陈寅恪对这两种方法都有批判性地继承和发展,深中肯綮④,故此不具体论述。陈氏不仅吸收融合了宋代和清代考史和释史方法,更有超越之处。中国古代文献考据的基本内容之一是如何校释古书,他对此提出了一个方法论:"夫解释古书,其谨严方法,在不改原有之字,仍用习见之义。故解释之愈简易者,亦愈近真谛。并须旁采史实人情,以为参证。不可仅于文句之间,反复研求,遂谓已尽其涵义也。"⑤可见,在他看来,解释古书的文句,不仅要遵守其原貌和原义,力求简易,还需参证史实

---

① 李锦绣:《王永兴谈陈寅恪治史之道》,载《文史知识》,1997年第1期。
② 李锦绣:《王永兴谈陈寅恪治史之道》,载《文史知识》,1997年第1期。
③ 陈寅恪:《李德裕贬死年月及归葬传说辨证》,载《金明馆丛稿二编》,第23页。
④ 如殷祝胜:《陈寅恪与乾嘉朴学和宋代史学之关系新论》,载《广西社会科学》,1998年第6期。
⑤ 陈寅恪:《"蓟丘之植,植于汶湟"之最简易解释》,载《金明馆丛稿二编》,第262页。

和人情世故,要超越于文句之上,才能对古书有"真了解"。这不仅反映出他考史和释史超越了中国传统的考据学,也反映了他对西方近现代史学理念的吸收。而陈寅恪能有这种超越,正在于他主张以"通识"的眼光来考史和释史。他常对弟子说,在历史研究中,"最重要的就是要根据史籍或其他资料以证明史实,认识史实,对该史实而有新的理解,或新的看法,这就是史学与史识的发现"①。

三、以"通识"求得社会历史的"真了解"

通过参证获得对具体史实的正确认识后,如何再通过对诸多相关史实的了解和把握来重现某一时期的社会历史,即达到对某一时期历史的"真了解"呢?对此,陈寅恪同样强调"通识"在其中的重要作用。而他在这一层面所说的"通识"实则包含了不同的内容。

王永兴曾说:"先生之所以善于考据,特别是对重大历史事件的考据,条件很多,通识是重要条件之一。也可以这样说,他的精辟考据是由于以他的通识为基础的。例如,关于李唐氏族的考据,寅恪先生能够得出李唐的祖先出自赵郡李氏,或为赵郡李氏之破落户,或为赵郡李氏之假冒牌这样的推论;决非出自陇西李氏。这是由于他通解西魏北周一代历史,通解宇文泰苏绰所创建的以关陇集团为核心的关中本位政策。"②这段话所说的陈氏史学"通识",本义是指对西魏北周历史有贯通性的认识,抽象来说,即是对某一历史时期有贯通性的认识。这种"通识"的具体表现就是他在通过史料来参证和考释史实时,善于寻求其研究对象的社会历史背景,并以此为立足点来重现诸种史实所构成的社会历史。这种方法在其著述中随处可见。如在研究元稹与崔莺莺始乱终弃的婚姻关系时,他通过征引元稹《长庆集》、《新唐

---

① 蒋天枢:《师门往事杂录》,北京大学中国中古史研究中心:《纪念陈寅恪先生诞辰百年学术论文集》,北京:北京大学出版社,1989年,第15页。
② 王永兴:《略谈陈寅恪先生的治史方法》,载《清华大学学报(哲学社会科学版)》,1986年第1期。

书》《旧唐书》等诸多史料,得出对中晚唐的社会现实的如下认识:"盖唐代社会承南北朝之旧俗,通以二事评量人品之高下。此二事,一曰婚。二曰宦。凡婚而不娶名家女,与仕而不由清望官,俱为社会所不齿。"①立足于这一社会背景,他指出元稹作为这个时代的读书人,在仕途上"重进士轻明经",在婚姻上"弃寒族之双文,而婚高门之韦氏","于仕于婚,皆不惮改其辙,以增高其政治社会之地位者也"②。因此,他没有简单地用现代男女观来指责元稹,而是说:"夫唐世士大夫之不可一日无妾媵之侍,乃关于时代之习俗,自不可以今日之标准为苛刻之评论。""若莺莺果出高门甲族,则微之无事更婚韦氏。惟其非名家之女,舍之而别娶,乃可见谅于时人"③。他追求的史学通识不仅体现在对某一时期历史的贯通性认识上,还表现在力求对整个中国历史要有"通识"之见。俞大维说:"他研究的重点是历史。目的是在历史中寻求历史的教训。他常说:'在史中求史识。'因是中国历代兴亡的原因,中国与边疆民族的关系,历代典章制度的嬗变,社会风俗、国计民生,与一般经济变动的互为因果,及中国文化能存在这么久远,原因何在?这些都是他研究的题目。""他平生的志愿是写一部'中国通史',即'中国历史的教训',如上所说,在史中求史识"④。

陈寅恪的史学"通识"还有更高或更深层次的内容,即重视从文化与种族(民族)的立场研究历史。有学者说,在陈寅恪的史学研究中,"民族与文化问题实为最要之关键","民族文化既是研究的对象,更是研究的视角,也就是说,是他解决许多重大学术问题的关键"⑤。可以说,从文化及民族立场出发,贯穿于陈寅恪历史研究的各个方面。

在对重大历史问题的研究方面,如《唐代政治史述论稿》开篇便称种族

---

① 陈寅恪:《元白诗笺证稿》,上海:上海古籍出版社,1978年,第112页。
② 陈寅恪:《元白诗笺证稿》,第85页。
③ 陈寅恪:《元白诗笺证稿》,第88、112页。
④ 俞大维:《谈陈寅恪先生》,载张岱年、邓九平主编:《蓬窗追忆(学者卷3)》,第340、344页。
⑤ 徐梓:《陈寅恪史学的民族文化特征》,载《历史教学》,1999年第10期。

及文化二问题"实李唐一代史事关键之所在,治唐史者不可忽视者也"①,全书就是从这一角度展开研究的。此书第一篇《统治阶级之氏族及其升降》分析西魏宇文泰能以地狭国贫之关中与财富兵强之东魏与萧梁相抗衡,即在于其融合种族和汉胡文化的关中本位政策及其相应的制度。尔后,他通过大量研究,最后得出这一结论:"有唐一代三百年间其统治阶级之变迁升降,即是宇文泰'关中本位政策'所鸠合集团之兴衰及其分化。盖宇文泰当日融冶关陇胡汉民族之有武力才智者,以创霸业;而隋唐继其遗产,又扩充之。"到武则天代唐后,开始实行进士科举制度,形成了一个与关陇集团在政治、文化上均无关联的新兴社会阶层,破坏了"关中本位政策";武则天后李唐虽然重掌政权,然而,"举凡进士科举之崇重,府兵之废除,以及宦官之专擅朝政,蕃将即胡化武人之割据方隅,其事俱成于玄宗之世。斯实宇文泰所创建之关陇集团完全崩溃,及唐代统治阶级转移升降即在此时之徵象。是以论唐史者必以玄宗之朝为时代划分界线,其事虽为治国史者所得略知,至其所以然之故,则非好学深思通识古今之君子,不能详切言之也"②。在他看来,非"通识古今"之君子是无法达到对唐代政治史变化的"真了解"。很显然,这种"通识"自然是指唐史研究必须基于"文化与种族"的立场。

在对于历史人物的研究方面,如对曹操,他从文化的高度看到了其有"摧破其劲敌士大夫阶级精神上之堡垒,即汉代传统之儒家思想"之"转移数百年世局之作用",而非"唯议其私人之过失"③。对陶渊明,他从文化相互融合来重塑其形象为"外儒而内道,舍释迦而宗天师者也",陶渊明思想"殆与千年后之道教采取禅宗学说以改进其教义者,颇有近似之处"④。对寇谦之与崔浩,他从文化与种族的关系重现二者命运一喜一悲的不同缘由,即,寇谦之成功的原因为,"种民礼度之义深合于儒家大族之传统学说故也";而崔

---

① 陈寅恪:《唐代政治史述论稿》,上海:上海古籍出版社,1997年,第1页。
② 陈寅恪:《唐代政治史述论稿》,第47、48页。
③ 陈寅恪:《书世说新语文学类锺会撰四本论始毕条后》,载《金明馆丛稿初编》,第43页。
④ 陈寅恪:《陶渊明之思想与清谈之关系》,载《金明馆丛稿初编》,第205页。

浩失败原因为"不顾春秋夷夏之大防,卒以此触怒鲜卑,身死族灭"①。对同时代的王国维,他力排众议,从"文化殉道"的高度解释了其死因和重塑了其形象,说:"凡一种文化值衰落之时,为此文化所化之人,必感苦痛,其表现此文化之程量愈宏,则其所受之苦痛亦愈甚;迨既达极深之度,殆非出于自杀无以求一己之心安而义尽也……盖今日之赤县神州值数千年未有之钜劫奇变;劫尽变穷,则此文化精神所凝聚之人,安得不与之共命而同尽,此观堂先生所以不得不死,遂为天下后世所极哀而深惜者也。"②

四、陈寅恪史学"真了解"精神的学术意蕴与意义

综上所述,陈寅恪能在史学各层面的"真了解"上达到很高成就,在于他特别重视史学研究要有"通识"之眼光。在他看来,重视史学的"通识"精神正是中国新史学的真谛所在!他在谈到中国近代史学能够超越清代史学时曾说:"近二十年来,国人内感民族文化之衰颓,外受世界思潮之激荡,其论史之作,渐能脱除清代经师之旧染,有以合于今日史学之真谛,而新会陈援庵先生之书,尤为中外学人所推服。盖先生之精思博识,吾国学者,自钱晓徵以来,未之有也。"③他称陈垣的著述能于考证中见问题为"精思博识",是有合于"今日新史学之真谛"。换言之,这里他是将"史识"作为中国现代新史学成立的根本条件。他在谈到新材料与新问题是时代新学术成立的两个必要条件和"古今学术史之通义"后,进而指出,20多年来中国学者在现代新学术"敦煌学"上不及域外学者的重要原因之一便是"罕具通识"④,同样表达出通识为新史学真谛之思想。

陈寅恪所说的史学"通识"在不同层面的含义广狭不尽相同,然其旨归则在于要从文化及民族的高度来研究历史。他认为,文化为一民族历史的

---

① 陈寅恪:《崔浩与寇谦之》,载《金明馆丛稿初编》,第140页。
② 陈寅恪:《王观堂挽词并序》,载《寒柳堂集·寅恪先生诗存》,上海:上海古籍出版社,1980年,第6页。
③ 陈寅恪:《陈垣元西域人华化考序》,载《金明馆丛稿二编》,第239页。
④ 陈寅恪:《陈垣敦煌劫余录序》,载《金明馆丛稿二编》,第236页。

上篇　历史文化观与史家思想

根本所在,因此,在民族文化的交流和发展中必须坚持民族文化本位论或"中体西用论"。20 世纪 30 年代,他在谈到西方资本主义、东欧社会主义在中国的影响与中国现代文化的出路时明确说:"窃疑中国自今日以后,即使能忠实输入北美或东欧之思想,其结局当亦等于玄奘唯识之学,在吾国思想史上,既不能居最高之地位,且亦终归于歇绝者。其真能于思想上自成系统,有所创获者,必须一方面吸收输入外来之学说,一方面不忘本来民族之地位。此二种相反而适相成之态度,乃道教之真精神,新儒家之旧途径,而二千年吾民族与他民族思想接触史之所昭示者也。"①此为其一生所坚持的观念。1961 年,吴宓到广州拜访陈氏时仍感叹说:"寅恪兄之思想及主张,毫未改变,即仍遵守昔年'中学为体,西学为用'之说(中国文化本位论)⋯⋯但在我辈个人如寅恪者,则仍确信中国孔子儒道之正大,有裨于全世界,而佛教亦纯正。我辈本此信仰,故虽危行言殆,但屹立不动,决不从时俗为转移。"②他重视唐代历史的研究,即在于看到了盛唐能开中国历史宏大之规模正得益于民族文化的交流、融合与创新。他说,李唐所以能崛兴,"盖取塞外野蛮精悍之血,注入中原文化颓废之躯,旧染既除,新机重启,扩大恢张,遂能别创空前之世局"③。他推崇宋代文化,说:"华夏民族之文化,历数千年之演进,造极于赵宋之世。后渐衰微,终必复振。"而中国现代学术的将来发展,"惟可一言蔽之曰,宋代学术之复兴,或新宋学之建立是己"④。而他所以推崇宋代文化,正在于它能以儒学为本位,融合佛学和道学,成一新儒家,开中国历史和文化发展新局面。

那么,中国文化的精髓又是什么呢? 此即:独立之思想,自由之精神。1927 年,他在《清华大学王观堂先生纪念碑铭》明揭此义,认为王国维的学术正代表了这种文化精神,说:"士之读书治学,盖将以脱心志于俗谛之桎梏,

---

① 陈寅恪:《冯友兰中国哲学史下册审查报告》,载《金明馆丛稿二编》,第 252 页。
② 吴学昭:《吴宓与陈寅恪》,北京:清华大学出版社,1992 年,第 143 页。
③ 陈寅恪:《李唐氏族之推测后记》,载《金明馆丛稿二编》,第 303 页。
④ 陈寅恪:《邓广铭宋史职官志考证序》,载《金明馆丛稿二编》,第 245 页。

真理因得以发扬。思想而不自由,毋宁死耳。斯古今仁圣所同殉之精义,夫岂庸鄙之敢望。先生以一死见其独立自由之意志,非所论于一人之恩怨,一姓之兴亡。呜呼!树兹石于讲舍,系哀思而不忘。表哲人之奇节,诉真宰之茫茫。来世不可知者也,先生之著述,或有时而不章。先生之学说,或有时而可商。惟此独立之精神,自由之思想,历千万祀,与天壤而同久,共三光而永光。"①他将这种精神视为"古今仁圣所殉之精义",自然当为中华民族文化的根本精神所在。1964年,他在谈《柳如是别传》撰写的缘起时又明确地说明:"披寻钱柳之篇什于残阙毁禁之余,往往窥见其孤怀遗恨,有可以令人感泣不能自己者焉。夫三户亡秦之志,九章哀郢之辞,即发自当日之士大夫,犹应珍惜引申,以表彰我民族独立之精神,自由之思想。"②在他看来,中国现代学术能否独立,"实系吾民族精神上生死一大事者"③。陈寅恪一生学术历程发生很大变化,从"塞外之史,殊族之文"的东方学,转移到"不古不今"的魏晋隋唐史研究,再到晚年研究清初文学和史学,然而,他坚守和弘扬此精神的态度却没有变化,反而日益彰显。在1953年那个学术思想日渐不独立和不自由的年代,他在《对科学院的答复》中再次重申:"我认为研究学术,最主要的是要具有自由的意志和独立的精神……独立精神和自由意志是必须争的,且须以生死力争……一切都是小事,惟此是大事。"④

陈寅恪融合中国传统史学、主要是宋代史学的方法和精神,吸收西方实证史学与历史解释的思想,主张从体认中国民族文化本位的史学"通识"来研究中国历史,将中国传统考史和叙史发展为融考释为一体的新史学。他大力拓展新史料和发掘史料的新价值,在此基础上通过参证诸类史料来考辨和解释史实,进而通过诸多史实关联的考察和研究来重现与构建社会历史,从而很好地体现了史学的"真了解"精神。他的这种史学思想既与中国

---

① 陈寅恪:《清华大学王观堂先生纪念碑铭》,载《金明馆丛稿二编》,第218页。
② 陈寅恪:《柳如是别传(上册)》,上海:上海古籍出版社,1980年,第4页。
③ 陈寅恪:《吾国学术之现状及清华之职责》,载《金明馆丛稿二编》,第318页。
④ 陆键东:《陈寅恪的最后二十年》,北京:三联书店,1995年,第111—112页。

现代新考据派和史料派如傅斯年、胡适、顾颉刚等史家重考证和轻解释,主张以纯客观立场研究历史不同,又与马克思主义史学过于强调唯物史观的理论指导作用而导致出现以理论来剪裁中国历史的弊病相异,也与一些相对主义史家朱谦之、常乃德和雷海宗等过于强调历史哲学在历史研究的决定作用,将历史研究变为历史哲学的附庸有别。可见,陈寅恪史学的"真了解"精神和方法及其实践为中国现代新史学发展探索出一条新路。

(原载《齐鲁学刊》,2012 年第 1 期)

钱穆的历史本体"心性论"初探
——钱穆民族文化生命史观疏论

钱穆以传统文化为根基和本位建立了一套系统和完整的史学思想体系,是中国近现代史学界中,最重要的史学家之一。而他的历史观"民族文化生命史观"既是其整个史学思想的基石,又是其研究中国历史文化的方法论原则。因此,研究钱穆的历史观是研究其史学思想和史学实践的出发点和立足点。本文拟对其历史观何以称为"民族文化生命史观"及其历史本体思想,作一初步的疏论。

一

钱穆的历史观是一种民族文化生命史观,而非一般的文化生命史观。

钱穆在《中国历史精神》中,对历史有较详细的定义性阐释。他说:"历史便是人生,历史是我们全部的人生,就是全部人生的经验。"又说:"历史是一种经验,是一个生命。更透彻一点讲,历史就是我们的生命。"又说:"历史是我们人生的经验,人生的事业。"[1]在其他地方亦有此类说法[2],他在《国史

---

[1] 钱穆:《中国历史精神》,香港:邓镜波学校印刷,1964年,第1、4页。
[2] 钱穆:《中国今日所需要之新史学与新史学家》,载蒋大椿主编:《史学探渊》,长春:吉林教育出版社,1991年,第1050、1051页。

上篇　历史文化观与史家思想

大纲》"引论"中说："我民族国家已往全部之活动,是为历史。"①

但钱穆不是就历史说历史。他常把历史和文化与民族联系在一起探讨。他在《中国历史精神》中说："我们该了解,民族、文化、历史,这三个名词,却是同一个实质……我们可以说,没有一个有文化的民族会没有历史的,也没有一个有历史的民族会没有文化的。同时,也没有一段有文化的历史而不是由一个民族所产生的。因此,没有历史,即证其没有文化,没有文化,也不可能有历史。因为历史与文化就是一个民族精神的表现。所以没有历史,没有文化,也不可能有民族之成立与存在。"②为此,有必要知道钱穆眼中的文化和民族是什么?

钱穆对文化的定义性解释颇多,大致可分为以下四种:一是,文化是人类集体、全体生活或民族生活之总称、总体或各部门、各方面之融合,如,"文化只是人类集体生活之总称"③;"文化是指集体的大群的人类生活而言。在某一地区,某一集团,某一社会,或某一民族之集合的大群的人生,指其生活之各部门各方面综合的全体性而言,始得目之为文化……文化是指的时空凝合的某一大群的生活之各部门各方面的整一全体"④;"文化乃一个民族生活的总体,把每一个民族的一切生活包括起来称之为文化"⑤;"人群大全体生活有各部门、各方面,如宗教、艺术、政治、经济、文学、工业等,各各配合,融凝成一,即是文化"⑥。二是,文化即是人生,是大群之人生或人生之总体,如"文化是人生的总体相,分言之,构成此文化的也有许多体配合,如宗教、教育、政治、文学、艺术等,而政治方面又要加上军事、法律等,这一文化体系

---

① 钱穆:《国史大纲(修订本)·引论》,北京:商务印书馆,1997年,第1页。
② 钱穆:《中国历史精神》,第5—6页。
③ 钱穆:《民族与文化》,香港:新亚书院,1962年,第43页。
④ 钱穆:《文化学大义》,台北:正中书局,1952年,第4—6页。
⑤ 钱穆:《从中国历史来看中国民族性及中国文化》,台北:联经出版事业公司,1979年,第13页。
⑥ 钱穆:《中国历史研究法》,香港:孟氏教育基金会,1961年,第109页。

129

是由各方面配合而成"①;"文化即是人生,此所谓人生,非指各个人之分别人生,乃指大群体之全人生,即由大群所集合而成的人生,此当包括人生之各方面各部门,无论是物质的、精神的均在内,此始为大群人生的总全体"②。在上述两种解释中,钱穆也把人生视为人类的生活③。三是,文化是一个生命,一个大生命,如,"文化乃群体大生命,与个已小生命不同";"中国古人谓之'人文化成',今则称之曰文化。此皆一大生命之表现,非拘限于物质条件者之所能知"④;"文化是一个生命,这是一个大生命……同时是一长生命……因此文化定有个大体系"⑤。四是,文化是一种精神共业,如,"应该说文化是人类中大群集体人生之一种精神共业";"既说文化是人们一种精神的共业,有其传统性,因此也可说文化有生命性"⑥。这些解释并不矛盾,钱穆只是从不同的角度和层面对文化作了定义性解释。

钱穆对民族所做的定义性解释较简单。他说:"怎样叫做民族呢?我们很简单的可以说,只要他们的生活习惯、信仰对象、艺术爱好、思想方式,各有不同,就可以叫做异民族。"⑦他说,民族这个观念中国古代没有,是近代从西方移译过来的,中西文化的民族观有很大不同,"中国人注重在文化上,西方人注重在血统上"。近代讲民族的都注重血统的分别,而中国古人似乎并不重血统的分别,"由中国古人看来,似乎民族界线就在文化上。这是中国古人一个极大的创见,中国古人似乎早已看到将来世界人类演变,必然会有不拿血统做界线而拿文化做界线的新时代出现"⑧。在这里,钱穆突出了文化在民族定义中的决定作用。

---

① 钱穆:《中国文化之成长与发展》,载《中国文化丛谈(1)》,台北:三民书局,1984年,第66—67页。
② 钱穆:《中国历史研究法》,第108页。
③ 钱穆:《文化学大义》,第4页。
④ 钱穆:《晚学盲言(上)》,台北:东大图书股份有限公司,1987年,第185页。
⑤ 钱穆:《中国文化精神》,台北:三民书局,1973年,第51页。
⑥ 钱穆:《中国文化之成长与发展》,载《中国文化丛谈(1)》,第51、52页。
⑦ 钱穆:《民族与文化》,第35—36页。
⑧ 钱穆:《民族与文化》,第46、45页。

上篇　历史文化观与史家思想

从钱穆对历史、文化和民族这三个范畴的定义性解释来看,他用来解释历史与文化的这些概念有着本质的内在联系。他用了人生、生命、经验、事业、活动五个概念来解释历史,用了人生、生命、生活、业四个概念来解释文化,在对民族的解释中,没有用较基本的概念,而是以文化来界定民族。其中,人生、生命两个概念是其共同运用的,也是其历史观中的基本概念。其他的概念是对人生和生命的规定和说明。那么,人生和生命及其关系是什么呢？他说:"人生只是一个向往,我们不能想象一个没有向往的人生。"人类生命与其他生物生命不同的最大特征是,在求生目的之外,还有其他更重要的目的之存在,"人生正为此许多目的而始有其意义","有目的有意义的人生,我们将称之为人文的人生,或文化的人生,以示别于自然的人生,即只以求生为唯一目的之人生"①。人生有物质的与精神的,在精神人生中,又分为艺术的、科学的、文学的、宗教的和道德的。"人生始终是一个进展,向外面某种对象闯进而发现,而获得,而创新……生命之实在,在于其向前闯进之对象中。向艺术闯进,艺术便是生命之真实。向科学闯进,科学便是生命之真实。若只有闯进,便是扑空,没有对象,便没有生命之真实性。照理闯进本身,便该是有对象的。人生最先闯进之途,只求生命之延续,其次闯进愈深,才始有求美求真与求善的种种对象"②。由此可见,人生就是生命,没有无生命的人生;但生命却不等于人生,必得是有意义和价值的人的生命才是人生。而人生和生命必有一番经验、活动、生活和事业,尤其是精神上的经验、活动、生活和事业,即人生和生命的文化意义,换言之,文化的人生才是真实的生命,真正的人生是文化生命。

同时,从钱穆对这三者间相互的关系更具体和明确的阐释中,亦可看出其文化生命本体的思想,即他同样强调文化在三者中的质与体的地位和决定作用。

首先,关于历史和文化的关系。他认为,历史与文化互为作用,缺一不

---

① 钱穆:《人生十论》,九龙:人生出版社,1963年,第1、19—20页。
② 钱穆:《湖上闲思录》,台北:东大图书股份有限公司,1984年,第113页。

可;但文化是体,历史只是该体之相,即体之种种表现。他说:"可以说文化是全部历史之整体,我们须在历史之整全体内来寻求历史之大进程,才是文化的真正意义。"由于文化是人群大全体生活,"可见文化即是历史,惟范围当更扩大"①。历史与文化"实际是一而二,二而一的"。有历史,才有文化;有文化就有历史。但是,"文化是体,历史是此体所表现的相。或说是现象,在现象背后则必有一体。看着种种相,自能接触到这个体。可是我们也该明白须有了这个体,才能发生种种相","我们可以说历史不同,就是文化不同"②。

其次,关于文化和民族的关系。钱穆认为,文化与民族亦是一而二,二而一的,文化创造了民族和国家,民族是文化的载体;民族亦创造了文化。他说:"文化必有一体,主体即民族。如果我们说民族创造了文化,但民族亦由文化而融成。照此说来,亦可谓文化与民族,是一而二,二而一的。"③不过,说民族创造了文化,这仅是从人在历史文化中的主体活动性方面来说的;至于众多个人的主体如何活动才能形成民族,还要靠文化来指导,文化创造了民族,即是从精神观念在民族形成中的决定性来说的。因此,"民族之抟成,国家之创建,胥皆'文化'演进中之一阶程也。故民族与国家者,皆人类文化之产物也。举世民族、国家之形形色色,皆代表其背后文化之形形色色,如影随形,莫能违者。人类苟负有某一种文化演进之使命,则必抟成一民族焉,夫而后其背后之文化,始得有所凭依而发扬光大。若其所负文化演进之使命既中辍,则国家可以消失,民族可以离散"④。"我们可以说文化是民族的生命,没有文化,就没有民族"⑤。

可见,他说民族、历史、文化同一实质,实是从三者相互作用、互不可缺的关系来说的,并非是从三者的本末和体相关系说的。三者中,文化是本与

---

① 钱穆:《中国历史研究法》,第108、109页。
② 钱穆:《历史地理与文化》,载《中国文化丛谈(1)》,第29、32页。
③ 钱穆:《民族与文化》,第43页。
④ 钱穆:《国史大纲(修订本)·引论》,第31—32页。
⑤ 钱穆:《从中国历史来看中国民族性及中国文化》,第13页。

体,历史与民族是末与相。当然,作为本体的文化是指精神和观念层面的文化。钱穆十分强调文化的终极精神性,虽然他把文化看成是物质和精神两个方面,但他说:"文化本身是精神的,仅存在着一堆物质,到底不成为文化。"①文化是大群人生的一种"精神共业"。钱穆说,是观念创造了人类的一切,"当知人类一切进步,决定在其最先的观念上。观念不同,便出发点变了。出发点变了,便一切都变了。人类的一切创造,主要在其观念上,其他的进程很简单,自然会水到渠成"②。

而这一文化人生,即文化生命又不能是"个人"、"各人之分别"、"个己"、"小我"、"小"的,钱穆在解释历史、文化、民族时,用"我们(全部)"、"大群"、"人类集体"、"(大)全体"、"大我"、"总体"、"大"、"共"等词对人生和生命作了一系列的规定。这些词所要表达的终极意义就是指民族。脱离民族、社会和历史的个人人生和生命不是文化的人生和生命,因此,是没有意义的,不能存在的③。故他用民族来限定文化人生,即文化生命的意义,最主要的在于它强调和突出了特殊性在文化人生、即文化生命存在中的决定性作用和意义。"研究历史首先要注意的便是其特殊性。没有特殊性就不成为历史。如果世界上一切国家民族,都有没有其相互间的个别特殊性,只是混同一色,那就只需要亦只可能有一部人类史便概括尽了。更不须也不能再有中国史美国史之分"④。"各个群体人生,都有它们的相同处,这是文化的共相。然而各个群体人生亦有它们的互异不同处,这是文化的别相。所谓各个群体人生之不同,也可说是一种是民族性的不同。由于民族性之不同而产生了文化之别相"⑤。故他说:"文化乃一个民族生活的总体";"我民族国家已往全部之活动,是为历史"。由此可见,在钱穆看来,撇开文化生命历史的民族性,单讲历史文化生命历史是空泛的、没有意义的。只有"民族"的文

---

① 钱穆:《中国历史研究法》,第120页。
② 钱穆:《民族与文化》,第51页。
③ 钱穆:《民族与文化》,第41页。
④ 钱穆:《中国历史研究法》,第2页。
⑤ 钱穆:《中国文化之成长与发展》,载《中国文化丛谈(1)》,第52页。

化生命历史才是实际存在和有意义的。他看到了文化生命历史的特殊性的根本意义。

综上所述可以看出,钱穆认为民族文化生命是历史的本体,在历史演进中起决定作用。所以说,钱穆的历史观不是一般的文化生命史观,而是一种民族文化生命史观。

二

那么,钱穆的民族文化生命史的本质,即本体又是什么呢?是"心性"。

历史学家的历史观从根本上说,是建立在其世界观的基础上的。钱穆的民族文化生命史观也是建立在其宇宙和自然大生命论的基础上的。他认为,从宇宙间天地万物到人生家国都是有生命的,"宇宙即不啻一生命,人类生命亦包涵在此宇宙大自然大生命中。物理神化,皆是宇宙大生命之所表现"①。从宇宙自然到历史人生之所以是一大生命体,在于它们是彼此依存的,"方其生,即依其他生命为养。及其熟,则还以养其他之生命。故生命乃一大共体,绝无不赖他生而能成其为生者……则不仅一家一国一民族为群生,人之与禽兽草木同此天地同此会合而相聚,亦不啻相互为群生。此生命乃为一大总体"②。

"心性"则是其宇宙和自然大生命的主宰,即本体。从宇宙和自然大生命走向文化历史生命,心性之体贯穿其间,万古永存。

关于心,钱穆说,有生之物皆有心,人心源于自然,却又是一种文化心,但仍与天心相通,"而此共通之广大心,乃人类之文化心,则是后天生长的。此一个心世界,亦可称之为精神界。我们不可说此宇宙则只是物质的,更无精神存在。而此一精神界,则还是从宇宙自然界之一切物质中展演而来。故此人类文化大心,我们亦可说此乃心与天交心通于天之心。唯此由人类所创造出的精神界,即心世界,实则依然仍在宇宙自然界,物质界中,相互融

---

① 钱穆:《晚学盲言(上)》,第55页。
② 钱穆:《晚学盲言(上)》,第427—428页。

为一体,而不能跳出此自然宇宙,而独立存在"①。心本一体,但若要像西方人作"智情意三分说"的话,则"意志应作最先一分看。人类有求生意志,此是天所命,而为人之性。心作用之最先表现在此"。"其次是情感,亦是与生俱来。此乃对生命过程之真实体认与真实享受"。"人类由自然人进入文化人,比较上,欲日淡,情日深,此是人生一大进步"。"理智应属最后起。应由情感来领导理智,由理智来辅成情感。即从知的认识言,情感所知,乃最直接而真实的。理智所知,既属间接,又在皮外"②。他又说,"心亦有其生长,亦可谓心亦有生命",人类所创造的新的物质世界,亦是一种心的生长;"人类的心生命,乃寄存于外面之物质世界而获得其生命之进展者,均在此宇宙界。凡寓人类所创造之新的物质世界中,则莫不有人类心的生命之存在"③。这即是说,人心创造了物质世界,物质世界之本是人心。

关于性,钱穆说,决定宇宙自然界和由大宇宙展演而来的心世界的成立、存在和变化之最高主宰和最高真理,"中国人称之曰性。中国人极重此性字,认为不仅生物有性,无生物亦有性"。万物原于天地,万物之间有一大共通,"此一大共通即是天,故曰天命之谓性"。"好生求生,此乃生命界共同之性"。"生命是一大共通,生命界之心与性,亦有一大共通。人类生命又是此生命大共通圈中一小共通。人性乃由天赋,故曰天性。人心最灵最能表现出此性,即是最能表现出此天。故曰人性善"④。他说,中国人为要表示其生命与禽兽草木一切生命之不同,牵连着说性命,即用心生命两字来代替生命,这便包涵着极深的思想结晶和生命的意义与价值,即:"一、人性既是禀赋于天,因此在人性之中即具有天。二、天既赋此性与人,则在天之外又别有了人……人之所谓代表天者即在人之性,而天之所以高出于人之上者,则

---

① 钱穆:《中国人之宇宙信仰及其人生修养》,载《中国文化丛谈(2)》,台北:三民书局,1984年,第216页。
② 钱穆:《双溪独语》,台北:学生书局,1981年,第171—172页。
③ 钱穆:《中国人之宇宙信仰及其人生修养》,载《中国文化丛谈(2)》,第215—216页。
④ 钱穆:《中国人之宇宙信仰及其人生修养》,载《中国文化丛谈(2)》,第219页。

在天之命。"①所以说,"性即是一个天人合一。排除了人,于何见性,亦于何见天。欲知生命真谛,先须知此小我之小生命。此一小我之小生命,乃自外面大自然大生命中来。但仍必回到外面大自然大生命中求持续、求发展、求完成……而大自然大生命,亦待此小我小生命为之发皇滋长。天人内外,所当合一以求"②。

心与性,钱穆认为性是更自然化的,属于天,由性展演出心;心则倾重于人文化的,属于人,它们各有功用,"心固由性展演而来,但性只属天,而心则属于人。由性展演,乃是自然天道。由心展演,乃有文化人道。即论科学艺术亦如此……至于人类以心交心,创出一套真善美合一调整之理想人类文化,而天地变色,宇宙翻新,其事更值重视"③。但他说心与性,实即人文与自然实是融通合一的④。人生文化理想,不能有外无内或有内无外,贵能内外合一⑤。正是心和性的融通与合一,才使宇宙自然和历史人生能融通和合为大生命。他说:"孟子曰:'尽心知性,尽性知天。'天由性见,性由心见,此心有明德,明明德于天下,此即由小生命扩大而为大生命。"⑥因此,心和性虽有别,但却不可分开看,心性实是一体的,一体的心性方是贯通宇宙自然和历史文化生命体的主宰和本体。

"心性"之体在文化历史演化中的"用",便是心性决定论和动力论。具体说,心性对历史文化的这种"用"表现为:

首先,历史文化由心性发源和展演。钱穆说,心是广大悠久,超个体而外在的,"一切人文演进,皆由这个心发源"⑦。"人文界一切,皆从人性展演

---

① 钱穆:《中国思想通俗讲话》,九龙:求精印务公司,1962年,第18—19页。
② 钱穆:《双溪独语》,第4页。
③ 钱穆:《中国人之宇宙信仰及其人生修养》,载《中国文化丛谈(2)》,第221页。
④ 钱穆:《晚学盲言(下)》,第648页。
⑤ 钱穆:《双溪独语》,第234页。
⑥ 钱穆:《晚学盲言(上)》,第194页。
⑦ 钱穆:《湖上闲思录》,第8页。

而来"①。"情感的背后便是性。唯由天赋,故称天性。情从性来,性从天来,一切人文都从自然来"②。"人生大道,人类文化,必从各个人之自性内心人格动力为起步"③。又说:"万世太平之基,须在此一二人方寸之地之心上建筑起……因此发扬至善之性,便可创立太平之运。"④孔孟立教,似乎把仁义礼智看成是人类的原始本心,"此等原始本心,乃得自天赋,由自然界来,却可由于演出人文界种种事为,而发荣滋长,迄于无穷"⑤。

其次,心性是历史文化演进的领导精神。钱穆说,长时期历史演进中一切事都像是偶然的、突然的、意外地产生的,然而实在有一种精神在指导,即"所谓历史精神,就是指导这部历史不断向前的一种精神,也就是所谓领导精神"⑥。"历史文化之演进,其背后常有一抉择取舍之指针,此指针即人心"。"人心之长期指向,即是文化精神"⑦。中国历史文化的领导精神就是走向善的心性,"而这个心和性,是确实会向着善而前进的,因此历史也确实会向着善而前进,文化也确实向着善而前进……这套理论与信仰放到政治上、社会上、经济、教育一切上,来完成以后的历史,这就是我们所谓中国文化传统的一个领导精神了"⑧。

再次,心性是社会、历史和文化演化的推动力和机括。钱穆说,"人心变,斯历史亦必随而变"⑨。讲宗教、政治、军事、经济是一个社会背后的推动力,这是把社会的推动力看成是外在的了,"中国传统文化则认为推动一切

---

① 钱穆:《双溪独语》,第27页。
② 钱穆:《晚学盲言(下)》,第641页。
③ 钱穆:《双溪独语》,第105页。
④ 钱穆:《中国思想通俗讲话》,第72页。
⑤ 钱穆:《双溪独语》,第200页。
⑥ 钱穆:《民族与文化》,第71页。
⑦ 钱穆:《历史与文化论丛》,台北:东大图书股份有限公司,1985年,第58页。
⑧ 钱穆:《民族与文化》,第87页。
⑨ 钱穆:《中国历史精神》,载《中国史学发微》,台北:东大图书股份有限公司,1989年,第132页。

的力量在于我,在于我的心,各人是一我,各人可以推动他四围而成为一中心"①。又说,各民族文化体系不同,其文化力量之发现与其运使,有重外和重内、重上和重下、重大群和重个人之别;中国文化极注重人文精神,而人文精神的重心在人心,心转则时代亦随而转,"所以各人之正心诚意,成为治国平天下之基本……因此历代文化之进退升沉,虽其最显著的迹象必归宿到政治经济军事之基层,但求其渊源,最主要的还是在学术思想,信仰风俗,深著于人心内部之一面"。"中国人认为经济军事须由政治来领导,而政治则须由教育来领导,故道统高出于政统,而富强则不甚受重视。故在中国人说,文化之进退升沉,则只是道之进退升沉而已。今人所谓之文化,中国古人则只谓之道体。明白到此,则文化之进退升沉,其权其机括,乃在个人身上、个人心中,可以不言而喻"②。钱穆所以写《中国思想史》,是因他认为"此(指文化观念——引者注)乃指导历史前进最后最主要的动力"③。

要说心性是钱穆历史文化生命之本体,固然不错,但仍未说到尽头。在钱穆看来,心性的人文意义在于其道德性的"仁"。仁是心性之本和终极归宿;说心性创造了历史文化,实即是仁创造了历史文化。钱穆说,仁乃孔子思想之本,儒道即是仁道;孟子对仁的阐释最精到:"一曰仁,人也。二曰仁,人心。三曰仁者爱人。仁为人心之同然,人心必皆仁,故仁即是人之特性之标帜。其心不有仁,即不得谓之人。心具此仁,则必爱人。"④宇宙造化之本体——心性,即是仁,"要之天地之道即是一个仁道,以其能生万物,又能生生不绝。既是仁,故又谓之心。人生天地间,故能具此仁心"⑤。仁虽是普存于天地万物之间的,但仁的作用主要则体现在历史文化生命的演进上,他说:"孔子当时有礼乐射御书数六艺。孔子曰:'人而不仁如礼何,人而不仁如乐何。'则礼乐之本皆在人心之仁。周公修礼制乐,治平天下。顺一家之

---

① 钱穆:《中国文化丛谈(1)》,台北:三民书局,1984年,第106页。
② 钱穆:《中华文化十二讲》,台北:东大图书股份有限公司,1985年,第64—65页。
③ 钱穆:《国史新论·自序》,台北:东大图书股份有限公司,1981年,第1页。
④ 钱穆:《双溪独语》,第32—33页。
⑤ 钱穆:《朱子新学案(上)》,成都:巴蜀书社,1986年,第245页。

心斯家齐,顺一国之心斯国治,顺天下之人心斯天下平,其本亦在仁。"①"故朱子曰:仁是天地之生气,又曰:仁是天地生物之心。此心藏在人性中,则作用更大,人之可以赞天地之化育者正在此"。"人文生命,发展完成于心之仁。此心之仁,则广及古今中外之全人类而不可死。若仁心死灭,则人道亦绝。回同于禽兽。亦将不获如禽兽"②。

由此可见,从最根本上说,钱穆的民族文化生命史观的本体论,是一种以道德性的仁为核心和本质特征的心性本体论。简言之,即是仁的心性本体论,亦可说是仁之本体论。

三

钱穆提出这一仁的心性本体论,并在这一基础上建立了其民族文化生命史观,是有其时代意义、文化意义和学术意义的。同时,亦有其很大的局限与不足。

钱穆生活在中国社会大变动和大转型的时代(他生于1895年,1990年故去),其一生几乎经历和目睹了中国社会在本世纪的种种风云变幻。一个世纪以来中华民族面临的最根本问题就是:走什么样的民族救亡和复兴道路?钱穆要回答的正是这一最根本的问题。他提出的心性本体论的民族文化生命史观则是回答这一问题的理论立足点。

中国近代以来的知识界、文化思想界对中华民族救亡和文化复兴的回答是各种各样的,但总的说来其道路不外这么几种:一是完全拒斥西方文化,固守中国传统文化;二是以中国传统文化为本,吸收西方文化;三是以西方文化为本,又不放弃中国文化;四是全盘西化,彻底否定中国传统文化。后两种民族救亡和文化复兴道路,即西化道路,在本世纪的前五十年成为主流。而且这一文化价值取向此后也没有根本改变。这种救亡复兴的道路及其文化价值取向在本世纪初乃至三、四十年代的中国,是有其存在的历史必

---

① 钱穆:《晚学盲言(下)》,1987年,第933页。
② 钱穆:《双溪独语》,第52、37页。

然性和文化价值意义的,它肯定了各民族历史文化的普遍性和各民族历史文化生长发展中相互交流融合的必要性,为中国社会的变革和中华民族文化的创新做出了贡献。但这种救亡和复兴的道路和价值取向,有着致命的缺陷和不足。它忽视了各民族文化的特殊性和不同文化的不可替代性,看不到各民族文化自身的生命力和长处及其在民族文化更新中的作用。它实在是西方文化中心论的翻版。这条道路在实际上是走不通的。百余年中国社会变革和民族文化复兴的历史实践和世界各民族国家在近现代变革的历史已经充分证明了这点。

钱穆却一反近代以来中国知识界、文化思想界的主流,提出中国民族文化的复兴要走"据旧开新"的道路。"求变趋新,不该反历史。若把以往历史一刀切断,都是死灭,非新,亦非变。变与新仍须一根底,此根底即是历史,即是文化传统,即是民族之本身。只有从历史中求变,从文化传统中求新,从民族本身求新生命,仍在与古人通气之中救今人之再造"①。这是一种以中国传统文化为本,吸纳和融合以西方文化为主的外来文化的道路。而史学则被他视为是民族文化的根本,要复兴民族文化,就要复兴史学。他说,史学是中国学术的一大主流,"我们甚至可以说中国学术,主要均不出史学范围……也可以说后来中国儒学传统,大体不出经学与史学两大部门。而就经学即史学言,便见儒学也即是史学了"②。又说:"欲治一民族一国家之文化,主要即在其历史,昧忽其历史实迹,则一切皆于虚谈。尤其中国史学,乃更易见我所谓中国学术之独特性所在。"③中国今天正处于积衰积病之中,如何起衰治病,应该有一套办法,"我们今天发挥史学,正该发挥出一套当前辅衰起病之方。识时务者为俊杰,史学可以教人识时务。史学复兴,则中国必然有一个由衰转兴之机运"④。而中国要复兴的史学则是一种有中国民族

---

① 钱穆:《中国文化与国运》,载《中国文化丛谈(1)》,第173页。
② 钱穆:《中国历史研究法》,第74、75页。
③ 钱穆:《中国学术通义·序》,台北:台湾学生书局,1976年,第6页。
④ 钱穆:《史学导言》,载《中国史学发微》,第64页。

文化精神和生命的史学。他说："历史是一种把握我们生命的学问,是认识我们生命的学问。""研究历史,就是研究此历史背后的民族精神和文化精神的。我们要把握这文化的生命,就得要在它的历史上去下工夫"①。他说："写国史者,必确切晓了其国家民族文化发展'个性'之所在,而后能把握其特殊之'环境'与'事业',而写出其特殊之'精神'与'面相'。然反言之,亦惟于其特殊之环境与事业中,乃可识其个性之特殊点。""治国史之第一任务,在能于国家民族之内部自身,求得其独特精神之所在"②。由此可见,这种史学观显然是建立在其具有中国民族文化精神和特征的历史观——以仁为核心的心性本体论的民族文化生命史观基础上的。换言之,是其心性本体论的民族文化生命史观决定了其史学观乃至文化观。因此,心性本体论的民族文化生命史观具有批判走西方模式现代化道路的意义;它看到了一个民族历史文化特殊性的意义和其自身的生命力在一个民族文化存在和更新中的作用和不可替代性。这在今天看来,确有其重要历史意义和历史文化上的理论价值。

不仅如此,钱穆的心性本体论的民族文化生命史观还有重要的学术意义。在近现代文化思潮的大背景下,中国近代以来的史学同样带有"西化"的色彩。它们或者根本反对探讨历史观和历史本体问题,如各种实证性的史学。它们将史学看成是可以完全排除人的主观意志和情感的纯科学化的学科,认为史学的客体——逝去的历史是绝对独立和外在于史学主体的。那些承认历史观及其本体存在在历史学中的地位和意义的史学派别,则大多基本肯定和接受西方的历史唯物论或历史唯心论思想,并以西方历史哲学的思维方式对中国传统历史观及其本体思想进行评判。它们未能对如何将西方历史本体思想和科学的历史观与中国传统史学的有关思想加以融合,以创造出有中国民族文化特色的史学理论真正作冷静、深入的理性思考。这两者的一个共同点是:在对中国传统史学有关历史观及其本体思想

---

① 钱穆:《中国历史精神》,第5、6页。
② 钱穆:《国史大纲·引论》,第11页。

的态度和做法上是,"批"和"破"重于"承"和"立"。这在当时的历史条件下是有其输入和吸收外来优秀文化之功的,对中国史学和历史理论如何适应社会变革,由传统走向现代是有理论贡献的。

但中国史学由传统到现代的变革之路,是无法抛离传统史学的。中国传统哲学的心物一原论、心性本体论和天人合一的大生命观,和中国史学的历史观及其历史本体论是融通为一的。中国传统史学的一个特点是:经史一体,六经皆史;经以论道,史以载道。钱穆充分认识到这一点,其以心性为本体的民族文化生命史观对此作了全面的继承和发展。一方面,他反对心物两分的本体论,说:"西方有唯心论与唯物论之别。而中国则谓心物同体,心物一原。凡物各有其德其性,即其心。宇宙同体,则互显己德以为他用。非毁他德以供己用。"①如上所述,他认为,历史就是生命,是民族文化之生命。心性,即文化精神是历史的本体和主宰,历史只是心性之展演及其表现与成果。但"体相不二",无历史,亦无民族文化精神。两者是一而二,二而一的关系。这种思想看到了在历史演进过程中,主观内在的心与客观外在的物只有合一,外在的物——客体对内在的心——主体才有意义和存在的价值。他主要是想强调心性在历史进程中的决定性地位和作用,并要解决心物的两分和对立。同时,他反对把历史看成是历史研究主体的"心"的演绎,如他说:"当然像马克思讲历史,他也是主张有一种指导力量的,只是此项力量是唯物的。赫格尔讲历史,则是唯心的。他们都先立定下一种哲学理论,再拿历史来证明。我们现在所讲,则要根据历史本身来寻求有没有这一种指导这全部历史进程向前的精神。"②他对马克思唯物史观的认识固然是错误的,但他的话却说明,他是在历史进程本身去寻找历史的本体。他还说人文从心性来,而心性从自然来,人文只是自然的产物,历史人物是自然与历史环境的产物。他说:"故地不同,人不同,因此历史演变亦不同。"孔子、释迦牟尼和耶稣之所以分别出生在中国、印度和耶路撒冷,是因"此有地

---

① 钱穆:《晚学盲言(上)》,第153—154页。
② 钱穆:《民族与文化》,第71页。

理和历史的双重限制在内"①。另一方面,其民族文化生命史观及其心性本体论又决定了他的史学观。他认为,史学是生命之学,史家在接触和研究已往的历史时,不仅要有史家的主体意识来体验与通达古今,还要有史家的是非褒贬和爱憎情感融入其间。史学主体也必须对历史客体有"心"的投入,才能体验和认识历史。这即是说,史学主体须要和历史主体的心相融通,史学主体的生命要融入历史的大生命之中去,历史大生命才能被我们认识和把握。不然历史便无法被我们认识,史学也成了死学问,于我们的大生命毫无意义。这既把史学主体的小生命和的历史文化的大生命融为一体,又指出了史学存在的前提——为民族文化的生长演进服务。史学不再是一堆"断烂朝报",也不是任人随便摆弄的"大钱",亦不是少数政治集团的"玩偶"和政治"婢女"。钱穆的这些思想在近现代史学理论中是独树一帜的,为中国近现代史学有关这一理论探索提供了重要的参考和启示。

钱穆的心性本体论的民族文化生命史观,亦有着很大的局限和不足。首先,他的这一理论体现出其强烈的民族文化本位主义和历史文化思想保守性的一面。他虽然说西方历史文化和中国历史文化是两大体系,各有所长,但他常常贬低西方历史文化,对中国历史文化褒扬赞誉有加。他爱对中西历史文化作比较,但由于种种原因,他对西方历史文化并无亲身的感受体验和深入研究,却情绪化地认为中国历史文化从根本上比西方历史文化好,中国历史文化的路向就是西方乃至世界文化的路向。这类言论充斥他的著作之中,此不赘引。这种中国文化优越论和至上论是不可取的。其次,由于他的上述思想和为学中过分强化人的主体意志和情感,使他在探讨历史观及其历史本体论的问题时,只重在继承和发扬传统历史学中这方面的积极与合理的东西,很少考虑吸收西方的东西。同时,他对西方历史观及其本体思想的认识及批判常作一种主观臆断的说法。这便使其思想表现出极大的片面性。这实际也是他整个思想的一个特征。再者,他的心性本体论的民

---

① 钱穆:《中国历史研究法》,第 94 页。

族文化生命史观亦有其内在的矛盾和没有解决的问题。他既说人文源于自然,承认自然和历史环境对人的制约作用;又说心性、精神文化和观念之类的东西是历史文化的本源、推动力和决定力量等。他虽对心物一体、人文和自然合一进行了大量阐述,但他基本是从"心"这一主体方面来统摄物,以图说明两者的统一,他也没有探讨在历史演进过程中主体实践活动与"心"和"物"的明确关系。因此,他并未根本解决两者存在的对立。

(原载《史学理论研究》,2000 年第 4 期)

下篇 区域史与徽学研究

关于区域史研究中的理论问题
——区域史的定义及其区域的界定和选择

区域史研究自 20 世纪 80 年代初以来在大陆史学界逐步受到重视,进入 90 年代以后更是备受史学界恩宠,从研究领域看,区域社会史、区域经济史、区域文化史尤为受宠①。这种局面的出现,首先由于它对中国整体史研究具有重要意义,是研究和认识中国整体史的基础之一。中国疆域广大,民族众多,不同区域的自然地理环境、历史文化面貌和经济社会发展等往往有着相当大的差异。如果单纯进行全国性的整体史或通史研究,常常难以深入和准确地把握中国历史。其次,区域史研究是一种新的史学理论和方法,运用它能更好地认识区域历史的有机结构与发展变化。其中,法国年鉴学派的区域史理论和美国当代中国史研究中的区域史理论对中国区域史研究

---

① 有学者称,在 20 世纪 80 年代以来大陆区域史研究中,"区域经济史、区域社会史、区域文化史之间形成了相互渗透、相互促进的密切关系,它们成为'区域史研究'的三大支柱"。(陈支平:《区域研究的两难抉择》,《中国史研究》2005 年增刊)。

的兴盛起着直接的推动作用①。伴随着区域史研究的兴盛,其理论问题成为学者探讨的重要对象,二十多年来,这方面的研究取得了不少成绩,涉及的内容包括:区域史的定义和学科性质、区域的界定原则与选择标准、区域史研究的方法论(如系统方法、比较方法、中长时段理论等)、不同门类区域史(如区域社会史、区域经济史、区域文化史等)研究的理论与方法、区域史与整体史的关系等。然而,区域史研究在我国仍是一个新兴领域,在实证研究与理论探讨方面还处于探索阶段,一些理论问题有待作进一步的研究。本文结合学术界已有研究成果,主要就什么是区域史、区域史研究中区域的界定与选择、区域史与地方史和地方志的区别等几个密切相关的基本理论问题,提出一些粗浅看法,以期深化对此问题的认识。不当之处,敬请批评指正。

一、问题的提出:对区域史的三种定义和认识

区域史(regional history),也称"地域史",是与整体史或总体史相对应的历史研究。目前,大陆学术界对区域史的定义与认识主要有三种观点:

第一,主张在严格意义上界定区域史。例如,王先明说,区域史研究是指"一定时空内具有同质性或共趋性的区域历史进程的研究"。又说,"区域史并不是研究主题的地方化,而是立足于文化、民族语言、地理、气候、资源等结构性要素,从整体上探讨影响一定区域内的历史进程的力量及其原因或区域历史发展共性特征的一种视野或方法。区域史并不是仅仅是相对于民族国家史的地方性的历史模式,它是一个新的整体史的研究视野和方

---

① 20世纪70年代以来,随着西方史学界中国史研究"冲击—反应"、"传统—近代"和"帝国主义"三种研究模式受到挑战,一些学者倡导以中国社会内部为出发点,深入探索中国社会内部的变化动力与形态结构,力主进行多学科协作研究,柯文称这种研究取向为"中国中心观"。其突出特征之一便是,"把中国按'横向'分解为区域、省、州、县与城市,以展开区域与地方历史的研究"。(柯文:《在中国发现历史——中国中心观在美国的兴起》,北京:中华书局,1989年,第165页。)美国中国史研究中区域史研究的理论与方法成为中国当代史学繁荣与活跃的重要理论资源与动力。

下篇　区域史与徽学研究

法";"作为具有学科方向意义的'区域史'突出体现为一种研究理念视野或方法的创新"①。常建华说:"从空间上,以地理、行政区、市场等标准划分地区单位,将自然、社会、经济、政治、文化纳入一个完整的体系内作综合的历史探讨,这是区域史研究的方法。"②朱金瑞说:"区域史必须选择一定的地理范围展开研究,以弄清这一地区历史发展的规律、过程和局部特征。"它的选定必须符合两个原则:第一,它必须是一个有必然联系、有系统的整体,必须有经长期历史积淀形成的整体性和共同性,有相同的地域历史文化特色。第二,它必须体现历史发展的内在逻辑性和一致性③。上述各种观点表述各异,但有一共同点,即反对将区域史等同于地方史和方志,而是将它视为一种新的史学理论和方法或新兴学科。

第二,将以某区域或地方的历史作为对象的研究都视作区域史。这种观点将传统的地方史研究和方志编撰都纳入区域史研究当中。例如,李玉说,区域史,又称"地方史",就是专门考察、分析某一地区历史变迁的史学工作。他在对80年代以来大陆中国近代区域史研究成果作介绍时,便将各省近代史著述的大量问世作为重要内容。④ 这在目前是一种相当普遍的现象。如,廖晓晴的《中国区域史的一部扛鼎之作——评〈中国东北史〉》⑤将《中国东北史》称为区域史著作,而此著实际是一部研究中国东北自古至1949年的地方通史。郭琼、高晓梅的《彰显区域历史辉煌的一部好志——评〈昌吉回族自治州志〉》⑥则将一部地方志视为区域史著作。甚至有从更宽泛意义

---

① 王先明:《"区域化"取向与近代史研究》,载《学术月刊》,2006年第3期。
② 常建华:《中国社会史研究十年》,载《历史研究》,1997年第1期。
③ 朱金瑞:《区域性历史研究中的几个理论问题》,载《中州学刊》,1995年第3期。
④ 李玉:《中国近代区域史研究综述》,载《贵州师范大学学报(社会科学版)》,2002年第6期。
⑤ 廖晓晴:《中国区域史的一部扛鼎之作——评〈中国东北史〉》,载《社会科学辑刊》,1999年第1期。
⑥ 郭琼、高晓梅:《彰显区域历史辉煌的一部好志——评〈昌吉回族自治州志〉》,载《新疆地方志》,2003年第2期。

上理解区域史研究的,如,黄正林的《清代黄河上游区域史研究的回顾与思考》①将20世纪80年代以来学术界研究西北地区的论著中举凡涉及清代黄河上游地区(清代的甘肃,包括现在的甘肃、宁夏、青海)的历史研究,包括同治年间的回民起义和左宗棠历史功过问题、社会经济史问题(涉及农业开发、生态环境、农业技术、商业贸易、少数民族经济、人口与社会经济等)的研究成果都包罗在内予以介绍。

第三,将区域史视为区域社会史。例如,万灵在介绍国内区域史研究学科属性的第二种观点时说:"区域史属于社会史的分支,研究对象是某一地区的社会经济,探讨其经济结构的变化,该地区的阶级、阶层、社团、秘密会社、市民运动、社会心理、生活方式、社会风貌、民俗、中外文明交汇和冲突,以及城市化等问题(包括市政、交通、文教兴革等问题)。"②

那么,上述三种区域史的定义和认识,是否科学和规范呢? 换言之,科学的区域史应当如何界定呢? 要回答这个问题,首先要回答"什么是区域史研究中的区域"和"区域史中区域的界定原则与选择标准是什么"。因为,区域史是研究一个区域的历史,如果连"什么是区域"和"怎样来选择和界定区域"的问题都没有正确的认识,那么,要科学地定义区域史显然是不可能的。对此,一些学者是有清醒认识的,如,张利民说,"区域史是研究一定空间范围的历史,因此,科学地规范和界定区域的空间是最基本的问题"。而目前国内区域史研究对区域的界定比较模糊混乱。仅就明清以来区域史研究看,有以州郡、省等行政区划定的,有以长江、黄河、珠江和沿海沿江等流域划定的,也有以岭南、太行山等山脉划定的,还有直接使用江南、华北等模糊区域的。他认为,如果随意界定并冠名区域史,将影响区域史的科学性和严谨性,不利于区域史的深入开展③。

---

① 黄正林:《清代黄河上游区域史研究的回顾与思考》,载《宁夏大学学报(人文社会科学版)》,2006年第4期。

② 万灵:《中国区域史研究理论和方法散论》,载《南京师大学报(社会科学版)》,1992年第3期。

③ 张利民:《区域史研究中的空间范围界定》,载《学术月刊》,2006年第3期。

二、问题的关键：区域史中的"区域"的界定与选择

要解决区域史研究中区域的界定这一首要和基本问题，首先要了解地理学和区域学对区域的界定。因为，区域首先是地理学的基本概念。到20世纪50年代，又形成了区域学，区域理论有了新发展。区域史研究可以说是借用地理学和区域学的区域理论与方法而形成的。正如张利民所说，区域史是研究一定空间的历史，区域史对区域的空间界定，应遵循最基本的自然和人文环境准则，尤其是地理学的理论和方法[①]。

区域首先是作为地理学的概念提出的。近代地理学区域学派创始人德国地理学家阿尔夫雷德·赫特纳(A. Hottner)认为，地理学是研究地球表面人类与自然的区域性科学，"地理学的历史表明其科学任务在于了解区域，地理学的对象是人类和自然的区域特性，地理学的重要方法是区域——比较方法，地理学作为区域科学而在科学体系中占有特殊的重要地位，地理学的价值就是从'三维'现实的区域——空间角度来了解人类和自然"[②]。但是，这种传统地理学的区域概念只强调区域的空间性，而排斥区域的历时性。赫特纳认为，对地理现象进行时间过程研究的历史地理学，"与其说它是地理学的一部分，不如说是和地理学相邻的科学……应该说它只能是一门关于历史的地理学"[③]。也就是说，他认为，从历时性上研究区域应当属于历史学的领域与任务。

随着人类对区域认识的深化，人们发现这种地理学的区域概念未能从定量与定性相结合的高度、未能从历史时间性的角度去认识和把握区域的实质。因为，人类的各种社会实践活动及其关系，是在一定的地表空间内进行的，地球表面不同的空间有着不同的自然环境、社会环境及其结构关系，

---

① 张利民：《区域史研究中的空间范围界定》，载《学术月刊》，2006年第3期。
② 阿尔夫雷德·赫特纳：《地理学——它的历史、性质和方法·出版说明》，北京：商务印书馆，1986年。
③ 阿尔夫雷德·赫特纳：《地理学——它的历史、性质和方法》，北京：商务印书馆，1986年，第170—171页。

它们有着自己的发展历史,所以对区域的理解不能静态地看,而应将其视为一个具有综合功能的动态系统。有学者指出:"目前大多数学者对区域概念的理解是:有一定内聚力的地表空间。此处所指的内聚力,是一定空间范围内,在事物的存在上(包括资源与环境条件、人类及其创造物等客观事物)具有同质性;经济事物具有密切的关联性、协调运转的整体性和相互交叉的渗透性;社会事物具有同源性与同时性。只有具备这些特性的地表空间,才能称之为区域"。又说,按不同指标的特性及组合结构,可划分出不同性质的区域,如,有以自然地理要素为指标,按其特性及组合特征划分的自然地理区(或自然区域)。按社会经济地理要素指标及组合特征划分的社会经济地理区域,也称"人文地理区域"。它又可以分为以社会政治要素为指标划分的行政区域,以经济要素为指标划分的经济地理区域。在以经济要素为指标划分的区域中,还可以分成以单要素(部门)特征为指标划分的部门经济地理区域(如工业地理区、农业地理区等),以经济要素的组合特征为指标划分出的综合经济地理区域等①。

也有学者指出,目前对"区域"比较全面和本质的界定是由 20 世纪 50 年代美国地理学家 D. 惠特尔西(D. Whittlesey)提出的,即,"区域是选取并研究地球上存在的复杂现象的地区分类的一种方法",惠氏认为,"地球表面的任何部分,如果它在某种指标的地区分类中是均质的话,即为一个区域",并认为,"这种分类指标,是选取出来阐明一系列在地区上紧密结合的多种因素的特殊组合的"。彭震伟据此概括了区域的三个基本特征:一是可度量性,即每一区域都是地球表壳的一个具体部分,它有一定面积,明确的范围和边界,可以度量。二是系统性,"每一个区域都是内部各要素按照一定秩序、方式和比例组合成的有机整体,而不是各要素的简单相加"。三是不重复性,即,按同一原则、同一指标划分的区域体系,同一层次的区域不应该重复,也不应该遗漏。不同学科采用不同的标准,便形成对区域的不同界定。

---

① 参见朱翔,谢炳庚主编:《区域综合开发理论与实践》,长沙:湖南师范大学出版社,1997年,第3—4,7页。

政治学认为区域是国家管理的行政单元;社会学将区域视为具有相同语言、相同信仰和民族特征的人类社会聚落;经济学视区域为由人的经济活动所造成的、具有特定地域特征的经济社会综合体;地理学把区域定义为地球表壳的地域单元①。

随着人们对区域问题认识的不断深化,逐步形成了一门新兴边缘学科——区域科学。19世纪后期近代科学的大分化使得大量的自然、生物和社会科学从地理学中独立出来,地理学也形成了自然、人文和区域三大分支。区域问题一方面吸引着大批地理学者,另一方面也引起了大批经济学、政治学、社会学、工程学和生态学学者的关注。到20世纪50年代,对城市与区域进行大量综合性研究的迫切需要,最终催生一门统领上述各学科来共同解决区域问题的新学科——区域科学。1954年12月,在美国学者W.艾萨得(W. Isard)的召集主持下,在美国底特律成立了区域科学协会(RSA),出版了第一卷论文集,这标志着区域科学的诞生。区域科学得到全世界学术界的承认,同年底,国际区域科学协会(PRSA)成立。此后,各国区域研究团体先后成立,联合国也成立了专门机构——地区发展研究中心,中国在1990年创立了中国区域科学协会。W.艾萨得的《区域科学导论》说:"区域科学应是研究存在于有确切意义的区域和区域系统内的社会、经济、政治和自然环境相互作用的综合性学科。"区域学的研究"包含了自然环境、社会经济、人类文化心理(行为)等与研究区域开发与发展相关联的内容,并认为区域系统的研究是区域科学的核心"②。

综上所述,地理学和区域科学对区域概念的界定原则虽不尽相同,但是,大体包括三个方面:首先,组成区域的要素必须是均质(或同质)的,均质性(同质性)成为区域界定的首要的和基本的原则。其次,区域必须是一个

---

① 参见彭震伟主编:《区域研究与区域规划》,上海:同济大学出版社,1998年,第1—2页。

② 本段是综合朱翔、谢炳庚主编《区域综合开发理论与实践》(第11—12页)和彭震伟主编《区域研究与区域规划》(第3页)两书的有关内容而成。

系统,这个系统既可以由多种因素构成,也可以由单要素构成,因此,系统性是界定区域的第二个原则。这也是区域科学将区域系统性研究视为其研究基本特征与核心的根本原因。最后,区域必须具有自身的独特性,按某种指标或标准划分出的区域必须与其他区域有明显的差别,这是界定区域的第三个原则。在遵循上述三个原则、特别是均质性原则的基础上,选择不同的要素作为指标或标准,便可以对区域作不同的划分。

三、问题的回答:科学而规范的区域史

区域史是借鉴地理学和区域学的区域理论来研究历史的产物,因此,我认为,区域史中对区域的界定可以参照地理学和区域学有关区域的界定原则,再结合社会历史发展中区域的自我特征,根据不同的标准或指标来选择和划分研究区域。

据此,界定区域史研究中的"区域"也可以从这三个原则出发:一是,区域内社会诸要素或某要素应当具有均质(同质)性。就是说,区域内各次级地域,在政治、经济、文化等各社会要素上要具有基本相同的性质和特征。二是,区域具有系统性。综合性区域是一个由社会诸要素有机联系构成的有机整体,如上古与中古的关中地区、明清时期的徽州地区、近代的上海市等,而不是几个非均质性区域几何相加而成的整体。单质性区域,即按政治、经济、文化等某一社会要素的均质性划分出的区域,也应当是一个自成体系的系统。如明清时期的江南经济圈、近代的海派文化圈、现代革命史上南方红色革命根据地等。三是,区域的独特性。地理学的本质特征之一是强调区域特征和区域差异。历史研究借鉴地理学的理论方法,就是要从区域特征和区域差异来考察和研究某一区域的社会历史发展,凸显该区域在社会发展与历史文化上的独特性。

如果以这三个原则为基础,再综合考虑历史学研究的特性,我认为,能否对区域史中的区域和区域史作这样的定义:区域是社会历史发展中,由具有均质(同质)性社会诸要素或单要素有机构成的,具有自身社会历史发展

特征的和自成系统的历史地理单位。依据不同地区社会历史发展的实际，以不同的社会综合性要素或社会单一性要素作为划分指标或标准，可以对区域做不同的划分。如以具有均质性的政治、经济和文化等要素作为综合指标，可以划定不同的综合性区域史研究区域；而以具有均质性的政治、经济和文化等要素分别为指标，则可以分别确定区域政治史研究、区域经济史研究或区域文化史研究中的区域。那么，区域史（学）就是研究社会历史发展中由具有均质性或同质性社会诸要素或单要素有机构成的、具有自身社会历史特征和系统性的区域历史，旨在揭示区域历史发展的系统性、独特性的史学分支学科。它既可以是综合性的区域史研究，也可以是专门性的区域史研究。按照不同的选择指标或标准，区域史研究可以划分为整体（综合）区域史研究和专门区域史研究（如，区域社会史、区域经济史、区域政治史、区域文化史等）。

当然，由于社会历史的发展是复杂多样的，对区域史研究中区域的界定在遵循三原则的基础上，选择和划分的具体标准要根据社会历史发展和区域自身的特点加以确定。例如，在区域社会史或区域经济史研究中，对不同历史时期或同一历史时期不同区域社会史和经济史研究，选择与划分的具体指标或标准并不完全相同。这一点，在目前的区域史研究的著作中有着充分反映。其次，对区域的界定与划分中均质性或同质性的理解应当是动态的和相对的，它实际是指区域划分与界定的社会要素指标相对说具有基本相同的性质与特征，而不应理解为所有社会要素是完全相同的、单一的和静止不变的，因为，这样的社会要素在历史上和现实中都是很难存在的，尤其是在社会经济文化快速发展的现当代社会。也就是说，只要划分的指标要素的主体具有基本相同的性质和特征就可以了。如，近现代以来的上海，其社会诸要素具有多元性，但是，这并不能否认它大体上有其不同于其他区域社会要素的自我基本特质，否则，上海也就不成为上海了，上海作为一个区域史研究的对象和价值存在，本质上不是在于它是一个行政与自然地理区域。最后，重视区域史的研究，强调区域史研究必须揭示区域的独特性，其最终目标并不是画地为牢,将研究的目光只局限于区域内,而是为了更好地认识整体史,如相对于中国的区域史研究来说,区域史研究的最终目的是与更好地认识中国整体史分不开的。在当代国际一体化的形势下,有学者还提出了区域史研究的国际视野,这其中就包括了要辩证看待区域史与整体史的关系问题。

那么,区域史的学科属性是什么呢?有人认为它是一种新的史学理论与方法,有人认为它是史学的新分支学科。我认为,区域史可以从两个层面来认识,它既是史学的新分支学科,又是一种新的史学理论与方法。区域史是一种新的史学理论与方法,为人们考察和研究历史提供了新视域;同时,用这种新理论与方法进行历史研究所形成的史学新领域,又是历史学的新分支学科。实际上,任何学科都是如此,任何学科既是一门学科,同时又是人们认识世界(自然与历史)的方法论。人文社会科学就是人们认识社会历史与人生的方法,历史学便是人们认识人类历史的方法,而不同的史学分支学科便是从不同层面、角度去认识历史的不同方法。正如人们通常所说,世界观既是哲学,又是方法论一样。

关于区域史研究中区域界定的均质(同质)性、系统性和独特性原则,史学界从不同角度作过不同程度的论述。如,王先明指出,区域史研究是指"一定时空内具有同质性或共趋性的区域历史进程的研究"。如果讨论的问题不具有区域同质性或共趋性,就不应归于区域史,而只能归属于其他规范的历史①。朱金瑞说,区域史研究区域的选择不取决于现行地理区域和行政规划,而取决于历史自身演进的有机联系,它的选定必须符合两个原则:第一,它必须是一个有必然联系、有系统的整体,必须有经长期历史积淀形成的整体性和共同性,有相同的地域历史文化特色。第二,它必须体现历史发展的内在逻辑性和一致性②。他所说的整体性、共同性主要即是指系统性,同时他强调的地域文化特色,则是指区域的独特性。唐力行说,研究区域要

---

① 王先明:《"区域化"取向与近代史研究》,载《学术月刊》,2006年第3期。
② 朱金瑞:《区域性历史研究中的几个理论问题》,载《中州学刊》,1995年第3期。

着力揭示其整体特征。他以自己对徽州的整体特征把握为例,指出与一般的以传统农业为主的区域社会不同,徽州是一个经济、社会、文化发展相对完整的区域社会,是我们认识传统社会的一个极好范本。徽州社会以其特殊的地理、人文环境,造成了一个特有的区域社会生活体系:徽商、徽州宗族与新安理学始终处于互动互补的状态中①。唐力行对区域史研究的整体特征的论述既是指研究区域的系统性,也是指其独特性。

需要指出的是,区域史研究中区域的界定和选择应当符合和体现社会历史发展的具体进程与历史文化特征。社会历史是发展变化的,特别是进入近代以后,随着社会历史发展速度与节奏的加快,历史上形成的某一类型的区域会逐步消失,处于该区域中的某些地区也可能会成为其他类型区域的组成部分,或者形成新的区域单位。因此,在某一历史时期可以成为区域史研究对象的区域,在另一历史时期可能就不再是区域史的研究对象了。如,明清的徽州是区域史研究的对象,而如果以这种区域划分标准来衡量北宋以前的徽州地区和当代徽州地区,它们就缺乏区域史研究的意义了(按:当然,如果将徽州作为一个自然地理区域,或是将中华人民共和国史上曾经存在的徽州地区作为行政区域来研究,那又是合理的,因为,区域划分与界定的指标或标准已经不同了)。质言之,区域史研究视野中的区域是随着历史发展而变化的,是动态的而不是像自然区域那样相对静止的,人们要根据社会历史的发展变化动态而不是静态地界定和选择区域。正如有学者所说,要发挥区域史研究的特点,"就要注意到即便同一个地理名词,在不同历史时期所涵盖的空间范围并不一定完全一致,需要充分考虑到自然和人文环境演变对区域空间的影响,这种影响在不同历史时期的反映也不尽相同和同步,时而渐变,时而突变。因此,在区域史研究中应了解影响空间演变的各种因素,分析其内涵与外延的共性和差异。当然,并不是要求所有的区域史研究都论述空间范围的演变过程,但需要有空间变化的理念,使得区域

---

① 唐力行:《论题:区域史研究的理论与实践》,载《历史教学问题》,2004年第5期。

史研究有浓重的历史含量"。如,"华北"是近代以后从英文衍生出来的地理概念,随着日本侵华及伪华北政务委员会的设立等,开始得到民众的认同。当时有学者感慨道:"在我国,本无所谓'华北'、'华中'、'华南'名词之分。但自九一八以后,邻邦时文论著对所谓'华北'、'华南'、'华中'等名词,特别予以发挥。一若我国南北景象,迥不相体。究其实际,不过别具用心而已。"①后来,地理和气象等自然科学界的论证,以及中共设立华北局等,最终使"华北"成为人所共知的地理名词。因此,在使用类似"华北"、"华南"等概念进行区域史研究时,应注意与传统的"江南"、"河北"及"长江"、"黄河中下游"等概念在涵盖范围和使用上的同一性和差异性。"尤其是在近代以后区域经济的研究中,更要注意空间范围的演化;即在交通运输变革、商品经济发展和城市吸附能力增强等因素的作用下,各区域的临界线愈来愈不清晰,边缘地区相互重合湘互渗透,呈现出分化和重组的纷纭变幻的局面。"所以,研究区域史要注意到区域的历史变化,应综合历史沿革、经济发展、行政区划和现状等因素,才能在使用时科学地规范研究对象的空间范围②。

四、对三种区域史定义与认识的辨析

综合上述有关区域界定原则与划分标准及区域史定义的分析,可以说,学术界对区域史的第一种定义与认识比较合理,但是,在认识上有待科学化和规范化。首先,这些定义大体是对综合性区域史的界定。事实上,还有以政治、经济、文化等社会因素中的某一要素为指标或标准来确定的政治区域史、经济区域史和文化区域史的研究。其次,这些观点在确定区域史界定原则时,有的只选择了其中的一或两个原则,如,王先明只是将同质性或共趋性作为区域史确定的原则。常建华谈到区域史必须是将自然、社会、经济、政治、文化纳入一个完整的体系内作综合的历史探讨,实际讲的是区域界定的系统性原则。而且,这两种观点主要是着眼于区域史是一种新的史学方

---

① 《经济开发中华北棉产的现况》,载《商业月刊》,1936年12期。
② 张利民:《区域史研究中的空间范围界定》,载《学术月刊》,2006年第3期。

法论来论述的。朱金瑞的定义着重于从区域研究的目的来论述,涉及区域的系统性和独特性,对均质性或同质性却没有明确说明。

第三种观点将区域史视为区域社会史,是值得商榷的。虽然它也强调要科学和规范地界定区域史,但是,对区域史的理解过于狭窄。区域社会史是区域史研究的重要组成部分,但是,不能因此否认有区域经济史、区域政治史、区域文化史等按不同划分标准而形成的区域史的存在。当然,持这种观点的学者,一般是对"社会"作广义的理解,认为社会包括经济、政治、文化、教育、宗教、习俗等社会生活的方方面面。然而,正如我们不能将中国社会史等同于中国通史,更不能用中国社会史取代中国经济史、中国政治史、中国文化史一样,我们同样不能用区域社会史来取代其他方面的区域史研究。其次,区域史要强调区域整体的研究,但并不意味着区域专门史的研究就不成立。区域史的划分,按它的研究内容可以分为区域通史和区域专史,前者包含社会生活的方方面面,后者专门研究某一区域政治、经济、文化、教育或习俗等社会生活某方面。正如,我们重视区域史的研究,目的是为了深化整体史(国家或更大范围的整体史、乃至世界史的研究)的研究一样,我们研究区域专门史也是一个达到对区域整体史认识的重要途径。再者,社会史也可以是社会通史,而不必是区域社会史。如,可以有中国社会通史,也可以有中国某区域的社会史。

第二种观点对区域史的界定则是不科学的,将区域史混同地方史甚至方志,没有认识到区域史自身的学科特点,没有认识到区域史是产生于西方现当代史学一种新的理论和方法。区域史与地方史和地方志之间虽然有着某些共性和不同程度的联系,但是,它们之间并不能画等号。地方史研究的各个子地区之间可以缺乏有机联系,但是,区域史研究的区域却应当是一个在经济、政治、文化、习俗和社会组织结构等方面或某方面有共同特征及紧密关系的地域。如,明清时期的徽州地区、近代长江三角洲地区等。而明清时期安徽地方史一类的研究,就不能算真正意义的区域史。因为,要是按这种区域史观看,那么,在中国历史研究单位上,凡是与中国通史或某专门领域通史相对应的区域历史研究都可以成为区域史,这样,区域史就不是新兴的研究领域和理论方法,区域史也会被泛化。简单地以行政区划来确定区域,往往使区域史变为具有不同特征地区历史的机械相加,结果是难以展现研究对象内部诸要素之间的同质性和系统性。如安徽是清代康熙时建省的,实际是由淮北地区、江淮地区和江南地区这三个具有不同经济、政治、文化和社会特征的区域所构成的省份,并不是一个经济、文化和社会生活有机整体。如果从文化上说,安徽既有北方文化,又有南方文化,又有从北方文化向南方文化的过渡。即使是长江以南地区,徽州地区又是自成一系的区域。因此,如果将安徽地方史研究视为区域史研究,那么,所谓的安徽区域史实际上只是区域研究的大杂烩。所以,如果不是用区域史的理论与方法来研究某一区域的历史,或者是将不具有区域特征的区域历史进行研究,这种研究只能称为地方史研究。如果仍要冠以区域之名,也只能称之为"区域性的历史研究",而不能称区域史研究。区域史研究是西方现当代新史学发展的产物,与传统的地方史研究和方志编撰有着本质不同。学术界一般认为,区域史的理论与方法首先出自法国年鉴学派。有学者说,年鉴学派强调历史研究的整体性和综合性,注重社会结构、系列及多元的理论解释。在年鉴学派的理论模式中,被后人较多运用和具有普遍实践意义的是综合性区域史研究。如,布罗代尔的《腓力二世时代的地中海和地中海世界》、古贝尔的《博韦和博韦人》、拉杜里的《朗格多克的农民》、维拉的《近代西班牙的加泰洛尼亚地区》等,是综合性区域史研究的典范。虽然这些研究所选择的区域大小不同,但它们都是某区域内整体史和综合史的研究。在这个意义上,可以说法国年鉴学派开辟了现代综合性区域史研究的新道路①。

对于将地方史或方志编撰视为区域史研究的现象、弊病及危害,一些学者从不同角度作了分析。例如,王先明说,地方史、地方志虽然具有区域性,但研究理念和方法与区域史并不相同,它们不过是通史或通志的地方化而

---

① 李治安:《综合性区域史研究前景美好》,载《南开学报(哲学社会科学版)》,2002年第6期。

已。区域史不是着眼于行政区域的纵向历史研究,如《山西通史》、《湖北通史》之类。区域史也不是研究主题的地方化,这样的研究成果久已存在,如《辛亥革命在山西》、《义和团运动在山西》之类。区域史研究是指"一定时空内具有同质性或共趋性的区域历史进程的研究"。如果讨论的问题不具有区域同质性或共趋性,就不应归于区域史,而只能归属于其他规范的历史。它们或是通史的地方化,如山西通史;或是专门史的地方化,如山西经济史、山西环境史等等。他将近代史研究中许多把不具有区域史内在特性的研究称之为区域史,或将原本已成熟的地方史(如各省通史类研究)视为区域史,甚至将新兴城市史、乡村史专门史等本来有自己的理论和方法的研究领域也转归区域史的现象称之"区域化取向",认为这种"区域化取向"造成了史学研究的失范。他指出,对这种"区域化取向"应保持清醒的理性认识:"是研究问题本身的区域性特征决定了区域性研究的选择,而不是只有'区域化'才是推进研究深入发展的取向。也就是说,并非是所有的研究课题都适合区域化取向;同理,也并非只要冠以'区域'的名堂就都是'区域史研究'。"①这种观点是十分正确的。陈春声说:"毋庸讳言,时下所见大量的区域研究作品中,具有严格学术史意义上的思想创造的还是凤毛麟角,许多研究成果在学术上的贡献,仍主要限于地方性资料的发现与整理,并在此基础上对某些过去较少为人注意的'地方性知识'的描述。更多的著作,实际上只是几十年来常见的《中国通史》教科书的地方性版本。"②朱金瑞说,现行的区域史研究主要以现行行政区划作为研究单位,如各省、地、市、县撰写的通史、断代史或专门史。然而,由于历史的变迁、行政区划的变更,以及历史发展的地域交叉,很易肢解历史的内在联系,反映不出历史的真实面目,把区域史弄成几块的拼凑。③李治安则说,方志门类丰富,内容广泛,但是,其"述而不作",重在保存资料原始性的传统体例几乎贯彻始终。因此,"严格地

---

① 王先明:《"区域化"取向与近代史研究》,载《学术月刊》,2006年第3期。
② 陈春声:《历史的内在脉络与区域社会经济史研究》,载《史学月刊》,2004年第8期。
③ 朱金瑞:《区域性历史研究中的几个理论问题》,载《中州学刊》,1995年第3期。

说,旧地方志只能算是地方史料汇编,根本谈不上总体与综合的区域史研究。旧地方志与法国年鉴学派开创的综合性区域史研究,不可同日而语,二者之间存在许多本质的差异"。目前开展起来的名式各样、规模不等的区域史研究,绝大多数只是对诸门类史的简单"拼盘",与总体、综合的区域史研究相比尚有较大差距①。

当然,从科学意义来界定区域史和规范运用区域史的理论与方法,并不是排斥地方史研究和方志编撰的学科地位及其重要意义,区域史与地方史、方志都有助于深入研究和准确把握整体史,在这点上它们的作用是相似的。指出它们的区别,旨在说明它们属于不同的史学分支学科与方法论,旨在强调区域史作为一种新的理论与方法和学科来发展,必须具有自觉与清醒的学科意识,这样才能有助于区域史研究的健康与深入开展。其次,科学地界定区域史,并不是否定行政区划或自然区域等人文地理概念乃至自然地理概念在区域史划定中的运用。如果通行的人文地理区域或自然地理区域的概念正好与区域史划分的区域重合或一致,那么,用通行的行政区域或自然区域的概念来命名区域史研究不仅是可以的,而且更有利于人们的理解,如区域史研究中的明清时的徽州历史研究、近现代上海史研究、近现代东南沿海的资本主义研究、近现代珠江三角洲社会史研究等。

(原载《学术月刊》,2007年第3期)

---

① 李治安:《综合性区域史研究前景美好》,载《南开学报(哲学社会科学版)》,2002年第6期。

安徽历史文化特点及其成因的再探讨

安徽历史悠久，文化灿烂，人才鼎盛。安徽历史文化的发展既有独特性，又有典型性，是中国其他省区难以比拟的。所谓独特性，是指安徽历史文化在中国历史文化发展史上占极其重要的地位，一些特点是许多省区不具有或难以比拟的；所谓典型性，是指安徽历史文化的发展在某种程度上是中国历史文化发展的缩影，颇能反映中国历史文化的总体特征。安徽历史文化特点的形成，既与其所处的自然地理环境和人文地理环境密切相关，又是诸多历史文化因素相互作用的产物。关于安徽历史文化发展的特点和成因，一些学者作过不同程度的论述①。不过，这些论述或不够全面，或不够充

---

① 《安徽通史》(合肥：安徽人民出版社，2011年)"总序"将安徽历史发展特点概括为五个方面：1.安徽历史发展受惠外部较多；2.安徽历史发展特别艰难曲折；3.安徽南北社会、经济、文化和国家南北社会、经济、文化同步变化；4.人才之盛世所公认；5.行政区划长期不统一和频繁变化带来的独特历史遗憾。朱玉龙的《安徽历史发展的脉络和特点》(载《合肥学院学报(社会科学版)》，2011年第7期)文尾论及安徽历史发展有五个特点：1.独具特色的地理地貌；2.分治时间长，在各省中属少见；3.系兵家必争之地，尤其是国家陷入分裂时，每每成为南北敌对政权争斗的疆场；4.经济文化长期处于不平衡状态；5.多种文化在此交汇和融合，形成了多元文化并存、又有本土文化底色的特点。陈瑞的《安徽历史文化资料的类型和特点》(《安徽日报》2012年10月17日)指出安徽历史文化资源有四个特点：1.安徽历史文化资源的传承具有连续性；2.安徽历史文化资源呈现鲜明的地域不平衡性；3.安徽历史文化资源既有自身特点，又有兼容性；4.安徽某些非物质文化资源对周边地区乃至国内外具有较强辐射性。其中不少论及安徽的历史特点。本人参与主编的《影响历史的100个安徽第一》(合肥：安徽文艺出版社，2012年)"序"对此作了一定的论述。张南等著《简明安徽通史》(合肥：安徽人民出版社，1994年)中的"《安徽历史系列专著》前言"对此间有论及。

分。故本文结合现有研究成果,对安徽历史文化的特点和成因作进一步探讨,以帮助人们更好地认识安徽的历史文化。文浅识陋,敬请同仁批评指正。

一

安徽历史文化在发展过程中形成了具有密切关联的区域性及不平衡性。首先,看其发展的区域性。由于长江、淮河分别在南部和北部自西向东流经安徽,使安徽形成了特色鲜明的三大历史文化板块:皖北是典型的北方经济和文化带,皖南是典型的南方经济和文化带,皖中则是南北经济和文化过渡带。皖中过渡带中各区域的历史又各具鲜明特征,地处其西部的安庆地区与地处中部的合肥、巢湖地区和地处东部的芜湖、滁州地区的历史文化特征差异很大。其次,看其发展的不平衡性。先秦至秦汉时期,皖北及皖中部分地区位于或临近中国政治中心和社会经济与文化的发达地区。大禹在蚌埠涂山大会诸侯,标志着中国第一个奴隶制国家——夏朝的建立。皖北的亳州曾为中国历史上第二个朝代——殷商的国都。皖中的寿县,历史上又称寿春、寿阳、寿州,是战国时期的政治中心之一,曾为战国七雄中楚国的国都。寿县、合肥还是春秋战国至秦汉时的经济和贸易中心之一,《史记·货殖列传》说:"郢之后徙寿春,亦一都会也。而合肥受南北潮,皮革、鲍、木输会也。"①然而,东汉末到三国魏晋时期,由于国家分裂和南北政权对峙,皖北和皖中成为战乱之地,社会经济受到沉重打击,文化教育亦趋于衰败。东晋至南宋时期,随着中国经济重心南移和中原文化向南传播,长江流域和东南沿海的部分区域逐步成为中国政治、经济和文化中心。安徽三大区域在中国政治、经济和文化版图中的地位亦随之变化,皖中东部与皖南分别临近东晋和南宋的首都——南京和杭州,因此,这两个地区的社会经济和文化逐步发展起来。特别是南宋以后,这些区域逐步成为安徽经济和文化的发达地区。明清时期,皖南的徽州发展迅速,成为安徽经济和文化发展的繁华之

---

① (汉)司马迁《史记(10册本)》,北京:中华书局,1959年,第3268页。

地,并对明清历史发展产生重要影响;此时的皖北地区则持续衰败。安徽历史文化发展所形成的区域性和不平衡性之间存在着密切关系,亦可谓是"区域的不平衡性"。因为,这种区域性的形成固然有自然地理环境的因素,如皖北是平原地区,属暖温带半湿润季风气候;皖中是山地、丘陵和平原相间之地,属亚热带湿润季风气候;皖南多山地和丘陵,属亚热带湿润季风气候。这种自然地理环境导致了三个区域的经济生产方式不同,进而造成其文化习俗的巨大差异。然而,三大区域性特征的形成又有人文历史的原因,即中国历史文化的总体发展是先西北,然后逐步向东南地区转移,而安徽正处于中国历史文化发展转移过程中的最主要过渡带,由此带来了三大区域历史文化发展的不平衡性。

二

安徽是中华文明的发祥地之一,已发现了史前文明各时期的重要遗址,这些古文明对中华文明的起源产生了重大影响。这些遗址在皖北、皖中和皖南均有分布。如皖南的繁昌县人字洞遗址出土了旧石器时代的石器和大量动物化石,这是亚欧大陆已知最早的早期人类文化遗址,将亚欧大陆人类生存史向前推进至220万年—250万年前,对探索早期人类起源意义重大。皖中的和县龙潭洞发现了距今30万年—50万年、中国现存唯一完好的旧石器时代猿人头盖骨化石,轰动国际古人类学界,有力证明了安徽及其所在的长江流域也是中国文明的摇篮。新石器时代的遗址则遍布全省各地,400多处①,其中一些遗址在中国古文明中占有重要地位。如,皖北的蚌埠双墩遗址出土的距今约7000年的600多件古陶器,多数刻画有符号和图画,或含有符号的组合图画,被视为中国文字起源的重要源头之一,对中国文字乃至人类文字的起源研究价值非凡。距今约5000年—7000年的皖中潜山县薛家岗文化是安徽唯一的考古学文化。它受黄河下游诸多文化影响,晚期又

---

① 朱玉龙:《安徽历史发展的脉络和特点》,载《合肥学院学报(社会科学版)》,2011年第7期。

综合了长江中下游诸多文化因素,其变迁始终呈现出文化的多元性,是这一时期长江流域、黄河流域和淮河流域文化大规模交流和融合的缩影,对中国新石器考古学研究有重要价值。距今约5300年—5600年的皖中含山县凌家滩遗址出土了祭坛和大批珍贵玉器、石器等,是长江下游文明进化的重要环节,为探索中华文明的起源提供了重要线索。距今约4300年—4800年的皖北蒙城县尉迟寺聚落遗址是新石器晚期大型围壕聚落遗址,揭开了大汶口考古的新纪元,是中国原始聚落、原始农业和原始建筑考古的重大突破,被誉为"中国原始第一村",标志着中国古文明的到来。安徽其他重要史前文明遗址还有很多,在中华远古文明的起源和发展中占有重要地位,这在中国其他省区是不多见的①。

三

安徽一直是中国文明史发展的重要区域,安徽历史上发生的许多重大历史事件深刻影响乃至左右了中国历史的发展进程。大禹在蚌埠涂山大会诸侯,铸九鼎,标志着中国第一个奴隶制国家——夏朝的建立,中国历史由此步入了文明史时代。皖北的亳州曾为中国历史上第二个朝代——殷商的国都,《史记·殷本记》说,从殷始祖契至立国之君成汤八迁国都,"汤始居亳,从先王居"②。春秋时期,安徽地当"吴头楚尾"的要地,吴、越、楚等春秋大国在安徽进行的争霸活动对中国历史发展产生了重大影响。时至秦末,陈胜和吴广领导的大泽乡起义,是中国历史上第一次大规模农民起义,揭起了摧毁暴秦的大旗,拉开了汉帝国建立的序幕。在三国鼎立形成的过程中,曹魏的骨干为谯沛和汝颍两大地方集团,基本力量是青州兵和淮北子弟。孙吴依靠的对象是三吴地主和江淮皖籍兵团,其前期军政领导层的周瑜、鲁肃和吕蒙均为安徽人,故有学者说:"三国割据局面的形成,安徽人起了至关

---

① 参见周崇云主编的《安徽考古》(合肥:安徽文艺出版社,2011年)中"旧石器和新石器时代考古"部分。

② (汉)司马迁《史记(10册本)》,第93页。

重要的作用。"①前秦与东晋间的淝水之战不仅是中国史上以少胜多的著名战役,还使北方再次形成少数民族政权纷立的局面,中国进入了南北朝时代。获胜的东晋遏制了北方少数民族的入侵,给江南社会经济和文化发展创造了有利条件,开启了中国政治、经济和文化逐步南移的历史进程。发生在淮北等地的元末农民大起义,摧毁了中国历史上版图最大的元帝国,朱元璋率领以安徽人为主体的文官武将建立起明王朝,使中国封建社会进入了新阶段。雄居明清十大商邦之首的徽商造就了"无徽不成镇"的中国经济神话,明清徽州在文化、教育、艺术和科技等诸多领域亦取得辉煌成就,成为明清区域社会历史发展的典范之一。有学者这样评价安徽在中国古代史上的地位和贡献,说:"先秦至宋代以前,皖北地区受中原文明的影响和带动,率先'崛起',成为古代中国农业文明的典范;宋以降直至近代,皖南地区人文经济社会取得的成就,独领风骚,甚至扮演着中国农业文明的'领头羊'角色。"②到了近现代,安徽依然是中国历史舞台的主角之一。如,李鸿章及其淮系集团,不仅是平定太平天国运动和捻军起义的主力之一,还发展成为晚清最大的军政集团和官僚资本集团,左右了中国近代史的发展进程。此外,近代中国第一家军工企业——安庆内军械所的建立,标志着中国向近代化迈出了第一步。安庆马炮营起义打响了辛亥革命时期新军推翻清王朝的第一枪。在解放战争史上,安徽为中国革命的最后胜利作出了重大贡献。刘邓大军千里跃进大别山,拉开了解放战争战略大反攻的序幕;淮海战役歼灭国民党军队的主力,为新中国的建立奠定了基石;渡江战役首先在安庆和芜湖防线突破,解放军的百万雄师攻占南京,宣告统治中国 22 年之久的蒋介石国民党政权覆灭③。由此可见,在安徽所发生的重大事件在中国历史发展所占有的地位和发挥的作用是何其重要!

---

① 朱玉龙:《安徽历史发展的脉络和特点》,载《合肥学院学报(社会科学版)》,2011 年第 7 期。
② 沈葵主编:《安徽历史·引言》,合肥:安徽文艺出版社,2011 年。
③ 关于安徽重大历史事件及其对中国历史的重要影响,可参见张润霞、李明俊、方兆本主编:《安徽重要历史事件丛书》,合肥:安徽人民出版社,1999 年。

四

人才鼎盛,名人辈出。安徽历史上涌现出大批杰出人物,对中国历史文化发展贡献至巨,其他省区难望其项背。具体说,其特点又可概括为五个方面:第一,数量特别众多。2008年出版的《安徽历史名人词典》收录安徽本籍和客籍历史人物多达3 289名。第二,政治、经济、文化等各类型人物齐全。重要的政治及军事人物济济,主要有管仲、张良、曹操、周瑜、桓温、汪华、包拯、方腊、刘福通、朱元璋、朱升、朱棣、胡宗宪、戚继光、许国、张廷玉、曹振镛、李鸿章、张乐行、刘铭传、柏文蔚、陈独秀、胡适、王明、王稼祥、冯玉祥、张治中等。文化科技人物众多,主要有管仲、老子、庄子、文翁、华佗、嵇康、朱熹、吕祖谦、毕昇、汪机、汪道昆、程大位、朱载堉、吴敬梓、方以智、左光斗、江永、戴震、方苞、姚鼐、邓石如、汪莱、俞正燮、包世臣、胡开文、姚莹、夏燮、程长庚、杨月楼、杨文会、詹天佑、陶行知、黄宾虹、刘文典、张恨水、阿英、严凤英等。经济领域亦不乏其人,主要有管仲、王茂荫、胡雪岩、李鸿章、刘铭传、周馥等。其中,不乏复合型历史人物,如管仲、曹操、李鸿章等在各领域都有重大影响;曹丕、朱熹、吕祖谦、陈独秀、胡适等则是政治和文化领域的重要历史人物。第三,重要历史人物多,如管仲、老子、庄子、华佗、曹操、包拯、毕昇、朱熹、朱元璋、吴敬梓、方以智、戴震、李鸿章、詹天佑、陈独秀、胡适、陶行知、黄宾虹、冯玉祥、严凤英等。第四,在时间上,各历史时期都有人物涌现,尤以先秦、汉魏三国、两宋、明清和近现代为多。第五,在地域上,三大地区在不同历史时期均有大批历史人物出现,但总体上是"北少南多"。先秦和魏晋是以皖北人物为主;宋元明清和近现代,则是以皖中和皖南居多。其中,明清至近现代,皖南的徽州和皖中的安庆、合肥、巢湖地区的人物尤盛①。

---

① 施立业:《安徽历史文化名人分布的特点》,载《安徽日报》,2011年4月12日;林家虎、徐国利:《安徽近代文化人物的地理分布与特征》,载《中国历史地理论丛》,2009年第4辑。

五

在相当长的时期里,安徽文化发达,艺术繁荣,对中国文化艺术的发展多有引领作用,在中国文化艺术史上占有重要地位。淮北是先秦道家两祖老子和庄子的故里,阴柔的道家文化与阳刚的儒家文化成为中国文化的两大主流,是中华文明绵延五千年且仍具旺盛生命力的根源。汉末三国时期的三曹父子创建了中国古代北方文学第一派"建安文学",实现了中国文学史上汉代乐府民歌向诗歌的转变。淮河流域的"竹林七贤"是"魏晋风流"形成期的主体力量,其中嵇康、刘伶均为安徽人,嵇康还是其领袖之一。"魏晋风流"追求具有魅力和任自然的人格美,用言行、诗文和艺术使自己的人生艺术化,谱写了中国哲学史、文学史和艺术史的新篇章。南宋的朱熹是宋代理学的集大成者,使宋明理学引领南宋后期至元明清中国文化发展的路向,成为中国封建社会后期的主流意识形态。清代,徽州成为中国学术重镇,诞生了乾嘉考据两大流派之一的徽派朴学,亦是其领袖和大哲学家戴震的故里。明清徽州在艺术和科技领域亦成就非凡,新安画派、徽州雕刻、新安医学、新安科技、文房四宝、徽菜等享誉海内外。清代以来,安庆地区在文学艺术上取得辉煌成就。这里诞生了清代文学史上最著名的散文流派——桐城派,余泽波及近代。近代以来,这里文学名家辈出,在中国文学史上占有一席之地。安庆地区的戏曲艺术对中国戏曲贡献至巨,四大"徽班"进京标志着"国剧"京剧的诞生,程长庚则被尊为"京剧鼻祖";这里还是中国五大剧种之一黄梅戏的形成和发展地区,严凤英是使黄梅戏获得现代发展的"开山鼻祖"。安徽还是中国宗教文化的中心之一。九华山、齐云山、黄山、天柱山、司空山等名山胜地修建有众多佛寺和道观,中国的四大佛教胜地和道教胜地安徽各居其一,在中国只有四川省可以相比。近现代以来,安徽经济社会发展虽显颓势,但文化学术发展仍后劲十足,涌现了大批思想家、文学家、艺术家和科学家,为中国近现代文化艺术和科技发展做出了重要贡献。如在思想文化领域,鸦片战争后以包世臣、俞正燮和姚莹等为代表的皖籍经世派人物是晚清经世派的骨干力量,是近代思想文化与政治经济变革的思想先锋。咸同时期以李鸿章为领袖的洋务派以"中体西用"为宗旨,主张学习西方的科技与物质文明,开中国近代化之先河。新文化运动中以陈独秀、胡适为首的新文化派,大力传播西方科学和民主思想,为中国的现代化史奠定了思想文化基础。陈独秀等后来转而积极传播马克思主义,成为中国共产党的创建者之一和早期领导核心人物之一①。可以说,从古到今,安徽对中国思想文化和文学艺术的发展贡献卓著,在中国各省区中亦属最为出众者之列。

六

安徽在历史上又是多灾多难,特别是东汉以后,既有频繁的水旱自然灾害,更有惨重的战乱兵祸。安徽北近黄河,淮河和长江分别流经皖北和皖中,这在各省区中是仅有的。由于自然经济条件下治水和救灾能力有限,加上封建王朝中后期水利多因统治腐败而失修,因此,这些大江大河,特别是黄河和淮河经常给安徽各地,尤其是淮河流域带来深重灾难。据史家李则纲统计,从公元960年(宋建隆元年)到1949年的千余年间,安徽自然灾害多达8 614次,其中水灾占3 321次②。安徽又是中国南北往来最便捷的通道,政治和军事地位相当重要,特别是军事上的"四战"之地,这反而给安徽带来了长期战乱。正如《安徽通史》"总序"所说:"安徽历史上灾难之多之惨烈绝非其他省可以相比。江淮之水患频仍世人皆知,但对安徽历史损害最大的是兵祸。自古以来,淮北和江淮就是各方争夺之地,楚汉、魏吴、东晋、南朝、南宋、南明和北方政权,都曾在安徽进行过恶战;历史上大规模农民战争除两汉外,如秦末、隋末、唐末、元末、明末、晚清农民战争,无不以安徽为主战场。每当战乱,除交战双方相互砍杀之外,就是对人民烧杀抢掠,一时白骨

---

① 关于近代以来安徽历史名人在思想文化领域的地位与作用,参见(安徽)省社科院课题组:《安徽历史文化名人对中国历史进程的影响》,载《安徽日报》,2011年4月12日。

② 李则纲:《安徽历史述要(上册)·序言》,合肥:安徽省地方志办公室出版发行,1988年。

遍野,数百里不见人烟,惨不忍睹。在历史上淮北和江淮之间因兵燹损失半数以上人口有十余次。"①安徽所受战祸往往是分裂割据的产物。有学者称,在中国五千年文明史上,安徽的分治累计2 400余年,几近一半②。总之,安徽历史上的天灾人祸之惨烈及其危害之严重是其他省区难以相比的,这是安徽自隋唐以后总体上长期不发达、乃至落后的根源之一。

综上所述,可以将安徽历史文化发展的总体特点总括为独特性与典型性。一是独特性。无论是史前文明期,还是进入文明史后,安徽在中国历史的诸多时期和文化的诸多领域多占有重要地位和发挥了重大作用,这在中国现有各省区中是罕见的。纵观中国历史文化发展史,绝大部分省区往往只在某些时期和某些领域占有重要地位,如陕西、山西、河南、山东、河北等北方和中原省份在中国史前期、上古和中古时期是属于重要的历史文化发展地区。此后,随着中国社会经济和文化重心的南移,便辉煌不再。南方的江苏、浙江、江西、福建、湖北等省份仅在宋代以后逐步成为中国历史文化发展的中心区域。近代以来,随着沿海和沿江被迫对外开放,江苏、浙江、福建、湖北、广东、湖南、四川、东三省及新兴的大城市上海和天津等才成为中国历史文化发展的重要地区。二是典型性,这大体表现在两个方面:首先,安徽历史文化具有多样性和包容性,南方文化和北方文化同处,庙堂文化与民间文化共存,这与中国历史文化的多样性和包容性是相似的。其次,安徽历史文化发展具有鲜明的区域特征,且社会经济和文化发展重心在历史上的逐步南移与中国社会经济和文化重心的南移大体是同步和相近的。正如《安徽通史》"总序"所言:"安徽南北社会、经济、文化和国家的南北社会、经济、文化同步变化……没有一省像安徽那样酷似国家的变化。"可见,安徽历史文化颇能反映和呈现中国历史文化的总体特征,在各省区中具有鲜明的典型性。

---

① 《安徽通史》编纂委员会编:《安徽通史·总序》,合肥:安徽人民出版社,2011年。
② 朱玉龙:《安徽历史发展的脉络和特点》,载《合肥学院学报(社会科学版)》,2011年第7期。

安徽历史文化之所以形成上述鲜明的特点,既有自然地理环境的因素,又有人文历史的原因,同时,这些因素又常常交织在一起相互作用。

首先,来看自然地理因素。安徽地处黄淮海平原的南部和江南丘陵中部,东邻苏沪,南毗浙赣,西临鄂豫,北接鲁豫,大别山和黄山蜿蜒于其西部和南部,地当中国南北过渡带的要冲。流经中南部的长江是中国的黄金水道和东西交通大动脉,流经北部的淮河与中国西部的秦岭共同构成了中国南北地理分水岭,有两大江河从中穿越且又具有自然地理上的重要意义,因其而划分出了三个特征鲜明的自然区域,这在中国各省区中是独有的。由三大自然地理板块构成,从南到北分属不同的气候,平原、丘陵和土地相接,湖泊洼地间杂,这使安徽历史上的社会经济发展和文化习俗变迁既有鲜明的区域性,又有独特的多样性。安徽自然地理的另一特点是临近海洋,与中国沿海省份浙江、江苏和山东接壤,通过黄金水道长江与大海相通。这使安徽历史发展能够从南北方和东西方的经济和文化交流中吸收多方面的要素,从而使之具有丰富性、多样性和包容性,造就了安徽历史文化发展的旺盛生命力,为安徽人才培育提供了沃土。《安徽通史》"总序"在概括安徽历史发展的首要特点时便说,"安徽历史发展受惠外部较多。安徽与周边地区的交往较多,对安徽历史发展起了明显的促进作用",如"明清时期安徽和江浙关系密切,其时江浙正是中国经济最富庶、文化最发达地区,安徽经济、文化与之同时发展,且不遑多让。鸦片战争后,上海成为中国经济发展的龙头,八百里皖江成了近代意义上的黄金水道;新中国成立前,号称'小上海'的城镇遍布我省各地,在安徽人心目中,上海是先进和繁华的代名词"①。但是,这种地理环境也给安徽带来深重的灾难。一是,由于安徽南北分属暖温带季风气候和亚热带季风气候的过渡带,春夏两季易生水涝之灾,而长江、淮河从中流过,则促使这些水灾泛滥。二是,由于地处南北过渡地带的要冲,因此,无论是历史上的南北对峙,还是东西争锋,皖北和皖中极易成为兵

---

① 《安徽通史》编纂委员会编:《安徽通史·总序》。

家必争之地,使得安徽历史上战乱频繁、兵祸深重。这些天灾人祸是导致安徽历史上经济和社会发展长期破败的根本原因之一。

其次,来看人文地理因素。安徽历史上长时期不是独立的大行政区域。康熙六年(1667年)安徽省建立,省名是取当时该省社会经济和文化最发达的安庆府、徽州府之名而定,至今仅340多年,不像许多省区有悠久的历史沿革。此后,安徽行政区域只有小的调整,今天面积近14万平方公里。在安徽建省前,安徽与江苏同属江南省。明代,属南直隶。而在此前,安徽一直分属不同行政区管辖,在南北政权对立时,则属不同政权管辖。春秋战国时期,安徽主要为吴、越、楚等国统治。秦朝建立后,安徽境内涉及九江郡、会稽郡、泗水郡、砀郡、颍川郡。两汉时期,分属徐州、豫州和扬州。三国时期为魏、吴两国分领。西晋时期,分属徐州、豫州和扬州。东晋时期,东晋统治淮河以南地区,北方政权统治淮河以北地区。南北朝时期,北方先后为北魏(含东魏)、北齐、北周占据,南方为宋、齐、梁、陈占据。隋代,分属15个州(郡)。唐代,分属河南道、淮南道、江南东道、江南西道。五代十国时期,长淮以北先后为后梁、后唐、后晋、后汉、后周分领,以南为吴、南唐分领。北宋时期,分属京东西路、京西北路、淮南东路、淮南西路、东南东路。宋金对峙时期,双方大体以长淮为界分领安徽南北。元代,分属中书省、河南行省、江浙行省①。而且,这些行政区域或政权治所或不在安徽,或在安徽却旋设旋撤。这就使安徽在历史上很难形成政治、经济和文化的中心城市,这无疑是十分不利于安徽社会经济和文化发展的因素。同时,长期分属不同行政区划,甚至为不同政权所占据,不利于社会经济、文化教育的统一和协调发展。特别是淮北和江北常为北方较落后的少数民族政权统治和管理,极大妨碍了安徽北部经济社会和文化的发展。这种状况到明代安徽成为相对独立的行政区域后才有改善。有学者在分析明代以后安徽文化名人呈爆炸性增长的重要原因时,即将之归功于此,"同一行政区划尤其是建省,对安徽这一横

---

① 徐学林:《安徽建置沿革》,合肥:安徽省地方志办公室出版发行,1980年。

跨江淮而治的行政区的文化整合、人才发展等等无疑起到了积极作用"①。

再次,安徽历史文化特点的形成是安徽自然地理与人文历史因素综合作用的产物,而因这两大要素所形成的诸多历史特点和文化要素又相互交织和缠绕在一起,往往互为因果地影响着安徽历史文化的发展。如安徽历史文化发展三大区域性特征的形成不仅是自然地理因素的产物,也是受中国历史文化发展由西北到东南转移的历史趋势作用的结果。安徽人才鼎盛,历史人物自北向南逐步转移,且北方多思想家和政治人物,皖西南多文学艺术人物,皖中多政治和军事人物,皖南多学术、科技人物,这既有自然环境的影响,也有人文历史的作用。这些历史人物的历史活动反过来又加深了安徽各区域历史文化的特性。再者,自然地理和人文地理环境既给安徽历史发展创造了条件和提供了优势,同时又是造成安徽历史多天灾人祸的根源,进而影响了安徽历史其他领域的发展特点。如由于历史上的战争多集中于皖北及皖中,这为皖北和皖中产生大批政治和军事人物提供了重要土壤。元末农民战争导致了朱元璋军政集团的兴起,这个集团的大半人物来自安徽;太平天国和捻军起义在皖江地区和淮河流域的征战导致了近代以李鸿章为代表的淮系军政集团的出现,并对现代皖中及皖北地区一批军事人物的出现起到关键作用。

随着中国现代化和对外开放的全面推进,安徽在中部率先崛起,正在向社会经济发达、文教科技繁荣的省区加快迈进,安徽在中国现代化发展中的地位和作用愈显突出。今天的安徽是历史上安徽的延续,安徽历史文化的特点及其成因对安徽现代化发展依然产生重要的影响。因此,全面和深入认识安徽历史文化的特点和成因,能够为安徽当代的现代化发展提供重要的经验教训和历史启示。

(原载《理论建设》,2015年第1期)

---

① 施立业:《安徽历史文化名人分布的特点》,载《安徽日报》,2011年4月12日。

清代中叶安徽省淮河流域的
自然灾害及其危害

　　清代中叶(18世纪80年代—19世纪50年代),大致为乾隆后期到嘉道年间,是清朝由盛转衰的历史阶段,其社会矛盾和危机日渐显露,安徽省淮河流域地区也不例外,而且社会危机和矛盾还特别激烈。因此,当1853年太平军进入淮北后,便引发了当地大规模的捻军起义,成为与太平军相匹的一支反清力量,对咸同之际的晚清社会历史产生了重大的影响。我认为,在促成安徽淮河流域地区社会矛盾和危机的各种因素中,频繁深重的自然灾害是最主要的原因之一。当时,安徽淮河流域包括2府2直隶州,即:凤阳府,辖凤阳、怀远、定远、凤台4县及寿州、宿州(领灵璧县)2散州;颍州府,辖阜阳、颍上、霍邱、涡阳、太和、蒙城6县及亳州1散州;泗州直隶州,辖盱眙、天长、五河3县;六安直隶州,包括其州治及霍山县(其所辖英山县属长江流域)。面积约3.67万平方公里,约占安徽省面积10.22万平方公里的36%[①]。它大体处于淮河中游地区和淮河下游的小部分地区,是淮河流域的中心地带。

---

　　① 上述数据及其统计结果是根据梁方仲的《中国历代户口、田地、田赋统计》(上海:上海人民出版社,1980年)甲表88"清嘉庆二十五年(1820年)各府州人口密度"表中所载的安徽省及2府2州面积的数据统计出的。其中,皖北2府1州面积3.22万平方公里,六安州属及其霍山县面积约0.45万平方公里(六安州面积为0.6万平方公里,其中属长江流域的英山县面积最小,约0.15万平方公里。)

清代中叶,安徽省淮河流域的自然灾害主要是水灾、旱灾和蝗灾。与安徽省和全国的其他地区相比,该地区自然灾害是最为频繁和严重的。

这里,首先根据张秉伦、方兆本主编的《淮河和长江中下游旱涝灾害年表与旱涝规律研究》①(下面简称《淮河灾害研究》)一书中收载的有关史料,列出这一时期该地区各府州县自然灾害一览表。

表1　1781—1855年间安徽淮河流域的府州县自然灾害一览表

单位:次

府、州、县	灾害类别	水　灾	旱　灾	蝗　灾	总　　计
颍州府	亳州	12	6	1	19
	阜阳县	6	8	2	16
	涡阳县	3	3	/	6
	太和县	7	3	/	10
	蒙城县	6	3	/	9
	颍上县	11	4	/	15
	霍邱县	12	8	1	21
凤阳府	寿　州	21	8	1	30
	宿　州	35	7	2	44
	灵璧县	19	3	/	22
	凤阳县	32	7	/	39
	定远县	8	9	2	19
	怀远县	27	7	2	36
	凤台县	19	8	/	27
泗州	泗州(治)	34	6	1	41
	五河县	41	8	2	51
	天长县	16	11	1	28
	盱眙县	24	7	3	34
六安州	六安州(治)	5	2	/	7
	霍山县	9	5	/	14

注:若一地同年发生了水灾、旱灾或蝗灾,则作2次或3次统计。若在一年的不同季节分别发生了水旱灾,仍作1次统计。

---

①　张秉伦、方兆本主编:《淮河和长江中下游旱涝灾害年表与旱涝规律研究》,合肥:安徽教育出版社,1998年。

下面,利用"表1"的材料,同时结合其他史料,对安徽淮河流域的自然灾害的特点作一分析和概括。

通过"表1"可以看出这一地区自然灾害的第一个突出特点是灾害十分频繁。在2府2州中,凤阳府和泗州直隶州受灾极为频繁。它们所辖的县(州)大多位于淮河中下游的干流上或较大支流汇入淮河处,必须承受淮河上中游及其主要支流在雨季下泄的洪水。其中,五河县、宿州和泗州(治)、凤阳县的受灾最多,在75年间分别为51次、44次、41次和39次,年均灾害发生率分别为1.47年/次、1.70年/次、1.83年/次、1.92年/次,均为不到2年就发生一次大的灾害。因此,当地有"三年两头灾,十年八年灾"的民谣。当地频繁的水灾,相当程度上是由黄河为患造成的。在1781年至1855年的75年间,黄河决口给该地区带来水灾达21次,也就是说,每3.6年1次。其中,宿州和亳州受害最多,宿州有9次,亳州有8次[①]。灵璧县的水患,"河为大,淮次之,睢次之,沱浍又次之。盖自黄河夺泗入淮……灵璧之地之不为沼者鲜矣"[②]。旱灾也比较频繁,某些州县还以旱灾为主,如阜阳、定远、天长和霍邱等。

下面,再根据张秉伦、方兆本的《淮河灾害研究》中的"表1—6"淮河中下游流域1300—1980年逐年旱涝等级"和"表2—4"长江下游流域1300—1980年逐年旱涝等级"所载1780年至1859年的数据,对这80年间淮河中下游地区和长江下游地区历年的旱涝等级数作一比较。

表2 淮河中下游和长江下游1780—1859年旱涝等级比较表

单位:年

旱涝等级 区域	1级	2级	3级	4级	5级	6级	7级	8级	9级
淮河中下游流域	0	2	17	17	30	6	6	1	1
长江下游流域	1	2	9	11	48	4	3	1	1

---

① 据张秉伦、方兆本主编的《淮河和长江中下游旱涝灾害年表与旱涝规律研究》一书《淮河中下游旱涝灾害年表》中的有关史料统计。

② 乾隆刻本,民国补修:《灵璧县志略·灵璧河渠原委》。

表中的旱涝级别分为9级,即1级(特大涝)、2级(大涝)、3级(涝)、4级(偏涝)、5级(正常)、6级(偏旱)、7级(旱)、8级(大旱)、9级(特大旱)。其中,1~3级是对农业生产和民众生活造成较大影响和严重破坏的水涝灾害,7~9级是对农业生产和民众生活构成直接影响和严重破坏的旱灾。通过该表可以看出,在这80年间:(1)淮河中下游地区未受灾的正常年份只有30年,仅占全部年份的37.5%,而长江下游地区未受灾的正常年份有48年,比淮河中下游地区多了18年,占全部年份的60%。(2)长江下游地区1~3级的水灾是12年,淮河中下游地区则高达19年,比长江下游地区多1/3;7~9级的旱灾,长江下游地区是5年,而淮河中下游地区是8年。这些都充分说明了淮河中下游地区水旱灾害的频繁发生,进而也不难推断出淮河中游地区水旱灾害的频繁发生。

该地区自然灾害的第二个特点是灾害十分严重,使该地区成为安徽省和全国有名的重灾区。除了从"表2"可以看出这点外,我再根据清朝在这一时期对安徽颁布的蠲赈上谕以及凤阳府、颍州府和泗州直隶州在其中所占比例的史料来说明这点。如在嘉庆朝的25年间,对安徽颁布的蠲赈上谕多达52次。其中,单独对2府1州颁布34次,占总数的66%;另外17次也与皖北府州有关,仅有1次未提到皖北①。

在该地区的水灾中,黄河决口造成的灾害最为严重。夏秋时节,黄河水量大,水势汹涌,一旦决口南漫,往往给淮北地区带来大面积灾难。如乾隆四十三年(1778年)八月,"河决(河南省)仪封、永城,由涡入淮,归洪泽湖、亳、蒙、凤、泗等十七个州县均被淹"②;嘉庆三年(1789年),"濉州黄水漫口,由涡入淮,沿淮地方被淹"③;嘉庆二十四年(1819年),"黄河水至(太和县),自六月初三至八月十一日雨不止,被水灾、饥,溺死者甚众"④;道光十八年

---

① 光绪《重修安徽通志·食货志·蠲赈》。
② 乾隆《泗州志·轸恤志》。
③ 光绪《五河县志·杂志·祥异》。
④ 民国《太和县志·杂志·灾异》。

(1838年),亳州被"黄河水冲没民舍数十万间"①。淮北有首民谣深刻反映了黄河水灾给当地带来的惨状:"咸丰坐殿(按:指1852年)闰八月,大雨下够两个月,黄河两岸开口子,人死大半显不著"②。而且,黄河水患持续时间还很长。如嘉庆三年(1798年),黄河决口漫淹宿州,"至五年春始归故道";嘉庆十一年(1806年),黄河决口漫淹到五河县,"田庐被淹没,阅十四月始退"③。

该地区的旱灾也十分严重。据何绍基纂《重修安徽通志》记载,乾隆四十九年(1784年)、五十年(1785年),安徽淮河流域和江淮之间连续大旱,不少州县是河枯草竭,庄稼颗粒无收,导致斗米千钱,老百姓只得掘食草根和树皮,道馑相望,乃至人相食。如乾隆五十年(1785年),霍邱县"斗米一千一百有奇,人相食,民死十三、四,且有阖家毙者"。因连续的、严重的旱灾导致的灾荒和大量饿死人,次年又引发了瘟疫,"夏大疫,民死十之六,甚至有合家尽毙,无人收敛者,秋蝗又为灾"④。

该地区的蝗灾也比较严重,往往与旱灾交相为虐。蝗蝻跳食,密麻遍地;飞蝗遮天蔽日,田禾俱尽。蝗蝻一般只吃成熟的庄稼,但道光九年(1829年),宿州地区麦苗竟也被食,"存者十无二、三"⑤。道光六年(1826年),五河县"遍地生蝗蝻,民大饥"⑥。此外,该地区其他一些恶劣性自然灾害,如冰雹、风灾和雪灾等,有时危害也相当大。

该地区自然灾害第三个特点是水涝灾害的面积大,危害区域广。一般来说,旱灾容易造成大面积的灾害。但是,在安徽省淮河流域,水灾也容易

---

① 光绪《亳州志·灾异》。
② 张珊:《捻军产生的社会背景》,载《捻军史研究》,北京:文化艺术出版社,1994年,第34页。
③ 张秉伦、方兆本主编:《淮河和长江中下游旱涝灾害年表与旱涝规律研究》,第203、205—206页。
④ 同治《霍邱县志·杂志·灾异》。
⑤ 光绪《凤阳府志·经事表下》。
⑥ 光绪《五河县志·杂志·祥异》。

形成大面积的灾害。因为,该地区地貌主要是平原,淮河的水系又十分发达,加之北邻黄河,因此,每当雨季来临,或黄河决口南漫,其为害便是大面积的。如嘉庆六年(1801年),宿州、灵璧、凤阳、盱眙、五河等州县"因六、七月间雨水过多,山水陡发,致与寿州、凤台、定远、怀远……等属低区,俱被淹没"。嘉庆二十一年(1816年),"凤阳、泗州……颍州等六府州属,前因五、六、七月间连得大雨,江淮水涨,兼之启放天然、峰山等闸,先后黄水下注,汇归洪(泽)湖,水势甚涨,且淮、浍、涡、淝等河均各泛溢,低洼田亩被水淹浸"①。另据张秉伦等编的《淮河灾害研究》所收载的史料统计,该地区大面积涝灾,在1781年至1855年就有32次。

该地区自然灾害的第四个特点是旱涝灾害常常交相为虐。淮河中游地区往往是冬春干旱而夏秋涝渍,或者夏涝而秋旱。如五河县,乾隆四十九年(1784年),"水成灾五分,冬旱";道光十二年(1832年),"春旱,秋后大水伤稼,冬大饥,人相食";道光二十五年(1845年),"夏大水,秋复大旱"②。旱涝灾害交相为虐往往是大面积发生的。《清代淮河流域洪涝档案史料》中这类的记载经常出现,如道光八年(1828年),"泗州、凤阳……或因夏秋雨水过多,山洪暴发,上游淮湖顶涨,宣泄不及,以致低洼田亩被淹;或因雨泽愆期,高冈田地受旱。"道光十六年(1836年),"……凤阳、泗州三府州属,或因夏秋雨水过多,江淮河湖泛涨……以致沿近低洼田亩被淹;或因秋间雨泽愆期,高冈田地受旱伤"③。

长期的、频繁的、普遍的和严重的自然灾害,给安徽淮河流域的经济和社会发展带来了各种直接的和间接的、眼前的和长远的破坏与危害。

严重的自然灾害,给该地区带来的直接破坏是毁室没产,漫淹田庐,百姓的微薄家产顷刻间付诸流水,百姓的生命受到极大的威胁。紧随而来的

---

① 水电部水管司:《清代淮河流域洪涝档案史料》,北京:中华书局,1988年,第429、513页。
② 光绪《五河县志·杂志·祥异》。
③ 水电部水管司:《清代淮河流域洪涝档案史料》,第607、680页。

是大规模的饥馑,灾民离乡背井,逃荒要饭。道馑相望,饿殍塞途;人相惨食,惨不忍睹。早在乾隆盛世的初期,灵璧县的中、北两乡已是"岁岁逃亡,十不存五"①。道光朝,五河县因灾荒,发生"人相食"的现象就有3次②。张珊先生20世纪50年代在淮北调查时,听涡阳县一老人说:"当时人死了,就把尸首煮熟吃掉。蒙城城内,有卖人肉包子的。"③

极其严重的自然灾害使一般的中小地主也难逃厄运。如怀远县"……水旱频仍,中人荡产,且乏兼岁之储。一遇灾荒,辄鬻子女,弃故土而适他乡者,比比皆是"④。又据张珊先生的调查材料,地处蒙城和阜阳交界处的江集东的刘学道回忆说:"大反前(按:指捻军起义前的1852年),那年是大水,年成坏,一般人都没有吃,那时我家有3顷地(300亩),收的还不够吃,别人可想而知了。"捻军著名将领,涡阳东韩老万的近族韩士刚、韩士玉说:"大韩庄虽然有钱的多,但在大反前荒年时,也饿着没有吃……韩老万家有180亩地,同样饿着没有吃。"⑤

频繁和深重的水灾更长期和严重的危害是使当地的很多土地变得十分贫瘠和硗薄,严重破坏了当地农业生产的自然条件。如上文所说,淮北有大面积的砂礓地。砂礓地的形成和当地的易旱易涝,直接影响了土壤中水、气和热能的相互协调,使其有机成分含量低,导致土壤肥力不高。又由于土壤易干旱龟裂,因而即使勉强播种,农作物也扎根不深,生长很瘦弱。此外,皖西北还有不少盐碱地,如蒙城县"土地薄卤"⑥。盐碱地,是因河流淤塞,或洼地积水不浅,滞积的水经阳光蒸发,只留下盐碱而形成的。一眼望去,如降寒霜,一片白色,不宜农作物的生长。淮北大部分盐碱地是空地。大面积的砂礓地再加上许多的盐碱地,使得这一地区大部分的耕地成为低产耕地。

① 民国《灵璧县志略·艺文志》。
② 光绪《五河县志·杂志四·祥异》。
③ 张珊:《捻军产生的社会背景》,载《捻军史研究》,第35页。
④ 嘉庆《怀远县志·学校志》。
⑤ 张珊:《捻军产生的社会背景》,载《捻军史研究》,第35页。
⑥ 民国《重修蒙城县志·舆地志·风俗》。

长期的、频繁的、普遍的和深重的自然灾害,加上大面积的贫瘠和硗薄的土地,使该地区的农业生产遭到持续不断的全面破坏,使之成为全省乃至全国有名的农业低产区。下面运用一些统计数字来说明这一问题。①

表3　1821—1850年安徽等八省历年夏季收成分数统计

单位:次

收成状况 省　份	9成	8成	7成	6成	5成	未统计
安　徽	/	/	12	17	/	1
河　南	/	7	8	14	/	/
直　隶	/	7	14	6	/	3
山　西	/	1	18	14	1	6
陕　西	/	1	15	5	/	9
江　西	/	10	20	/	/	/
湖　北	/	5	14	10	/	/
湖　南	/	1	22	/	/	8

表4　1821—1850年安徽等八省历年秋季收成分数统计

单位:次

收成状况 省　份	9成	8成	7成	6成	5成	未统计
安　徽	/	1	8	13	5	3
河　南	/	6	11	6	5	4
直　隶	3	10	14	1	1	1
山　西	/	3	10	14	/	3
陕　西	/	1	6	13	/	10
江　西	/	7	19	1	/	3
湖　北	/	2	14	11	1	2
湖　南	1	15	3	1	10	/

注:河南省夏、秋两季收成分数为7.6成以上,而未达到8成的,为统计方便,均以8成统计。"未统计"一栏是原表中未记载收成分数的年数。原表为9省的夏、秋收成分数统计,但因福建省未统计的年数太多,故未收入。

---

①　表3、表4分别据李文治:《中国农业史资料(1840—1911年)》第1辑(北京:三联书店,1958年)中《各省历年夏季收成统计》和《各省历年秋季收成统计》表汇制。

从上述两表可以看出,安徽省的农业收成在表中所列的8省中是最差的,这是安徽自然灾害最频繁和深重的有力旁证。在嘉道之际30年的夏秋两季60次收成中,安徽夏秋两季达9成的没有,8成仅1次,7成20次,6成30次,5成5次。邻近的河南省也是全国的重灾区,但收成比安徽好得多,有13次达到8成,19次7成,20次6成,5次5成。安徽的收成如此之低,当然是由于自然灾害的最频繁和深重的淮河流域地区的收成太差拖了后腿。据张珊先生的调查材料说,在捻军起义的领袖张乐行的家乡涡阳县(按:据前文"表1"来看,实际上涡阳县是该地区水旱灾害最少的县)的张老家的老人曾回忆说:"在解放前,即便是丰收年头,每亩小麦也只收140~150斤;一般不受灾害的年头,只收100斤左右;遇到一般的灾害年头,只能收几十斤或一二十斤;稍遇大灾就颗粒无收。黄豆在一般年头只收100~130斤,秋只收130~140斤。"①从当地灾年多,丰年少大约可以推算其小麦亩产各年平均不过70斤。而清代一般地区小麦亩产为1石,约合145斤②。

由上述的分析不难看出,该地区是全国社会生产力发展水平最低下和经济最贫困的地区。在一个以农业经济为主的社会,农业生产遭受持久和全面的破坏,必然影响当地的社会发展,整个地区呈现出一片凋蔽、破落、荒凉的景象。如灵璧县,"频年被水,日就凋残。邑无城垣,野无道路,田无沟洫,钱粮无仓库,士无学舍,养无济院,育婴无堂,地亩无鳞册,赋役无全书,掌故无志乘,书案无卷宗,街巷无栅栏"③。县城都如此,那么,广大农村的残破、凋敝就可想而知了!

长期饱受自然灾害,在饥饿与死亡中煎熬的广大贫苦百姓为了求生,只有组织起来,进行各种形式的求生和反抗活动。嘉庆年间曾任皖北官吏的查揆,深刻指出了当地灾荒与平民百姓反抗求生的关系。他说,凤阳府、颍州府和泗州"为害之大者,曰盗贼,曰光棍,曰私贩……此三者固迹异实同,

---

① 张珊:《捻军产生的社会背景》,载《捻军史研究》,第27页。
② 吴慧:《中国历代粮食亩产研究》,北京:农业出版社,1985年,第177页。
③ 民国《灵璧县志略·艺文志》。

相因而起者也","夫民人以耕耨为生,而彼以盗贼、光棍、私贩为耕耨者,能因杀而遂不为盗贼、光棍、私贩乎?且夫凶荒在前,鼎镬在后;当其凶荒,不知有鼎镬也。此辈之冒法以死者,不尽由凶荒,而由凶荒以致于此"①。

这一切再加上清政府统治脆弱造成的社会混乱,吏治腐败,封建地主的残酷剥削,人口膨胀引发的社会问题,豪强、土棍和劣保横行乡里、无恶不作,贩私盐集团的发展等等②,诸多的社会矛盾和危机相互影响和作用,最终在太平军进入皖北这一外力的迅速刺激和强力推动下,于1853年爆发了以皖北为中心的捻军大起义。

(原载《安徽大学学报(哲学社会科学版)》,2003年第4期)

---

① (清)查揆:《筼谷诗文钞》,见聂崇歧编:《捻军资料别集》,上海:上海人民出版社,1958年,第30页。

② 徐国利:《清代中叶皖北的自然、政治、经济和社会》,见张珊:《捻军史研究》。

近代徽州与安庆地区文化人物的结构特征及其成因比较研究

近代(1840年至1949年)徽州和安庆地区人才荟萃,出现了诸如姚莹、吴汝纶、程长庚、詹天佑、陈独秀、胡适、陶行知、黄宾虹、赵朴初、朱光潜和邓稼先等一大批文化名人和科技专家,对安徽省和中国近代发展产生了广泛深远的影响。两地文化人物数量之多,历史影响之大,在安徽省乃至中国近代文化史上都是一道亮丽的区域人文地理景观。据笔者对迄今为止收录安徽历史文化人物最全面系统的两部人物辞典《安徽省志·人物志》与《安徽历史名人词典》中所收文化人物的统计,近代安徽籍文化人物共有702人,其中徽州和安庆地区文化名人数量最多[①],共有309人,几乎占安徽近代文化人物的一半,是安徽近代文化人物分布的两个核心区域。因此,本文拟对这两地文化人物的区域分布、时间分布、类型结构及其特征进行考察,并将其与近代安徽省文化人物的不同结构及特征相比较,进而分析这种结构及

---

① 由于"清代的安徽省疆域没有县以上的行政区域调整和县级以下区域的进出",这种稳定一直保持到南京政府初期(参见安徽省地方志编纂委员会编:《安徽省志·建置沿革志》,北京:方志出版社,1999年,第391页),因此,近代徽州和安庆的空间范围即以晚清时期徽州府和安庆府辖区为准,即包括1934—1947年间被划入江西的婺源县,而不含1936年析置的岳西县中原非安庆府属地的区域。

特征的形成与两地区域文化传统、近代变革、社会变迁和教育发展等因素之间的内在联系。

一、人物的区域分布结构和特征

近代徽州和安庆地区的区域范围,包括晚清时期徽州府和安庆府各所辖6县。具体说,徽州府包括歙县(府治县)、黟县、绩溪、休宁、婺源和祁门6县,安庆府包括怀宁(府治县)、桐城、潜山、太湖、望江和宿松6县。民国时期废府存县,原县级区域未变。因此,我们根据相关资料从县级区划角度统计编制出反映两地人物数量和密度分布表(见"表1"),进而对近代两地文化人物区域分布的结构特征进行统一审视。

表1　近代徽州地区和安庆地区文化人物区域分布

密度单位:人/千 km^2

类型 地区	人数	比例%	面积① km^2	分布密度	类型 地区	人数	比例%	面积 km^2	分布密度
歙县	74	45.4	2236	33.1	怀宁县	46	31.5	2011	22.9
黟县	28	17.2	847	33.1	桐城县②	70	47.9	3452	20.3
绩溪县	29	17.8	1126	25.8	潜山县③	13	8.9	2885	4.5
休宁县	17	10.4	2125	8.0	太湖县	10	6.8	2631	3.8

---

　　① 因两地近代各县面积原始资料有缺失(少数资料误差较大且不完整),表中各县面积均以今县市面积数(2005年)为基础予以计算。其中怀宁县面积采用今怀宁县和安庆市面积之和,桐城县采用今桐城市和枞阳县面积之和,潜山和太湖县分别采用今两县面积加上今岳西县面积的1/2和1/4,其余各县皆用今建制面积数。因近代以来除部分析置县外,各县区域变迁不大(各县近代区域变迁详见安庆市地方志编纂委员会编、黄山书社1995年出版的《安庆地方志》与徽州地区地方志编纂委员会编、黄山书社1989年出版的《徽州地区简志》),以上述面积计算的各县人物分布密度虽不够精确,但与实际差异不大。表中各县面积累计的近代徽州和安庆地区面积与满志敏用电脑测绘所得晚清分府面积的较精确数据 11 560 km^2 和14 800 km^2 也极为接近(参见曹树基:《中国人口史》第5卷,上海:复旦大学出版社,2001年,第708—709页),且用这两类数据计算的两地人物分布密度在表中完全一致。

　　② 近代桐城县人物籍贯按今建制区域计算则桐城市有49人,枞阳县有21人,人物分布密度分别为29.8与11.6。

　　③ 近代潜山县籍的13人中有1人籍贯今属岳西县。

续表

地区\类型	人数	比例%	面积 km²	分布密度	地区\类型	人数	比例%	面积 km²	分布密度
婺源县	13	8.0	2948	4.4	望江县	5	3.4	1357	3.7
祁门县	2	1.2	2257	0.9	宿松县	2	1.4	2394	0.8
徽州地区	163	100	11539	14.1	安庆地区	146	100	14730	9.9

资料来源:1.两地人物数根据下列资料统计编制:《安徽历史名人词典》,合肥:安徽教育出版社,2008年;《安徽省志·人物志》(北京:方志出版社,1999年)。2.各县面积引自《中华人民共和国行政区划简册·2005》(北京:中国地图出版社,2005年)。

通过对"表1"数据的分析可以对两地人物分布的区域结构和特征获得如下认识。

首先,徽州地区6县按人物分布密度高低排列,依次为歙县、黟县、绩溪、休宁、婺源和祁门。其中歙县、黟县和绩溪三县分布密度基本接近,都远远超过该地区平均分布密度的14.1,其余三县低于该平均分布密度,且密度悬殊较大。各县人物数量与密度分布排序除位于第二、三位的黟县和绩溪略有变动外,其余各县排序完全一致。具体来说,该地区府治地歙县人物最多,有74人,近于全区文化人物的一半(45.4%),分布密度也最高。黟县和绩溪人物分布也较多和密集。这三县共有近代文化人物131人,占全区人物总数的80.4%。而其余三县仅有近代文化人物32人,仅占全区人物总数的19.6%,其中祁门人物最少,在数量与密度分布上与最高的歙县都相差37倍左右。

安庆地区6县人物分布的数量与密度排序特征与徽州地区有些差异,其中在密度降序排列上依次为怀宁、桐城、潜山、太湖、望江和宿松。怀宁和桐城分布密度基本接近,都远远超过该地区平均分布密度的9.9,其余四县都低于该地区平均分布密度,且除宿松外分布密度都基本接近。各县人物数量分布与密度分布除怀宁略高于桐城但在数量分布低于桐城外,其余各县排序完全一致①。具体来说,全区中桐城人物最多,有70人,占全区文化

---

① 怀宁人物数与桐城差距较大(达24人),但远高于府内其他各县,仍不失为文化人物分布的中心区域。

人物总数的 47.9%,府治地怀宁有 46 人,居第二位。两县共有近代文化人物 116 人,占全区人物总数的 79.4%。而其余四县仅有近代文化人物 30 人,占全区人物总数的 20.5%。这四县按人物分布密度又分为两个层次,潜山、太湖和望江人物分布密度较为接近,宿松人物分布最少。该区人物分布在数量与密度上最高县与最低县的差距也分别达到 30 倍左右。

综上分析,可见徽州和安庆近代文化人物的区域分布结构有一些共同特征。首先,两地人物分布的核心区域基本都集中在府治县周围。徽州地区以府治歙县为中心与向北的黟县和绩溪共同构成人物分布的核心区域,而安庆地区呈现出以府治怀宁和桐城共同组成一双中心的人物分布核心区。其次,两地核心区域都分别以该地区 36% 的面积而分布着两地 80% 左右的文化人物,在人物区域分布的不均衡性特征上呈现出高度的一致性。

但两地的人物区域分布结构也存在一些明显差异。首先,整体上徽州地区在数量和密度分布上都高于安庆地区,尤其是密度分布上,徽州地区每千平方公里高出安庆地区 4.2 人。其次,两地府治县在人物分布的区域结构中地位不同:徽州地区是单一的以府治歙县为人物分布中心,而安庆地区的府治怀宁虽在人物分布密度上居各县首位,但在数量上明显低于桐城,从而形成以府治县与其他县并列的双中心的区域分布特征。第三,两地人物的整体区域分布也具有鲜明特色。其中,徽州地区人物分布以歙县为中心与北部的黟县和绩溪县构成人物分布的核心区域,而南部的休宁、婺源与西部的祁门人物分布的数量和密度依次降低,在地域上呈现以府治县为中心向周边递减和北多南少的特征。而安庆地区人物分布却呈现出明显的由东向西递减的分布特征。其中,东部的桐城与怀宁构成该区域人物分布的核心区,是第一梯度;与两县西部接壤的潜山、太湖和望江构成的弧形地带是第二梯度,最远最西的宿松是第三梯度,人物分布最稀少。

两地人物分布区域结构特征的形成与其学术文化地理传统有着直接联系。徽州传统文化区域自 12 世纪中叶形成以来,历经宋、元、明、清 600 余年,其区域学术文化格局虽出现几次大的变迁,但无论是作为学术文化人才的中心,还是作为学术文化研究及其交流的中心,号称"新安首邑"的府治地歙县始终是影响整个徽州地区学术文化发展的中心地带①。因此,近代以后黟县与绩溪进入该地区人物分布的核心区域虽体现了徽州学术文化区域格局在近代发生了又一次大变化,但以府治歙县为中心的人物分布基本格局仍充分体现了徽州传统学术文化地理的深远历史影响。而安庆作为相对独立的学术文化区域则主要以明代中叶以后桐城文化的勃兴为标志,至清代更以桐城派而享誉海内。其府治怀宁因地缘关系紧邻桐城及因清初安徽建省而具有"首府首县"的政治地理优势也由此成为人才荟萃之地。可见,近代安庆地区形成桐城和怀宁的双中心人物分布核心区也突出体现了传统学术文化地理的持续影响。

二、人物的时间分布结构和特征

由于中国近代史跨越一个世纪,近代文化人物并不完全活动于一个共时性的历史时期,因此,以人物出生年为标准也可对近代文化人物的时间分布及其特征进行考察。这里以10年为标准单位,将18世纪50年代至20世纪30年代②这190年间安徽近代文化人物出生年时间跨度分成19个时段,再按徽州、安庆和安徽省其他地区这三个系列将全省702位文化人物根据出生年顺序归入不同的时段而制成下图,以便对两地及全省其他地区近代

---

① "从学术文化空间布局上考察,徽州学术文化区在南宋形成了以歙县、休宁、婺源为中心区的区域学术文化格局。元明,在歙县、婺源、休宁三县保持了原先中心区地位的基础上,祁门进入学术文化发达区行列……迨及清代,徽州学术文化区则呈现出比较明显的三级层次","即由歙县、婺源组成第一层级学术文化发达区域,由休宁、绩溪组成第二层级学术文化次发达区域,由祁门、黟县组成第三层级学术文化发展相对滞后区域。"(周晓光:《徽州传统学术文化地理研究》,合肥:安徽人民出版社,2006年,第73—74、185—186页)但在徽州学术文化格局变迁中,歙县始终处于区域学术文化中心。

② 因本文统计的文化类人物,最早出生的是画家苏廷煜(1756—1843),亳州人;最晚的表演艺术家潘璟琍(1936—),安庆人。

文化人物的时间分布结构特征获得一直观和具体的认识。

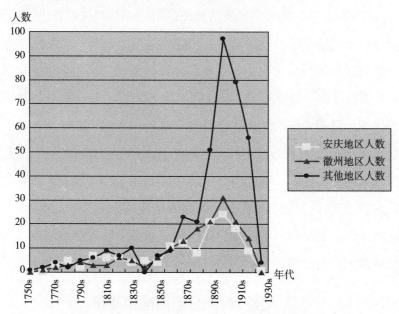

近代徽州、安庆和安徽其他地区文化人物出生年时间分布线状图

资料来源：统计依据的人物信息资料来源同表1。
注：表中与人物数量对应的"年代"表示以该年为起点的10年时间段。如主纵坐标轴上起始年代"1750s"表示1750—1759年。另外，少数近代文化人物出生年时间不明确，在统计中按《安徽历史名人词典》与《安徽省志·人物志》所推算的出生年为准予以计算。

考察上图中不同地区文化人物出生年的时间分布会发现以下几个明显特征：

第一，徽州和安庆地区在1860年以前每10年出生的文化人物数量变化不大。徽州和安庆地区在1860年前的90年间，每10年平均出生的文化人物数分别为3.5人和4.7人，两地每10年出生的人物数差额都不超过4人，文化人物在出生年时间的分布上较为均衡和稳定。但比较而言，直至1870年以前，徽州和安庆地区分别有45位与53位文化人物出生，除少数10年段外，安庆地区每10年出生的人物数量均高于徽州地区。

第二，从19世纪60年代起，徽州和安庆两地的文化人物出生数量开始同时进入迅速增长期，在1860—1909年的半个世纪中，两地共出生文化人物93人和76人,分别占两地近代文化人物总数的57.1%和52.1%。其中,在20世纪第一个10年,两地同时达到人物出生数的高峰,出生的人物分别为31人和24人。此后,两地文化人物出生数量又同时迅速衰减。但两地具体增长方式略有不同。徽州地区自1860年以来出生的文化人物数是每10年呈直线式递增,增长较为平稳;而安庆地区在1880—1889年的人物数由此前70年代的12人降为8人,随后又上升到90年代的21人,从而在人数增长的总趋势中分别出现相对下降和迅速激增现象。不过,在出生年数量高峰后,两地出生的人物数都是每10年呈直线式递减,且降幅基本相同。20世纪20年代,两地文化人物数分别降为14人和9人,到30年代,徽州为0人,安庆仅有2人。当然,二三十年代出生的文化人物统计数迅速下降的一个重要原因是由于统计时间的下限规定所致①。按照统计时间规定,两地文化人物的出生年分别终止于1927(汪耕)和1924年(邓稼先),30年代出生的人物也仅收入前期的少数艺术类人物,因此直接导致到二三十年代人物数量的下降。

第三,联系安徽省其他地区文化人物出生年的时间分布,人们会发现徽州和安庆地区文化人物出生年时间的分布特征也是全省人物出生年时间分布的基本特征,具有普遍意义。由上图可看出,稍迟于徽州和安庆地区,其他地区从19世纪60年代末也进入数量迅速增长时期,由60年代的9人跃升为70年代的23人。此后经80年代的微弱下降后迅速上升,在20世纪第一个10年共出生文化人物97人,达到出生年的数量高峰。此后至20世纪30年代也呈现文化人物出生数量每10年直线递减的特征。

第四,其他地区人物出生年时间分布相对于徽州和安庆地区,既具有共性,又有两个值得注意的方面:其一,在1810年以前,每10年其余地区出生的文化人物数都低于安庆和徽州两地同期出生的人物总数,甚至于低于安

---

① 统计中,近代文化人物的时间下限规定如下:在1949年前已发生历史影响或在1949年前已完成专业学习(学术和科技人物一般指大学毕业)、开始从事专业实践并在建国后产生历史影响的人物。

庆一地出生的人物数。然而,在1810—1819年其余地区出生人物数已与安庆和徽州两地出生的人物总数相等,并在19世纪30年代首次超过两地出生的人物总数。其二,从1890年起至20世纪30年代,其余地区每10年出生的文化人物数一直高于徽州和安庆两地出生的人物总数,并且在全省每10年同期人物总数中的比例也直线增长,至20世纪30年代已从1890—1899年的全省每10年同期人物总数的54.8%增至80%。

通过以上考察,我们能够对近代文化人物形成与时代因素间的有机联系获得以下认识:

首先,从安徽近代文化人物数量以出生年高峰的1900—1909年为中心的对称分布能够看出,在1890—1919年的30年间出生的安徽文化人物数量最多,共有363人,占近代文化人物总数702人的51.7%。若以30年左右作为文化人物的成长时间,那么,这批文化人物的受教育时间正是中国近代新式教育代替传统科举教育并步入全面发展的时期,而其作为文化人物发挥历史影响的时间也正处在中国近代史上发生急剧变革的1920—1950年。新式教育制度的建立、教育普及的推广、急剧变革的时代等为各类文化人物的脱颖而出提供了历史舞台,这无疑是形成安徽近代文化人物出生年高峰位于1900—1909年的重要原因。

其次,安徽其他地区与徽州和安庆两地人物出生年时间分布的数量对比则表明,在1810年以后,全省出生的文化人物集中于徽州和安庆地区的传统文化人物分布格局已被打破,而至1890年后,徽州和安庆出生的人物总数在全省的比重已降至半数以下,这表明全省文化人物传统区域分布的格局已发生重大变化,人物分布的区域日趋均衡。如果考虑到文化人物成长时间和受教育的因素,那么从1810年后推30年正是中国步入近代之时,而1890年后推10年左右也正逢清政府灭亡和民国建立及新教育变革深入发展之际,由此可见,安徽近代文化人物传统区域分布格局的时期转换与中国近代史发展有着紧密的内在联系。

三、人物的文化类型结构和特征

文化人物的类型结构特征与经济社会发展和变革有着直接的关系。传统农耕社会由于生产力水平低下,经济发展缓慢,不需要对劳动者进行专门教育训练,从而使教育"把培养统治人才和上层建筑领域的知识分子作为自己主要的甚至是唯一的任务",因此在文化人物类型结构上自然以人文学科人物为绝对多数,在自然科技领域仅有与农耕文明相适应的少数天、算、农、医类人物。进入近代社会,随着工业化大生产的快速发展,"培养熟练劳动者、技术工人、工程师、科学家以及各种管理人员等,成为现代学校教育的重要任务"[①],因此必然形成以自然科技和社会科学类人物占重要比例的文化人物类型结构。徽州与安庆地区文化人物的类型结构在近代不同时期的演变也大体反映了这一特征。

根据现行的学科门类设置可将文化人物分成 12 个类型,即理学、工学、农学、医学、哲学、经济学、法学、教育学、文学、历史学、军事学、管理学。其中,因安徽近代从事军事理论活动的人物都直接参与了军事活动而被归入政治类,所以在近代文化人物类型划分中取消了军事学类。同时,考虑到近代两地艺术类人物较多,因此在文学类中分出书画类、表演与综合艺术类两个分类。这样,安徽近代文化人物共分成 13 个类型[②]。

首先,为便于考察人物类型结构与经济社会发展与变革之间的内在关系,我们将近代文化人物按其活动的主要时间以 1912 年为界分为晚清和民国两个时期。根据每个时期不同类型人物数及其所占同期的总人数比制成了表 2。

---

① 王守恒、查啸虎:《教育学新论》,合肥:中国科学技术大学出版社,2005 年,第 56 页。
② 在人物的具体文化类型归属上,对涉及多学科的文化人物按其从事的最主要或取得最突出成就的学科进行类型确定,对涉及交叉或双重属性学科的则归入最基本的一类,不重复计算,如医学教育家归入医学类,不再计入教育学类。另,晚清的传统学术领域与现代学科门类划分没有严格的对应关系,为便于比较,我们按相近原则予以归类。

表2 近代徽州、安庆和安徽文化人物的类型及其分期分布

类型\时期	徽州地区 晚清 人数	%	徽州地区 民国 人数	%	安庆地区 晚清 人数	%	安庆地区 民国 人数	%	全省 晚清 人数	%	全省 民国 人数	%
文 学	6	18.2	20	15.4	17	42.5	21	19.8	38	29.9	98	17.0
书画类	5	15.2	20	15.4	2	5.0	3	2.8	13	10.2	51	8.9
表演类①	1	3.0	9	6.9	6	15.0	14	13.2	9	7.1	57	9.9
历史学	8	24.2	7	5.4	5	12.5	12	11.3	22	17.3	48	8.3
哲 学	4	12.1	3	2.3	6	15.0	7	6.6	21	16.5	19	3.3
教育学	2	6.1	12	9.2	1	2.5	13	12.2	6	4.7	50	8.7
法 学			4	3.1			7	6.6	2	1.6	30	5.2
经济学	1	3.0	4	3.1			1	0.9	1	0.8	21	3.7
管理学②			3	2.3			1	0.9			5	0.9
A型小计③	27	81.8	82	63.1	37	92.5	79	74.5	112	88.2	379	65.9
理 学	3	9.1	12	9.2	1	2.5	9	8.5	5	3.9	64	11.1
工 学	1	3.0	18	13.8	1	2.5	7	6.6	4	3.1	58	10.1
医 学	2	6.1	11	8.5	1	2.5	5	4.7	6	4.7	43	7.5
农 学			7	5.4			6	5.7			31	5.4
B型小计	6	18.2	48	36.9	3	7.5	27	25.5	15	11.8	196	34.1
总 计	33	100	130	100	40	100	106	100	127	100	575	100

资料来源:统计依据的人物信息资料来源同表1。

表2中,安徽晚清时期127名文化人物中自然科技类仅有15人,占同期人物总数的11.8%,而人文社科类高达112人,占88.2%。进入民国时期,随着文化和教育的转型,自然科技类人物人数增至196人,较晚清时期增长了13倍,占同期总人数比也上升到34.1%,而人文社科类占总人数比降为

---

① 表演类在此包括表演艺术与综合艺术类人物,而所收人物主要是综合艺术类的戏剧表演艺术家。
② 管理学项下所收人物所从事的实际学科均属人文社科类,不属于自然科技类。
③ 表中以A、B型分别指称表中从事人文社科(9小类)和自然科技(4小类)的两类人物的总数。

65.9%,为379人。在具体学科分布上也有一些突出变化,这主要体现为具有传统人文学科色彩的"文史哲"领域①除"表演类"所占人数比略有增长外,其余各类人物所占同期总人数比竟下降了36.4%,而且,除艺术类外,单个学科人物数所占比都下降10%左右,甚至高达13.2%。而和近代工业社会联系较密切的新兴社科类(教育学、法学、经济学、管理学)和自然科技类人物所占比普遍增长——这8类所占同期总人数比共增长了33.8%。其中,自然科技类较新兴社科类增幅更大,二者所占同期总人数比分别增长了22.4%和11.4%。这种人物类型分布的升降变化鲜明反映了中国近代由传统文化向近代文化转型的时代特征。

具体到徽州和安庆地区,其类型结构变化在体现上述共性的同时又各具鲜明特色。

徽州地区在民国时期人文社科类人物所占同期总人数比较晚清下降了18.7%,自然科技类则相应的由原18.2%增至36.9%,人物数由6人增至48人。在具体学科分布上,除书画和表演类共有4.1%的同期人数比增长外,"文史哲"在晚清是人物数最多的三类学科,但民国时期所占比例都有下降,尤以历史学降幅最大,达18.8%,哲学也下降了9.8%,三类累计下降了31.4%。而其余8类人物所占比都出现增长,增幅达27.3%。其中新兴社科类和自然科技类的增幅分别是8.6%和18.7%。单学科中增长最多的是工学和农学,分别达10.8%与5.4%。由此可见,徽州地区除部分传统学科仍有进一步发展外,人物类型主要向自然科技和新兴社科类转变,而转向自然科技类人物更多。

安庆地区从晚清至民国其人文社科类所占同期总人数比下降了18%,自然科技类则相应的由原7.5%增至25.5%,人物数由3人增至27人。在具体学科分布上,文史哲人物在该地晚清人物所占比例竟高达90%,其中仅

---

① 虽然清末民初包括"文史哲"在内的多数传统学科已开始了现代转型,但总体上看,即便在民国时期,"文史哲"作为传统学科的色彩仍很浓厚,很多人物虽经新式教育影响或培养,但其文化活动仍具浓厚的传统学术色彩。因篇幅所限,在此不作细致分疏。

文学类即达 42.5%。而其余 8 类中仅有 4 人①。进入民国时期,传统的"文史哲"领域的 5 类人物比全部下降,降幅达 36.3%,其中,文学类下降最多,达 22.7%,其次是哲学类,下降了 8.4%。而其余 8 类人数比都有增长,其中新兴社科和自然科技类增幅大略相等,分别为 18.2%和 18%。单学科中增长较多的 4 类依次是教育学、法学、理学和农学。可见安庆地区传统学科领域在民国时期都有削弱,人物类型结构主要向自然科技和新兴社科类转变,二者比例相近。

比较两地的类型结构变化,会发现其人物比下降最多的类型正是两地在传统学科领域最具实力的学科:徽州经学②和桐城文学。其次,传统经学随着晚清帝制覆灭而急剧衰落,由此导致两地哲学类人物比的下降都位居第二,且降幅达 8%以上,而在新兴社科和自然科技类人物数上,两地都有很大增长,共有 120 人,占民国时期全省同类人物总数 302 人的 39.7%(徽州和安庆分别为 71 和 49 人,所占比分别为 23.5%和 16.2%)。由此可见,徽州和安庆的文化人物类型结构变化与近代中国社会转型所引发的社会变革密切相关。其中,近代中国教育变革是影响文化人物类型结构变迁的重要因素。晚清时期,除极少数因"睁眼看世界"或出使西方而具有若干二元教育色彩的人物外,文化人物接受的基本上是传统教育,从而形成前述以"文史哲"为代表的人文学科人物占绝对多数的结构特征。清末,新式教育取代传统教育,国内新式学堂和留学教育的发展使民国文化人物普遍接受了新式教育,促成了文化人物类型由人文社科向自然科技和新兴社科类转变。据上述人物统计资料显示,徽州和安庆地区受新式教育的 166 位文化人物中,自然科技和新兴社科类有 105 人,占民国时期两地文化人物总数(236 人)的 44.5%③。而两地新兴学科人物数量在全省的领先地位也充分反映了

---

① 其中教育学仅 1 人,与统计中兼类人物按主要文化活动领域进行归类的划分标准有关。如,吴汝纶计入文学而非教育学。
② 在上表统计中徽州经学类人物根据人物文化活动的具体情况分别归入历史学和哲学类。
③ 其中留学教育发挥了更突出的作用。两地留学人物分别达 54 和 49 人,而其中自然科技和新兴社科类人物分别为 41 和 36 人,占两地留学人物总数高达 75%左右。

两地作为引领安徽近代文化转型的核心区域的鲜明时代特征。

在上述人物类型分期分布基础上我们汇制成表3。

表3 近代徽州、安庆和安徽文化人物类型总体分布

类型\地区	徽州地区 人数	%	安庆地区 人数	%	全省 人数	%
文 学	26	16.0	38	26.0	136	19.4
书画类	25	15.3	5	3.4	64	9.1
表演类	10	6.1	20	13.7	66	9.4
历史学	15	9.2	17	11.6	70	10.0
哲 学	7	4.3	13	8.9	40	5.7
教育学	14	8.6	14	9.6	56	8.0
法 学	4	2.5	7	4.8	32	4.6
经济学	5	3.1	1	0.7	22	3.1
管理学	3	1.8	1	0.7	5	0.7
A型小计	109	66.9	116	79.5	491	69.9
理 学	15	9.2	10	6.8	69	9.8
工 学	19	11.7	8	5.5	62	8.8
医 学	13	8.0	6	4.1	49	7.0
农 学	7	4.3	6	4.1	31	4.4
B型小计	54	33.1	30	20.5	211	30.1
总 计	163	100	146	100	702	100

资料来源：据文中表2统计编制。

通过表3,我们能够对两地及全省近代文化人物的总体类型结构特征获得以下认识：

一方面,在全省人物类型分布上,人文社科类有491人,自然科技类有211人,两者分别占全省文化人物总数的69.9%和30.1%,前者是后者的2.3倍以上。这种人文社科类人物占绝对多数的结构是中国近代由传统文化向近代文化转型的反映。这一时代特征在人文社科类的具体学科分布上也有鲜明体现。其中,主要代表传统人文学科类的"文史哲"5类在近代共有376人,占人物总数的53.6%。其中,文艺类人数最多,所占比例高达

37.9%。此外与近代社会联系较密切的教育学、法学、经济学和管理学四类新兴社会科学共有115人,仅占人物总数的16.4%。其中,教育学将近半数,具有突出现代学科色彩的其他三类仅占人物总数的8.4%。

具体到徽州和安庆地区,两地都是人文社科类人物占绝对多数,这与全省人物类型结构特征相一致,均体现了它们所处时代的基本特征。但参照全省人物类型比例,在具体学科分布上两地又有自己的一些突出特征。其中,安庆的人文社科类人物所占比例最高,达79.5%(全省人文社科类人物的23.6%出自安庆),其文学、表演类、哲学、历史学、教育学及法学6类人物所占区域总人数比均高于全省同类人物所占总人数比,并以前三类人物所占比最为突出。徽州地区则以自然科技类所占区域人数比最突出,达33.1%,工学、医学和人文社科类的书画、教育学、管理学5类人物所占区域总人数比均高于全省同类型人物所占总人数比,其中书画和工学类人数比最为突出。可见,安庆是人文社科类人物占主导性优势,尤其是传统学科的文化人物数量更多,但在新兴社科和自然科技领域,除法学外,都低于全省同类型人物所占总人数比例①。而徽州地区除人文社科类所占人数比绝对值较高外,在管理学、经济学等新兴社会科学与自然科技领域,其人物所占区域总数比相对全省而言非常突出。徽州人物类型结构和特征更强烈地折射程出中国近代文化转型新方向的时代气息。

另一方面,两地上述文化人物类型结构特征的形成还体现了区域学术文化传统的深远影响。首先,两地传统人文社科类人物的高比例分布与其传统学术渊源关系至为明显。桐城文学、京剧的发源地和宗教文化的源远流长等②直接催生了安庆近代文学、表演和哲学类人物的大量涌现,而新安

---

① 但安庆地区因人物总数较多,故其民国时期在新兴人文社科和自然科技领域的8类人物数在全省13个府(州)中仍然仅次于徽州地区,位列第二位。其中,新兴人文社科类有22人,仅次于徽州的23人;自然科技类有27人,仅低于徽州(48人)和庐州(31人),位列全省第三位。

② 关于安庆地区的宗教文化渊源,参见汪军:《皖江文化纵横谈》,见《皖江文化与近世中国》,合肥:合肥工业大学出版社,2004年,第4—5页。

画派的影响则孕育了大批徽州书画类人物。徽州朴学、桐城史学①则对两地史学人物比例普遍偏高做出了历史的注解。其次,在新兴社科领域,安庆执法学之牛耳,徽州为管理学和经济学之嚆矢及两地教育学人物的高比例特征,则是与两地浓厚的文化积淀和氛围及其在全省的文化领先地位有着直接联系。而徽州自然科技类人物在全省的高比例特征显然与新安医学、徽州的自然科技传统②和徽州人崇尚交流的文化风尚使其更易于学习和接受西方近代科学等有着直接联系。

通过上述两地人物类型结构的变化及总体特征考察,不难得出以下结论:徽州和安庆地区人物类型结构既受到区域学术文化传统的深远影响而呈现出较为稳定的结构特征,又受到近代社会转型所引发社会变革的强烈冲击而透视出人物类型结构变迁的时代特征。区域学术文化传统和近代社会变革之间的内在张力成为徽州和安庆两地的区域文化人物类型结构特征的决定性因素。

综上所述,徽州和安庆地区近代文化人物在时空分布和文化类型分布的结构及特征上既反映了共同的时代特征,又具有鲜明的区域特色。在区域分布上,两地人物分布核心区都集中在府治县周围,并呈现分布的不均衡性。但徽州地区在人物数量和密度的分布上都高于安庆地区,并呈现以府治地歙县为中心的北多南少分布特征,安庆地区则形成了以府治地怀宁和桐城构成的双中心格局并呈现由东向西递减的梯度分布。在时间分布上,两地在1860年以前每10年出生文化人物数变化不大,但此后直至20世纪30年代,两地文化人物出生数量呈现对称分布的明显升降变化。但在每10年出生的文化人物数量上,前期以安庆较多,后期徽州反居其上。在文化人物类型结构上,近代两地都是人文社科类人物占绝对多数,并在历史发展中

---

① 桐城派以古文名世,但亦有一史学传统,如桐城派的创立者钱澄之、戴名世等人都有很卓越的史学思想,近代的姚莹也是著名的史学家。参见李则刚:《安徽历史述要(下)》,合肥:安徽省地方志办公室,1988年,第487—497页。

② 关于徽州自明代中叶以来的自然科技成就及其传统,详见张秉伦等编著:《安徽科学技术史稿》,合肥:安徽科学技术出版社,1990年,第199—200、251—287页。

呈现新兴社科和自然科技类人物比例不断上升的基本态势。比较而言,安庆是人文社科类人物占主导性优势,尤其是传统人文学科领域的文化人物数量更趋突出,而徽州则在自然科技领域的人物比例甚为显著,其人物类型结构特征更突出地透视出中国近代文化转型新方向的时代气息。

徽州和安庆地区人物时空分布和文化类型的结构及特征的形成是区域学术文化传统、时代因素、近代经济社会变革以及教育发展等诸多因素共同作用的结果。两地文化人物所形成的结构及其特征,既折射出两地深厚的区域文化积淀和中国近代历史变迁图景,又具体展现了历史传统、经济社会变革及文化教育发展等诸多因素间密不可分的内在联系。正是以上多方面因素的相互交织和作用,孕育出徽州和安庆这两朵中国近代史上区域人文地理的奇葩。

(原载《安徽师范大学学报(人文社会科学版)》,2009年第3期)

传统与现代二元教育和安徽现代文化名人的成长
——以陈独秀和胡适为例

安徽现代史上,特别是20世纪前半期,涌现出众多文化名人,他们对中国社会发展产生了重要影响,尤其是徽州和安庆地区名人辈出,如胡适、陈独秀、陶行知、黄宾虹、朱光潜、方东美、张恨水和赵朴初等。这种历史文化现象的出现,是与这些区域的文化传统密不可分的。在他们中,陈独秀和胡适是最具影响力的人物。他们共同发起和领导了新文化运动,力求对中国传统文化进行全面审视和批判,主张用以科学和民主精神为核心的西方文化来实现中国的现代化。他们成为"五四"新文化运动的领袖。他们的活动也极大影响了中国现代政治的发展,一位是20世纪中国最有影响的自由主义者;一位是中国共产党创始人之一和中共前五任总书记。他们都受过良好的传统教育,又受过西方新式教育。他们均对传统文化持否定和反叛态度,然而,传统观念和思维方式又深深影响着他们的言行。本文拟考察俩人所受的传统与现代教育对他们早年成长及其思想的影响,以帮助人们更具体和深入地了解传统与现代二元教育对安徽现代文化名人培育所发挥的作用。

一

陈独秀和胡适生长在传统文化教育发达的安庆和徽州地区。安庆在明末到清末形成了桐城派，对明末以来的中国文学乃至文化发展产生了深远影响。徽州明清时号称"程朱阙里"和"东南邹鲁"，新安理学、皖派朴学、新安画派、徽雕艺术等在全国均占有十分重要的地位。而强大的徽商不仅为当地社会发展提供了坚实的物质基础，还有其文化教育意义，胡适便说，由于徽商长住在大城市，"我们徽州人在文化上和教育上，每能得一个时代风气之先。徽州人的子弟由于能在大城市内受教育……他们的眼界就广阔多了"①。

从小的教育环境看，俩人都出生于传统知识分子家庭。1879年，陈独秀生于怀宁县城北。祖父陈章旭，禀生，教私塾，家谱中称他"上恢先绪，下启后昆；学问极其深醇，周济极其慷慨。居城廓而恶奢华，老成足羡；入公门而操笔墨，官长咸称"②。父亲陈衍中（字象五），优廪贡生。据汤寿潜《陈衍中先生传》说："自入学，文名日甚，四方来学者日众。弟子贫不能供束修者，饮之，食之，教之，诲之，多所成就。皖中知名士，半出其门焉。象五讲究实学，屡困场屋，不得已纳粟，以府经历分发江苏。"③他先后在桐城和苏州等地执教，34岁在苏州染疾病逝。叔父陈衍庶为举人，在官宦之余，好书画。因无子，陈衍中去世后，陈独秀被过继给他。

徽州明清时文化教育和商业发达，许多家族"亦儒亦商"，胡适家也不例外，在上海和汉口做生意，家乡绩溪也有一些田产。胡适1891年生于上海，父亲有才学，做过小官。胡适说："我父胡珊，是一位学者，也是一个有坚强意志、有治理才干的人。"④

---

① 葛懋春、李兴芝编，唐德刚译：《胡适的自传（胡适英文口述稿）》（以下简称《胡适口述自传》），上海：华东师范大学出版社，1981年，第17页。
② 唐宝林、林茂生：《陈独秀年谱》，上海：上海人民出版社，1988年，第2页。
③ 转见任建树：《陈独秀大传》，上海：上海人民出版社，1999年，第19页。
④ 胡适：《我的信仰》，见曹伯言选编：《胡适自传》，合肥：黄山书社，1986年，第80页。

生活于这样的家庭,加上俩人从小聪颖,因此被家庭寄望能科举成名,这使他们从小便受到严格教育。陈独秀三岁时父亲去世,严厉的祖父对孙子期望很高,恨不得他一年中把"四书"和"五经"都读完才满意。陈独秀背不出书,便是一番毒打。母亲看着心痛,不知为此流了多少泪,可同样希望他能科举成名,总是好言劝勉道:"小儿,你务必好好用心读书,将来书读好了,中个举人替你父亲争口气,你的父亲读书一生,未曾考中举人,是他生前一桩恨事。"①陈独秀11岁时,祖父病逝,此后所请几个塾师陈独秀都不满意,到十二三岁时,便由大哥指导读书。1896年,18岁的陈独秀参加县府院试,中了秀才。为了实现母亲的期望,应对举人考试,他此后一年对经义、策问和八股文用了苦功。由此可知,陈独秀所读的传统典籍不在少数。

胡适很小时,父亲便每天用红笺方块教他识字,不满三岁就已认得800多字。他最早读的三本书《学为人诗》、《原学》和《律诗六钞》也是父亲编的。1895年胡父病逝,胡母虽不识字,却秉承夫命将希望寄托在儿子的教育上。胡适说:"先君遗命必令适读书。先母督责至严,每日天未明即推适披衣起坐,为缕述先君道德事业,言:'我一生只知有此一个完全的人,汝将来做人总要学尔老子。'天明,即令适着衣上早学。九年如一日,未尝以独子有所溺爱也。"②胡适三岁多点便到学堂念书。为让教书先生尽心尽力,省吃俭用的胡母付的学金要比平常多三倍,每年送六块钱,后又增加到十二元,这使胡适受益匪浅:"因为那两元的学生,单单是高声朗读,用心记诵,先生从不劳神去对他讲解所记的字。独我为了额外学金的缘故,得享受把功课中每字每句解给我听,就是将死板文字译作白话这项难得的权利。"③1895—1904年间,胡适所读之书除父亲编的三本书,还有《孝经》、朱子的《小学》、《论语》、《孟子》、《大学》、《中庸》、《诗经》、《书经》、《易经》、《礼记》等,这些为他

---

① 陈独秀:《实庵自传》,见《陈独秀著作选》第3卷,上海:上海人民出版社,1993年,第415页。
② 胡适:《先母行述》,见曹伯言选编:《胡适自传》,第1页。
③ 胡适:《我的信仰》,见曹伯言选编:《胡适自传》,第85页。

今后的教育打下良好基础。胡适说:"我在这九年(一八九五——一九○四)之中,只学得读书写字两件事。在文字和思想(看文章)的方面,不能不算是打了一点底子。"①

有幸的是,俩人小时都有相对宽松自由的教育环境,能读应对科举考试以外的书,这对他们独立思想个性的养成十分有利。陈独秀能获得相对宽松的教育环境与其叛逆性格和宽厚的哥哥有关。他小时读书不得祖父满意,常遭毒打,可"我无论挨了如何毒打,总一声不哭",祖父"不只一次愤怒而伤感地骂道:'这人小东西,将来长大成人,必定是一个杀人不眨眼的凶恶强盗,真是家门不幸'"!祖父去世后,主要由宽厚的哥哥教他读书,"大哥知道我不喜欢八股文,除温习经书外,新教我《昭明文选》。初读时,我也有点头痛,后来渐渐读出味道来了,从此更加看不起八股文"②。从此,陈独秀能用许多时间来看其他的书。

胡适有更宽松的教育环境。这一方面得益于父亲的影响,他说,"我父亲不曾受到近世自然科学的洗礼,但他很受了程颐、朱熹一系的理学的影响"③,即程朱自然主义宇宙观和格物穷理的科学态度,这对培养胡适求实和怀疑的科学精神有潜移默化的作用。不过,更主要的还是在上海等地经商的两位哥哥因接触了新观念,所以不要他做八股文和策论经义,"他们只要先生给我讲书,教我读书"。他不满八岁,二哥便提议先生教他读《资治通鉴》,这使他兴趣陡增,不久就把各朝代各帝王各年号编成有韵歌诀以资记忆。而书中所载范缜的《神灭论》和反佛教因果说的偶然论更让他成为无神论者,"他(指范缜)和司马光的神灭论教我不怕地狱;他的无因果论教我不怕轮回。我喜欢他们的话,因为他们教我不怕。我信服他们的话,因为他们教我不怕"④。胡适晚年谈到为什么会接受实用主义治学方法时又说:"它的

---

① 胡适:《四十自述》,见曹伯言选编:《胡适自传》,第28—29页。
② 陈独秀:《实庵自传》,见《陈独秀著作选》第3卷,第415、419页。
③ 胡适:《四十自述》,见曹伯言选编:《胡适自传》,第33页。
④ 胡适:《四十自述》,见曹伯言选编:《胡适自传》,第27、38页。

根源似乎可以一直追溯到我十来岁的初期……我十几岁的时候，便已有好怀疑的倾向，尤其是关于宗教方面。我对许多问题存疑；我[尤其]反对迷信鬼神。"①此外，胡适还因读《水浒传》引发了读小说的强烈兴趣，由此读尽了本村邻村所知的小说，"这些小说都是用白话或口语写的，既易了解，又有引人入胜的趣味。它们教我人生，好的也教，坏的也教，又给了我一件文艺的工具，若干年后，使我能在中国开始众所称为'文学革命'的运动"②。

二

陈独秀和胡适接受新教育的时间和年限长短不一，方式和途径也不尽相同。1905年初，27岁的陈独秀与人创办了资产阶级革命团体岳王会，彻底走上了职业革命的道路。1917年4月，27岁的胡适结束留学生活，9月到北京大学担任教授。因此，本文暂以他们27岁前所接受的新教育和活动为考察对象。

陈独秀接触新思想启蒙大体在1897年8月初次离家到南京参加乡试前后。在乡试考场目睹的各种怪现状使他开始反叛传统教育，他说："由那些怪现状联想到这班动物得了志，国家和人民要如何遭殃；因此又联想到所谓抡才大典，简直是隔几年把这班猴子、狗熊搬出来开一次动物展览会；因此又联想到国家一切制度，恐怕都有如此这般的毛病；因此最后感觉到梁启超那班人们在《时务报》上说的话是有些道理呀！这便是我由选学妖孽变到康、梁派之最大动机。一两个钟头的冥想，决定了我个人往后十几年的行动。我此次乡试，本来很勉强，不料其结果却对于我意外有益！"③回到安徽，他开始与维新人士汪孟邹、李光炯、邓艺荪等密切交往，阅《时务报》，思想大变，说："吾辈少时，读八股，讲旧学，每疾视士大夫习欧文谈新学者，以为皆洋奴，名教所不容也。前读康先生及其徒梁任公之文章，始恍然于域外之政

---

① 葛懋春、李兴芝编，唐德刚译：《胡适口述自传》，第128页。
② 胡适：《我的信仰》，见曹伯言选编：《胡适自传》，第86页。
③ 陈独秀：《实庵自传》，见《陈独秀著作选》第3卷，第426页。

教学术,灿然可观,茅塞顿开,觉昨非而今是。吾辈今日得稍有世界知识,其源泉乃康、梁二先生之赐。"①他和"一辈后生小子"对当时尊古守旧者攻击康有为,"愤不能平,恒于广座中为康先生辩护,乡里瞽儒,以此指吾辈为康党,为孔教罪人,侧目而远之"②。是年冬,他撰写成《扬子江形势论略》,申言了长江对国计民生和军事政治之重要性,指出:"时事日非,不堪设想,爰采旧闻旅话暨白人所论,管蠡所及,集成一篇,略述沿江形势,举办诸端,是引领于我国政府也。勉付梨枣,愿质诸海内同志,共抱杞忧者。"③该文对长江水文和两岸地貌的描写细致入微,有针对性地提出了长江的军事防卫建设,"显示了他当时的时务知新主义","作为政治地舆学,也属上乘之作"④。1898年,陈独秀被继父陈昔凡带往东北。1899年,母亲病危,他与哥哥南返,回到家乡,母亲已病亡。他在家住了不久,又与哥哥去东北。

这几年间世事巨变,先是康梁变法失败,继之有庚子之役与八国联军侵华,陈独秀的思想受到极大刺激。他说,戊戌之变后,"沉梦复酣,暗云满布,守旧之见,趋于极端,遂积成庚子之役。虽国几不国,而旧势力顿失凭依,新思想渐拓领土,遂由行政制度问题一折而入政治根本问题"⑤。这表明他开始由接受康梁维新思想转向寻求更新的思想与解决方案。1904年,他在回顾这几年思想转变时说,十年前在家读书最多不过是想骗几层功名光耀门楣,哪知国家是什么东西。到了甲午年才听说日本国把中国打败了,到庚子年八国联合军把中国打败了,自己才晓得世界上的人原是分做一国一国的,此疆彼界,各不相下,我们中国也是世界一国,自己也是中国之一人,"一国的盛衰荣辱,全国的人都是一样的消受,我一个人如何能逃脱得出呢?我想

---

① 陈独秀:《驳康有为论革命书》,《陈独秀著作选》第1卷,上海:上海人民出版社,1993年,第214页。
② 陈独秀:《孔子之道与现代生活》,见《陈独秀著作选》第1卷,第230页。
③ 陈独秀:《扬子江形势论略》,见《陈独秀著作选》第1卷,第12页。
④ 沈寂:《辛亥革命前的陈独秀》,见《陈独秀传论》,合肥:安徽大学出版社,2007年,第59、61页。
⑤ 陈独秀:《吾人最后之觉悟》,见《陈独秀著作选》第1卷,第176页。

到这里,不觉一身冷汗,十分惭愧。我生长二十多岁,才知道有个国家,才知道国家乃是全国人的大家,才知道人人有应当尽力于这大家的大义……自古道国亡家破,四字相连。若是大家坏了,我一身也就不能快乐了,一家也就不能荣耀了。我越思越想,悲从中来。我们中国何以不如外国,要被外国欺负,此中必有缘故。我便去到各国,查看一番"①。于是,1901年10月,他东渡日本留学,入东京(专门)学校(早稻田大学前身)。正式入学前,在亦乐书院学习日语和普通课程②。年底,他参加了留学生组织"励志会",该会以"联络感情,策励志节"为宗旨。一些留学生还创办了第一个杂志《译书汇编》,以翻译西方资产阶级政治名著,如卢梭的《民约论》、孟德斯鸠的《万法精理》、穆勒的《自由原理》和斯宾塞的《代议政体》等。有学者指出,这一时期,"唐才常'勤王'起义的失败,励志会的分裂,与激进派张继等人的接触,以及留学生创办的《译书汇编》、《国民报》等宣传西方资产阶级政治学说的书刊的影响,使陈独秀的思想开始由'改良'转向'革命',由'康党'转为'乱党'"③。

此后,陈独秀一面接受现代新知识和新思想,一面投身文化启蒙和政治活动。1902年3月,他回国到安庆与潘赞化、柏文蔚等创办藏书楼,组织励志学社,传播新知识,宣传爱国。9月,被清政府通缉,他再次逃亡日本,进成城学校陆军科学习。这年冬,他与张继、蒋百里等仿效意大利民族志士马志尼创立的"少年意大利"创办了"青年会",规定该会"以民族主义为宗旨,以破坏主义为目的"④,是留日学生中最早的中国革命团体。1903年3月,他参加了剪除管理湖北留日学生学监姚煜发辫的行动,被日本政府强行遣送回国。5月,在安庆组织"安徽爱国会",6月又遭通缉,逃往上海。8月,与章士钊等创办被称为"《苏报》第二"的《国民日日报》,宣传排满。12月初,该报停

---

① 陈独秀:《说国家》,见《陈独秀著作选》第1卷,第55页。
② 关于陈独秀第一次赴日留学所读学校学术界有不同观点,今从沈寂《陈独秀留学问题再考》(载《安徽史学》,1992年第4期)一文的观点。
③ 唐宝林、林茂生:《陈独秀年谱》,第18—19页。
④ 冯自由:《革命逸史》初集,北京:中华书局,1981年,第104页。

刊。1904年3月,为更好传播新文化以启蒙民众,他与房秩五等在芜湖创办了在中国现代史上影响最大的白话报《安徽俗话报》,该报1905年8月停刊,共出22期。他为报纸撰写了大量文章,内容包罗天文地理和中外历史,涵盖政治、实业、教育、军事和文艺等,这既显示了他渊博的知识,也是他不断学习和运用新知识新思想的过程。1905年2月,他在芜湖的安徽公学与柏文蔚、常恒芳等发起组织秘密革命团体——岳王会。从此,陈独秀彻底走上了从事职业革命和文化启蒙的道路。

三

相比而言,胡适接受新式教育的时间长达14年,所受新教育更为系统和规范,既有较系统的中学教育,也有留学美国的高等教育。

1904年2月,胡适随三兄到上海求学,开始接受新教育。他先入梅溪学堂,在最低级的五班,所学课程是《蒙文读本》、英文的《华英初阶》和《笔算数学》。6周后,因驳正国文沈先生解书之谬,被升三级到二班。1905年春,改入澄衷学堂。这里学科比较完备,有国文、英文、算学、物理、化学、博物和图画等。他在学校考试常得第一,一年升了四班。由于学校管理严格,他虽然只读了一年半,但打下了英文和算学的基础。1906夏,他考入由留日学生创办的中国公学。学校不少师生是革命党,使他颇受革命思想影响。不过,由于大家认为他将来可以做学问,所以不劝他参加革命的事。1908年9月,学校发生学潮,多数学生退学另组"中国新公学"。胡家因经商失败无力供其继续读书,母亲又需要供养,于是,胡适只得辍学受聘担任新公学英文教员一年多。1910年,又教了几个月的国文课。8月,他赴美留学,结束了在上海的求学生活。他后来回忆这段教育说:"我读了当时所谓的'新教育'的基本东西,以历史、地理、英文、数学,和一点零碎的自然科学为主。"①

在上海,胡适接触到大量新思想。他初到上海便喜欢读梁启超和邹容

---

① 胡适:《我的信仰》,见曹伯言选编:《胡适自传》,第89页。

等人的文章,并"自命为'新人物'了"。他热心学习进化论、科学、民主和民族等西方思想。进化论风靡当时中国思想界,对胡适影响很大。到上海的第二年,二兄便将其名胡洪骍改为"胡适",取进化论的物竞天择、适者生存之意。在澄衷学堂,国文教员杨千里劝他读《天演论》,有次作文课还以"物竞天择,适者生存"为题。胡适说,这种题目自然不是十几岁小孩能发挥的,"但读了《天演论》,做'物竞天择'的文章,都可以代表那个时代的风气";在中国屡次战败和大耻辱之后,"这个'优胜劣败,适者生存'的公式确是一种当头棒喝,给了无数人一种绝大的刺激。几年之中,这种思想像野火一样,延烧着许多少年人的心和血"①。结果,他写的《生物竞争适者生存论》受到赞赏,卷后批"赏制钱二百,以示奖励"②。当然,影响最大的还是梁启超的文章著述。他说,追想自己受梁先生无穷的恩惠,《新民说》和《中国学术思想变迁之大势》对他影响最分明,"《新民说》诸篇给我开辟了一个新世界,使我彻底相信中国之外还有高等的民族,很高等的文化。《中国学术思想变迁之大势》也给我开辟了一个新世界,使我知道《四书》、《五经》之外中国还有学术思想"③。他又说:"从当代力量最大的学者梁启超氏通俗文字中,我渐得略知霍布士、笛卡尔、卢骚、宾坦(今译'边沁')、康德、达尔文等诸泰西思想家。梁氏是一个崇拜近代西方文明的人,连续发表这些文字,坦然承认中国人以一个民族而言,对于欧洲人所具有的许多良好特性,感受缺乏;显著的是注重公共道德,国家思想,爱冒险,私人权利观念与热心防其被侵,爱自由,自治能力,结合的本事与组织的努力,注意身体的培养与健康等。就是这几篇文字猛力把我以我们古旧文明为自足,除战争的武器,商业运转的工具外,没有什么要向西方求学的这种安乐梦中,震醒出来。它们开了给我,也就好像开了给几千百别的人一样,对于世界整个的新眼界。"④

---

① 胡适:《四十自述》,见曹伯言选编:《胡适自传》,第46页。
② 胡不归:《胡适之先生五十岁年表》,见胡不归等著,黄艾仁编:《胡适传记三种》,合肥:安徽教育出版社,2002年,第61页。
③ 胡适:《四十自述》,见曹伯言选编:《胡适自传》,第49页。
④ 胡适:《我的信仰》,见曹伯言选编:《胡适自传》,第89页。

同时,胡适所读的一些传统典籍对他吸收西方思想和走上学术道路也产生了不同影响。一是中国传统的自然主义哲学。他读了中国上古、中古几位非儒教和新儒家哲学家的著作,并喜欢墨翟的兼爱说与老庄自然色彩的哲学,"我对于达尔文与斯宾塞两氏的进化假说的一些知识,很容易的与几个中国古代思想家的自然学说联了起来"①。二是宋明理学的思想方法。他读的理学书并不多,主要有朱子的《近思录》、王阳明的《传习录》和《正义堂丛书》内的程朱语录等,但影响不小,他说:"'学原于思'一句话是我在澄衷学堂读朱子《近思录》时注意到的。我后来的思想走上了赫胥黎和杜威的路上去,也正是因为我从十几岁时就那样十分看重思想的方法了。"②三是,中国古代诗歌。他入中国公学不到半年,因脚气病休学在家,读吴汝纶所选《古文读本》的《古诗选》而对古代诗歌产生极大兴趣,进而读乐府歌辞、五七言诗歌直到陶渊明、杜甫和白居易等人的诗,以致后来上数学课也偷偷在下面看诗歌,在练习本上写诗,"我在病脚气的几个月之中发现了一个新世界,同时也决定了我一生的命运。我从此走上了文学史学的路,后来几次想矫正回来,想走到自然科学的路上去,但兴趣已深,习惯已成,终无法挽回了"③。

在新思想的熏陶下,胡适热心参加学校的各种组织和活动。入澄衷学堂第二年,他便发起学生"自治会",进行演说。1906年,身为班长的他为同学被开除一事向总教白先生抗议,结果被悬牌记大过一次。他内心不服,于暑期改入中国公学。在这里,他初步感受到了西方民主政治制度的运作,"中国公学创办的时候,同学都是创办人,职员都是同学中举出来的,所以没有职员和学生的界限。当初创办的人都有革命思想,想在这学校里试行一种民主政治的制度"。不过,对他影响深远的还是参与编辑《竞业旬报》。1906年9月,同学钟文恢创办了白话报《竞业旬报》,该报宗旨,"一振兴教

---

① 胡适:《我的信仰》,见曹伯言选编:《胡适自传》,第89页。
② 胡适:《四十自述》,见曹伯言选编:《胡适自传》,第61页。
③ 胡适:《四十自述》,见曹伯言选编:《胡适自传》,第63页。

育,二提倡民气,三改良社会,四主张自治。其实这都是门面语,骨子里是要鼓吹革命。"胡适以笔名"期自胜生"为该报写作,为其写白话文之始。1908年7月,该报自第24期起由他编辑,到1909年1月第40期终止。他说,编辑该报首先给了自己自由发表思想的很好机会,"使我可以把在家乡和在学校得着的一点点知识和见解,整理一番,用明白清楚的文字叙述出来。《旬报》的办事人从来没有干涉我的言论,所以我能充分发挥我的思想,尤其是我对于宗教迷信的思想";其次,给了自己一年多作白话文训练的绝大好处,"白话文从此成了我的一种工具。七八年之后,这件工具使我能够在中国文学革命的运动里做了一个开路的工人"①。

美国胡适研究专家格里德认为,上海求学生活为胡适到美国留学和接受西方思想奠定了基础,"上海六年的动荡生活,去掉了他那乡下人的笨拙,并给了他坚持己见的信心。这六年的生活也给了他使他能旅居西方的训练"②。1910年7月,胡适与二兄在北京参加庚款留美考试。他最终在70名录取的考生中名列第55名。8月,赴美开始了留学生活,直至1917年4月完成博士学位的考试。

胡适在美国先是进康奈尔大学学农学。1912年改学文科,主要学政治、经济,兼治文学、哲学,最后专学哲学,1914年8月毕业。1915年4月,他决意摒绝万事,专治哲学,中西兼治为终身事业。9月,入哥伦比亚大学,受业于学校哲学部长、实用主义哲学家杜威,专攻哲学,直至1917年毕业。师从杜威对他一生产生了决定性影响,他说:"我治中国思想与中国历史的各种著作,都是围绕着'方法'这一观念打转的。'方法'实在主宰了我四十多年来所有的著述。从基本上说,我这一点实在得益于杜威的影响。"③又说:"杜威给了我们一种思想的哲学,以思想为一种艺术,为一种技术……我察出不

---

① 胡适:《四十自述》,见曹伯言选编:《胡适自传》,第54、55、58、62页。
② [美]格里德著,鲁奇译:《胡适与中国的文艺复兴》,南京:江苏人民出版社,2005年,第31页。
③ 葛懋春、李兴芝编,唐德刚译:《胡适口述自传》,第106页。

但于实验科学上的发明为然,即于历史科学上最佳的探讨,内容的详定,文字的改造,及高等的批评等也是如此。"而易卜生、莫黎和赫胥黎等人的著作,"教我思考诚实与发言诚实的重要","赫胥黎还更进一步教授一种理智诚实的方法"①。

  胡适留学期间关心时事,积极参加各种社会活动和组织。如,1911年9月,他被赔款学生会举为中文书记兼任会报事。1913年5月,被举为世界学生会会长。1914年5月,因作《论英诗人卜朗宁之乐观主义》,获"卜朗宁征文奖"50美金,为美国报纸盛载。7月,与任鸿隽等五人发起"读书会",在世界学生会作题为《大同主义》的演说。9月,出席世界学生会年会,被选为1915年《学生英文月报》主笔之一。1915年1月,世界学生会举行10周年庆典,胡适为干事长。3月,致书《纽约时报》就中日问题为中国辩护。3月,听美国前总统塔夫脱演说,并拜访塔夫脱。在胡适参与的活动中,政治活动占有重要比重。他晚年曾将这一时期的政治训练概括为三个方面:公开讲学的训练、学习议会程序,对世界主义、和平主义和国际主义的信仰,其中参与美国政治活动,尤其是美国大选对他影响尤大,他说:"我对美国政治的兴趣和我对美国政制的研究,以及我学生时代所目睹的两次美国大选,对我后来对[中国]政治和政府的关心,都有着决定性的影响。其后在我一生之中,除了一任四年的战时中国驻美大使之外,我甚少参预实际政治。但是在我成年以后的生命里,我对政治始终采取了我自己所说的不感兴趣的兴趣。我认为这种兴趣是一个知识分子对社会应有的责任。"②胡适还积极参加文化活动,特别是1916年前后开始积极参与国内兴起的文学革命运动,逐步形成了文学革命的思想。2月,他与梅觐庄论"文学改良";又寄信给陈独秀讨论"译书"问题。为了推动白话文学革命,他在诗歌创作上首先发难,大胆尝试用白话作诗,倡导"诗国革命"。4月,作《吾国历史上的文学革命》。10月,寄信给陈独秀提出"文学革命须从八事入手"。1917年2月,率先在《新

---

① 胡适:《我的信仰》,见曹伯言选编:《胡适自传》,第97、96页。
② 葛懋春、李兴芝编,唐德刚译:《胡适口述自传》,第49页。

青年》二卷六号上发表《白话诗八首》,6月,又在《新青年》三卷四号上发表《白话词四首》。他这时虽身处美国,却与陈独秀一同领导国内的文学革命运动。胡适回顾留美课外生活时说:"我留美的七年间,我有许多课外的活动,影响我的生命和思想,说不定也与我的大学课业一样。"①

四

通过上面的考察,可以看出现代教育对陈独秀和胡适成为现代文化名人的具体作用,两人的自述充分说明了这点,相关的研究也相当多,这里不再赘言。然而,传统教育对他们的影响同样是巨大和深刻的,这一点往往为他们本人所轻视或否认。下面便结合学术界的相关研究,探讨传统教育对他们思想二重性的影响和传统对他们解读和运用西方文化的影响。

这里所说的现代名人的思想二重性,是指他们一方面大力宣扬西方现代文化,批判中国传统文化,一方面其思想和情感又或隐或显体现出传统性,他们实际上是融现代与传统为一身的人物。唐德刚认为,胡适是典型的集传统与现代形象为一身者,他说:"孙中山先生之所以伟大,胡适之先生之所以能风靡一时,便是他二人生为现代文化领袖。他们底思想作风比我们一般中国知识分子要'现代'得不知多少辈。"可他又说:"胡适之先生原是个十分标准的传统中国士大夫。"②其他学者也有类似看法。中国思想史研究专家张灏认为陈独秀和胡适等"五四"思想家存在思想两歧性(指"'五四'思想中一些对立发展的趋势"),实际是从另一角度谈了这一问题。他在分析两人"个人主义与群体意识相伴而来的双重倾向"时说,陈独秀在"五四"后期接受社会主义当然是以群体意识为主,但他在"五四"初期却极力提倡个人主义,1915年他发表《东西民族根本思想之差异》便提出西方文明的一大特色和优点就是"西洋民族以个人为本位",他在1916年《人生真义》中提倡的个人主义也掺杂着群体意识。胡适更具典型意义,因为他是"五四"主将

---

① 胡适:《我的信仰》,见曹伯言选编:《胡适自传》,第94页。
② 葛懋春、李兴芝编,唐德刚译:《胡适口述自传》,第90、96页。

中受英美个人主义影响最大的,然而他的个人主义也掺杂着浓厚的社会意识,如他的"社会不朽论"提倡个人只有因社会不朽才能不朽,便蕴涵与个人主义相反的群体意识,"因为西方个人主义是建筑在一个前提上,那就是个人本身要有终极的价值。而胡适的不朽观近乎社会有机论,只认为个人的价值在于是否能对社会群体有所贡献;也就是说个人只有在作为社会的一个成员时,才有价值,个人本身并无独立而终极的价值"①。李泽厚则指出,像陈独秀和胡适等这些中国现代思想史上的人物,不仅思想观念上集反传统与遵从传统为一体,而且"其观念意识与行为模式也仍然有着很大的距离。对家族制度和传统家庭可以进行激烈的批判否定,但在行为上仍然在一定程度上遵循着对父母、兄弟、妻子的传统规范和要求,以致列文森认为他们是理知上面向未来(西方),情感上回顾传统(中国)"②。的确,胡适本人的话对此是最好的诠释,1914 年 11 月,他在谈到将来婚姻时说:"吾于家庭之事则从东方人,于社会国家政治之见解则从西方人。"③他遵从母亲之命,与小脚女子江东秀生活了一辈子。在这方面,陈独秀表现出强烈的反叛性,如与妻子高大众之妹高君曼的婚姻,但是,如果看他整个的家庭生活,尤其对子女的教育,仍然是相当中国式的。

造成陈独秀和胡适思想二重性的根本原因,就在于传统教育及其早年生活的文化环境使中国传统已经渗透到他们的血液里,成为他们精神世界的有机组成部分。李泽厚说:"真正的传统是已经积淀在人们的行为模式、思想方法、情感态度中的文化心理结构。""传统既然是活的现实存在,而不只是某种表层的思想衣装,它便不是你想扔掉就能扔掉、想保存就能保存的身外之物。"④正因为如此,他们实际是以中国传统的实用理性思维方式来学习和接受西方文化的,体现出中国士大夫经国济世和以天下为己任的精神,

---

① [美]张灏:《重访五四——论"五四"思想的两歧性》,见许纪霖编:《二十世纪思想史论》上,上海:东方出版社中心,2000 年,第 22—24 页。
② 李泽厚:《中国现代思想史论》,合肥:安徽文艺出版社,1987 年,第 23 页。
③ 胡适:《胡适留学日记(上)》,合肥:安徽教育出版社,2006 年,第 298 页。
④ 李泽厚:《中国现代思想史论》,第 45、46 页。

"即不管传统的、外来的,都要由人们的理知来裁定、判决、选择、使用,这种实用理性正是中国人数千年来适应环境而生存发展的基本精神。它最早成熟在先秦各家的社会政治哲学中,而在孔学儒家传统中表露得最为充分。所以,有趣的是,这些反孔批儒的战士却又仍然在自觉不自觉地承续着自己的优良的传统,承续着关心国事民瘼积极入世以天下为己任的儒学传统"①。格里德具体分析了宋明新儒家思想对胡适接受新思想,特别是实用主义所起的奠基作用,说:"它(指宋明新儒家)的怀疑主义、人文主义,它对个人德行与其社会责任感不可分割的信仰,以及它对生活是能够而且必须按照人类的经验来认识的观点的承认。少年时候通过阅读他父亲的文章和其他经文,胡适就受到了儒家这些基本假说的熏陶,而且这些假说还形成了他的思想结构所赖以建立的基础。几年后在上海,他又在这个结构上加添了那时在他的同学中很流行的进化进步的概念。同时,在反对他的生长环境中的迷信内容时,他便从中国的思想渊源出发,为自己制定了一个不受道德判断影响的非人格的因果关系理论……更为重要的是,这些思想渊源已为他能在美国生活的最后几年对杜威的思想作出积极的反响做好了准备。因为,杜威的实用主义也具有如下的特点,即它是人本主义的、具有社会导向的、以取源于进化论的变化观点为基础的,而且主要是为了这样一种信念服务的,即经验可给人们以洞察其本质的能力,并可通过对原因与效果的理解,把它转化成富有创造力的意图。"②

当然,受俩人性格、接受西方教育的系统性和方式等差异的影响,他们虽然主张反传统,但对于如何反传统又有相当差别。陈独秀在其自觉意识中是一贯和坚定反传统的。如,1903 年,他曾撰文猛烈抨击宋明理学的"道统论",说:"呜呼!中国腐儒之说,孰有谬于道统者哉?隋、唐之前无道统之说也,唐、宋诸儒以为天不变道亦不变也,于是有传道之人,又以吾儒之道异于异端也,于是有道统之说。是说也,一人倡之,百人和之,扬波沿流,至今

---

① 李泽厚:《中国现代思想史论》,第 17 页。
② [美]格里德著,鲁奇译:《胡适与中国的文艺复兴》,第 41—42 页。

未绝。试言其流弊:一曰不合论理;二曰重诬圣贤;三曰缩圣道之范围;四曰遏人民之思想","执道统之说,则必中学为正,西学为邪矣,中学为得,而西学为失矣"①。到晚年他仍坚持这种立场。1941年,胡秋原曾通过何之瑜建议他不要再为"马克思主义争正统",而应当"仍继承五四之传统"②。他回答说:"弟自来'立论',喜根据历史及现时之事变发展,而不喜空谈主义,更不喜引用前人之言以为立论之前提,此种'圣言量'的办法,乃宗教之武器,非科学之武器也。""'正统'等于中国宋儒所谓'道统',此等素与弟口胃不合。"③

　　胡适则不然,他在反传统的同时,又坦承传统对自己学习和接受西方文化具有积极影响,这在上文已有说明。因此,他终生都在努力发掘中国传统与西方现代文化相一致的东西,或是说中西文化中具有普遍性的因素。他曾说:"现代西方的校勘学和我国近几百年所发展出的传统的治学方法,基本上有其相同之处。基本上第一点相同之处便是[在所校勘的材料上]发现错误;第二点便是[把这个错误]改正;第三点要证明所改不误。"④正基于此,他竟然称北宋初至今的中国历史为"现代的中国文艺复兴",在他看来,宋儒在先秦儒家典籍《礼记》的《大学》篇中找到"致知在格物"这句话及对它所进行的解释,意味着宋儒"发现了一种新的科学方法。在这项从公元第十一世纪便开始的中国文艺复兴里,他们在寻找一个方法和一种逻辑。这就是培根所说的'新工具';也就是[法国哲学家]笛卡儿所提倡的'方法论'。'现代'的中国哲学家要寻找一种新逻辑、新方法",他还说:"这多多少少也是我

---

　　① 《道统辨》,见张枬、王忍之主编:《辛亥革命前十年间时论选集》第1卷上册,北京:三联书店,1960年,第735—736、739页。按,此文在《国民日日报》上发表时未署名。据沈寂《再论陈独秀与新文化运动》(载《中共党史研究》,1999年第3期)一文考证说,《国民日日报》由陈独秀与章士钊同为主撰,报载的社说都不署名,《道统辨》等可认定为他的作品。
　　② 《胡秋原建议陈独秀"继承五四之传统"》,见沈寂:《陈独秀传论》,第270页。
　　③ 《致S(孙几伊)H(胡秋原)的信》,见《陈独秀著作选》第3卷,第567页。
　　④ 葛懋春、李兴芝编,唐德刚译:《胡适口述自传》,第136页。

个人研究现代中国文化史的一个基本概念。"①

综上所述,通过对陈独秀与胡适的个案考察和分析,不难看出传统教育与现代教育对安徽现代文化名人思想成长都起到了十分重要的作用,两者对现代文化名人的培育实际是缺一不可的。尤其需要指出的是,传统教育并非是消极和被动的因素,它也有主动性和积极意义。传统教育往往影响他们对西方思想的解读和宣传,使他们所传播的西方思想带有不同程度的中国色彩。不过,对于传统教育的这些作用,作为中国现代文化名人,或是像陈独秀那样缺乏一种自觉和清醒的认识,或是像胡适那样有所认识却并不充分。

(原载《安徽大学学报(哲学社会科学版)》,2010 年第 3 期)

---

① 葛懋春、李兴芝编,唐德刚译:《胡适口述自传》,第 281、283 页。

当代中国的徽州文书研究

20世纪50年代,特别是80年代以来,徽州文书的大量发现引起了国内外学者的极大关注,有学者称其是继甲骨文、汉晋简牍、敦煌文书、明清档案之后,20世纪中国文献史的"第五大发现"①。以徽州文书为基础和主要研究对象的徽学,也被学术界视为与敦煌学、藏学相匹比的中国"三大地方性显学"之一。因此,徽州文书的研究在20多年来取得了相当丰硕的成果,然而,目前却缺乏系统的总结。同时,由于徽学是一门新兴学科,学术界对徽州文书的研究整理在许多方面还处于探索中,在有些问题上意见和观点较一致,有些看法和观点则不尽相同,因此,也需要对这些观点进行清理总结。笔者在教育部人文社科重点研究基地——安徽大学徽学研究中心从事了2年多的徽州文书整理工作,对徽州文书有较多的感性经验认识。这里结合徽州文书的有关研究成果和个人认识,对中国当代徽州文书理论和方法研究的基本问题作一总结,以推动徽州文书研究和整理的深入开展。

---

① 王钰欣、罗仲辉主编:《徽州文书类目·前言》,合肥:黄山书社,2000年。目前,徽学界大多称徽州文书的发现是"近代中国历史文化上的'五大发现之一'"(如中国社会科学院历史研究所编:《徽州千年契约文书·前言》,石家庄:花山文艺出版社,1995年)。这种说法夸大了徽州文书发现的意义,是十分不确切的。准确地说,应当将其与甲骨文等近代中国其他四大史料发现合称为中国现代史上的"五大史料新发现",或文献上的"第五大发现"。

一、徽州文书的性质和主要特点

正确认识徽州文书的性质和特点是徽州文书理论研究最基本的问题。因为徽州文书作为文献史料,除具有文献史料的一般性质和特征,还有其自身的属性和特征。正是这点决定了徽州文书具有其他文献所无法比拟的重大文献史料价值和社会文化影响。

(一)徽州文书的性质

目前,徽学界对徽州文书的性质作了一定的探讨,对徽州文书实际形成广义和狭义的看法。广义上说,凡是有关徽州古代和近代社会经济、政治和文化的非典籍文字材料都是徽州文书。不过,若从严格的学科性来说,这种看法就不够准确和规范了。狭义上说,即从严格的学科性对徽州文书进行定义,学术界主要有以下观点。刘伯山说:"徽州文书是历史上的徽州人在其具体的社会生产、生活、发展与交往过程中为各自切身利益形成的原始凭据、字据、记录。"[①]周绍泉说,徽州文书"是指徽州历史遗存下来的公私文书、书信、契据、案卷、账簿等"[②]。倪清华说:"徽州文书是指徽州历史上形成的公私文书、书信、契据、案卷、账簿等,是未经人为加工,在实际生活中直接形成的第一手原始记录。"[③]

要说明上述徽州文书的定义科学与否,首先要明白什么是"文书"。因为,徽州文书属于文书,作为种概念,它具有文书这一属概念的内涵所具有的一般属性及特征。梁毓阶说:"文书是人们在社会实践活动中为了凭证、记载、公布和传递的需要,以文字的方式在一定的书写材料上表达思想意图的一种书面记载。"[④]王铭说:"文书是代表作者推动所述某些实际事务活动

[①] 云耕子(按:即刘伯山):《徽州文书的特点及其遗存》,见黄山市徽州文化研究院编:《徽州文化研究》第一辑,合肥:黄山书社,2002年,第359页。
[②] 周绍泉:《徽州文书的分类》,载《徽州社会科学》,1992年第2期。
[③] 倪清华:《黄山市博物馆藏徽州文书简介》,见黄山市徽州文化研究院编:《徽州文化研究》第一辑,合肥:黄山书社,2002年,第365页。
[④] 王铭:《文书学理论与文书工作》,武汉:武汉大学出版社,1988年,第13页。

的程式成文性文字书面记载。"①结合文书学界有关文书的两种有代表性和各有所长的观点,我认为可以给文书下这样一个更准确的定义:文书是社会机构、组织或个人在社会实践中为从事或解决某些实际事务活动而制作的程式化的书面记载。

据此再来分析上述徽州文书的定义。刘伯山的定义符合逻辑,较好概括了徽州文书的属性特征。不过,单纯以徽州人作为徽州文书的制作主体,容易使人忽略徽州文书制作的社会机构和组织这一主体,虽然社会机构和组织是由人组成的。其次,以"原始凭据、字据、记录"三个内涵有交叉的概念来描述徽州文书的表现形态,有语义重复之处,而后两种定义不是真正的定义,实是对徽州文书的解释。因为下定义时不能用宾词中的概念来解释主词中的概念,这样是同义反复,说徽州文书是徽州历史上形成或遗存下来的公私文书,并不能说明徽州文书到底是什么。再者,以书信、契据、案卷、账簿来定义徽州文书也不合逻辑,因为,它们都是徽州文书的具体表现形态和某些种类,是徽州文书这一概念外延指涉的对象,无法说明徽州文书这一概念内涵的本质属性。

在此,以文书的定义为基础,吸收学术界研究的合理成分,是否可以给徽州文书这样一个较科学的定义:徽州文书是徽州历史上的国家机构、社会组织或个人为从事或解决某些实际事务活动而制作的程式化的书面记载。这个定义清楚地说明了徽州文书的不同制作主体——徽州历史上的国家机构、社会组织或个人,而不是现代的人;徽州文书制作的内容及其目的——为从事和解决某些实际事务活动;徽州文书的表现形态——程式化②的书面记载。

(二)徽州文书的主要特点

学术界对徽州文书主要特点的认识大体上是相同的,并指出这些特点

---

① 王铭:《文书学理论与文书工作》,武汉:武汉大学出版社,1988年,第14页。
② 所谓文书程式,是指有关文书组成部分的整体结构方式和某些特定结构部分所必须具备的固定要素、特殊用语的组合规定。

是国内同时期其他民间文书档案难以相比的①。

1. 数量大。虽然学者们对已发现徽州文书数量的估计不同,但有一共同认识,那就是其数量巨大,最保守的估计也在20万件以上,而较乐观的估计则达35万件。

2. 种类多和涉及面广(或称为全面性和系统性)。周绍泉认为,这一特点包括两方面的涵义,首先是指其所涉范围几乎包括了徽州政治、经济、文化、民间交往、习俗及信仰等社会生活的方方面面。由此,也使其种类繁多。其次,是指徽州文书形成所涉及的地域不限于徽州。由于徽籍人士或为官或经商或游学,足迹遍及国内乃至海外,因此,不能说徽州文书只是徽州的文书。

3. 跨越历史时代长(或称时间跨度大)。虽然目前对徽州文书上下年限的划分不同,从目前已发现和收藏的情况看,一般认为是从南宋到民国时期(1949年),这样,徽州文书所历时间跨度至少有七百年。

4. 连续(系统)性强。周绍泉说,所谓连续性是指现存徽州文书历史的延续不断。刘伯山说,徽州文书往往是同一户的文书累积几十、上百、几百份,所涉年代历经十几个、甚至几十个朝代,横向上彼此关联、相互联系,纵向上前后呼应、连续相承。

5. 典型性。学者对典型性的理解不尽相同。如,王国键等认为徽州文书是中国晚期封建社会平民档案中的典型资料,典型地反映了中国封建社会后期的农村社会。周绍泉则说,典型性是指一些个案资料具有某种代表性。

6. 民间性。来自民间,其内容反映的是社会民众的日常生活和行为。

---

① 周绍泉:《徽州文书与徽学》,载《历史研究》,2000年第1期。云耕子(按:即刘伯山):《徽州文书的特点及其遗存》,载《徽州文化研究》第一辑;刘伯山:《"伯山书屋"藏徽州文书简介》,"2000年国际徽学研讨会交流论文"。王国键:《徽州文书档案与中国新史学》,载《徽学》第2卷(2002年);王国键:《徽州文书档案的特点和价值》,载《档案学研究》,2001年第3期。严桂夫主编:《徽州历史档案总目提要·徽州历史档案总论》,合肥:黄山书社,1996年。

文书包括公私文书,而现存的徽州文书多数是民间文书,这是学术界的共识。民间私文书到底在整个徽州文书中占多大比例,对此作具体研究的不多。据笔者的研究,民间私人文书在徽州文书中占 70%—80%[①]。

一些学者认为徽州文书还有其他特点。如周绍泉说,徽州文书除有连续性和典型性,还具有启发性、具体性、真实性的特点。我认为,真实性、具体性等是文书档案的共同特点,并非徽州文书所固有,不必将其列为徽州文书的特点。

二、徽州文书的史学学术价值

学术界公认徽州文书有多方面的重大价值,"它们是博大精深的徽州文化丰富性及典型性的真实反映,在业已成为国际性显学的徽学研究领域意义尤为重大,同时,在历史学、社会学、文化学、文献学等方面也都有重要的学术价值"[②]。但是,由于人们对徽学学科性质的认识不同,有视之为综合学科,有视之为社会(经济)史,有视之为文献学范畴的契约文书学,有视之为历史文化学等[③],因此,人们对徽州文书价值的具体认识不尽相同。不过,徽

---

① 王国键根据中国社科院历史所据其所藏徽州文书所编《徽州文书类目》(合肥:黄山书社,2000年)的目录进行统计,政治类的官府文书占总数的 5.1%(王国键:《徽州文书档案与中国新史学》,载《徽学》第 2 卷)。他以此数字为参照得出徽州文书中公私文书所占比例。笔者认为,这是不准确的。首先,公文不仅指官府的政治性文书,还包括经济和文化等方面的文书,只要文书的制作者是官府,它就属于公文,而这在徽州文书中占有相当数量,其中,赋役文书便是官府制作和颁发的公文,根据《徽州文书类目》所载,它包括黄册底籍贯、黄册实征册、户贴、鱼鳞图册、田土号簿、归户册、归户票、审定户由、税单、上下忙执照和串票等 22 种,其中所存鱼鳞图册、税单、上下忙执照和串票等数量极大。再据《徽州文书类目》所载,土地和财产类文书中各种契约的验契和税契凭证等,商业文书中的各种税照、执照和印照等,还有教育与科举的一些文书,也属于官府制作的公文。据笔者在安徽大学徽学研究中心整理文书时所见,加上目前有关著述的介绍,公文在徽州文书至少占 20%—30%,由此可推知民间文书所占比例。

② 云耕子(按:即刘伯山):《徽州文书的特点及其遗存》,黄山市徽州文化研究院编:《徽州文化研究》第一辑,合肥:黄山书社,2002年,第 359 页。

③ 参见姚邦藻主编:《徽州学概论》(北京:中国社会科学出版社,2000年)的第一章"徽州学的内涵";卞利:《20世纪徽学研究回顾》,载《徽学》第 2 卷(2002 年)。

下篇 区域史与徽学研究

学界大多还是从史学范畴来讨论其学术价值。下面,便从两方面予以介绍。

(一)在方法论和史学研究范式转换上的意义

学术界都公认,徽州文书的大量发现才催生了徽学这一新学科。周绍泉、栾成显等从徽州文书种类繁多、数量巨大、内涵丰富、跨越历史年代久,对它既可作定量定性研究,又可作连续追踪考察的特点出发,运用史学家王国维的"古来新学问起,大都由于新发现"和以纸上之材料与地下新得之材料互证的"二重证据法"的理论,深入分析了徽州文书的发现对徽学产生的决定作用。栾成显说,徽州文书的文献史料价值无论在质还是在量上,都是宋,特别是明清其他档案文书无法比拟的,"徽州文书的大量发现,在徽学的形成和发展过程中起了十分重要的作用。随着徽州文书这一新发现,一门新的学问即徽学也兴起了。这恰是王氏预言的一个印证"①。周绍泉说,正是由于徽州文书的诸多优点与特点,"吸引了许多研究者全力以赴地研究它,以致出现了一门以徽州文书研究为中心、综合研究社会实态、探寻中国封建社会后期发展变化规律的新学科——徽学"②。

他们进而认为,以徽州文书为基础的徽学新学科的形成将对中国现当代新史学的转型起到直接的推动作用,将会给中国当代史学发展带来"革命性的变化"。栾成显说,王国维的史学方法突破了以文献证文献的局限,开辟了20世纪中国史学研究的新方向和道路。而包括徽州文书在内的徽州历史文献的开发与利用,"将使徽学研究大大突破传统国学以文献证文献的局限,走典籍文献与文书档案互证这一合乎20世纪学术发展潮流的先进道路,这将开辟中国史特别是明清史研究的新局面"。同时,"从历史学的分类来说,它涉及政治史、经济史、思想文化史、社会史、法制史、教育史、军事史、科技史、艺术史等等,这就为历史学的跨学科研究准备了丰富的资料"③。周绍泉说,徽学将"将给宋代以后的中国古代史特别是明清史带来革命性的变

---

① 栾成显:《徽州文书与历史研究》,载《徽学》第1卷(2000年)。
② 周绍泉:《徽州文书与徽学》,载《历史研究》,2000年第1期。
③ 栾成显:《徽州历史文献与中国史研究》,载《徽学》第2卷(2002年)。

化"。因为,现代史学追求研究社会实态,同时,现当代科学的发展潮流是改变近代以来学科分化现象,走学科整合(或综合)的道路,而"徽州文书为这种按历史本来面貌做综合实态研究创造了有利的条件"。他又说,陈寅恪曾说"一时代之学术,必有其新材料与新问题。取用此材料,以研求此问题,则为此时代学术之新潮流"。那么,能否将徽州文书视为我们这个时代的新材料?能否将"取用此材料"综合研究历史社会实态,作为我们时代学术之新浪潮呢?"假若这两个设问都可以作肯定的回答,那么,徽学就不能不是我们这个时代学术潮流中的一个主流"①。

王国键则从20世纪世界新史学发展潮流,阐述了徽州文书对中国现当代新史学的发展起到了直接的推动作用。他认为,20世纪世界新史学发展的趋势和特点是扩大历史研究领域,加强民众社会研究,自下而上地研究历史,加强历史综合研究,努力解决史学"碎化"问题。徽州文书的开发和研究,"为中国新史学提供和开辟了新的学术领域,并在众多领域里取得了重大研究成果。徽州文书档案来源于民间,它的研究有助于新史学自下而上研究方法的实践和运用。作为综合性、典型性和连续性材料,它的开发和研究又能促进徽学的综合研究,为历史学解决'碎化'问题探索有效途径和方法"②。

(二)对具体史学研究的价值

由于徽州文书反映宋元明清和民国时期徽州社会生活的方方面面,它虽是地方文献,却因具有连续性、系统性、典型性等同时代其他文献所不具备的突出优点,又有超越地方性的普遍意义,因此,它不仅对南宋以来的徽州社会,也对整个中国社会各领域研究具有重要意义。日本学者臼井佐知子在《徽州文书与徽州研究》中指出:"包括徽州文书在内的庞大的资料的存在,使得对以往分别研究的各种课题做综合性研究成为可能,这些课题如土地所有关系、商工业、宗族和家族、地域社会、国家权力和地方行政系统、社

---

① 周绍泉:《徽州文书与徽学》,载《历史研究》,2000年第1期。
② 王国键:《徽州文书档案与中国新史学》,载《徽学》第2卷(2002年)。

会地位和阶级以及思想、文化等。这些资料是延至民国时期的连续不断的资料,给我们提供了考察前近代社会和近代社会连续不断的中国社会的特征及其变化的重要线索。"① 约瑟夫·麦克德谟特视徽州文书为"研究中华帝国后期社会与经济的关键"②。栾成显则说:"徽州文书与文献典籍中所反映的明清社会经济制度,既典型地体现了明清两代朝廷的政治经济措施在地方上的执行情况,同时亦具有普遍性……甚至可以说,如今也只有通过对徽州文书的考察,才能对明清时期的一些社会经济制度作更深入的研究,纠正谬误,推向前进。"③

阿风则从五个方面较系统地回顾了利用徽州文书研究明清史所取得的成果:(1)关于徽州文书与中国社会经济史的研究,始于 80 年代租佃关系与土地关系这一阶级关系领域,学者们进而对徽州文书进行经济分析,徽州文书的租佃契约、租谷簿、抄契簿、置产簿等成为经济史研究关注的对象。到 80 年代末,人们又开始尝试从经济史与社会史角度对徽州文书进行经济分析,通过对土地价格、土地买卖、土地经营以及从粮食亩产量等方面来探讨当时的社会实态。(2)关于徽州文书与徽商的研究,始于 80 年代末。其中,对徽商的个案研究及徽商的网络研究是重要方面。(3)关于徽州文书与徽州宗法宗族制度的研究,始于 90 年代。其中,有关宗族制、宗族在徽州乡村社会中的统治地位和"同族统合"等是研究的主要方面。(4)徽州文书与明清农村社会研究。徽州文书对于重新认识明清农村社会中的乡约、会、里甲制等各种社会力量的运行机制与作用具有非常重要的意义。(5)徽州文书与中国法制史研究。徽州文书对于法制史研究具有多方面意义,它在土地买卖、税契制度、家产分割、民间纠纷以及诉讼制度等方面都有许多一手材料。

---

① 转引自王国键《徽州文书档案的特点和价值》,载《档案学研究》,2001 年第 1 期。
② [美]约瑟夫·麦克德谟特:《徽州原始资料——研究中华帝国后期社会与经济的关键》,载《徽学通讯》,1991 年第 10 期。
③ 栾成显:《徽州历史文献与中国史研究》,载《徽学》第 2 卷(2002 年)。

不少学者对徽州文书在历史研究各领域的作用作了具体论述,限于篇幅,不一一介绍了。

三、徽州文书的时间断限和存世多的原因

(一)徽州文书的上下时间断限

从理论上说,徽州文书的时间上限应始于徽州这一行政地理单位在历史上正式出现时,即北宋宣和三年(1121年)。然而,由于迄今为止所发现的最早的徽州文书是南宋时期的,所以学者们基本以南宋作为其时间上限。

但是,学者们对徽州文书的上限始于具体何时存有分歧。周绍泉说:"闻见所及,徽州文书时代最早的是北京图书馆收藏的《南宋嘉定八年(1215年)祁门县吴拱卖山地契》,最晚的是民国1949年的契约,前后延续730多年。"①王国键说:"现存最早年代的徽州文书档案是南宋嘉泰元年(1201年)的《黄录法坛龙简》,最晚年代到民国三十八年(1949年),前后跨度达748年。"②上述两种说法都是以徽州土地文书的出现来判定徽州文书在历史上最早出现的时间。这里实际涉及如何理解徽州文书所包括的范围。如果将家谱和族谱作为徽州的宗族(法)文书,据《徽州历史档案总目提要》所说,现存有南宋绍兴十一年(1142年)的《金紫胡氏宗谱》③,那么,徽州文书的上限就应当是1142年。这样,徽州文书的时间跨度就达800多年(公元1142—1949年)。为此,有学者提出了"在时间上,因徽州文书遗存具有不可预见性,时间上限不定"的看法④。

---

① 周绍泉:《徽州文书与徽学》,载《历史研究》,2000年第1期。周绍泉在注释中说,此契见张传玺主编《中国历代契约会编考释》(北京:北京大学出版社,1995年,第532页),而王钰欣等认为:"该契约是一张抄白而非原件,徽州文书原件时代最早的是南宋淳祐二年(1242年)的《淳祐二年休宁李思聪等卖田、山赤契》(王钰欣、周绍泉主编《徽州千年契约文书·宋元明编》卷一,石家庄:花山文艺出版社,1991年,第1页)。"
② 王国键:《徽州文书档案的特点和价值》,载《档案学研究》,2001年第1期。
③ 严桂夫主编:《徽州历史档案总目提要》,合肥:黄山书社,1996年,第17页。
④ 俞乃华:《徽州文书整理探析》,见安徽省徽学学会编:《徽学丛刊》第1辑,合肥:黄山书社,2003年,第189页。

关于徽州文书的下限,学者们多以 1949 年新中国建立为限。但也有学者将下限划在新中国成立后的当代。刘伯山在谈及"伯山书屋"所藏徽州文书跨越的年代时说,书屋所藏中华人民共和国成立以后的文书有 130 多份,最晚的一份是公元 1984 年的①。我认为,将徽州文书的下限划在 1949 年之后在理论上存在一些难以解决的问题。首先,从时间上说,如果将 1949 年之后徽州的文书划入"徽州文书",那么,徽州文书的下限要划到什么时候为止? 是 1956 年社会主义制度确立前,还是 1966 年"文革"爆发前? 如果要延续到 1984 年,那么,如果以后要发现比这更晚的民间文书,这一下限是否还要延长? 其次,今天所说的徽州文书实质上属于徽州的历史档案。从这个意义讲,1949 年以后的现当代徽州文书可以不必划入"徽州文书",换言之,徽州文书的下限到 1949 年 10 月新中国成立即可。第三,从内容上说,如果将 1949 年以后徽州的文书也划入"徽州文书",那就必须将徽州的公文也划入,而这部分文书档案数量极其庞大。当然,历史与现实不能截然分割,划分历史的时限只是帮助人们更好地认识历史发展的阶段性。因此,在徽州文书的收集和整理中,将收集到的 1949 年以后的有价值的民间文书进行整理和研究是可以的。

(二)徽州文书大量形成和存世多的原因

徽州文书的大量形成和存世多,既是它的显著特点,也是它独具魅力和价值所在。那么,这是什么原因造成的呢? 目前,学术界多将徽州独特的地理环境导致"燹火弗掠"和明清徽州发达的经济文化作为主要原因。具体观点如下:

倪清华说,一是徽州繁荣和发达的商业(活动)产生了大量的商业文书;二是徽商资本回流,在家乡从事经济和社会生活等方面的活动,使民间土地买卖活动频繁,由此产生了大量土地文书;三是徽州人文化素质较高,各类官学、书院、家塾、义学遍及徽州,教育的普及使徽人在各种政治、经济、宗族

---

① 刘伯山:《"伯山书屋"一期所藏徽州文书的分类与初步研究(上)》,载《徽学》第 1 卷(2000 年)。

活动中都能留下文字记载,形成各种文书;四是徽州地理上的封闭性,兵燹较少,保留了大量的徽州文书①。栾成显说,明清时期徽州"其经济文化之发达,足以与苏杭相媲美。正是由于历史上徽州经济文化高度发达,公私交往频繁,产生了大量的契约文书"②。王国键突出强调了两点:首先,徽州历史文化的继承发展或学术研究的需要,使各名人学士和能工巧匠十分注重文化遗产的收集和积累,形成和保存了大量的历史档案,这是最主要原因。其次,徽人浓厚的文化意识使徽州文化档案的收存有良好的社会氛围,特别是徽州"名宗右族"的强烈宗法宗族观念,使徽州人十分注重收藏有关记载祖先功德功业的档案材料③。

还有学者指出,徽州历代官府重视档案的收存工作也对徽州文书大量形成产生了积极作用,如,清代徽州官府曾进行大规模的档案征集工作,特别是大规模修志,"带动了历史档案的收集和整理,从而为徽州保存了大量的历史档案"。此外,徽州民间强烈的文书保存意识——重视保存谱牒和佃仆等文约,和先进的保存方法——采用梁悬窨藏等方法,也使得大批民间契约得以保存④。

四、徽州文书的数量和计量方法

(一)徽州文书的数量

徽州文书存世的数量巨大,这是人们的共识。不过,由于人们对徽州文书的理解不同和对徽州文书计量方法的认识使用不一,因此,在具体的数量估测上出入很大。

---

① 倪清华:《黄山市博物馆藏徽州文书简介》,见黄山市徽州文化研究院编:《徽州文化研究》第一辑,合肥:黄山书社,2002年,第366—367页。
② 栾成显:《徽州历史文献与中国史研究》,载《徽学》第2卷(2002年)。
③ 王国键:《徽州历史文化档案的种类及其利用》,载《徽州社会科学》,1991年第1期。
④ 严桂夫主编:《徽州历史档案总目提要·徽州历史档案总论》,合肥:黄山书社,1996年,第23、27页。

《徽州文书类目》推测:"流传至今的徽州文书的总数当不会少于20万件。"①周绍泉说:"已被各地图书馆、博物馆、档案馆、大专院校、科研单位收藏的徽州文书,以卷、册、张为单位计算,恐怕不下20万件。"②叶显恩说,从20世纪50年代,尤其是五六十年代间,便发现了约20万件反映徽州民间实态的民间契约③。上述三种说法的含义实际有很大差别。《徽州文书类目》所说"流传至今"的徽州文书语焉不详,它是指历史上存留至今的文书,还是指已被发现的文书,或是指已被公私收藏的文书,说得不明确,而这三者是徽州文书"存世"的不同状态。周绍泉的说法是指已被公共文化和教育科研机构收藏的徽州文书。叶显恩说的则是徽州文书中的契约,而契约按目前估计约占徽州文书的60%。若以此推算,那么已被发现的徽州文书可达35万件以上,这样的结论显然不正确。

针对上述徽州文书估测存在着逻辑不严密的情况,刘伯山提出,对徽州文书数量的考察和估测至少要分徽州文书本身的数量、遗存下来的文书数量、能够发现的文书数量及已发现的徽州文书数量及已收藏登记和公布的文书数量五个层次。他估测:"到目前为止,已经发现的徽州文书的数量至少不下于25万件;还散落在民间、可资研究利用的徽州文书又该有10万件,两者相加就是35万件以上。这是不是徽州文书在今天的全部留存,无法肯定,但至少是理论上我们可以发现的徽州文书的数量上下限。"④应该说,这种分层估测法能够较好地分析散落民间能够被发现、已经被发现和已经被公共机构和私人收藏等徽州文书"存世"的不同状况。他所估测的已被发现和可能会被发现的数字更接近实际些。

(二)徽州文书的计量方法

造成对徽州文书数量估测产生重大分歧的一个重要原因便是对徽州文

---

① 王钰欣、罗仲辉主编:《徽州文书类目·前言》,合肥:黄山书社,2000年。
② 周绍泉:《徽州文书与徽学》,载《历史研究》,2000年第1期。
③ 叶显恩:《站在时代的制高点,共推徽学研究》,载《徽学》第1卷(2000年)。
④ 云耕子(按:即刘伯山):《徽州文书的特点及其遗存》,载《徽州文化研究》第一辑,合肥:黄山书社,2002年,第364页。

书计量方法的认识和使用不同。目前所使用的基本计量单位,有以"件"为基本单位的,有以"卷"为基本单位的,有以"份"和"部"(或"册")为基本单位的。其中,单以"卷"为基本计量单位肯定不行,因为徽州文书有大量的单张(页)或多张(页)的散件。

如果以"件"作为最基本的计量单位,那么,"件"既当包括计量单张(页)或多张(页)散件的"份",也包括计量以册、卷、轴等为单位的"部"。问题是对"件"的理解,人们看法不同。有人说:"如以内容相对独立原则进行基本数字统计,鱼鳞图册、弓口册、田亩清册由于有散页不成册者,从其内容均为地域田亩情况记载考虑,单独利用价值较高,故以一页为一件计,其他如册、卷、轴、张等载体形式均以件计。"①有人主张:"将徽州文书以内容相对独立原则进行统计的方法。如鱼鳞图册、抄契簿、账簿、阄书等,无论是否残缺,一般以一册为一件。但如是同一商号账簿、分家阅(按:当为'阄')书,具有相关性和连续性,无论有多少册,仍按一件统计。像契约、赋税票据、官文等类文书,无论残缺与否,一般以一份(张)为一件,但如果由若干张不可分割的散页组成,仍按一件统计。如一件完整的契约文书,可由本契、若干验契(契尾)组成。综上所述,'件'为相对独立的单元,'册'、'份(张)'为第一独立单元的数量。"②

有学者对以"份"和"部"作为徽州文书基本计量单位的方法作了详尽论述,提出在坚持以徽州文书形成及保存方式的内容完整性与独立物理存在性为计量单位标准确定的基础,确认以"份"和"部"为基本计量单位。"份"多运用于以页、张等形式存在的文书,"部"多运用于以卷、册等形式存在的文书,两者时有交叉。所谓以徽州文书形成方式的内容相对独立完整性与物理存在性为计量单位标准确定的基础,是指对徽州文书当初是怎么形成,以什么样的形式承载等,要给予充分尊重。只要它最初形成时内容与承载

---

① 严桂夫主编:《徽州历史档案总目提要》,合肥:黄山书社,1996年,第36页。
② 俞乃华:《徽州文书整理探析》,见安徽省徽学学会编:《徽学丛刊》第1辑,合肥:黄山书社,2003年,第191页。

形式是各个相对独立与完整的,就应算是各个独立的一份或一部。所谓以徽州文书留存方式独立完整性与物理存在性为计量单位标准确定的基础,是指要充分尊重徽州文书留存的真实性、历史性与客观性,以人们最后所获得与收藏的文书的具体存在形式为计量依据,确立标准①。

上述观点都提出了"以文书内容相对独立原则进行统计"的方法,但在理解上却大相径庭。看来,对文书内容的相对独立首先要有一个比较统一的认识,因为内容相对独立是有不同层面的,如一份契约抄白,其内容是相对独立的,如某人将其十份契约抄白订成一册,又可以成一内容更丰富的又是相对独立的文书。那么,这是算十份文书呢,还是算一份呢?

五、徽州文书的分类法和整理方法

徽州文书散布在国内外众多图书馆、大学、科研机构、其他文化事业单位和许多个人手中。目前,整理工作取得了不少成绩,但与已被收藏的徽州文书的总量相比,还只是一个开端,被整理出版的文书只占现存徽州文书的很少一部分。这种状况使得徽州文书的巨大文献史料价值远远没有发挥,对学术研究的发展极为不利。因此,将所藏徽州文书有组织、有计划地进行分类和整理并尽快出版,是当前及今后徽学研究中一个亟待开展的基础性工作。以下便对学术界有关徽州文书分类和整理的理论探讨和实践成果作一简要总结。

(一)关于徽州文书的分类

1.形态分类法,即根据徽州文书的外在形态,将其分为散件和簿册(卷)两类。所谓散件,是指单张或两三张甚至更多张组成的一件文书。如财产买卖,特别是土地买卖契约多为一件白契或红契,有的则附有一至三张验契或一张推单,有的既有验契又有推单,这样便由两三张甚至更多张组成了一件文书。所谓簿册(卷),是指装订成簿、册或卷的文书。有的簿、册或卷原

---

① 刘伯山:《"伯山书屋"一期所藏徽州文书的分类与初步研究(上)》,载《徽学》第1卷(2000年)。

本就是完整不可分的,如商业账簿、分家书;有的则因内容相同或相近,后人将数量不等的散件文书抄录在一起成为簿册,如抄契簿(又称誊契簿、堆积簿等)、租底簿、状纸等①。《徽州文书类目》的"编辑体例"则将所编契约文书分为散件、簿册和鱼鳞图册三部分。这种分法突出强调了鱼鳞图册在徽州文书中的作用,但是,图册从形态上说,应当归入簿册类。形态分类法简洁明快,然而它只是初级分类,对研究使用没有直接帮助。因此,它必须要配合其他分类法来使用。

2. 作者分类法,即按徽州文书的作者身份性质将其分为私家文书和官府文书。如田地买卖白契、抄契、租底簿、商业合同、还文约、书信等都属私人文书。而布告、旌表批文、契本、税票、号纸、契尾、执照、盖有官印的鱼鳞图册、土地买卖中的红契和验契纸等,或是由官府发出的,或是由官府认可的,都属于官(府)文书②。

3. 年代分类法,即根据徽州文书形成的时间,将其分为宋、元、明、清和民国文书。袁世凯复辟帝制时立的"洪宪"年号,在徽州文书中也多有反映。故安徽大学徽学研究中心在整理所藏文书时也将其作为一个单独时间单位来处理。再次,由于现存徽州文书多是明清时期的,这两个朝代又相当长,因此一般又按明清皇帝年号序列作进一步分类排列,《徽州千年契约文书》就是如此。《徽州文书类目》还指出,对于仅有朝代而年月日不详的文书,则置于该朝代之末。有朝代及年份而无月日者,置于该朝该年该月之末。

4. 内容分类法,即根据徽州文书涉及的社会生活内容来分。由于人们对社会生活包括的具体领域看法不同,因此,在具体的分类上有差异。《徽州文书类目》将徽州文书分为 9 类:(1)土地关系与财产关系文书;(2)赋役文书;(3)商业文书;(4)宗族文书;(5)官府文书;(6)教育与科举文书;(7)会社文书;(8)社会关系文书;(9)其他。其下又分为 117 目,128 子目。周绍泉将徽州文书分为 8 类:(1)土地文书;(2)赋役文书;(3)商业文书;(4)宗族文

---

① 周绍泉:《徽州文书的分类》,载《徽州社会科学》,1992 年第 2 期。
② 周绍泉:《徽州文书的分类》,载《徽州社会科学》,1992 年第 2 期。

书;(5)科举、官吏铨选和教育文书;(6)社会文书;(7)阶级关系和阶级斗争文书;(8)官府案卷、档册、公文。其下又分67目①。俞乃华将徽州文书分为6类:(1)反映土地财产关系的各类契约、合同;(2)反映赋役情况的鱼鳞图册、土地归户册、收租簿及各种赋税凭证;(3)反映商业经济活动的信件、账簿、税照、会书等;(4)反映社会活动的各类官文、诉讼、教育等文书;(5)反映宗族社会实态的家乘、族规、祭祀、阄书;(6)反映民间生活和民俗风情的文字记录②。王国键将徽州文书档案分为政务、土地关系与财产、赋税、商业、宗族、文化教育、社会关系、邮政和其他9大门类③。至于如何立类和每类应包括哪些目(种),随着徽州文书的不断发现及人们对徽州文书认识的不断加深,还可继续讨论。如周绍泉在10多年前对土地、赋役、商业和宗族文书的分目显然已不能涵盖今天被发现的诸多徽州文书了。这种分类法简捷明朗,可以将繁复的徽州文书分为体现社会生活各个领域的不同门类,有利于研究者的使用。

5.归户分类法,即根据徽州文书在历史上形成、保存和流传的主体单位来分。刘伯山认为,由于徽州文书连续性和系统性强,同一户文书往往累积几十、上百、几百份,所涉年代历经几朝、十几朝甚至几十朝,横向上彼此关联、相互联系,纵向上前后呼应、连续相承,并且种类繁多。为此,他在2000年国际徽学研讨会上明确提出了徽州文书的归户性特征。当然,这里的"户"不应仅指家庭(族)意义上的"户"。有学者说,这里的户"应指人户或单位,而不同于家庭。这一归户性,应包括归家、归族、归会、归社等等"④。俞乃华则提出了徽州文书归类的"完整性原则","完整性原则即是在整理时,将同一来源征集的文书集中在一起,整理时发现有相关联系的契约,分类后

---

① 周绍泉:《徽州文书的分类》,载《徽州社会科学》,1992年第2期。
② 俞乃华:《徽州文书整理探析》,见安徽省徽学学会编:《徽学丛刊》第1辑,合肥:黄山书社,2003年,第189页。
③ 王国键:《徽州文书档案的特点与价值》,载《档案学研究》,2001年第1期。
④ 王国键:《徽州文书档案与中国新史学》,载《徽学》第2卷(2002年)。

再集中存放"①。这与"归户性原则"相近。徽州文书的归户分类,与档案管理的"全宗原则"是相符合的。所谓全宗,就是一个独立的社会团体、组织或个人形成的全部档案。按全宗原则整理档案,就是说,一个全宗的档案不允许分散,不同的档案不得混杂。一般说来,全宗也是档案机构进行档案保管、统计编目和鉴定的基础单位。对档案进行全宗管理,是由档案的本质特性——原始记录性——从根本上决定的。即对档案的管理方法无论怎样简便、有效,均不能以伤害档案的本质特性为代价,而只能以充分实现其对以往历史事实的原始记录价值为轴心。这也是所有管理活动的基本定律之一:管理方法必须维护被管理对象的本质特性②。

由于现实世界事物的多样性、复杂性和关联性,就某一对象可用的分类法多种多样,有时很难说哪种分类最好。因此,对数量巨大、种类繁多的徽州文书仅用某种分类法是不够的,必须使用多种分类法,形成由不同层次分类构成的分类体系,这样才能便于研究者检索和使用。我认为,综合上述分类法,是否可以对徽州文书建立多层面的综合分类体系:第一层次,先按原徽州府六县将文书分类;第二层次,在第一层次基础上,先进行归户分类(归户分类中再按年代顺序或种类来分,此为第二层次);不能归户的结合年代和内容进行分类(这种分类法,或以年代分类为经,然后结合文书内容来分类;或以文书内容为经,然后结合年代作分类,此为第三层次。)

(二)整理方法

吴光龙对此作了较全面的阐述。他说,徽州文书整理大致可分为目录式整理、提要式整理、汇编式整理和专著式整理四种形式。第一,目录式整理,即将徽州文书以题名目录形式著录出版,标上收藏单位及检索号,以利于读者查找。代表性的有中国社会科学院历史所编的《徽州文书类目》、严桂夫主编的《徽州历史档案要目提要》。目录式整理对摸清徽州文书的数

---

① 俞乃华:《徽州文书整理探析》,见安徽省徽学学会编:《徽学丛刊》第1辑,合肥:黄山书社,2003年,第191页。

② 冯惠玲、张辑哲:《档案学概论》,北京:中国人民大学出版社,2001年,第6—7页。

量、种类及收藏地方大有裨益,同时能为其他形式的整理打下良好基础。第二,提要式整理,即将徽州文书内容加以简要介绍,评判其优劣,指出其主要价值所在。第三,汇编式整理,即将徽州文书原件加以遴选,编辑出版,直接为读者提供徽州文书原始材料。这方面最引人瞩目的是《徽州千年契约文书》,分"宋元明"和"清民国"上下两编,各20卷,影印了历史所图书馆收藏的宋至民国各类文书散件3200全件,簿册120余册,鱼鳞图册16部,约计1000万字。再如,安徽省博物馆和中国社科院历史所图书馆分别选辑整理点校编成了《明清徽州社会经济资料丛书》第一辑和第二辑。第四,专著式整理,就是将某些特别有史学价值的徽州文书簿册单独整理出版,如周绍泉、赵亚光整理编辑的祁门善和里程氏仁山门东房派管理族众、族产的族规家法和实用手册——《窦山公家议校注》①。

六、大陆徽州文书的收藏及其分布

徽州文书的收藏单位(按:仅指中国大陆,海外收藏单位限于资料不足,不拟介绍)有多少,学术界说法不一。这一方面是由于徽州文书在20世纪80年代后期到90年代被再次大量发现和收购后,不断出现新的徽州文书收购和收藏单位。另一方面则是由于徽州文书的价值引起学术界和文史界重视后,一些原本有徽州文书而未予以充分重视的单位也开始重视对徽州文书和文献进行整理。因此,徽州文书的收藏单位是一个不断增长的动态数字。

约瑟夫·麦克德谟特说:"中国已有十八家单位声称他们拥有一些徽州原始资料,其中八家在北京,其余主要集中在安徽和南京。"②这显然是不全面的。王国键说,仅"宗法家族和经济档案"所收藏的单位至少有19家。而

---

① 吴光龙:《试论徽州文书的史学价值及其整理》,载《安徽史学》,2000年第3期。
② [美]约瑟夫·麦克德谟特:《徽州原始资料——研究中华帝国后期社会与经济的关键》,载《徽学通讯》,1991年第10期。

这仅是20世纪90年代左右公布的数字①。严桂夫主编的《徽州历史档案总目提要》重点介绍了安徽省,特别是原徽州地区各县区档案馆收藏徽州档案的情况。上述两著所列收藏单位都有不少是对方未列的,有很强的互补性。而且,它们都未提及像黄山市博物馆这样的重要收藏单位。此后,随着徽学日益成为一门显学,徽州文书的价值急速升温,原藏于民间的徽州文书被大量发掘和采购,引发了至今未衰的"徽州文书收购、抢购风潮",不少大学和研究机构纷纷收购,成为收藏徽州文书的重要新成员,如黄山学院(原称"徽州师专",后又称"黄山高专")徽州文化研究所、安徽大学徽学研究中心、安徽师范大学历史系、祁门县博物馆等。

如果综合上述文章提及的徽州文书收藏单位及后来出现的收藏单位,我们可以大体列出国内的徽州文书收藏单位。(一)安徽省的主要收藏单位有:安徽省图书馆、安徽省博物馆、安徽省档案馆、安徽大学徽学研究中心、安徽师范大学历史系、黄山市博物馆、黄山学院徽州资料中心、祁门县档案馆、祁门县博物馆、休宁县档案馆、绩溪县档案馆、歙县档案馆、黟县档案馆、屯溪区(原屯溪市)档案馆、黄山区(原太平县)档案馆等;(二)安徽省外的主要收藏单位有:中国社科院历史所、中国社科院经济所、北京图书馆、中国历史博物馆、北京大学、北京师范大学、清华大学、南京大学历史系、南京市博物馆、天津市历史博物馆、南开大学、扬州市博物馆、四川省图书馆、山东省图书馆等。两者相计有29家,这只能说是最低的估计,因为这里不包括原属徽州的婺源县博物馆和档案馆,及上述所提及的六县中未提到的图书馆和博物馆等。此外,自20世纪80年代徽州文书引起学术界和文化界的重视后,不排除还有省外的其他一些科研、教育和文化机构收藏有一定数量的徽州文书。因此,目前收藏有一定数量的收藏单位应当远超过30家。故此,有学者提出,中国大陆徽州档案文书的分藏单位有40多家②。

以上分析统计的数字还不包括徽州谱牒的收藏单位数量。如果将谱牒

---

① 王国键:《徽州历史文化档案的种类及其利用》,载《徽州社会科学》,1991年第1期。
② 王国键:《徽州文书档案的特点和价值》,载《档案学研究》,2001年第1期。

作为徽州的宗族(法)文书,那么,国内收藏有一定规模徽州谱牒的单位,据统计有 27 家①。其中,上述未提及的收藏单位有 11 家,即:上海图书馆、中国社科院图书馆、中国社科院考古所、中国社科院文学所、中科院图书馆、天津市图书馆、南京市图书馆、南京市大学图书馆、吉林大学图书馆、(原)屯溪市文物商店、绩溪县文化局。

现存民间的徽州文书的数量虽不清楚有多少,但普遍认为数量很大。随着徽学研究的进一步升温,徽州文书的学术价值、收藏价值及其带来的经济价值也急速提升,这必然会使徽州文书的搜集和收购热持续下去。因此,收购和收藏徽州文书的单位还会有所增加。另外,随着徽学研究影响的日益扩大,历史上徽商活动过的地方也存在着因徽州文书开始受到重视而得以被发现和收藏的可能,这将是使徽州文书收藏单位增加的又一因素。

目前,有关徽州文书研究的其他一些重要问题还有:收藏单位或个人对所藏徽州文书内容的介绍及其文献史料价值的评价,其中,既有对其所藏徽州文书的全面介绍和评介,也有就某一类文书所作的介绍和评介。同时,许多学者还结合自己的研究,对某一类或某种文书的形式、内容和价值作比较深入的研究。上述工作对深入了解目前徽州文书的存世、种类、数量和分布,以及帮助研究者更好地利用徽州文书开展研究工作,起到了重要的作用。限于目前学术界在此方面的研究不系统,便不全面介绍了。

(原载《史学月刊》,2005 年第 2 期)

---

① 薛贞芳:《徽州谱牒述略》,载《安徽大学学报(哲学社会科学版)》,2000 年第 3 期。

阳明心学的世俗化伦理观与明清徽商伦理思想的转换和建构

所谓宋明新儒学的世俗化,是指其为适应当时因社会发展而出现的"士农工商"四民关系的新变动和四民新行为而作出的儒家伦理新阐释和新准则。由于明清商品经济的繁荣及商人阶层在社会生活中地位和作用的凸显,如何看待新儒学、特别是阳明心学世俗化伦理观与明清商人伦理的转型和建构的关系更是成为目前明清社会史、思想史和徽学研究的重要课题。一些学者对此已经作了不同程度的研究。如徽学专家叶显恩指出,"王阳明的新儒学,是宋代以来新儒(学)的社会化与商业日益发展相互激荡的终结与成果",王学"在经济伦理上对儒学作了令人注目的创新与发展"[1]。在明清商品经济发展中,徽商是主力军,时有"无徽不成镇"之谚,徽商故里徽州也是一个商业社会,世家大族多亦儒亦贾。更值得注意的是,阳明心学在明中叶到明末的百多年间还对"程朱阙里"的徽州发起强大攻击,以至于取代朱子学成为徽州思想的主流[2]。自然,阳明心学世俗化伦理观会对徽商及徽

---

[1] 叶显恩:《儒家传统文化与徽州商人》,载《安徽师范大学学报(人文社会科学版)》,1998年第4期。
[2] 李琳琦:《明中后期心学在徽州的流布及其原因分析》,载《学术月刊》,2004年第5期。

下篇　区域史与徽学研究

州商业伦理的转型和建构产生直接和重要的影响,有些学者说,"徽商在经济伦理上以王阳明为代表的新儒学为本"①;"受阳明学派理论思想的启发,明中后期徽州出现了'士商异术而同志'、儒贾相通、'贾何负于儒'的新的价值观念"②。不过,上述研究并未对阳明心学世俗化伦理思想中蕴含的有利于明清商人伦理转换和建构的因素进行系统梳理和全面阐释,同时对阳明心学对徽商伦理建构的探讨也有待深化。因此,本文拟在上述研究基础上,以王阳明及其主要弟子王艮、王畿的思想为代表,对阳明心学世俗化伦理观中对明清商人伦理转型有间接和直接影响的因素进行系统梳理和全面阐释,并进一步探讨它对明清徽商伦理的转型和建构的诸多影响。

一

"良知说"是阳明心学及其伦理思想的根本。王阳明(1472—1529年)指出,良知即心,而"心即性,性即理"③;"夫心之本体,即天理也。天理之昭明灵觉,所谓良知也"④。"夫在物为理,处物为义,在性为善,因所指而异其名,实皆吾之心也。心外无物,心外无事,心外无理,心外无义,心外无善。"⑤良知即心,心即性,心即理,将四者说成是一个东西,是阳明心学伦理观的核心,是其与朱子学的根本区别所在。

由于良知(天理)存在于每个人心中,是人与生俱来的,所以圣贤与普通人同具此心,王阳明说,"是非之心,不虑而知,不学而能,所谓良知也。良知之在人心,无间于圣愚,天下古今之所同也"⑥,"良知良能,愚夫愚妇与圣人

---

① 叶显恩:《儒家传统文化与徽州商人》,载《安徽师范大学学报(人文社会科学版)》,1998年第4期。
② 李琳琦:《传统文化与徽商心理变迁》,载《学术月刊》,1999年第5期。
③ (明)王守仁撰,吴光、钱明等编校:《王阳明全集》卷一《传习录上》,上海:上海古籍出版社,1992年,第15页。
④ (明)王守仁撰,吴光、钱明等编校:《王阳明全集》卷五《文录二》,第190页。
⑤ (明)王守仁撰,吴光、钱明等编校:《王阳明全集》卷四《文录一》,第156页。
⑥ (明)王守仁撰,吴光、钱明等编校:《王阳明全集》卷二《传习录中》,第79页。

239

同"①。既然良知存于每个人心中,村夫村妇、商人市井等都具有良知,不待外求,只要人能除却私欲,便可以为贤为圣,所以可谓"满街人都是圣人"②。王畿(1498—1583年)和王艮(1483—1541年)继承和发展了这一思想。王畿说:"良知在人,不学不虑,爽然由于固有,神感神应,盎然出于天成,本来真头面,固不待修证而后全。"③由此出发,他将先儒"人人皆可为尧舜"改造为人人与圣人在道德上同一的思想,说:"良知不学不虑,本来具足,众人之心与尧舜同。"④泰州学派创始人王艮说:"'天理'者,天然自有之理也,'良知'者,不虑而知、不学而能也。惟其不虑而知、不学而能,所以为天然自有之理;惟其天然自有之理,所以不虑而知、不学而能也。"⑤阳明心学的"良知说"为包括商人在内的普通人获得与士人平等的地位提供了理论依据。既然良知(天理)是天然自有之理,是人与生俱来的,人人皆与圣贤有同样的良知,他们在道德人格上是天生平等的,无高低贵贱之分,那么,在政治伦理一体化的中国社会,商人等普通社会阶层有什么理由不能与儒士拥有平等的社会地位与政治地位呢?

不仅如此,阳明心学还为普通民众实现理想道德人格提供了"简易便捷"之法,极大推进了儒家伦理的世俗化和社会化。天理是新儒学最高伦理道德准则,在现实社会中即三纲五常。阳明学主张良知即天理,而良知即心,那么人心就是三纲五常,人的伦理行为只是人心中道德本体的外显,"心之体,性也,性即理也……是理也,发之于亲则为孝,发之于君则为忠,发之于朋友则为信"⑥。所以,阳明心学主张良知"不假外求","夫良知即是道,良

---

① (明)王守仁撰,吴光、钱明等编校:《王阳明全集》卷二《传习录中》,第49页。
② (明)王守仁撰,吴光、钱明等编校:《王阳明全集》卷三《传习录下》,第116页。
③ (明)王畿著,吴震编校整理:《王畿集》卷五《书同心册卷》,南京:凤凰出版社,2007年,第121页。
④ (明)王畿著,吴震编校整理:《王畿集》卷五《与阳和张子问答》,第127页。
⑤ (明)王艮撰,陈祝生等校点:《王心斋全集·明儒王心斋先生遗集卷一·语录》,南京:江苏教育出版社,2001年,第31页。
⑥ (明)王守仁撰,吴光、钱明等编校:《王阳明全集》卷八《文录五·书诸阳伯卷》,1992年,第277页。

知之在人心,不但圣贤,虽常人亦无不如此。若无有物欲牵蔽,但循著良知发用流行将去,即无不是道"①。王阳明反对用朱熹的格物读书"致良知","后世不知作圣之本是纯乎天理,却专去知识才能上求圣人……故不务去天理上着工夫,徒弊精竭力,从册子上钻研,名物上考索,形迹上比拟"②。致良知只需每个人的道德主体自觉就可以了,简易便捷,因此,致知成圣是上自圣贤,下至童子和樵夫等人都能做成的。这样,便把"致良知"的圣贤功夫从庙堂书斋推向市井村落,从儒家士人推向平民大众,使民众也能实现道德理想的超越以成圣贤,这自然乐于为普通民众所接受,结果是,"唯阳明先生从游者最众。然阳明之学自足耸动人"③。在这些从游者中,自然少不了那些具有开拓精神和一定文化的商人阶层了。

宋明儒学倡导"人伦日用"的儒学,目标就是使儒家伦理世俗化,力求在世俗人间提供一个可超越的世界,是"内在超越"型的伦理文化。在儒学世俗化过程中,阳明学比朱子学做得更彻底。朱熹也讲天理存于日常生活,还通过办书院和宗族教育等社会化教育给人读书明"理"提供良好的社会环境,并制定《朱子家礼》使儒家伦理成为宗族伦理生活准则,以求儒学的社会世俗化。但是,朱熹主张走格物致知、读书明理来实现人生道德理想实际只是为读书人实现儒家道德理想提供了可能,却不能适应和满足包括商人在内的其他阶级和阶层的需要。

二

王阳明主张"体用一原",即良知本体是通过发用流行所做之事体现的,良知存在于事功之中,必须即事求取和实现良知,在理论上说明了道德修养与追求事功的统一。他说:"致知必在于格物。物者,事也,凡意之所发必有其事,意所在之事谓之物。格者,正也,正其不正以归于正之谓也。正其不

---

① (明)王守仁撰,吴光、钱明等编校:《王阳明全集》卷二《传习录中》,第69页。
② (明)王守仁撰,吴光、钱明等编校:《王阳明全集》卷一《传习录上》,第28页。
③ (明)何良俊:《四友斋丛说》卷四,北京:中华书局,1959年,第32页。

正者,去恶之谓也;归于正者,为善谓也。"①又说:"大抵学问功夫只要主意头脑是当,若主意头脑专以致良知为事,则凡多闻多见,莫非致良知之功。盖日用之间,见闻酬酢,虽千头万绪,莫非良知之发用流行,除却见闻酬酢,亦无良知可致矣。故只是一事。"②所以,良知是"不离日用常行内"③。在他看来,不能空谈天理和性命,将致知与行事分为二橛,而应当在日用见闻酬酢中来致良知,以实现儒家的理想道德人格,这就克服了程朱理学将致知与事功相对立的观点。有学者指出,修养和践履的统一本来是中国儒家伦理思想的传统,"至宋代程朱理学兴起,通过王霸义利之辨,把事功和道义对立起来了,把事功统统归之于'人欲'而加以排斥。这样,程朱理学虽然也讲修养和践履的统一,事实上却把事功排斥在外。于是形成了'自道德性命之说一兴',理学家终日空谈性命,'相蒙相欺以尽废天下之实,则亦终于百事不理而已'"④。阳明心学这一思想对于普通百姓而言,便是每人都能够从自己每日的行事来尽心养性,以不断实现自我道德理想和人生价值。

　　这一思想对于商人所具有的伦理意义是,经商以治生持家即是实现儒家伦理理想的手段和途径。所以,王阳明在与弟子讨论如何处理读书治学与治生的关系时提出了"学何贰于治生"的命题。他说:"但官学者治生上,尽有工夫则可。若以治生为首务,使学者汲汲营利,断不可也。且天下首务,孰有急于讲学耶?虽治生亦是讲学中事,但不可以之为首务,徒启营利之心。果能于此处调停得心体无累,虽终日做买卖,不害其为圣为贤。何妨于学?学何贰于治生?"⑤这里所谓的"汲汲营利"、"徒启营利之心"的治生自

---

①　(明)王守仁撰,吴光、钱明等编校:《王阳明全集》卷二六《续编一·大学问》,第927页。
②　(明)王守仁撰,吴光、钱明等编校:《王阳明全集》卷二《传习录中》,第71页。
③　(明)王守仁撰,吴光、钱明等编校:《王阳明全集》卷二〇《外集二·别诸生》,第791页。
④　沈善洪、王凤贤:《中国伦理学说思想史(中)》,北京:人民出版社,2005年,第545页。
⑤　(明)王守仁撰,吴光、钱明等编校:《王阳明全集》卷三二《补录·传习录拾遗》,第1171页。

然是指经商。在他看来,学者应当以治学为首务,但如果能调停得"心体无累",那么虽"终日做买卖"来治生,也"不害其为圣为贤"。实际上,王阳明对经商说过更激进的话:"良知只在声色货利上用功,能致得良知,精精明明,毫发无蔽,则声色货利之交,无非天则流行矣。"①可见,针对当时许多士人经商的现象,王阳明指出了经商如能尽心修身"致良知",那么与业儒致仕无本质区别。无疑,这种思想为人们从事被传统轻贱的商业提供了正当的伦理依据。

如果说王阳明"良知存于日用见闻酬酢"的思想为治生伦理的正当性提供了依据,那么,王艮"百姓日用即道"论②则完全是一种治生伦理。他说:"良知天性,往古来今人人具足,人伦日用之间举措之耳。"③也就是说,良知(道)的流行发用即是人们的日常生活,良知(道)仅存在于日用之间,故"即事是学,即事是道。人有困于贫而冻馁其身者,则亦失其本而非学也。"④这就是说,人们应以治生为本,以治学为次,这种看法与王阳明的治学为本、治生为次的思想大相径庭。在王艮看来,圣人之道即在普通百姓的日常生活中,"圣人经世,只是家常事","圣人之道,无异于'百姓日用'。凡有异者,皆谓之'异端'"⑤。这实际是否定了程朱理学的理(道)事观。可见,王艮把有关性命义理的"道"改造成日用衣食之类的思想,使"道"的内涵发生了质的变化,满足人生欲望成了"道"的本质和一切内容,这种思想无疑具有极大的颠覆性,因此,王艮及其泰州学派在当时被视为"异端"。然而,"百姓日用即道"及其蕴含的商业伦理精神无疑很受商人欢迎。可以说,王艮的"百姓日

---

① (明)王守仁撰,吴光、钱明等编校:《王阳明全集》卷一《传习录下》,第122页。
② (清)黄宗羲著,沈芝盈点校:《明儒学案》卷三二《泰州学案一》,北京:中华书局,1985年,第710页。
③ (明)王艮撰,陈祝生等校点:《王心斋全集·明儒王心斋先生遗集卷二·答朱思斋明府》,第47页。
④ (明)王艮撰,陈祝生等校点:《王心斋全集·明儒王心斋先生遗集卷一·语录》,第13页。
⑤ (明)王艮撰,陈祝生等校点:《王心斋全集·明儒王心斋先生遗集卷一·语录》,第5、10页。

用即道"蕴含的伦理精神为商人治生伦理的正当性提供了更充分的理论保障，使经商不再是末业和贱业，而是道之所存，光明正大的，商人的社会地位因此有了儒家伦理的充分肯定。

三

理欲之辨是宋明理学的中心问题之一。朱熹还将理欲之辨与公私之辨联系起来，对个人生活伦理与集体生活伦理的关系进行探讨。而理欲之辨与公私之辨也是与商人伦理密切相关的。王阳明及其弟子对程朱理学，特别是朱子学的理欲观和公私观所进行的修正或改造，对明清商人伦理的构建有重要影响。

王阳明与朱熹一样强烈主张"存天理，灭人欲"，认为两者势不两立，他说"去得人欲，便识天理"[1]，"吾辈用功只求日减，不求日增。减得一分人欲，便是复得一分人理，何等轻快脱洒，何等简易"[2]！他也认为人欲就是流弊对天理的遮蔽，一切私心杂念都是人欲，因此，"须是平日好色、好利、好名等项一应私心扫除荡涤，无复纤毫留滞，而此心全体廓然，纯是天理"[3]。但与朱熹不同，他是从心学出发讨论理欲之辨的。他以心之本体为天理（良知），以心之所发为意，意有正与不正，意之正者为天理（良知），反之为人欲，即：人欲在人心之中而不在心外，因此要通过"正心诚意"，从一念发动处去克人欲。这就与朱熹格物致知以"存天理、灭人欲"的方法不同，强调了主体道德理性自觉意识的决定作用，简易可行，故王阳明称之为"何等轻快脱洒，何等简易"。相比于朱熹的存理去欲而言，这简易便捷的存理灭欲方法更符合包括商人在内的，没有时间以大量读书穷理去欲的普通民众的需要。

不过，在理欲观上能对当时商人伦理产生更积极影响的还是王畿的人性"天则"论。王畿直接从自然与物质方面解释人（性）欲，提出以欲为性、欲

---

[1] （明）王守仁撰，吴光、钱明等编校：《王阳明全集》卷一《传习录上》，第23页。
[2] （明）王守仁撰，吴光、钱明等编校：《王阳明全集》卷一《传习录上》，第28页。
[3] （明）王守仁撰，吴光、钱明等编校：《王阳明全集》卷一《传习录上》，第22页。

为自然法则的重要观点。他说:"天地间,一气而已……其气之灵,谓之良知。"①肯定了良知的自然物质性。他又从身心的生理、心理基础来说明良知(心)是自然生机之理,"性是心之生机,命是心之天则。口之欲味,耳之欲声,目之欲色,鼻之欲臭,四肢之欲安逸,五者,性之不容已者也"②,"人之所欲是性,却有个自然之则在"③。在阳明心学中,心即性,性即理,理即良知。因此,上述之言即是说,灵明的良知(心)不能离开血肉之躯而存在,两者是"一也",良知作为天理(天则)的凝聚运用而成之为身,显示出其自然生机;而人性所具有之欲望是"不容已者"则说明了人的感性欲望与天理是为一的、密不可分离的,所以,"真性流行,自见天则"④。可见,王畿力图把理和欲统一起来,以人之所欲为天理存在基础,充分肯定欲的合理性,这是对天理与人欲对立观念的彻底否定。它所蕴含的伦理意义能够为商人追求物质财富和生活欲求提供理论合法性,在现实上也能为商人追求财富和个人生活欲望"正名"。

朱熹理欲观的又一突出特征是将理欲之辨与公私之辨联系起来,说,"心之所主,又有天理、人欲之异。二者一分,而公私邪正之途判矣"⑤。"仁义根于人心之固有,天理之公也;利心生于物我之相形,人欲之私也"⑥。朱熹这样做的目的,是要个人利益服从群体利益,当两者发生冲突时,则要牺牲个人利益来维护群体利益,即"存天理,灭人欲"。

而王艮的"安身立本"和"尊身即尊道"的唯我论则对这种公私之辨予以否定。王艮提出了"安身"即是立本,安身即是"保国"和"保天下"。他说:"身与天下国家一物也,惟一物,而有'本末'之谓……故曰'自天子以至于庶

---

① (明)王畿著,吴震编校整理:《王畿集》卷八《易与天地准一章大旨》,第182页。
② (明)王畿著,吴震编校整理:《王畿集》卷三《书累语简端录》,第77页。
③ (明)王畿著,吴震编校整理:《王畿集》卷八《性命合一说》,第187页。
④ (清)黄宗羲著,沈芝盈点校:《明儒学案》卷一二《浙中王门学案二》,第240页。
⑤ (宋)朱熹:《朱熹集(二)·延和奏札二》,成都:四川教育出版社,1996年,第514页。
⑥ (宋)朱熹:《孟子集注》卷一《梁惠王章句上》,北京:中国书店,1985年。

人,一是皆以修身为本'也。'修身',立本也。'立本','安身'也。"①又说:"是故身也者,天地万物之本也,天地万物,末也。知身之为本,是以'明明德'而'亲民'也。身未安,本不立也。'本乱而末治者否矣'。本先乱,治末愈乱。故《易》曰:'身安而天下国家可保也。'"②又说:"安身以安家而'家齐',安身以安国而'国治',安身以安天下而'天下平'也","不知身不能保,又何以保天下国家哉?"③他还从"尊身"即"尊道"论证了唯我论,说:"身与道原是一件,至尊者此道,至尊者此身。尊身不尊道不谓之尊身,尊道不尊身不谓之尊道。须道尊身尊,才是'至善'。"④王艮从安身与保国、保天下一致,即个人利益与家国集体利益一致(一物)的角度来论证安身即立本和尊身即尊道(良知),虽然并未否定维护集体利益,但却是在将个人利益(私)视为集体利益(公)的基础,充分肯定了维护私利的合理性,纠正了朱子将集体利益凌驾于个人利益之上,以至于牺牲个人利益的主张。这种唯我论的伦理观是与商品经济繁荣兴盛密不可分的,为商人经商治生和追求财富的伦理合法性提供了思想保障。因为,既然安身、保身与保国和保天下是一物,那么,经商治生就与儒士修身齐家治国平天下一样是"善",尊身便是实现至善的"尊道"之路。对于王艮唯我论所具有的商业伦理意义,蒙培元明确地指出:"理学把主体意识归结为群体意识,以此为人的最高内在价值,一方面表现了社会历史责任感和使命感,但同时又是以牺牲个体意识为其代价……到了理学后期,普遍出现了对个人意识的重视,这当然是同资本主义商品经济的出现有密切关系。"⑤

---

① (明)王艮撰,陈祝生等校点:《王心斋全集·明儒王心斋先生遗集卷一·语录》,第34页。

② (明)王艮撰,陈祝生等校点:《王心斋全集·明儒王心斋先生遗集卷一·语录》,第33页。

③ (明)王艮撰,陈祝生等校点:《王心斋全集·明儒王心斋先生遗集卷一·语录》,第34页。

④ (明)王艮撰,陈祝生等校点:《王心斋全集·明儒王心斋先生遗集卷一·语录》,第37页。

⑤ 蒙培元:《理学范畴系统》,北京:人民出版社,1989年,第177—178页。

四

不仅阳明心学的世俗化伦理观蕴含着间接和直接有利于商人伦理转型和构建的思想,而且王阳明等人还为商人经商,甚至是徽商的儒家伦理行为进行过直接的证明和颂扬。

王阳明从心学立场出发,提出了"四民异业而同道"的重要思想,对传统的"士农工商"职业等级观作了新的诠释,充分肯定了商人及其职业的伦理价值。明嘉靖四年(1525年),王阳明在为苏州商人方麟写的《节庵方公墓表》中说:"苏之昆山有节庵方翁麟者,始为士业举子,已而弃去,从其妻家朱氏居。朱故业商,其友曰:'子乃去士而从商乎?'翁笑曰:'子乌知士之不为商,而商之不为士乎?'"遂经商,后弃商为士,以儒业授二子,皆成进士。王阳明据此说道:"古者四民异业而同道,其尽心焉,一也。士以修治,农以具养,工以利器,商以通货,各就其资之所近,力之所及者而业焉,以求尽其心。其归要在于有益于生人之道,则一而已。士农以其尽心于修治具养者,而利器通货,犹其士与农也;工商以其尽心于利器通货者,而修治具养,犹其工与商也。故曰:四民异业而同道……自王道熄而学术乖,人失其心,交骛于利以相驱轶,于是始有歆士而卑农,荣宦游而耻工贾。夷考其实,射时罔利有甚焉,特异其名耳……吾观方翁士商从事之喻,隐然有当于古四民之义,若有激而云然者。呜呼!期义之亡也,久矣,翁殆有所闻欤?抑其天质之美而默然有契也。吾于是而重有感也。"①这里,王阳明明确提出士农工商"其归要在于有益于生人之道,则一而已",并以托古方式提出了"古者四民异业而同道,其尽心焉一也"的新命题,把传统观念中视为贱业的工商提升到与士同"道"的高度,认为工商与士农是完全平等的。因为,既然经商为工也能尽心(致良知)以实现人生伦理道德的自我完善,那么就不存在职业的高低贵贱,故"古者四民异业而同道"。后来,社会上出现"歆士而卑农,荣宦游而

---

① (明)王守仁撰,吴光、钱明等编校:《王阳明全集》卷二五,第941—942页。

耻工贾"的现象,完全是因"王道熄而学术乖,人失其心"造成的。王阳明此论不过是借宋明儒常用的托古史观为其新观念提供历史依据。再者,王阳明这里虽然说"四民异业而同道",然而他是在给亦商亦儒的方麟树碑立传,对方麟高度评价,他的真实意图是要说明为商、为士者只要"尽心"致良知,那么,两者在不同职业生活领域同样可以实现儒家的道德理想,他为商人所做的伦理正名显露无遗。

王畿也曾以贾服儒行的道理直接为徽商扬名显世。他在赠徽商黄君的序文中说:"世有沾沾挟策、猥云经史之儒,而中无特操,甚或窃饾饤以媒青紫,及践阮华,辄干没于铢两,举生平而弁髦之,谓经术何率使士人以此相诋訾?耻吾儒之无当于实用,而却走不前矣。夫其人之不敢步趾儒也,岂诚儒足耻哉!亦谓心不纯夫儒耳,若迹与射赢牟息者伍,而其心矘然。不淄于出入、不悖于人伦,若南山黄君,斯非赤帜夫儒林者耶!"他接着叙述了黄君以儒业贾的行谊,说,黄君祖辈世业儒,其少时业儒,未成遂行游江淮为贾,然不操利权,"听收责者握算,未尝责奇羡,即负之不大较。辞貌整雅,时挟书出游……尝闻法施财施之说,击节称善,曰:'此吾志哉!'用是仗义周贫,虽倾床头阿睹(原著编者按:丁宾本作"堵"),弗惜也。"他不仅抚恤兄长的儿子使各有所立,还捐金筑邑城,应采木役。他业贾却不忘以经史课子弟,说:"若辈毋以贾故,废业也!"王畿最后赞叹道:"若黄君者,宁可与射赢牟息者例耶!噫嘻,此诚伪之辨也。昔有儒而隐于屠者、渔者、耕牧者,要其质行,较然与古为徒,其骨迄于今不朽。黄君盖辨此矣。慕义植伦咸儒者之实蹈也。然则君之托迹称质,安知不犹夫屠耶、渔耶、耕牧耶!彼沾沾以儒自名,媒青紫而干没铢两者,黄君且臣虏之矣。计今束装归新安,是将并融其贾之迹。后有传黄君者,即谓其以儒终始焉可也。"①王畿在这里一方面批评当时社会许多儒士无儒家操守、心术不正的伪劣行径,另一方面极力赞扬黄君虽用刀布起,却遍行义举的儒士风范。在他看来,区分贾与儒的标准并非是他

---

① (明)王畿著,吴震编校整理:《王畿集》卷一三《赠南山黄君归休序》,第372—373页。

们的职业区别和已有社会名分,而要看他们能否以儒家伦理作为行事准则,商人只要以儒行事,甚至能超过那些所谓的儒者。王畿实际是旗帜鲜明地为徽商的义行唱赞歌了,商人已超越俗儒之上,俨然成为社会的道德楷模。

王阳明及弟子对传统四民观的新解读产生了广泛深远的社会影响。这种新四民伦理观固然是适应16—17世纪明代商品经济迅猛发展、逐末营利渐成社会风气而形成的,反过来又对扭转重农轻商和重儒轻商的陈腐传统观念起了推波助澜的作用,吸引了包括商人在内的社会各阶层听众。如泰州学派的韩贞(1509—1585年)"以化俗为任,随机指点农工商贾,从之游者千余。秋成农隙,则聚徒谈学,一村既毕,又之一村,前歌后答,弦诵之声,洋洋然也"。

五

明中叶以后,徽州因人地关系紧张以及科举制和赋税制等方面的弊病,导致了生存压力不断加大,"治生"成为人们迫切需要解决的首要问题,而当时社会商品经济的繁荣则给徽人经商提供了外在条件,因此,"新都业贾者什七八,族为贾而隽为儒"①。"大抵徽俗,人十三在邑,十七在天下"②。徽商的发展直接影响乃至决定了徽州社会的发展,徽学专家张海鹏称徽商是明清徽州社会发展的"酵母"③,唐力行甚至声称"徽州文化的特质并非是理学,而是商人文化"④。而阳明心学的社会伦理精神对不断崛起和壮大的徽商及徽州商业社会伦理构建是具有重要影响的。在当时追随阳明心学的各社会阶层中,商人占有相当的比重,而徽商是明中叶以来商业舞台上的生力军,阳明学传播最主要的长江中下游地区,特别是江浙地区更是徽商经商的集

---

① (明)汪道昆撰,胡益民、余国庆点校:《太函集》卷一七《阜成篇》,合肥:黄山书社,2004年,第372页。
② (明)王世贞:《弇州山人四部稿》卷六一《赠程君五十叙》,台北:台湾伟文出版公司,1975年,第3017页。
③ 张海鹏、王廷元主编:《明清徽商资料选编·前言》,合肥:黄山书社,1985年。
④ 唐力行:《徽州商人文化的整合》,载《安徽史学》,1993年第1期。

中地区,因此,阳明学的大量追随者自然不乏众多徽商。

阳明心学对徽商影响的途径和方式还不仅限于此。王阳明的弟子们为了彻底冲击程朱理学,还在号称"程朱阙里"及"东南邹鲁"的徽州广纳弟子和从事声势浩大的传教活动,以致主宰了当时徽州的学术思潮和社会思潮,当时六邑大会讲习"宗尚《传习录》,群目朱子为支离,为逐外"①。清初休宁学者汪星溪说:"自阳明树帜宇内,其徒驱煽熏炙,侈为心学,狭小宋儒。嗣后,新安大会多聘王氏高第阐教,如心斋(王艮)、绪山(钱德洪)、龙溪(王畿)、东廓(邹守益)、师泉(刘邦采)、复所(杨起元)、近溪(罗汝芳)诸公迭主齐盟。自此新安多王氏之学,有非复朱子之旧者矣。"②施磺则说:"其时人人口说紫阳而足迹不践紫阳之堂……自嘉靖以迄于明末,皆是也。地非紫阳之地,学背紫阳之学。"③在当时徽州推崇和鼓动阳明心学的社会各阶层中,徽商是重要力量。因为当时的徽州是业贾者什七八,且经商者多世家大族和仕宦之家,"阀阅家不惮为贾"④,"虽士大夫之家,皆以畜贾游于四方"⑤。王阳明的一些高足在徽州传教时,常受到当地经商大族的欢迎。如邹守益(1491—1562年)前往徽州传教时,经商大族鲍氏、程氏、潘氏、胡氏、戴氏、谢氏、李氏、吴氏、方氏、洪氏、余氏和王氏十分欢迎,被邹守益称为"徽之同志"而与之"切磋"⑥。

那么,阳明心学世俗化伦理蕴含的有利于商人伦理转换和建构的因素

---

① (清)施磺编:《紫阳书院志》卷一六《会记》,见赵所生、薛正兴主编:《中国历代书院志》,南京:江苏教育出版社,1995年,第588页。

② (清)施磺编:《紫阳书院志》卷一六《会记》,见赵所生、薛正兴主编:《中国历代书院志》,第587页。

③ (清)施磺编:《紫阳书院志》卷一六《会记》,见赵所生、薛正兴主编:《中国历代书院志》,第587—588页。

④ (明)唐顺之:《重刊荆川先生文集》卷一五《程少君行状》,上海:上海书店,1989年,第36页。

⑤ (明)归有光:《震川先生集》卷一三《白庵程翁八十寿序》,上海:上海古籍出版社,1981年,第319页。

⑥ (明)邹守益著,董平编校整理:《邹守益集》卷二《赠郑景明归徽》,南京:凤凰出版社,2007年,第70页。

对徽商新伦理观的形成到底产生了什么样的影响呢？这里以明代文学家汪道昆(1525—1593年)《太函集》中所记述、揭示和反映的徽商伦理观的相关文献来加以说明。因为,汪道昆是徽州歙县人,与王阳明的著名弟子王畿、王艮等生活于同一时期。他家祖父辈以上世代力农,祖父辈始以经商富家,可谓是亦儒亦商的家族。汪道昆23岁中进士,历任朝廷和地方大员,与当时文坛领袖王世贞并称"南北两司马",可谓亦宦亦士。他对王阳明极为推崇,称其学为"绝学",说,"王文成公崛起东越,悼为吾党少林"①。"有明宏儒崛起,宇宙中兴。明道则王文成,修辞则李献吉"②。他与阳明弟子王畿、焦竑等多有交往,也亲历了阳明心学在徽州的广泛传播。晚年乡居18年,完成《太函集》120卷,书中收有他写的71篇徽商传记③。这部文集被明清史学界公认为是研究徽商的经典史料,日本明清史专家藤井宏称此书"乃是有关徽州商人史料之宝藏"④。所以,用此书的相关文献来揭示和说明问题应是有典型性和说服力的。

汪道昆对当时徽州社会重商观念的勃兴和徽人普遍经商的现象作了生动记载和深刻阐述,鲜明地表达了他对商人、儒商关系及其伦理价值的新看法。他说:"大江以南,新都以文物著。其俗不儒则贾,相代若践更,要之良贾何负闳儒,则其躬行彰彰矣。"⑤又说:"新都三贾一儒,要之文献国也。夫贾为厚利,儒为名高。夫人毕事儒不效,则弛儒而张贾;既则身飨其利矣,及为子孙计,宁弛贾而张儒。一弛一张,迭相为用,不万钟则千驷,犹之转毂相巡,岂其单厚计然乎哉,择术审矣。"⑥"古者右儒而左贾,吾郡或右贾而左儒。

---

① (明)汪道昆撰,胡益民、余国庆点校:《太函集》卷九七《(致)王子中》,第2001页。
② (明)汪道昆撰,胡益民、余国庆点校:《太函集》卷一六《鄣语》,第330页。
③ 耿传友:《汪道昆商人传记研究》,安徽大学硕士学位论文,2002年。
④ [日]藤井宏:《新安商人的研究》,《徽商研究论文集》,合肥:安徽人民出版社,1985年,第132页。
⑤ (明)汪道昆撰,胡益民、余国庆点校:《太函集》卷五五《诰赠奉直大夫户部员外郎程公暨赠宜人闵氏合葬墓志铭》,第1146页。
⑥ (明)汪道昆撰,胡益民、余国庆点校:《太函集》卷五二《海阳处士金仲翁配戴氏合葬墓志铭》,第1099页。

益诎者力不足于贾,去而为儒;赢者才不足于儒,则反而归贾,此其大氐(疑为抵)也。"①在他看来,徽州文化发达,"以文物著"和为"文献国",然而,徽州又打破了传统的"右儒左贾"的旧观念,奉行"右贾左儒"的新观念,儒贾并重,一张一弛迭相为用,儒贾各有其用,"贾为厚利,儒为名高"。那么,汪道昆对这种新的社会观念和行为持什么态度呢?他称这种儒贾并重、迭相为用是"择术审矣",并高喊"良贾何负宏儒"!可见,在他的眼中,商人只要以儒家伦理为原则,并不负于儒士。他也是以此为标准来评价商人的。如他在给休宁商人程长公作传时说:"余别有志,余惟乡俗不儒则贾,卑议率左贾而右儒,与其为贾儒,宁为儒贾。贾儒则狸德也,以儒饰贾,不亦蝉蜕乎哉,长公是已。弱而当室,唾手而致辞素封,则良贾也。乃若焚券以高父义,偿故负以完父名,时而抗节,则伐谋于其邻;时而折节,则受命于其弟。授之兵,则如宿将;召之役,则辇千金。此非节侠之所优为,盖庶几乎俶傥士也。季年释贾归隐,拓近地为菀裘,上奉母欢,下授诸子业。暇日,乃召宾客,称诗书……迄今遗风具在,在亦翩翩乎儒哉!"②

　　上述看法也代表了当时徽州商人、士人乃至一般民众的看法,这在《太函集》的徽商传记中多有反映。如歙商程澧在谈到弃儒经商的经历时说:"澧少孤,不能事六籍,母在不能事四方,乃今幸席故饶,宁讵坐食旧德。歙岁入不足以当什一,其民什三本业,什七化居,吾其为远游乎?"遂以经商致富。他热心宗族事业,叹言:"澧非薄为儒,亲在儒无及矣。藉能贾名而儒行,贾何负于儒?"③在他看来,能贾名而儒行,贾又何负于儒呢?这与"良贾何负宏儒"论如出一辙,同样是在高扬商人的伦理精神。再如,歙商吴长公自幼习儒,父亲客死异乡后,母亲坚持要他弃儒以承父业。他考虑再三,说:

---

① (明)汪道昆撰,胡益民、余国庆点校:《太函集》卷五四《明故处士溪阳吴长公墓志铭》,第1142页。

② (明)汪道昆撰,胡益民、余国庆点校:《太函集》卷六一《明处士休宁程长公墓表》,第1268页。

③ (明)汪道昆撰,胡益民、余国庆点校:《太函集》卷五二《明故明威将军新安卫指挥佥事衡山程季公墓志铭》,第1101、1102页。

"儒者直孜孜为名高,名亦利也。借令承亲之志,无庸显亲扬名,利亦名也。不顺不可以为子,尚安事儒?乃今自母主计而财择之,敢不惟命。"①在实现了儒贾名利观的转化后,他欣然弃儒业贾,求利以逐名,并取得成功。吴长公在看待儒贾名利及其伦理价值问题上,比汪道昆的"贾为厚利,儒为名高"更进一步,即儒名与贾利实质上是同一回事,儒名亦利,以业贾富家亦是儒名。在徽州,不仅是商人和士人,即便是妇女也认同儒贾相通相用。如,程长公的夫人为家庭生济考虑,劝丈夫说:"君方屈首受经,岁入浸损,有如侥来者不可命,君其如寡母弱弟何!夫养者非贾不饶,学者非饶不给。君(程长公)其力贾以为养,而资叔力学以显亲,俱济矣。长公谓善,遂以盐策贾浙江。"②在她看来,要养者(治生)非经商(贾)不饶,要读书致仕(学者)又必须经商致富为基础。这里,把儒贾相通和迭相为用的道理说得更加清楚明白。

明中叶以来徽州人对商人和四民关系及其伦理价值的新认识还表现为对传统"重农抑商"论的否定。汪道昆在谈到传统的重农抑商论时说:"窃闻先王重本抑末,故薄农税而重征商,余则以为不然,直一视而平施之耳。日中为市肇自神农,盖与末稺并兴,交相重矣。耕者什一,文王不以农故而毕蠲……及夫垄断作俑,则以其贱丈夫也者而征之。然而关市之征,不逾十一,要之各得其所,商何负于农?"③在他看来,先王重本抑末的做法是错误的,因为商人和农民在税收上对国家的贡献是相同的,"商何负于农"?而婺源士人江次公的看法又进一步。他"孝悌力田,且复好古,居常挟策读史,其持论往往称古人道",这样一位称颂古道的士人却说:"予闻本富为上,末富次之,谓贾不若耕也。吾郡在山谷间,即富者无可耕之田,不贾何待。且耕

---

① (明)汪道昆撰,胡益民、余国庆点校:《太函集》卷五四《明故处士溪阳吴长公墓志铭》,第1143页。
② (明)汪道昆撰,胡益民、余国庆点校:《太函集》卷四二《明故程母汪孺人行状》,合肥:黄山书社,2004年,第895页。
③ (明)汪道昆撰,胡益民、余国庆点校:《太函集》卷六五《虞部陈使君榷政碑》,第1352页。

者十一,贾之廉者亦十一,贾何负于耕,古人病不廉,非病贾也。若弟为廉贾。"①在他看来,"贾不负于耕"不仅在于农与商对都向国家交纳"十一"之税,还在于古人病贾只是病其不廉。就是说,只要为廉贾,那么,商便不负于农。

更为重要的是,汪道昆《太函集》所揭示和反映的重商观念、对儒贾和农商等四民关系及其伦理价值的新认识自明代中叶以来已被徽州一些宗族奉为宗族生活的准则,被明确写入族规和家法当中,如《汪氏统宗谱》明确说:"古者四民不分,故傅岩鱼盐中,良弼师保寓焉。贾何后于士哉!世远制殊,不特士贾分也,然士而贾其行,士哉而修好其行,安知贾之不为士也。故业儒服贾各随其矩,而事道亦相为通。"②

综上所论,不难看出明中叶以来阳明心学世俗化伦理观所蕴含的有助于商人新伦理建构的因素,特别是其新四民论和对儒贾(士商)关系伦理价值的新解读,对当时徽商乃至整个徽州社会商业伦理的转换与构建产生了直接的影响,它既包括治生层面的个人生存与家庭(族)生存的经济伦理,也包括更高层面的修身养性的德性伦理。叶显恩说:"陆王一派的心学,由于对儒学的修养简易直接,尤其是其抬高商人地位的经济伦理,亦为徽商所乐于接受……王学提出'四民异业而同道','百姓日用即道',徽州就有'士商异术而同志','以营商为第一生业','良贾何负闳儒'的风俗和说法。王学崇商的观念被渗透到家法、族规、乡约中。其经济伦理因而被广泛地推向社会,并变成规范人们的自觉行动。"③此言虽不能说是确凿不易之论,但大体是符合历史事实的。

(原载《安徽史学》,2009年第4期)

---

① (明)汪道昆撰,胡益民、余国庆点校:《太函集》卷四五《明处士江次公墓志铭》,第952页。

② 张海鹏、王廷元主编:《明清徽商资料选编》,第439页。

③ 叶显恩:《儒家传统文化与徽州商人》,载《安徽师范大学学报(人文社会科学版)》,1998年第4期。

朱子的伦理思想与明清徽州商业伦理观的转换和建构

明清徽州被誉为"程朱阙里"和"东南邹鲁",宗奉朱子学,"徽为朱子阙里,彬彬多文学之士,其风埒于邹鲁"①。"我新安为朱子桑梓之邦,则宜读朱子之书,取朱子之教,秉朱子之礼,以邹鲁之风自待,而以邹鲁之风传之子若孙也。"②明清徽州又是一个商业社会,"新都业贾者什七八"③,造就了明清最大商邦"徽商",以至"无徽不成镇"。徽商自奉为儒商,"虽为贾者,咸近士风"④。徽州家族对儿童的商业启蒙教育便以儒家信条为本⑤。徽商多服膺程朱理学,甚至精勤理学。由此不难想见朱子学与明清徽州商业社会建立之间存在何等密切的关系!理欲之辨是宋明理学的核心问题,"'理欲'是理

---

① 乾隆《绩溪县志》卷三《学校》。
② (清)吴翟辑撰,刘梦芙点校:《茗州吴氏家典》,李应乾"序",合肥:黄山书社,2006年。
③ (明)汪道昆撰,胡益民、余国庆点校:《太函集》卷一六《阜成篇》,合肥:黄山书社,2004年,第372页。
④ (清)戴震:《戴震集(上编)》,《文集》卷一二《戴节妇家传》,上海:上海古籍出版社,1980年,第257页。
⑤ 如,《生意蒙训俚语十则》(屯溪图书馆藏)将经商经验总结为10条:勤谨、诚实、和谦、忍耐、通变、俭朴、知义礼、有主宰、重身惜命、不忘本。其中,8条属儒家道德规范。

学家使用得最多最广泛的一对范畴。按照理学心性论的逻辑结构,许多范畴都和'理欲'有关。从某种意义上说,它们是理学人性论、人生论的最后总结。"①朱子正是以理欲之辨为核心,对公私、义利和诚信及四民职业伦理问题做了系统阐发,既承继了传统儒家伦理的核心价值,又有诸多新发展。为了适应新的商业社会发展需要,明清徽州以朱子伦理价值观为基础,同时吸取阳明心学等明清思想家重视个人主体精神、个人治生及"新四民观"等职业伦理思想②,建构起一种以家族或宗族利益为出发点和归宿点,以服膺天理及其涵盖的仁义、奉公和诚信等为经营理念和职业伦理价值追求的新商业伦理观。目前,国内外学术界不同程度涉及朱子伦理观与明清徽州商业伦理的转型和建构问题,或肯定明清徽州商业伦理观对传统儒家伦理的解构或整合,或指出明清徽州商业伦理转型未能突破儒家家族伦理束缚而走向近代资本主义等,但是缺乏系统的研究。本文拟在已有研究基础上展开较全面的探讨,不妥之处,尚祈同仁批评指正③。

一、朱子的理欲之辨与徽州商业治生伦理的建构

天理是程朱理学的最高伦理范畴,即以仁为本的儒家纲常伦理,由此形成的理欲之辨成为宋明理学的核心问题。作为理学集大成者的朱子高度重视理欲之辨,主张"明(存)天理,灭人欲",将其作为伦理观和道德修养的根本。他说:"圣贤千言万语,只是教人明天理,灭人欲。"④"人之一心,天理存,

---

① 蒙培元:《理学范畴系统》,北京:人民出版社,1989年,第299页。
② 徐国利:《阳明心学的世俗化伦理观与明清徽商伦理思想的转换与建构》,载《安徽史学》,2009年第4期。
③ 商业伦理有广义与狭义之分,狭义的指直接调节和规范商业经营的伦理准则和道德规范。然而,商人生活在社会关系中,还要担当相关的角色与责任,遵守相关的伦理道德,所以,广义的商业伦理还包括经商者处理与家庭(族)、集体(各种商业实体)、社会和国家等各层面关系时应遵守的伦理原则和道德规范。本文主要是从广义来研究明清徽州的商业伦理的。
④ (宋)黎靖德编,杨绳其、周娴君点校:《朱子语类》卷一二,长沙:岳麓书社,1997年,第184页。

下篇　区域史与徽学研究

则人欲亡;人欲胜,则天理灭,未有天理人欲夹杂者。学者须要于此体认省察之。"①"盖修德之实,在乎去人欲,存天理。"②理欲之分即是非之分,"同是事,是者便是天理,非者便是人欲。"③朱子强调伦理道德在个人和社会发展中的根本地位和决定作用,重视道德主体自觉修养,体现了道德理性精神。然而,将天理视为绝对、先验的伦理大法,不仅忽视了伦理的历史发展性,而且对人的生理需要(欲)是一种压制。

不过,朱子意识到禁欲主义无法满足人的正常需要,难以在现实生活中真正持久实施,因此,他对二程将理欲截然对立的思想做了修改和发展。首先,指出理欲同一;人欲出于性,为天理所固有,否定人欲就是恶。他说:"饮食男女,固出于性。"④"天理本多,人欲便也是天理里面做出来。虽是人欲,人欲中自有天理。""有个天理,便有个人欲。盖缘这个天理须有个安顿处。才安顿得不恰好,便有人欲出来。"⑤又说:"盖钟鼓、苑囿、游观之乐,与夫好勇、好货、好色之心,皆天理之所有,而人情之所不能无者。然天理人欲,同行异情。循理而公于天下者,圣贤之所以尽其性也;纵欲而私于一己者,众人之所以灭其天也。"⑥其次,将欲分为正当和不正当、好的或不好的,认为正当或好的欲望即是天理。他说:"饮食者,天理也;要求美味,人欲也。"⑦又说:"欲是情发出来底。心如水,性犹水之静,情则水之流,欲则水之波澜。但波澜有好底,有不好底。欲之好底,如'我欲仁'之类;不好底,则一向奔驰出去,若波涛翻浪;大段不好底欲则灭却天理,如水之壅决,无所不害。"⑧在

---

① (宋)黎靖德编,杨绳其、周娴君点校:《朱子语类》卷一三,第99页。
② (宋)朱熹:《晦庵先生朱文公文集》卷三七《与刘共父》,见《四部丛刊》,景明嘉靖本,第705页。
③ (宋)黎靖德编,杨绳其、周娴君点校:《朱子语类》卷四〇,第921页。
④ (宋)朱熹:《四书或问》卷三六《孟子》,清文渊阁四库全书本,第281页。
⑤ (宋)黎靖德编,杨绳其、周娴君点校:《朱子语类》卷一三,第199页。
⑥ (宋)朱熹:《孟子集注》卷二《梁惠王章句下》,见《四书五经》,北京:中国书店,1985年。
⑦ (宋)黎靖德编,杨绳其、周娴君点校:《朱子语类》卷一三,第120页。
⑧ (宋)黎靖德编,杨绳其、周娴君点校:《朱子语类》卷五,第85页。

他看来,人欲只要循天理或明理欲之辨即可,"夫外物之诱人,莫甚于饮食男女之欲,然推其本,则固亦莫非人之所当有而不能无者也。但于其间自有天理人欲之辨,而不可以毫厘差耳"①。朱子指出理欲同一,肯定人的正当欲望,摒除二程的绝对禁欲主义理欲观,在理论上并不完善,甚至存在诸多矛盾之处,但是,这种思想却为人们追求正当的生活欲望和财富提供了伦理依据和发展空间。

朱子的理欲观对明清徽州商业和商人伦理的转换和建构产生重要影响。有学者说:"朱熹的理学虽不是商人文化,但是他对'人欲'的两重解释,却为徽州商人将理学熔铸入商人文化提供了可能。"②明清徽州对朱子理欲观的诠释和转换结合公私、义利、诚信和四民观等,实际包括诸多层面的丰富内容。这里,主要就其最直接的两个方面加以分析。

首先,天理及理学成为明清徽州建构商业伦理的根本,徽商大多以朱子的天理做为安身立命的准则和人生的终极追求。徽州著名商书、明天启年间程春宇编辑的《士商类要》专辟"养心穷理"篇,说:"夫君子存心皆天理,天理存则心平而气和,心平而气和则人有过自能容之矣……然则学量之功何先?曰穷理。穷理则明,明则宽,宽则恕,恕则仁矣。"③许多徽商服膺理学,甚至精研理学。休宁商人汪铉,"居尝精研理学,欲希圣超凡"④。明代歙县商人胡山对子孙耳提面命:"吾有生以来惟膺天理二字,五常万善莫不由之。仰不愧天,俯不怍人,南面而王天下,乐何逾此。因名其堂为'居理'。"⑤一些徽商对性理之学还颇有研究,如清歙县商人许明贤,"深究性命之学,以诚敬为宗。教子读书,取友尤有法。一日渡江,取诸子所辑时文投江中曰:'此无益之学,命编辑历代史论及名臣事略为二书'"⑥。休宁商人汪应浩精研理学

---

① (宋)朱熹:《四书或问》卷二《大学》,清文渊阁四库全书本,第15页。
② 唐力行:《商人与中国近世社会》,北京:商务印书馆,2006年,第204页。
③ 贾嘉麟等编:《商家智谋全书》,郑州:中州古籍出版社,2002年,第97页。
④ 康熙《休宁县志》卷六《人物·孝友》。
⑤ (明)李维桢:《大泌山房集》卷七三《胡仁之家传》。
⑥ 道光《徽州府志》卷十二《人物志五·义行》。

为一般儒士望尘莫及,"虽游于贾人乎,好读书,其天性雅善诗书,治《通鉴纲目》、《家言》、《性理大全》诸书,莫不综究其要,小暇披阅辄竟日。每遇小试,有宿士才人茫不知论题始末者,质之,公出某书某卷某行,百无一谬"①。有些徽商到古稀之年仍不忘诵读性理之书,如清代徽商汪扬烈,"年七十余,旦夕诵四子书(按,即《四书》)不倦"②。理学对徽商的修身养性也确实发挥了重要作用。绩溪商人章策积书万卷,"暇辄手一编,尤喜先儒语录,取其有益身心以自励,故其识量有大过人者"③。徽商所以被称为儒商,这应当是一个十分重要的原因。

其次,徽商大多奉"勤俭起家"、"崇俭黜奢"等为齐家治业之准则,实是对朱子理欲之辨思想的践行。《士商类要》的《贸易赋》说:"贸易之道,勤俭为先,谨言为本……守成不易,创业尤难。祖若念孙,切莫欢娱轻易费;孙当念祖,许多辛苦换将来。"又说:"勤俭为治家之本,斯言信矣。夫人一勤则天下无难事,其功名富贵无不自勤中来也。一俭则胜于求人,其布帛粟麦未尝不是俭中事也。"④徽商家规也多立有此类信条。休宁《茗洲吴氏家典》规定:"子孙以理财为务者,若沉迷酒色,妄肆费用,以致亏陷,父兄当核实罪之。"⑤民国初年绩溪仁里的《鱼川耿氏宗谱》"家族规则"的"曰崇俭"条批评当时族人趋于奢侈的风气,倡导"俭以养廉"的古训,指出:"嗣后务嘱其族人,称家之有无,量财为出入,举凡时世上一切争相效仿之新装在所必禁,人事上牢不可破之繁文在于必革。久之,将各以俭约相矜,而以奢侈为戒。庶家给人足,日企敦庞矣。故终之以崇俭。"⑥徽商勤俭起家和崇俭黜奢在其他文献中也多有记载。顾炎武说:"新都勤俭甲天下,故富亦甲天下……青衿士在家

---

① 《休宁西门汪氏宗谱》卷六《光禄应诰以七秩寿序》。
② 道光《徽州府志》卷十二《人物志五·义行》。
③ 绩溪《西关章氏宗谱》卷二六《例授儒林郎候选布政司理问绩溪章君策墓志铭》。
④ 贾嘉麟等编:《商家智谋全书》,第63—64、95页。
⑤ (清)吴翟辑撰,刘梦芙点校:《茗洲吴氏家典》卷一,合肥:黄山书社,2006年,第19页。
⑥ 民国绩溪《鱼川耿氏宗谱》卷五。

闲,走长途而赴京试,则裋褐至骭,芒鞋跣足,以一伞自携,而省舆马之费。问之则皆千万金家也。徽人四民咸朴茂,其起家以资雄闾里,非数十百万不称富也,有自来矣。"①徽商妇更是崇俭黜奢的楷模,"女人尤称能俭,居乡者数月,不沾鱼肉,日挫针治缝纫绽……徽欲能蓄积,不至卮漏者,盖亦由内德矣"②。徽商尚俭的重要原因便在于秉持和践履朱子理欲观,下面这条史料充分说明了这点。歙县大盐商鲍志道(字诚一),"业鹾淮南,遂家扬州。初扬州盐务竞尚奢丽,一婚嫁丧葬,堂室饮食,衣服舆马,动辄费数十万……自诚一来扬,以俭相戒,值郑鉴元好朱程性理之学,互相倡率,而侈靡之风,至是大变。诚一拥资巨万,然其妻妇子女,尚勤中馈箕帚之事。门不容车马,不演剧,淫巧之客,不留于宅"③。

二、朱子的公私之辨与徽商各层次公私观的建立

正确看待公私关系,即集体利益、个人利益及其关系,是儒家伦理的基本问题之一。朱子十分重视公私之辨,说:"人只有一个公私,天下只有一个邪正。"④他将公私之辨与理欲之辨密切结合起来,认为理欲关系本质上是公私关系,公私便是区分理欲的标准,"心之所主,又有天理人欲之异,二者一分,而公私邪正之涂判矣"⑤。"而今须要天理人欲,义利公私,分别得明白。"⑥朱子将理欲与公私之辨联系起来,旨在阐明个人利益要服从群体利益,当两者发生冲突时,要牺牲前者来维护后者,即"存天理,灭人欲"。有学者说,"天理人欲之分便是公私之分,这是朱熹和理学家的共同看法。""(存

---

① (清)顾炎武:《肇域志》第三册《江南十一·徽州府》,上海:上海古籍出版社,2002年。
② 康熙《徽州府志》卷二《风俗》。
③ (清)李斗撰,汪北平、涂雨公点校:《扬州画舫录》卷六《城北录》,北京:中华书局,1960年,第148—150页。
④ (宋)黎靖德编,杨绳其、周娴君点校:《朱子语类》卷一三,第203页。
⑤ (宋)朱熹:《晦庵先生朱文公文集》卷一三《延和奏札二》,第173页。
⑥ (宋)黎靖德编,杨绳其、周娴君点校:《朱子语类》卷一三,第202页。

天理,灭人欲)就其实质而言,反映了群体利益和个体利益的冲突。"①

为什么公私之辨如此重要呢?首先,公即是公理,仁即天下之公,两者本质上是相同的,"盖公只是一个公理,仁是人心本仁。人而不公,则害夫仁"②。"仁者,天下之公,私欲不萌,而天下之公在我,何忧之有!"③可见,公即是仁,仁即是公。其次,公与仁又是体用关系,公是仁的道理,是实现仁的方法,只有实现公,才能达到仁。"仁是爱底道理,公是仁底道理。故公则仁,仁则爱。""公是仁的方法。""公却是仁发处。无公,则仁行不得。"④再者,公私之分也就是君子与小人之分,"君子公,小人私"⑤。"君子之心公而恕,小人之心私而刻,天理人欲之间,每相反而已。"⑥

朱子的公私观得失并存,"理学把主体意识归结为群体意识,以此为人的最高的内在价值,一方面表现了社会历史的责任感和使命感,但同时又是以牺牲个体意识为其代价……但是到理学后期,普遍出现了对个体意识的重视,这当然同资本主义商品经济的出现有密切关系。"⑦明清徽州在建立商业伦理时,便吸取了阳明心学,特别是阳明左学重视个体意识和权利的思想,即私与私利的思想。但是,明清徽州的商业主流价值观并不否定朱子重视群体利益的思想,仍将奉公和守公作为处理公私关系的前提和根本,私(利)仍必须服从和服务于公(利)。《士商类要》的"经营"篇便说:"凡人作事,先须克己无私。为客经营,勿以贪小失大……财何损身,只为私贪而致害。利终养己,盖因公取以成家。"⑧具体而言,徽商公私观主要表现在处理与宗族、乡里、社会和国家等不同层面的公私关系等方面。

---

① 蒙培元:《理学范畴系统》,北京:人民出版社,1989年,第305、310页。
② (宋)黎靖德编,杨绳其、周娴君点校:《朱子语类》卷九五,第2206页。
③ (宋)黎靖德编,杨绳其、周娴君点校:《朱子语类》卷三七,第879页。
④ (宋)黎靖德编,杨绳其、周娴君点校:《朱子语类》卷六,第105—106页。
⑤ (宋)黎靖德编,杨绳其、周娴君点校:《朱子语类》卷二四,第525页。
⑥ (宋)朱熹:《论语集注·子路第十三》。
⑦ 蒙培元:《理学范畴系统》,第177—178页。
⑧ 贾嘉麟等编:《商家智谋全书》,第67页。

徽商十分重视维护宗族利益,利用朱子伦理建立起发达的宗族制度。清初休宁名士赵吉士说:"新安各姓,聚族而居,绝无一杂姓搀入者,其风最为近古。出入齿让,姓各有宗祠统之,岁时伏腊,一姓村中千丁皆集,祭用文公家礼,彬彬合度。父老尝谓新安有数种风俗,胜于他邑,千年之冢,不动一抔,千丁之族,未尝散处,千载谱系,丝毫不紊。"①又说:"一姓也而千丁聚居,一抔也而千年永守,一世系也而千派莫紊,率皆通都名郡所不能有,此岂非谈道讲学,沐浴紫阳之所留遗欤?"②为南宋以后家族制度做了具体设计的《朱子家礼》则被徽州家族奉为圭臬,《朱子家礼》是徽州人制订族规、家典和家训的蓝本。《茗洲吴氏家典·序言》说:"吴氏族规乃推本紫阳家礼,而新其名家典。"《家礼序》指出家礼的宗旨在于:"大抵谨名分、崇敬爱以为之本……诚愿得与同志之士熟讲而勉行之,庶几古人所以修身齐家之道、谨终追远之心犹可以复见,而于国家所以崇化导民之意,亦或有小补云。"③可见,朱子希望通过家族伦理及其制度来教导人们正确处理包括家族在内的不同层面"公"的关系。而这一期望在明清徽州社会得到了充分的落实。

徽商的经营一般是宗族性的。傅衣凌说:"徽商的活动和其乡族利益是相连带着的。所以他们的外出,常是全乡经商,集团移徙。"④这种宗族性经营造就了许多徽商世家大族,如清代中叶,"宏村(属黟县)名望族,为贾于浙之杭绍间者尤多"⑤。为了宗族等群体利益,徽商在竞争中也利用朱子伦理"以合济争"。他们在全国各地设立徽州会馆和公所等,其中多供奉和祭祀朱子(徽国文公),会馆房舍兼为"朱子堂"、"文公祠",《朱子家礼》亦被用于

---

① (清)赵吉士辑撰,周晓光、刘道胜点校:《寄园寄所寄》卷一一《泛叶寄·故老杂记》,合肥:黄山书社,2008年,第872页。
② 康熙《休宁县志》卷一《风俗》。
③ 《朱子家礼·家礼序》,见《朱子全书》第7册,上海:上海古籍出版社;合肥:安徽教育出版社,2010年,第873页。
④ 傅衣凌:《明代徽州商人》,见《江淮论坛》编辑部编:《徽商研究论文集》,合肥:安徽人民出版社,1985年,第30页。
⑤ 道光《黟县续志》卷一五《艺文·汪文学传》。

维持会馆的内部关系上,以凝聚同族和同乡力量共同对外竞争。如吴江县盛泽镇徽宁会馆,"殿之东,建造行馆,供奉紫阳徽国朱文公","正殿三间,正供威显仁勇协天大帝神座;东供忠烈王汪公大帝神座;西供东平王张公大帝神座"①。朱子和汪氏祖先汪华(因汪氏商人在盛泽镇势力最大)同时受到祀奉,"这充分说明了徽商的群体归属感是与宗族归属感紧紧粘合在一起的"②。

徽商致富后,热心宗族之事,建义仓、兴赈会、置祀田、设义塾、立文社、建学宫、施棺木、修会馆、造桥和砥道等。《士商类要》"和睦宗族"篇说:"凡处宗族,当以义为重。盖枝派虽远,根蒂则同。仁人之恩。由亲以及疏,笃近而举远,岂可视之如路人邪?昔范文正公为参知政事,所得俸禄必与宗族人共享之。尝曰:'吾不如此,将何面目见祖宗于地下。'又立义田以周宗族之贫乏者,是岂不可以为万世亲亲者法哉!"③明歙县商人李天祥,"读书好义,宗族贫乏者恒周之。又置义田,凡丧葬嫁娶饥寒无资及有志读书者,皆取给焉"④。明祁门商人胡天禄,"幼贫而孝。后操奇赢,家遂丰。先是族人失火焚居,天禄概为新之。又捐金定址建第宅于城中,与其同祖者居焉。又输田三百亩为义田,使蒸尝(古同尝)无缺。塾教有赖,学成有资,族之婚嫁丧葬与娶妇无依穷而无告者,一一赈给"⑤。在扬州经商的清代歙商鲍光甸,对于族中贫困者均以救济,"置祠产,刊谱牒,兴义塾,恤孤寡,族人之无告者周之,散处他郡者收之"⑥。

徽商还十分热心地方和社会公益事业。乾隆两淮总商鲍志道生平好施,"敦本好义,捐银八千两,增置城南紫阳书院膏火。偕曹敏公倡复紫阳书

---

① 《合建徽宁会馆缘由始碑》(道光十二年十二月),见彭泽益选编:《清代工商行业碑文集粹》,郑州:中州古籍出版社,1997年,第152页。
② 唐力行:《商人与中国近世社会》,第39页。
③ 贾嘉麟等编:《商家智谋全书》,第99页。
④ 康熙《徽州府志》卷一五《人物志四·尚义传》。
⑤ 康熙《徽州府志》卷一五《人物志四·尚义传》。
⑥ 道光《徽州府志》卷一二《人物志五·义行》。

院,出三千金落成之"①。清代著名徽商程光国的义行声名更是显赫,史载,其幼倜傥,"读书能见其大……输军饷,奉旨议叙以主事即用。庚子南巡,恩赐御书。甲辰南巡,赐燕、赐福字。篁墩程朱阙里祠奉旨敕建,年久就圮。光国独力修葺,增置祀产,以垂永久。言于邑令,张公佩芳倡问政书院,襄办城南紫阳书院,捐资添助膏火,复偕曹文敏公经理古紫阳书院……念里人客死江浙,柩不得归,买舟载归。子孙力能葬者,听葬;不能者,于南乡深渡买地为厂……歙北箬岭倾圮难行,重修之,以便行人。阳湖洪亮吉为之记。他如设义学,置东郊义冢,修两城大路,施棺施药,收养遗弃婴孩,赈恤孤贫诸义事,不可枚举"②。助赈是徽商从事社会公益事业的重要内容。清初婺源商人戴公选,"贾湘汉间。顺治丁亥岁大祲,输资运米以赈,全活甚众。逋券盈匮,贫不能偿者悉焚之"③。有些徽商的捐赈特别巨大。史料记载:"乾隆三年十月盐政三保奏:据众商以扬郡被旱,愿设八厂煮粥,自本年十一月起至次年二月止,共捐银十二万七千一百六十六两有奇;又商人汪应庚独捐银四万七千三百一十两有奇,请给议叙嗣子。"④鲍志道之子鲍漱芳,在嘉庆十年(1805年)夏洪泽湖涨决时,集议公捐米六万石助赈,"于各邑设厂,并赴泰州恭亲督视。是年,淮黄大水,漫溢邵伯镇之荷花塘,漱芳倡议仍设厂赈济,并力请公捐麦四万石展赈两月,所存活者不下数十万人"⑤。

徽商的奉公还体现在报效国家上。商书和许多徽商的族规、家训明文规定要及时向国家缴纳税粮。《士商类要》"立身持己"篇说:"税粮乃国家重务,迟速必不可免者,每年宜早办完纳,毋得延挨,自取罪辱。"⑥明初休宁商人程宾赐,"少有志。略十三率丁夫于池州伐海船木,起赴郡。又奉例改造戍戍自实田,一秉至公。尝捐己币,倡诸父昆弟以赎石灰山之役。又自婺源

---

① 民国《歙县志》卷九《人物志·义行》。
② 康熙《徽州府志》卷一二《人物志五·义行》。
③ 康熙《徽州府志》卷一五《人物志四·尚义传》。
④ 《清盐法志》卷一五四(两淮五五)《杂记门二·捐输二·助赈》。
⑤ 民国《歙县志》卷九《人物志·义行》。
⑥ 贾嘉麟等编:《商家智谋全书》,郑州:中州古籍出版社,2002年,第95页。

伐巨木五千余送安庆以应和买之令。太祖命光禄赐膳内府给价以嘉之"①。助饷是徽商报国的重要形式,清代尤巨,"或遇军需,各(盐)商报效之例,肇于雍正年,芦商捐银十万两。嗣乾隆中金川两次用兵,西域荡平,伊犁屯田,平定台匪,后藏用兵,及嘉庆初川、楚之乱,淮、浙、芦、东各商所捐,自数十万、百万以至八百万,通计不下三千万。其因他事捐输,迄于光绪、宣统间,不可胜举"②。徽商为两淮、浙江盐商中坚,故捐饷多出自徽商。

三、朱子的义利观与徽商的伦理价值追求

义和利是一对标志道德原则和物质利益、个人价值和群体价值、动机和效果的价值范畴。义和利包含两层意思。一是道德行为和物质利益的关系。义是指道德行为之当然,利是指物质利益。利又有公利与私利之分,凡是追求个人利益,并损害民族和国家利益的,称为私利;凡是谋求国家和民族利益的,称为公利。二是动机和效果的关系。凡是强调义,主张以之作为道德评判标准,只讲动机,不问效果的,属于动机论;反之,以利作为评价标准,只管行为效果,不问道德动机的,属于效果论③。

朱子十分重视义利之辨,说:"义利之说,乃儒者第一义。"④他继承儒家重义轻利的传统,并把义(有时亦称仁义)纳入天理范畴,属天理之公;把利与人欲相联系,属人欲之私,主张重义轻利,循义而利无不在。他说:"义者,天理之所宜;利者,人情之所欲。"⑤"仁义根于人心之固有,天理之公也。利心生于物我之相形,人欲之私也。循天理,则不求利而自无不利,殉人欲,则求利未得而害己随之。"⑥义在社会生活中便是天理所规定的当然行为,为人

---

① 康熙《徽州府志》卷一五《人物志四·尚义传》。
② 赵尔巽等撰:《清史稿》卷一二三,"志"九八《食货四·盐法》,北京:中华书局,1977年。
③ 葛荣晋:《中国哲学范畴通论》,北京:首都师范大学出版社,2001年,第532页。
④ (宋)朱熹:《晦庵先生朱文公文集》卷二四《与延平李先生书》,第415页。
⑤ (宋)朱熹:《论语集注》卷二《里仁第四》。
⑥ (宋)朱熹:《孟子集注》卷一《梁惠王章句上》。

之正道,"义者,宜也。乃天理之当行,无人欲之邪曲,故曰正路"①。圣贤以仁义为本,"圣人之心,浑然天理……其视不义之富贵,如浮云之无有,漠然无所动于其中也"②。义利之别即君子与小人之别,"君子只理会义,下一截利处更不理会。小人只理会下一截利,更不理会上一截义"。"小人则只计较利害,如此则利,如此则害。君子则不顾利害,只看天理当如何"③。他主张"见不义之财勿取"④。

朱子生活在商品经济不断发展的南宋社会,士宦之家经商者愈来愈多,他本人及其家族也从事过商业活动。因此,他根据社会发展和现实需要,对义利对立的思想作了修正,主张义利结合,要求在遵循天理,即义的基础上来讲利和求利。一是,肯定追求正当之利符合人性,是合理的,只是反对专求利和讲利。他同意二程的"君子未尝不欲利,但专以利为心则有害"⑤的观点,更提出:"圣人岂不言利?"⑥但是,反对一味趋利,"若说全不要利,又不成特地去利而就害。""利不是不好。但圣人方要言,恐人一向去趋利"⑦。"然义未尝不利,但不可先说道利,不可先存求利之心"⑧。二是,利与义有同一性,"利是那义里面生出来底,凡事处得合宜,利便随之。所以云'利者,义之和',盖是义便兼得利"⑨。循天理便能得利,"正其谊,则利自在;明其道,则功自在"⑩。"'罕言利'者,盖凡做事,只循这道理做去,利自在其中矣"⑪。朱子还身体力行,在经商中以义取利。如,针对建阳许多书坊专为赢利滥印劣

---

① (宋)朱熹:《孟子集注》卷七《离娄章句上》。
② (宋)朱熹:《论语集注》卷四《述而第七》。
③ (宋)黎靖德编,杨绳其、周娴君点校:《朱子语类》卷二七,第630页。
④ 《朱子家训》,(清)石成金编,汪茂和等校注:《传家宝集》,北京:北京师范大学出版社,1992年,第350页。
⑤ (宋)朱熹:《孟子集注》卷一《梁惠王章句上》。
⑥ (宋)黎靖德编,杨绳其、周娴君点校:《朱子语类》卷三六,第849页。
⑦ (宋)黎靖德编,杨绳其、周娴君点校:《朱子语类》卷三六,第849、850页。
⑧ (宋)黎靖德编,杨绳其、周娴君点校:《朱子语类》卷五一,第1088页。
⑨ (宋)黎靖德编,杨绳其、周娴君点校:《朱子语类》卷六八,第1529页。
⑩ (宋)黎靖德编,杨绳其、周娴君点校:《朱子语类》卷三七,第884页。
⑪ (宋)黎靖德编,杨绳其、周娴君点校:《朱子语类》卷三六,第849页。

质书籍的情况,他自开书坊编制高质量书籍,生意日盛。此举引起同道的非议乃至反对,可是他坚持做①。朱子的义利观及其经商行为给人们突破禁欲主义义利观打了闸门,有利于商业思想的解放。

义利之辨是商业伦理的核心,如何看待义利关系反映了商人的不同商业操守和伦理价值追求。明清徽州在构建新商业伦理时,秉承朱子以义取利、以义制利的道德准则。《士商类要》的"立身持己"篇谆谆告诫不能为富不仁和重利忘义,"富以能施为德","惟知有己,好议人之差错,不责己之过失,嫉贤妒能,重利忘义,尤善于拒谏怖非,难逃乎口评众论。一日时衰运去,祸起萧墙,盖为不仁之所召也"②。一些商人结合自身经验对以义为利进行阐发,指出只有持义和重义才能真正求利和获利。明代婺源商人李大嵩对继承者传授心得:"财自道生,利缘义取。"③清代黟县商人舒遵刚引经据典对以义为利的阐发尤为深刻,曾训诲后辈说:"圣人言,生财有大道,以义为利,不以利为利。国且如此,况身家乎!人皆读四子书,及长习为商贾,置不复问,有暇辄观演义说部,不惟玩物丧志,且阴坏其心术,施之贸易,遂多狡诈。不知财之大小,视乎生财之大小也,狡诈何裨焉。吾有少暇,必观《四书》、《五经》,每夜必熟诵之,漏三下始已。句解字释,恨不能专习儒业,其中义蕴深厚,恐终身索之不尽也,何暇观书哉!"又说:"钱,泉也,如流泉然。有源斯有流,今之以狡诈求生财者,自塞其源也⋯⋯圣人言,以义为利,又言见义不为无勇。则因义而用财,岂徒不竭其流而已,抑且有以裕其源,即所谓大道也。"④

徽商致富多重义轻利,化利为义。赵吉士的这段话很有代表性。他说:"吾乡之人俭而好礼,吝啬而负气。其丰厚之夫家资累万,尝垂老不御绢帛,敝衣结鹑,出门千里,履草屩,袱被自携焉。乡党有称贷,锱铢升斗见于面。

---

① 周茶仙:《简论朱熹的商业思想》,载《朱子学刊》第14辑。
② 贾嘉麟等编:《商家智谋全书》,第94—95页。
③ 婺源《三田李氏综宗谱·环田明处士李公行状》。
④ (清)谢永泰、程鸿诏等纂修:《黟县三志》卷一五《艺文·人物类·舒君遵刚传》。

岁时伏腊必燕饮酬酢，一介不取与，乾馈必报。呜呼，何其细也。然急公趋义，或输边储，或建官廨，或筑城隍，或赈饥恤难，或学田、道路、山桥、水堰之属，且输金千万而不惜。甚至赤贫之士，龟勉积蓄十数年而一旦倾囊为之。呜呼，又何其慷慨好义也。"①外人对此也颇有称述："往新都土，数为余称，郡中多贤豪为名高第，于所传之非菫菫于财役，要以利为德于当世，富而仁义附焉。"②有些徽商甚至舍利取义。清初婺源人汪拱乾，"赋性慷慨，人有缓急有求悉应。积券凡八千余金。一日，召当偿者来，合券遍归之。总督于成龙给冠带，旌其闾"③。清歙县商人叶良茂，"尝客常熟。值岁饥，以粟出贷，粟尽，继之以钱，以什器，囊橐一空。及秋获，人谋欲偿之，良茂焚其券，颂声载路"④。祁门商人汪文德在扬州经商，1645年清军南下，"文德率弟健诣豫王军前，以金三十万犒师，且请勿杀无辜。王义其言，欲官之，不受。曰：'愿为农夫。'王笑从之"⑤。黟县商人叶万生甚至舍生取义，顺治五年（1648年）三月，江西王之贞破黟县城，掳掠四乡，村民逃到吴家坞几日无食。他潜回村中取粮和侦探被抓，被问村人所藏处不说，"挟之以刃，又置积薪上，环之以火，公骂贼不绝，终不言村人藏匿所，遂被害"⑥。

四、朱子的诚信观与徽商经商之道

诚信是商业伦理的基本信条。商业交易双方为维护和争取自己的利益，必然要以诚信为基础。诚信也是儒家伦理的基本范畴，被视作立身处世的根本准则，形成了"以诚为本"、"人无信不立"伦理命题。朱子秉承儒家诚信观，并将诚信纳入天理的范畴。

朱子将诚上升到宇宙和人生本体论的高度，视诚为天理，"天地之道，可

---

① 康熙《徽州府志》卷一五《人物志四·尚义传》。
② 《休宁四门汪氏大公房挥金公支谱》卷四《明威将军南昌卫指挥金事新公墓表》。
③ 康熙《徽州府志》卷一五《人物志四·尚义传》。
④ 道光《徽州府志》卷一二《人物志五·义行》。
⑤ 康熙《徽州府志》卷一五《人物志四·尚义传》。
⑥ 黟县《南屏叶氏族谱》卷一《质行》，清嘉庆十七年（1812年）。

下篇 区域史与徽学研究

一言而尽,不过曰诚而已"①。那么,何谓诚?他说:"诚者,真实无妄之谓,天理之本然也。诚之者,未能真实无妄而欲其真实无妄之谓,人事之当然也。"②"诚者,合内外之道,便是表里如一,内实如此,外也实如此"③。因此,诚是认识和实践的最高准则,"天下之物,皆实理之所为,故必得是理,然后有是物。所得之理既尽,则是物亦尽而无有矣。故人之心一有不实,则虽有所为,亦如无有。而君子必以诚为贵也"④。诚是五常之基础,"理一也。以其实有,故谓之诚。以其体言,则有仁义礼智之实,以其用言,则有恻隐、羞恶、恭敬、是非之实。故曰:'五常百行非诚',非也"⑤,诚是做人做事的根本,"凡人所以立身行已,应事接物,莫大乎诚敬"⑥。"凡应接事物之来,皆当尽吾诚心以应之,方始是有这个物事"⑦。"道之浩浩,何处下手?惟立诚才有可居之处,有可居之处才可修业"⑧。所谓信,是指人在交往中应当重然诺和诚实无欺。朱子说:"信是信实,表里如一。"⑨"信是言行相顾之谓"⑩。信是人先天固有的道德品质,"仁之恻隐,义之羞恶,信之诚实,皆发于性之自然"⑪。信是实践仁义礼智的基础,"信是诚实此四者,实有是仁,实有是义,礼智皆然。如五行之有土,非土不足以载四者"⑫。因此,信为立人之本,"若人无信,则语言无实,何处行得。处家则不可行于家,处乡党则不可行于乡

---

① (宋)朱熹:《中庸章句集注》第二六章,第13页,《四书五经》。
② (宋)朱熹:《中庸章句集注》第二〇章,第10页,《四书五经》。
③ (宋)黎靖德编,杨绳其、周娴君点校:《朱子语类》卷二三,第489页。
④ (宋)朱熹:《中庸章句集注》第二四章,第12页,《四书五经》。
⑤ (宋)黎靖德编,杨绳其、周娴君点校:《朱子语类》卷六,第94页。
⑥ (宋)黎靖德编,杨绳其、周娴君点校:《朱子语类》卷一一九,第2596页。
⑦ (宋)黎靖德编,杨绳其、周娴君点校:《朱子语类》卷二一,第452页。
⑧ (宋)黎靖德编,杨绳其、周娴君点校:《朱子语类》卷九五,第2198页。
⑨ (宋)黎靖德编,杨绳其、周娴君点校:《朱子语类》卷三五,第825页。
⑩ (宋)黎靖德编,杨绳其、周娴君点校:《朱子语类》卷二一,第436页。
⑪ (宋)朱熹:《晦庵续集》卷十《答李孝述继善问目》,见《四部丛刊》景明嘉靖本,第89页。
⑫ (宋)黎靖德编,杨绳其、周娴君点校:《朱子语类》卷六,第95页。

党"①。信是交往的根本,"言行不相副,无以取信于人如此,使人皇恐,无地自容"②。诚与信是体用关系,"诚者实有之理,自然如此。忠信以人言之,须是人体出来方见"③。即是说,诚与信都是真实无妄,只是诚是天道本体(天理),信是根据诚来为人行事的准则,是诚在社会生活领域的运用,诚是体,信是用。

徽商的经营和为人秉持朱子的诚信观。《士商类要》"买卖机关"篇说:"交易之时,即要讲明价钱银水,若含糊图成,齿下不明,至会账必然混赖。允与不允,决于当时,既已成交,转身嗟怨,此非君子道义之交也。"又说:"至诚忠厚,虽无能干,其信实正大可取。纵有妙才转环之智,若丧心丧德,设诡设诈,此不可交。"④徽商以诚经营者屡见不鲜。如,明歙商黄玑芳,"少读朱子小学,至温公训刘无城以诚;读《尚书》至'有忍乃济',即有颖悟,谓诚与忍乃二字符也,当佩之终身。平生自无妄话,与人交悃愊忠信"⑤。清歙商许明贤,"深究性命之学,以诚敬为宗……及老犹命其子力行,无少怠"⑥。歙商吴南坡说:"人宁贸诈,吾宁贸信,终不以五尺童子而伤价为欺。"⑦清黟县商人胡荣命在江西吴城经商五十余年,名重吴城,"晚罢归,人以重价赁其肆名",他不同意,说:"彼果诚实,何借吾名?欲借吾名,彼先不诚,终必累吾名也。"⑧歙商江氏以信用为家族立命根基,传至承封公客居扬州业盐,"惧祖德湮没不传广,倩名流作《信录》,令以传世"⑨。

徽商讲求信用,重视用契约来规范商业经营,是徽商吸收朱子诚信观并对之加以整合的体现。如,有这样一份商业契约样本:"立合约人:窃见财从

---

① (宋)黎靖德编,杨绳其、周娴君点校:《朱子语类》卷二四,第535页。
② (宋)朱熹:《晦庵先生朱文公文集》卷二五《与吕伯恭书》,第438页。
③ (宋)黎靖德编,杨绳其、周娴君点校:《朱子语类》卷六,第94页。
④ 贾嘉麟等编:《商家智谋全书》,第36—37、53页。
⑤ 歙县《竦塘黄氏宗谱》卷六《黄公玑芳传》。
⑥ 道光《徽州府志》卷一二《人物志五·义行》。
⑦ 《古歙岩镇镇东磡头吴氏族谱·吴南坡公行状》。
⑧ 《黟县三志》卷七《人物·尚义》。
⑨ 歙县《济阳江氏族谱》卷九《清诰封奉直大夫公传》。

伴生,事在人为。是以两同商议,合本求利,凭中见,各出本银若干,同心揭胆,营谋生意。所得利钱,每年面算明白,量分家用。仍留资本,以为源源不竭之计。至于私己用度,各人自备,不得支用店银,混乱账目。故特歃血定盟,务宜苦乐均受,不得惹私肥己。如犯此议者,神人共殛。今欲有凭,立此合约一样两纸,存后照用。"①再见一份订立于光绪十九年(1893年)正月的徽州商业合同《歙县程振之等伙开粮行合同》,主体内容是:"立合同议据人程振之、程耀庭、陈傅之、吴紫封、程润宏等志投意合,信义鸿献,商成合开溪西码头上永聚泰记粮食行业生意,每股各出资本英[鹰]洋贰佰元,五股共成坐本英[鹰]洋壹仟元。所有官利每年议以捌厘提付,各股毋得抽动,本银亦不得丝毫宕欠。每年得有盈余,言定第二年提出照股均分。亏则坐照姓镶足,如有不镶公照盘账折出无辞。自议之后,各怀同心同德,行见兴隆,源远流长,胜有厚望焉。恐口无凭,立此合同议据壹样五纸,各执壹纸,永远存照,大发。"②由这份合同,我们不难看出徽商对诚信、信义的重视及与商业经营成功关系的深刻认识。

五、朱子的职业观与徽州的儒贾观念

朱子理欲观肯定正当人欲的一个重要原因,是为了适应南宋商品经济的发展和社会上普遍出现的经商治生现象。朱子一方面强调国家须以重农为本,认为只有这样才能使社会达到理想的道德之境,"契勘生民之本,足食为先。是以国家务农重谷,使凡州县守皆以劝农为职……盖欲吾民衣食足而知荣辱,仓廪实而知礼节,以共趋于富庶仁寿之域,德至渥也"③。另一方面,他又承认只要符合天理,包括经商在内的谋利行为是合理的,"夫营为谋

---

① 《新刻徽郡补释士民便读通考》,见张海鹏、王廷元主编:《明清徽商资料选编》,合肥:黄山书社,1985年,第270—271页。
② 安徽省博物馆编:《明清徽州社会经济资料丛编》第1集,北京:中国社会科学出版社,1988年,第580页。
③ (宋)朱熹:《晦庵先生朱文公文集》卷一〇〇《劝农文》,第2224页。

虑,非皆不善也。便谓之私欲者,只一毫发不从天理上自然发出,便是私欲"①。对于商人的正当利益也加以维护,他任提举浙东常平盐公事时,"凡丁钱、和买、役法、榷酤之政,有不便于民者,悉厘而革之"②。他教导子孙,"士其业者,必至于登名;农其业者,必至于积粟;工其业者,必至于作巧;商其业者,必至于盈赀。若是则于身不弃,于人无愧祖父,不失其贻谋"③。可见,他并不反对子孙从事工商业。有学生问贫穷不能学的子弟能否经商,他以陆九渊亦开药肆为例予以肯定回答:"止经营衣食亦无甚害,陆家亦作铺买卖。"④朱子的外家祝氏是新安名族,宋代二人中进士。祝氏善于经商,朱子在《记祝外大父祝公遗事》中称赞其贾而好儒,"外家新安祝氏,世以资力顺善闻于乡州。其邸肆生业,几有郡城之半,因号'半州祝家'"⑤。他本人也开过书肆。可见,在他看来,"四民"只是职业的不同,并无道德高下之分。但是,这并不意味着他平等看待"四民"的地位。宋明理学倡导"人伦日用"的世俗化儒学,以求最终建立一个以儒家伦理为本位的理想社会。那么,通过什么途径才能做到这点呢?朱子明确主张只有读书才能穷理,"盖为学之道莫先于穷理,穷理之要必在于读书"⑥。这表明他将士视为建立儒家理想社会最重要的职业和阶层。再者,他对于士和商的职业职责的规定是:"士其业者必至于登名"和"商其业者必至于盈赀",即是说,士求名,商求利。陆王心学是宋明儒学世俗化的更大发展,在如何化民和看待四民的职业伦理价值时比朱子更为解放,如,王阳明便提出"四民异业而同道"。那么,朱子对商业和商人的新认识对明清徽州四民职业观,特别是商业观又会产生什么样的影响呢?

明清时期商品经济获得更大发展,治生问题也更为突出,因此,四民观

---

① (宋)朱熹:《晦庵先生朱文公文集》卷三二《问张敬夫·答张敬夫问目》,第585页。
② 《宋史》卷四二九《朱熹》,北京:中华书局,1985年。
③ (宋)朱熹:《不弃自文》,见(清)石成金编:《传家宝全集》,第353页。
④ (宋)黎靖德编,杨绳其、周娴君点校:《朱子语类》卷一一三,第2479页。
⑤ (宋)朱熹:《晦庵先生朱文公文集》卷九八《祝外大父祝公遗事》,第2216页。
⑥ (宋)朱熹:《晦庵先生朱文公文集》卷一四《行宫便殿奏札二》,第189页。

发生了比南宋更强烈的变化,特别是对士商或儒贾关系的认识。社会上出现了工商皆本、士贾合一、儒商并重等观念,在徽州该问题更为突出。徽州田少地瘠,不利耕植,明中叶以来人口不断增加使生存压力增大,经商成为人们谋生的主要方式。当然,经商在徽州成为治生的首选职业在于它更易致富,"士而成功也十之一,贾而成功者十之九"①。那么,面对新的社会现实,在崇奉朱子学,以《朱子家礼》为本的徽州是如何对待朱子职业观及其商业伦理价值的呢?

明中后期徽州的重商观念有了很大发展。明代歙县的文学家汪道昆(1525—1593年)所著《太函集》中最为人们关注的是徽州左儒右贾、薄名喜利的风气,如,"休、歙右贾左儒,直以九章当六籍"②。"吾乡左儒右贾,喜厚利而薄名高"③。"古者右儒而左贾,吾郡或右贾而左儒"④。明代小说也有佐证:"却是徽州风俗,以商贾为第一等生业,科第反在次者。"⑤显然,这种职业观完全突破了朱子的职业伦理观。但是,我们也不难发现明清徽州大量存在的贾服儒行、儒贾事道相通一类的言行。如,"大江以南,新都以文物著。其俗不儒则贾,相代若践更,要之良贾何负闳儒,则其躬行彰彰矣"⑥。"借令服贾而仁义存焉,贾何负也"⑦。吴良儒丧父家贫,母劝其弃儒继承父业,"儒固善,缓急奚赖耶?"他退而三思后于次日告诉母亲:"儒者孜孜为名高,名亦利也。藉令承亲之志,无庸显亲扬名,利亦名也。不顺不可以为子,尚安事

---

① 民国《丰南志》卷六《艺文志下·行状·百岁翁状》。
② (明)汪道昆撰,胡益民、余国庆点校:《太函集》卷七七《荆园记》,合肥:黄山书社,2004年,第1578页。
③ (明)汪道昆撰,胡益民、余国庆点校:《太函集》卷一八《蒲江黄公七十寿序》,第381页。
④ (明)汪道昆撰,胡益民、余国庆点校:《太函集》卷五四《明故处士溪阳吴长公墓志铭》,第1142页。
⑤ (明)凌濛初:《二刻拍案惊奇》卷三七《叠居奇程客得助 三救厄海神显灵》。
⑥ (明)汪道昆撰,胡益民、余国庆点校:《太函集》卷五五《诰赠奉直大夫户部员外郎程公暨赠宜人闵氏合葬墓志铭》,第1146页。
⑦ (明)汪道昆撰,胡益民、余国庆点校:《太函集》卷二九《范长君传》,第638页。

儒?乃今自母主计而财择之,敢不惟命。"①可见,在许多徽州人看来,事贾同样能守孝悌和行仁义,贾利同样能博得儒名,能"亢宗显族"。故,徽人说,"故业儒服贾各随其矩,而事道亦相为通"②;"士商异术而同志"③。显然,这种士商或儒贾观及其伦理价值取向突破了朱子的思想,吸收了明清新职业伦理思想。然而,需要指出的是,这种职业伦理观并不是对朱子职业观的否定,而只是一种转换,即经商仍要持守朱子所说的道德伦理准则。明末唐模村汪凤龄的话很能说明问题,他说:"吾新安非徽国文公父母之邦乎?今紫阳书院先圣之微言、诸儒之解诘具在,奈何而不悦学乎?且吾汪氏仕而显、贾而赢者,世有其人矣。"他晚年教育8个颇有儒商之名的儿子说:"吾以隐居废治生,诸子有志于四方甚善。但能礼义自将,不愧于儒术,吾愿足矣。"④可见,在他看来,只要事贾能奉守朱子的儒家伦理,能礼义自将,那么,儒贾便只是一种职业差别,而无伦理价值的先后和名利的差别了。

更需要指出的是,明清时期,特别是在清代徽州,持守朱子那种传统职业观和儒贾观的仍是普遍现象。在许多徽人看来,事贾是为生计所迫;业儒仍是最优先和理想的职业选择,在经商致富后弛贾张儒,或弃商从儒,或让子弟读书入仕。汪道昆说得十分清楚,"新都业贾者什七八,族为贾而隽(俊)为儒"⑤。明代歙商王廷宾好吟咏,乐与士人交结,有人对其母说:"业不两成,汝子耽于吟咏,恐将不利于商也。"王母叹言:"吾家世承商贾,吾子能以读起家,得从士游幸矣,商之不利何足道耶!"⑥明代后期的《士商类要》专设教子弟读书的"勤读书史"篇。许多商人致富后立志重振儒业。许孟洁富

---

① (明)汪道昆撰,胡益民、余国庆点校:《太函集》卷五四《明故处士溪阳吴长公墓志铭》,第1143页。
② 《汪氏统宗谱》卷一六八,见张海鹏、王廷元主编:《明清徽商资料选编》,第439页。
③ 《江氏统宗谱》卷一一六《弘号南山行状》,见张海鹏、王廷元主编:《明清徽商资料选编》,第440页。
④ (清)吴伟业:《梅村家藏稿》卷五二《汪处士传》,台北:台湾学生书局,1975年。
⑤ (明)汪道昆撰,胡益民、余国庆点校:《太函集》卷一六《阜成篇》,第372页。
⑥ 歙县《泽富王氏宗谱》卷四,见张海鹏、王廷元主编:《明清徽商资料选编》,第456—457页。

而好礼,作"云山书屋"命子孙业儒,"又恶夫世之人多守财房也,常语子曰:'仆役役于利是用深愧'"①。歙县商人吴佩有大志,以服贾起家,常对夫人说:"吾家仲季守明经,他日必大我家门,顾我方事锥刀末,何以亢宗?诚愿操奇赢,为吾门治祠事,所不卒事者非夫也。"②可见,朱子职业观及其伦理价值追求在明清徽州职业伦理转型中虽被突破和转换,但仍具有相当大的影响力。

六、余　论

综上所述,朱子以理欲之辨为核心和统摄,对公私、义利、诚信等伦理思想做了系统阐发,要求每个人践行儒家伦理道德,正确处理各层面的公私关系,实现儒家的理想人格,以建立一个儒家的理想社会。朱子的这种伦理观及其内含的商业伦理思想为明清徽州社会建构商业伦理体系提供了思想来源。明清徽商以天理为旨归和价值目标,崇尚"勤俭治家"和"崇俭黜奢"的原则。在处理与家族、乡里、社会和国家等不同层面的公私关系时,践行朱子的公私之辨,以奉公和利公为原则和理想追求。他们秉承朱子义利观,将以义取利、以义制利和化利为义落实到经营和生活的诸多方面。徽商在经营中恪守朱子的诚信观,以契约理性来规范商业经营。在看待士商(儒贾)关系及其职业伦理价值时,明清徽州在充分肯定经商正当性的前提下,或持守朱子的士优于商的职业价值观,或对朱子的士商观进行转换,提出儒贾事道相通、士商异术而同志,亦有突破朱子职业价值观的右贾左儒论。

那么,在明清徽州建构的商业伦理中,被程朱理学、特别是朱子所发展的儒家伦理和被陆王心学,尤其是王阳明所发展的儒家伦理分别产生了什么作用呢?目前学术界对明清徽州新商业伦理的研究观点不尽一致。有观点认为:"徽商在经济伦理上以王阳明为代表的新儒学为本,在政治伦理上却以程朱理学为依归。王学重商思想和程朱理学的以家族为本的宗族理念

---

① 《许氏统宗世谱·处士孟洁公行状》。
② 民国《丰南志》卷八《艺文志下·碑记·溪南吴氏祠堂记》。

从两个方面驱策了徽人的营商热情。"①这种观点虽然看到了徽州商业伦理是程朱理学和阳明心学共同建构起来的，但是，对两者在徽州商业伦理建构中的具体作用的认识既失于简单化，也不尽其然。通过本文的考察，我们可以看到，朱子伦理对徽州商业伦理的影响是全方位和多层面的，对徽州商业经营也具有直接影响。有些观点则对阳明心学对明清徽州商业伦理转换认识不够。有学者在考察了明清徽商职业观与宗族伦理关系时说："我们在商人身上看到一般儒家伦理和传统家族伦理的矛盾与妥协。简言之，儒家伦理并不鼓励人们经商致富，但为了实现儒家伦理的价值观——即学文读圣书以举仕，经商致富又是一项最有效的手段，类似'光宗耀祖'的家族伦理是促使某些人经商致富的原动力，但是要实现这个目标最后却又非放弃经商致富的手段不可。"其结论是："从家族伦理到商人企业精神，再到儒家伦理，三者似乎可以形成一个循环关系。"②有的观点认为，利用阳明心学对以朱子学为代表的四民职业观的转换和改造虽然并未完全摆脱传统思想的藩篱，却又说："新的价值观念已替代传统的价值观念成为徽州人行为方式的指南。新的商业价值观的宣传和接受，减轻了徽人从商的心理压力，这是明清徽州商业社会形成的思想基础。"③我认为，这些观点都有商榷余地。明清徽州所建构的新商业伦理主要是以朱子的伦理观为本位和旨归，同时充分吸收了阳明心学等明清思想家重视个人主体性、治生伦理及"新四民观"等思想。但是，其伦理价值追求基本没有突破宋明以来以朱子学为代表的儒学大传统。况且，朱子学与阳明心学的儒家核心价值理念是一致的，即，"天理人欲四字，是朱、王印合处"④。

在明清徽州所构建的诸多层面的商业伦理体系中，服膺天理是根本，集体利益（公），特别是家族或宗族利益是出发点和归宿点，践行仁义、诚信等

---

① 叶显恩：《儒家传统文化与徽州商人》，载《安徽师范大学学报》，1998年第4期。
② 陈其南：《明清徽州商人的职业观与家族主义》，载《江淮论坛》，1992年第2期。
③ 李琳琦：《传统文化与徽商心理变迁》，载《学术月刊》，1999年第10期。
④ （清）黄宗羲著，沈芝盈点校：《明儒学案》卷一〇《姚江学案》，北京：中华书局，1985年，第199页。

是其经营理念和职业价值准则,实现儒家的道德理想和人生价值是其终极目标。这其中,既有生存和世俗伦理的考量,也有超越性的价值关怀与追求。美国心理学家马斯洛(1908年—1970年)层次需求理论指出,人必须通过"自我实现"来满足多层次的需要,进而达到高峰体验,实现完美人格。个体成长发展的内在力量是动机,而动机是由不同性质和层次的需要组成的,由高到低分为生理需求、安全需求、社交需求、尊重需求和自我实现需求,每一层次的需求与满足将决定个体人格发展的境界或程度。在高层次需要充分出现前,低层次的需要必须得到适当满足①。马斯洛的生存需要层次未必能与明清徽商的伦理需求层次一致,但明清徽人经商必定有其不同层面的心理需要,特别尊重需求、自我实现这类超越性的高层次需求作为职业和人生发展的动力。一些明清徽人认为经商不仅能够治生事亲,实现个人富贵、家族荣耀和遗福子孙的世俗伦理,还具有更远大功业追求和伦理目标。如歙商许秩说:"男子生而桑弧蓬矢以射四方,明远志也。吾虽贾人,岂无端木所至国君分庭抗礼志哉?"②有的徽州士人甚至认为当时业贾成功者的事业可比帝王之业。明末休宁程廷周,贾居江西武宁乡镇,带着在哥哥和弟弟三人素手创业,"遂致殷裕,为建昌当,为南昌盐,创业垂统,和乐一堂"③。商人的贾业竟然能够与帝王之业相提并论,真可谓"良贾何负宏儒"了!

最后需要指出得是,虽然朱子等宋明理学倡导的"修齐治平"的人生理想被许多徽商及徽州士家大族认同,但这只是一种主流价值追求和理想价值追求,在现实中存在诸多与此职业价值观相悖的言行与现象。许多徽人经商只是为了个人和家族的世俗名利,穷欲违理、崇奢黜俭、私而忘公、重利轻义、见利忘义、不守诚信者并不少见,明清小说和文人笔记对此多有记载。徽商助饷也非纯然出于报国之心,往往是为了结交官府乃至天子,给经商谋

---

① [美]亚伯拉罕·马斯洛:《动机与人格》,北京:中国人民大学出版社,2007年。
② 歙县《许氏世谱》第五册《平山许公行状》。
③ (明)曹嗣轩编,胡中生、王巍点校:《休宁名族志》卷一,合肥:黄山书社,2007年,第155页。

取政治资本。不过,正如德国社会学家马克斯·韦伯提出的"理想型"研究一样①,拙文的研究也可视为舍弃杂多而抽取本质的"理想型"研究,因为,在明清徽州不仅出现了"左儒右贾"这种明显反传统的职业伦理观,而且在不断变化的明清徽州社会中,定然也能找出其他各种与朱子伦理思想不尽相符的商业伦理思想和行为。

(原载《安徽史学》,2011年第5期)

---

① "理想型"研究是韦伯提出的理解社会科学的对象因果关系的方法论的工具,"理想型是依据客观的可能性与适合的因果连关的原则,从杂多的社会现象中舍弃偶有的因素而抽象出本质的因素所构成的理想化的类型概念。理想型构成的意义是在提供因果关系的认识手段,将现实的对象与理想型相比较,由此测定现实诸现象的性质及其发展情况……于是可见理想与现实之间尚有一段的距离。"(曾霄容:《哲学体系重建论·下》,台北:青文出版社,1981年,第399页。)

明清徽州新儒贾观内涵与核心价值取向的再探讨

明清徽州以宋明新儒学主要流派阳明心学和朱子理学的世俗化伦理思想为主导,对传统的四民观,特别是儒贾(士商)观的内涵和职业伦理价值做了转换与重构,提出了"贾不负儒"、"良贾不负闳儒"和"左儒右贾"、"儒贾事道相通"、"贾服儒行"、"士商异术而同志"、"儒名贾利"、儒贾"迭相为用"等反映新儒贾(士商)观的诸多新概念和命题。笔者曾对此作过理论探讨,不过,限于叙述的角度,并未对这些新儒贾(士商)观的具体内涵和内在思想关联作系统深入的辨析①。明清徽州有关新儒贾(士商)观的诸多概念和命题往往具有丰富或特定的内涵,相互间存在着密切的思想联系,既反映了徽州在儒贾(士商)观的转换和重建方面的多重认识,又体现出这些新观念仍然秉持儒家的核心价值取向。对这些新儒贾(士商)观及其思想关系作深入梳理和辨析,可以更好地说明徽州儒贾(士商)关系的转换与重构。本文对此作进一步探讨,以期深化对该问题的理论认识。

---

① 徐国利:《阳明心学的世俗化伦理观与明清徽商伦理思想的转换与建构》,载《安徽史学》,2009年第4期;徐国利《朱子伦理思想与明清徽州商业伦理的转换与建构》,载《安徽史学》,2011年第5期。

一、"贾不负儒"、"左儒右贾"和"贾服儒行"、"儒贾事道相通"

儒和贾在传统职业观眼中地位悬殊,儒(士)为四民之首,贾(商)居四民之末。然而,明清徽州却提出了"贾不负儒"贾儒观,甚至说"良贾不负宏儒"。不仅如此,徽州还提出了与传统"右儒左贾"相左的"左儒右贾"观。这些新儒贾观和士商观既是商品经济和社会发展的产物,同时还有其内在的思想发展依据。笔者认为,"儒贾事道相通"和"贾服儒行"是明清徽州传统儒贾观和士商观转换与重建的最根本的理论依据①。在明清徽州人看来,商贾只要能遵循儒家道德规范,即"贾服儒行",那么,贾与儒即是事道相通的。进而言之,既然儒贾事道相通,那么,商贾与儒士在职业上便无贵贱之分,他们的社会地位也无高低之别了,故而自然是"贾不负儒"了!

明中叶刊刻的休宁《汪氏统宗谱》说:"古者四民不分,故傅岩鱼盐中,良弼师保寓焉。贾何后于士哉!世远制殊,不特士贾分也,然士而贾其行,士哉而修好其行,安知贾之不为士也。故业儒服贾各随其矩,而事道亦相为通,人之自律其身亦何艰于业哉?"此文接着叙述了汪远的行谊,"公贾而儒行者也,其裕父之志,启诸子以儒,精勤心思在焉。又让所丰于昆季,而自居其瘠者,诸细行不悉数。儒者所谓躬行率先宜乎"②。为何说"业儒服贾各随其矩,而事道亦相为通"呢?通过该文可以看出,所谓儒与贾之"事道",是指儒与贾的从业和行事都应遵循儒家伦理之道。由于汪远"贾而儒行",能以儒家伦理之道行贾,故虽为贾,却与儒者没有职业贵贱和地位高下之分了。这种"贾服儒行"思想为许多徽商所奉行。如歙县人黄长寿,"少业儒,以独

---

① 学术界对"儒贾相通"作过不同程度的研究,其中,唐力行的研究比较全面(唐力行:《徽州宗族社会》,合肥:安徽人民出版社,2005年,第201—213页。)他对徽州商人文化整合的研究也涉及这方面的一些内容(唐力行:《论徽州商人文化的整合》,载《安徽史学》,1993年第1期)。赵华富对明清徽州"儒贾并重"的分析在某种程度上也是对"儒贾相通"的论证(赵华富:《明清时期徽州的儒贾观》,载《安徽大学学报(哲学社会科学版)》,2011年第6期)。

② 休宁《汪氏统宗谱》卷一六八,转引自张海鹏、王廷元主编:《明清徽商资料选编》,合肥:黄山书社,1985年,第439页。

子当户,父老,去之贾。以儒术饬贾事,远近慕悦,不数年赀大起……嘉靖庚寅,秦地旱蝗,边陲饥馑,流离载道,翁旅寓榆林,输粟五百石助赈,副都御史萧公奏闻,赐爵四品,授绥德卫指挥佥事,旌异之。翁云:'缘阿堵而我爵,非初心也。'谢弗受。翁虽游于贾人,实贾服而儒行,尝挟资流览未尝置。性喜吟咏,所交皆海内名公,如徐正卿、叶司徒等,相与往来赓和,积诗成帙,题曰《江湖览胜》并《壬辰集》,前太史景公赐为之引,梓成藏为家宝"①。黄长寿"以儒术饬贾事",急公好义,被朝廷赐爵授绥德卫指挥佥事,他却婉言谢绝。在人们看来,他"实贾服而儒行",故无异于儒士。再如,嘉靖年间歙商黄玑芳,"少读朱子小学,至温公训刘无城以诚;读《尚书》至'有忍乃济',即有颖悟,谓诚与忍乃二字符也,当佩之终身。平生自无妄话,与人交悃愊忠信。商游清源,清源齐鲁之墟,犹有周公遗风,俗好儒备礼。然其俗又宽缓阔达,而足智好议论,公一以诚御之。故足智好议论者服其诚,而好儒备礼者亦钦其德。若公者,商名儒行,非耶?"②黄玑芳谨守儒家道德,奉诚与忍为经商之道,为众望所孚,被人誉为"商名儒行"。

正是由于能"贾服儒行"、"儒贾事道相通",遂使明清徽商产生了"贾何负于儒",甚至是"良贾何负宏儒"的思想。明中叶歙商程澧,少孤,后被迫远游经商,贾业有成,为乡里楷模。他回忆自己的人生历程,感叹道:"澧故非薄为儒,亲在,儒无及矣。借能贾名而儒行,贾何负于儒!"③吴肖甫,明末歙县人,父"善权万货重轻",肖甫为贾,"间划一筹,巧出若翁上",他说:"岂必儒冠说书乃称儒耶!"④在他看来,儒者并非以外在的"儒冠说书"为标准,行贾只要遵守儒道同样是"儒"者。汪道昆更是喊出"良贾何负宏儒"。他说:"大江以南,新都以文物著,其俗不儒则贾,相代若践更。要之良贾何负宏

---

① 歙县《潭渡黄氏族谱》卷九《望云翁传》。
② 歙县《竦塘黄氏宗谱》卷六《黄公玑芳传》,转引自张海鹏、王廷元:《明清徽商资料选编》,第441页。
③ (明)汪道昆撰,胡益民、余国庆点校:《太函集》卷五二《明故明威将军新安卫指挥佥事衡山程季公墓志铭》,合肥:黄山书社,2004年,第1102页。
④ 《丰南志》卷六《艺文志下·行状·光裕公行状》。

儒,则其躬行彰彰矣。"①在他看来,良贾在道德行为上"躬行彰彰",有什么比宏儒差呢?与"贾何负于儒"相比,"良贾何负宏儒"所体现的新儒贾观更具思想解放意义。

既然贾服儒行,便可儒贾事道相通,贾不负儒。那么,对于商贾来说,"儒行"的本质要求是什么呢?这就是为商为贾必须正确处理义利关系。义和利是一对道德伦理价值范畴,义是指道德行为之当然,利是指物质利益。儒家,特别是宋明新儒家特别重视义利之辨,朱子便说:"义利之说,乃儒者第一义。"②儒家主流价值观是重义轻利,强调以义为本,利从属于义,因为,义是人之为人的本质特征,利只是人生活的物质基础。义是仁、性善、天理或良知等人性的体现,具体说就是在社会生活中要遵守儒家所说的各种伦理道德规范。朱子说,义为人之正道,"义者,宜也。乃天理之当行,无人欲之邪曲,故曰正路"③。而义利之辨是商人职业伦理的核心。因为,商贾之业要求利,传统四民观之所以视商为四民之末,就在于认为商人重利轻义。

为了扭转儒尊贾贱的传统观念,使商人获得与儒士同等的社会地位认同,明清徽商在恪守儒家以义为本的前提下,对义利关系作了诸多新的阐释,提出在商业经营中要以义为利,以义致利,以义取利;经商获利后,要以利践义,以利化义。如清代黟商舒遵刚引经据典对商贾义利关系所做的阐发尤其深刻。他在江西饶州经商时年仅14岁,"精榷算,善权衡,年未三十即能创业。然与市阓狡诈之习不类。尝语人曰:'圣人言,生财有大道,以义为利,不以利为利。国且如此,况身家乎!'……其平日训诲后进,均用此语……君之言又曰:'钱,泉也,如流泉然。有源斯有流,今之以狡诈求生财者,自塞其源也。今之吝惜而不肯用财者,与夫奢侈而滥于用财者,皆自竭

---

① (明)汪道昆撰,胡益民、余国庆点校:《太函集》卷五五《诰赠奉直大夫户部员外郎程公暨赠宜人闵氏合葬墓志铭》。
② (宋)朱熹:《晦庵先生朱文公文集》卷二四《与延平李先生书》,见《四部丛刊》,景明嘉靖本。
③ (宋)朱熹:《孟子集注》卷七《离娄章句上》,《四书章句集注》,北京:中华书局,1983年。

其流也。人但知奢侈者之过,而不知吝惜者之为过,皆不明于源流之说也。圣人言,以义为利,又言见义不为无勇。则因义而用财,岂徒不竭其流而已,抑且有以裕其源,即所谓大道也。'闻者多窃窃然疑之,予即其生平行事默默参焉,则有确不可易者。疏财仗义之事,指不胜屈"①。舒遵刚借圣人之言,提出经商"大道"是以义为利,如果因义生财,不仅不会竭其利源,还能裕其财源;否则,以不义获利便会自塞财源。他经商成功后,疏财仗义之事,指不胜屈。

事实上,以义制利、以义取利,以利践义和以利化义等在明清徽州成为一种风尚。清人赵吉士说:"吾乡之人俭而好礼,吝啬而负气。其丰厚之夫家资累万,尝垂老不御绢帛,敝衣结鹑,出门千里,履草屩,袱被自携焉。乡党有称贷,锱铢升斗见于面。岁时伏腊必燕饮酬酢,一介不取与,乾馈必报。呜呼,何其细也!然急公趋义,或输边储,或建官廨,或筑城隍,或赈饥恤难,或学田、道路、山桥、水堰之属,且输金千万而不惜。甚至赤贫之士,龟勉积蓄十数年而一旦倾囊为之。呜呼,又何其慷慨好义也。"②明清徽商正是以大量义行极大提升了自己的社会地位,赢得了与儒士相同的名誉,以致时人说"士商异术而同志"。如明代休宁人汪弘,幼失怙,"崛有卓志,恢拓祖父之屯。尝自策曰:'生不能扬名显亲,亦当丰财裕后,虽终日营营,于公私有济,岂不犹愈于虚舟悠荡,蜉蝣楚羽者哉!'暨长就学,疏通闻见,弃儒就商,力行干蛊之业。于是北跨淮扬,南游吴越,服贾磋卤之场,挟刘晏之奇,谋猗顿之赀,积数十年遂有余蓄。晚归桑梓,乃构堂室,乃辟沃壤,祖考之志于是为烈。然能散而施之,无所顾靳。尝输金造文峰,以资学校。复输百金航梓宫,以济王事。用财于此,义莫大焉……空同子曰:'士商异术而同志,以雍行之艺,而崇士君子之行,又奚必于缝章而后为士也'"③。在汪弘看来,生虽

---

① 《黟县三志》卷一五《艺文·人物类·舒君遵刚传》,同治九年刊本。
② 康熙《徽州府志》卷一五《人物志四·尚义传》。
③ 《江氏统宗谱》卷一一六《弘号南山行状》,转引自张海鹏、王廷元主编:《明清徽商资料选编》,第440页。

不能业儒显亲扬名,若能继承父志丰财裕后于公私有济,同样能实现儒家的理想价值追求。他经商成功后,晚年"构堂室,乃辟沃壤,祖考之志于是为烈",于"私"来说达到了显亲扬名的目标;同时,"又尝输金造文峰,以资学校。复输百金航梓宫,以济王事。用财于此,义莫大焉。"于"公"来说是一种义行。他的行为与业儒为士是完全一致的,故被人称为"士商异术而同志"。许多商人正是以自己的义行,获得了不亚于士的名望。如,歙商黄玄赐在山东经商,"临财廉,取与义",被当地称赞为:"非惟良贾,且为良士焉。"①可见,在人们看来,黄玄赐集良商和良士于一身。这与"士商异术而同志"不正是异曲同工之调吗?

不仅如此,明清徽州还提出了与传统儒贾观相左的"左儒右贾"观。如,明中叶汪道昆的《太函集》中三次提到徽州的"左儒右贾"观念和风俗:"古者右儒而左贾,吾郡或右贾而左儒。"②"吾乡左儒右贾,喜厚利而薄名高"③。"休、歙右贾左儒,直以九章当六籍"④。这种观念在明代小说中也得到印证。《二刻拍案惊奇》谈到徽州风俗时说:"却是徽州风俗,以商贾为第一等生业,科第反在次者。"⑤

明清徽州形成"右贾左儒"观,除了经商事贾是人们能够和必须从事的主要职业外,还有一个重要原因是,在一些明清徽人,特别是徽商看来,商贾的成功名就可与儒士的科举功名相埒,故经商失败往往被视为"功名未遂"。如歙商胡廷仕,"行贾湖南,久未归",其妻"典钗珥得银数两",令子胡士畿寻父。胡士畿徒步至山东、直隶,遍寻不见,沿途号泣,"遇旧仆,引与父相见。

---

① 歙县《竦塘黄氏宗谱》卷五《黄公玄赐传》,见张海鹏、王廷元主编:《明清徽商资料选编》,第274页。

② (明)汪道昆撰,胡益民、余国庆点校:《太函集》卷五四《明故处士溪阳吴长公墓志铭》,第1142页。

③ (明)汪道昆撰,胡益民、余国庆点校:《太函集》卷一八《蒲江黄公七十寿序》,第381页。

④ (明)汪道昆撰,胡益民、余国庆点校:《太函集》卷七七《荆园记》,第1578页。

⑤ (明)凌蒙初:《二刻拍案惊奇》卷三七《叠居奇程客得助 三救厄海神显灵》,北京:华夏出版社,2008年,第438页。

下篇　区域史与徽学研究

父以功名未遂,坚不欲归,乡人感士畿之孝,群相敦劝和资助,其父姑允之"①。有些徽商为追求经商"功名",有不成功便成仁的精神。休宁商人朱模立志经商时,击楫渡江中流誓言:"昔先人冀我以儒显,不得志于儒。所不大得志于贾者,吾何以见先人地下,吾不复归。"②在朱模看来,无法实现先人冀望以儒显家的愿望,若再不能得大志于贾者告慰先人,便无颜荣归故里。有些徽商甚至将商贾的功成名就视为可匹勋阀、乃至君王的事业。休宁商人汪新说,"郡中贤豪起布衣,佐国家之急,致身乎金紫,等于勋阀"③。在他看来,徽商中能够佐国家之急和致身金紫者,位等勋阀。而这正是明清追求科举功名的儒士梦寐以求的。明中叶歙商许秩则说:"丈夫非锐意经史,即寄情江湖间,各就所志,期无忝所生而已。若其积学力行,善事吾父母,各将适中土,相厥土宜,收奇赢以给若。"他离家为贾20年,致息数倍。归家两月,又准备行装。有人劝他在家颐养天年,他不以为然地说:"男子生而桑弧蓬矢以射四方,明远志也。吾虽贾人,岂无端木所至国君分庭抗礼志哉?"④许秩认为自己立志商贾是足与国君分庭抗礼的宏志。婺源商李大鸿"尝叩诸父曰:'人弗克以儒显,复何可以雄视当世?'有语之:'阳翟其人垺千乘而丑三族,素封之谓,夫非贾也耶!'"⑤他将商贾视为无官爵封邑而富比封君的人(素封)。明末休宁人程廷周,"德性温良,立志干蛊,贾居江西武宁乡镇,素手建立",其兄和弟相继助之,"遂致殷裕,为建昌当,为南昌盐,创业垂统,和乐一堂"⑥。时人将程廷周的商贾之业视为"创业垂统",气概非凡。明清徽商视商贾之业等同勋阀,可比素封,甚至能与国君分庭抗礼,创业垂统,可

---

① 民国《歙县志》卷八《人物志·孝友》。
② (明)李维桢:《大泌山房集》卷六九《朱次公家传》,济南:齐鲁书社,1997年影印本。
③ 《休宁西门汪氏宗谱》卷六《挥金新公墓志铭》。
④ 歙县《许氏世谱》第五册《平山许公行状》,转引自张海鹏、王廷元主编:《明清徽商资料选编》,第216页。
⑤ 婺源《三田李氏统宗谱·恩授王府审理正碧泉李公行状》,转引自张海鹏、王廷元主编:《明清徽商资料选编》,第296页。
⑥ (明)曹嗣轩编撰:《休宁名族志》卷一《程》,合肥:黄山书社,2007年,第155页。

谓是明清商人非议传统儒贾观的最强音,成为当时最具思想解放意义的儒贾观。

总之,明清徽州将商贾的功成名就视为可与儒士功名相埒,甚至视其能等同勋阀,可比素封,能创业垂统等,实是对"贾服儒行"和"儒贾事道相通"的更高理解和诠释。在他们看来,商贾之业完全能取得如儒士所期望的治国平天下这一儒家最高的事功追求。

二、"贾为厚利,儒为名高"与儒贾"迭相为用"

明清徽州能够实现传统儒贾观的转换和建立新的儒贾观,还在于对传统的儒名和贾利的价值观的新诠释,使之既符合儒家事亲伦理,又有利于徽州宗族的生存发展。在儒家主流名利观中,儒为名,贾求利,两者是对立的。明清徽州却认为儒贾各有其用,儒为名高,贾为厚利,两者不仅能实现儒家事亲伦理,而且对宗族的生存发展有利,都能实现"大振家声"的目的。在这种观念的支配下,明清徽州社会出现了大量儒贾"迭相为用"和"相代若践更"的现象。

明人汪道昆在介绍家乡习俗时说:"新都三贾一儒,要之文献国也。夫贾为厚利,儒为名高。夫人毕事儒不效,则弛儒而张贾;既侧身飨其利矣,及为子孙计,宁弛贾而张儒。一弛一张,迭相为用,不万钟则千驷,犹之转毂相巡,岂其单厚计然乎哉,择术审矣。"①在徽州人看来,提倡贾为厚利,儒为名高,两者迭相为用,是因为如果毕事儒不效无法得名,则要驰儒张贾以求利;而事贾侧身飨其利后,就必须为家族名誉考虑,让富裕的子孙驰贾张儒来求名。可见,贾为厚利旨在帮助和扶持子孙实现儒名以振家声。业儒和事贾一弛一张,迭相为用,"犹转毂相巡",并非只看重贾之厚利。明代歙商吴良儒对儒贾的名利相通作了类似的诠释。他自幼丧父,母劝令其弃儒继承父业,"而父资斧不收,蚕食者不啻过半,而儒固善,缓急奚赖耶?"他经过深思

---

① (明)汪道昆撰,胡益民、余国庆点校:《太函集》卷五二《海阳处士金仲翁配戴氏合葬墓志铭》,第 1099 页。

后,第二天回复母亲说:"儒者直孜孜为名高,名亦利也;令承亲之志,无庸显亲扬名,利亦名也。不顺不可以为子,尚安事儒? 乃今自母主计而财择之,敢不惟命!"结果,他成为富商。其母笑曰:"幸哉孺子。以贾胜儒,吾策得矣。脱或堪舆果验,无忧子姓不儒。"吴良儒致富后声称:"吾少受命于亲,不自意儒名而贾业,幸而以贾底绩,吾其儒业而贾名。"①在他看来,贾为厚利与儒为名高都在于显亲扬名,两者目的是相同的。如为贫儒不能显亲扬名,何名之有? 如为贾获利能孝顺家人,同样可显亲扬名。

在明清徽州,这种儒名和贾利迭相为用的观念深入人心。李大祈为明中叶婺源人,"公茕立当户,百端丛脞,窘不能支。公惧堕其先世业,遂愤然曰:'丈夫志四方,何者非吾所当为? 即不能拾朱紫以显父母,创业立家亦足以垂裕后昆。'于是弃儒服,挟策从诸父昆弟为四方游,遍历天下大都会"。他致富后汲汲于课子读书,人称:"易儒而贾,以拓业于生前;易贾而儒,以贻谋于身后。"②在李大祈看来,儒名和贾利各有其用,大丈夫若不能通过科第功名"拾朱紫"以显父母,那么,经商谋利创家立业亦足垂裕子孙。歙商方勉弟的父亲在中州为贾不能理家,兄方勉孝为邑诸生,他对李大祈的话顾名思义,蹶然而起曰:"吾兄以儒致身显亲扬名,此之谓孝;吾代兄为家督,修父之业,此之谓弟。"于是辍学,从父贾中州。致富后,"以数千缗缮祠祀者"③。方勉弟视兄业儒显亲扬名为孝,视己事贾治家业为悌。在他看来,两人从事的职业虽然不同,但都是为了家族利益,都尽了儒家伦理之道。明代歙商许淳庵生于亦儒亦贾的家族,祖父为正统进士,以山东左布政使终;父许道宽,贾旅睦族,"性禀质朴,寄业濡须,坦易积德,不求人知焉。生子三,长厚山公已殒世,次碧峰君,三即弟也。弟幼而聪慧,淳庵公以厚山公既习举子,命弟以商。弟即遵庭训,往茸濡须,复营运于荆楚之间。尝语诸人曰:'人之处世,

---

① (明)汪道昆撰,胡益民、余国庆点校:《太函集》卷五四《明故处士溪阳吴长公墓志铭》,第1143—1144页。
② 婺源《三田李氏统宗谱·环田明处士松峰李公行状》,转引自张海鹏、王廷元主编:《明清徽商资料选编》,第470—471页。
③ (明)李维桢:《大泌山房集》卷七二《方仲公家传》。

不必拘其常业,但随所当为者。士农工贾,勇往为先,若我则贾业者也。或辞利涉之艰,则大事去矣,奚以充其囊橐,裕身肥家乎。于焉苦其心志,劳其筋骨,以致富有'"①。在他看来,家中子弟应有业儒与业贾的分工,长子已业儒,故三子虽幼而聪慧,仍应当经商。他认为,人生处世不当拘于常业,当随所当为者选择四民之业,自己裕身肥家是正确的职业选择。儒贾各有其用的观念在徽州社会深入人心,即使妇女也有类似的主张。程长公之母对长公曰:"君方屈首受经,岁入浸损,有如傥来者不可命,君其如寡母弱弟何!夫养者非贾不饶,学者非饶不给。君其力贾以为养,而资叔力学以显亲,俱济矣。"②程长公认为说得对,遂到浙江业盐。在程母看来,养家只有经商才能致富,读书只有富足才能维济。因此,她要求儿子"力贾以为养",使其叔能安心"力学以显亲",这样两者交相为用,"俱济矣"。程母这番话把"儒贾迭相为用"的道理讲得相当透彻。

正是由于明清徽州对儒名和贾利有着上述辩证和深刻的认识,所以明清徽州宗族大多儒贾一张一弛,迭相为用,"其俗不儒则贾,相代若践更"。许多家族或宗族中,既有业儒为士者,也有经商事贾者,亦儒亦贾,儒商一体。如休宁凤湖汪氏,"世以诗礼承家,文人高士抱节明经,代不乏人。有以计然致富者,有以盐策起家者,连檐比屋,皆称素封……诚望族也"③。人们熟知的一些明清徽州大族可谓是"迭相为用"和"相代若践更"的榜样。如明代的汪道昆家族,曾祖父以上,"十有五世,率务孝悌力田"。明嘉靖至万历年间,随着经商之风兴起,祖父和其兄开始用贾起家,"至十弟,始累巨万"。经商致富后,汪氏开始培养子弟读书,"诸弟子业儒术者则自吾始"④。终于,汪道昆成为嘉靖进士,与文坛巨擘王世贞先后任职兵部,世称"天下两司

---

① 歙县《许氏世谱·西皋许公行状》,转引自张海鹏、王廷元主编主编:《明清徽商资料选编》,第238页。
② (明)汪道昆撰,胡益民、余国庆点校:《太函集》卷四二《明故程母汪孺人行状》,第895页。
③ (明)曹嗣轩:《休宁名族志》卷二《汪》,第216页。
④ (明)汪道昆撰,胡益民、余国庆点校:《太函集》卷一七《寿十弟及耆序》,第366页。

马"。汪氏家史是一部典型"贾儒迭相为用"的发家史。再如,清代歙县棠樾望族鲍氏以事贾起家,并很快走上亦儒亦贾之路。使鲍氏家族兴盛的是盐商鲍志道。他7岁读书,11岁因家道中落至鄱阳学会计。20岁,来到盐业中心扬州,后应聘到有名的歙县盐商吴尊德家做经理。乾隆三十八年(1773年),他辞职独立经营,积累起巨资,不久被推举为盐业总商。致富后的鲍志道同样遵循"富而教不可缓"的原则,着力于培养子弟入仕。次子鲍勋茂为徽州府学生员;乾隆四十九年(1784年)被钦取一等进士,授内阁中书;乾隆五十五年(1790年)入军机处学习行走。这为鲍氏结交达官贵人直至清室打开了通道。鲍志道父以子贵,被封为文林郎内阁中书加一级,跻身于官僚特权阶层。他任总商职位长达20年。后长子鲍淑芳又继任总商。鲍氏棠樾因财产富厚和科甲鼎盛而成为徽州望族①。

明清徽州宗族出现的儒贾一张一弛,迭相为用和相代若更践的现象,表明了徽州社会对商贾社会地位和职业价值的充分认同。唐力行甚至说:"贾与儒的迭相为用,已是徽州宗族社会最高的价值取向。这一价值取向还以文字的形式昭示于徽人的厅堂:'读书好,营商好,效好便好;创业难,守成难,知难不难。'"②在徽州宗族看来,商贾之业与儒士之业一样,已成为家族生存发展的两根支柱,两者相辅相成,缺一不可。这种社会现象和风尚的形成表明,明清徽州以新儒贾观和士商观为核心的职业价值观已深入徽州民间社会。

三、明清徽州儒贾(士商)观的儒家核心价值取向

那么,能否说明清徽州已建立起一种完全平等的儒贾观,或者说儒贾的社会地位与职业价值完全等同了呢?事实并非如此。明清徽州儒贾观的核心价值取向仍是以儒为本,以士为先,崇儒贵士,科举功名仍是徽州宗族首

---

① 唐力行:《商人与文化的双重变奏 徽商与宗族社会的历史考察》,武汉:华中理工大学出版社,1997年,第29—30页。

② 唐力行:《商人与文化的双重变奏 徽商与宗族社会的历史考察》,第30页。

先追求的目标。即便是宣扬明代中叶新儒贾和士商观最为积极和有力的汪道昆在介绍家乡从业习俗时也说,"新都业贾者什七八,族为贾而隽为儒"①。此言一方面指出明中叶徽州业贾者已占四民什之七八,另一方面又明确说族中优秀的人仍以儒为业。明末曾任歙县知县的傅岩说得更清楚:"徽俗训子,上则读书,次则为商贾,又次则耕种。"②可见,明中叶以来,徽州社会虽然形成了重贾风气,业贾者占了人口的大多数,但并不是以否定和贬低儒业和士人的价值为前提的。综观徽州各种文献的记载,可以看出徽州宗族首先依然是要子弟走科举成名和光宗耀祖的道路,在大多数情况下,弃儒业贾只是迫不得已的选择。

不仅如此,业儒重于事贾也是明清许多徽商认同的职业价值观,他们往往不是将经商事贾而是将读书和功名视为最重要的职业和人生道路选择。即便是当时徽商撰写的商书,也多是教导子弟以读书为本。如徽州著名商书《士商类要》便教导子弟说:"明明检点,万般惟有读书高。"③许多人经商后,却"居商无商商之心"④。他们经商成功后,往往不遗余力地通过各种手段以实现自己的功名仕宦的夙愿。其中一些商人通过不断努力,终于在儒业功名上取得成功。如黟县人汪廷榜,少学贾,28岁置货汉口,"见帆樯丛集,蔽江面十数里,人语杂五方,汉水冲击,江波浩渺,纵观之心动,归而读书学文词"⑤。后来,中乾隆辛卯江南举人。清代歙县人江登云,在族人帮助下经营盐业,却不得意,曾对人说:"丈夫志功名为国家作梁栋材,否亦宜效毫末用,宁郁郁侪偶中相征逐以终老耶!"后来,他入武庠,"丁卯领乡荐,连第

---

① (明)汪道昆撰,胡益民、余国庆点校:《太函集》卷一六《阜成篇》,第372页。
② (明)傅岩:《歙纪》卷五《纪政绩·修备赘言》,合肥:黄山书社2007年,第50页。
③ (明)程春宇:《士商类要·贸易赋》,见贾嘉麟等:《商家智谋全书》,郑州:中州古籍出版社,2002年,第64页。
④ 歙县《竦塘黄氏宗谱》卷五《明故金竺黄公崇德公行状》,转引自张海鹏、王廷元主编:《明清徽商资料选编》,第74页。
⑤ 同治《黟县三志》卷一五《艺文·人物类·汪先生事辑逸》。

进士,膺殿廷选,侍直禁卫,恭慎称职"①。这两位徽商步入商海,都认为经商不是人生大道,江登云甚至视之为毫末之用,认为以功名作国家栋梁才是的人生归宿,表现出鲜明的重儒轻贾思想。

更普遍的现象是,许多徽商致富后,便全力扶持子弟或族人业儒以求取科第功名。鲍柏庭世居歙东新馆,"家初以贫,奉养未能隆,后以业浙鹾,家颇饶裕","其教子也以方,延名师购书籍不惜多金,尝曰:'富而教不可缓也,徒积资财何益乎'"②。鲍柏庭"富而教不可缓也,徒积资财何益乎"的话充分表达了明清许多徽商和宗族的观念,即经商致富不是目的,致富后的首要任务是教育子弟读书求取功名。许多徽商把"富而教不可缓"的思想落实到实际生活中。明中叶的程封,弃学经商,终成富贾,他晚年释贾归隐,"拓近地为菟裘,上奉母欢,下授诸子业。暇日,乃召宾客,称诗书。其人则陈达甫、江民莹、王仲房,其书则《楚辞》、《史记》、《战国策》、《孙武子》,迄今遗风具在,不亦翩翩乎儒哉!长公尝奉诏助工,授鲁藩引礼,卒不拜,乃今仲伯受国子业,而冢孙亦学为儒"。他临终前还遗命三子:"吾故业中废,碌碌无所成名,生平慕王烈、陶潜为人,今已矣。尔问仁、问学,业已受经;即问策幼冲,他日必使之就学。凡吾所汲汲者,第欲尔曹明经修行,庶几古人,吾倍尔曹,尔曹当事自此始。毋从俗,毋用浮屠,毋废父命,吾瞑矣。"③程封成为富商后,却认为自己碌碌无所成名。晚年释贾归隐,下授诸子业。临终前,他告诫三个儿子不要再经商,而要读书业儒。结果,其子孙都学而为儒。明中叶的许孟洁,在淮泗通津的寿春正阳关经商20余年,"士大夫过者无不礼于其庐……公教子以义方,作'云山书屋'命子孙业儒……其生财以大道,虽富而

---

① 歙县《济阳江氏族谱》卷九《清覃恩累晋武功大夫衷临时将署南赣总兵官登云公原传》,转引自张海鹏、王廷元主编:《明清徽商资料选编》,第384页。
② 歙县《新馆鲍氏著存堂宗谱》卷二《柏庭鲍公传》。
③ (明)汪道昆撰,胡益民、余国庆点校:《太函集》卷六一《明处士休宁程长公墓表》,第1268页。

自奉如寒士。又恶夫世之人多守财虏也,常语子曰:'仆役役于利是用深愧'"①。贾业有成的许孟洁却鄙视贾业,建"云山书屋"命子孙业儒。明代歙商方迁曦,经商吴梁间,"所至交纳豪杰,为江湖望,家业益以丕振"。经商有成的他40岁时将商业交给富有经商才干的长子打理,自己回到家乡以纲纪宗族为己任。他反思家族发展史,"常念方氏入国朝以来,宦学继美无间,近世兹寝有愧,乃谋诸族,肇建书屋于金山隈,伸后嗣相聚相观以振儒业"②。在他心中,不能再让方家以贾为业而无宦学相继,遂建书屋以振家族儒业。还有些商人因早年被迫弃儒经商,贾业有成后便全力资助子弟业儒,以完成自己未竟的科举功名之志。如康乾年间歙商吴之骏,孝友性成,屡施善行,"置义田数千亩,以济族之贫乏者。族子弟之秀者,或无力延师,谋设义塾以教,借未竟厥志"③。这种事例在明清徽商中不胜枚举。

还有一些富商大贾,利用金钱打通驰往仕宦的道路,或是向朝廷和官府捐献大量财富,以谋取官爵,这在清代徽州盐商中颇为多见。许承尧说:"歙之业鹾于淮南北者,多缙绅巨族。其以急公议叙入仕者固多,而读书登第,入词垣跻膴仕者,更未易仆数,且名贤才士往往出于其间,则固商而兼士矣。浙鹾更有商籍,岁科两试,每试徽商额取生员五十名,拨杭州府学二十名,仁钱两学各十五名。淮商近亦请立商籍。斯其人文之盛,非若列肆居奇肩担背负者能同日语也。自国初以来,徽商之名闻天下,非盗虚声,亦以其人具干才,饶利济,实多所建树耳。故每逢翠华巡幸,晋城秩邀荣,夫岂幸致哉。"④如歙县人鲍光甸,"蜀原贡生。生而颖异,器识过人。弱冠通经史,以食指浩繁,不克竟举子业,遂务盐策淮扬。生平仁厚诚悫,古道自期。赒济

---

① 《许氏统宗世谱》,《处士孟洁公行状》,转引自张海鹏、王廷元主编:《明清徽商资料选编》,第242—243页。

② 《方氏会宗统谱》卷一九《明故处士南滨方公行状》,转引自张海鹏、王廷元主编:《明清徽商资料选编》,第439页。

③ 《丰南志》卷六《艺文志下·行状·皇清诰封中宪大夫、大理寺寺副加五级岁进士捐斋太老姻台吴公行状》。

④ 许承尧:《歙事闲谭》卷一八《歙风俗礼教考》,合肥:黄山书社,2001年,第603页。

急拯危,不鸣其德。"他急公好义,曾说:"我家世传忠厚,视力之能为者,必亟为之,不敢以薄德忝先绪也";"翠华南幸,蒙恩加二级。叠邀貂皮、荷包、藏香之赐。癸巳,以输饷,议叙蒙恩加一级授中议大夫"①。歙县大盐商江春,"少攻制举,为王已山太史弟子。乾隆辛酉乡闱,以兼经史呈荐,额溢弗捷。弃帖括,治禹策业。练达多能,熟悉盐法,司鹾政者咸引重,俾综商务。高宗六巡江南,两幸山左,祗候供张,胥由擘画。尝于金山奏对称旨,解赐御佩荷囊,晋秩内卿……逢大典礼暨工、赈、输将重务,殚心筹策,靡不指顾集事,故独契宸衷也……高宗谓尽心国事,特宣温旨,加授布政使衔,荐至一品"②。清代歙县大盐商郑鉴元,好书史,性节俭,屡有义行;总司鹾事十余年,"诰授通议大夫、候撰道。乾隆五十五年,入京祝万寿,加一级,召预千叟宴,赐御制诗及栗帛。又以输军饷一万两以上,议叙加五级,覃思诰封中宪大夫,刑部山东司员外郎"③。

徽商在儒业科第和功名仕宦上的这些言行表明,他们在内心深处仍是崇儒尊士。且不说那些弃商从儒的商人和那些希望通过扶持子弟来完成未竟之志的商人,即便是明清时期最富有的大盐商,不仅千方百计地想获得朝廷的赐爵授官,而且还为子弟的科第功名竭力争取机会。在他们心中,《士商类要》倡导的"明明检点,万般惟有读书高"传统观念仍然根深蒂固。同时,徽商的自我要求和评价是其经商事贾是否符合儒家伦理道德,他们往往将自己塑造成"儒商"的形象。戴震说:"吾郡少平原旷野,依山为居,商贾东西行营于外,以就口食。然生民得山之气,质重矜气节,虽为贾者,咸近士风。"④徽州许多家族子弟,"虽营商业者,亦有儒风"⑤。如婺源商人孙大峦,为人仗义疏财,"又好与文人学士游,多闻往古嘉言懿行,开拓心胸,故能扫

---

① 道光《徽州府志》卷一二《人物志五·义行》。
② 道光《徽州府志》卷一二《人物志五·义行》。
③ (清)阮元:《揅经室二集》卷六《诰封刑部山东司员外郎郑君墓志铭》,北京:中华书局,1993年,第519页。
④ (清)戴震:《戴震文集》卷一二《戴节妇家传》,北京:中华书局,1980年,第205页。
⑤ 《婺源县志稿》,转引自张海鹏、王廷元主编:《明清徽商资料选编》,第455页。

尽市井中俗态,虽不服儒服、冠儒冠,翩翩有士君子之风焉"①。时人对徽商的评价也是看其贾行是否符合儒道,符合者,为之树碑立传;不符合者,则加以谴责。明清徽州家谱、方志和文人笔记等文献等为徽商立传,绝大部分不是记载他们的商业经营如何成功,而是记载他们商业经营的各种义行,以及经商致富后如何报效家庭、宗族、乡里和国家的种种义行。在明清徽州的各类徽商传记中,大体可以发现这样一种记述模式:因生计贫困弃儒业贾+经商时以义制利、以义取利+经商成功后以利化义、以利践义+显亲扬名和振大家声。不难看出,在这种徽商传记的模式中,恪守和弘扬儒家的伦理道德成为一条主线和事功评价的标准。

此外,明清徽州虽然存在与传统儒贾观相左的"右贾左儒"观,甚至将商贾之业等于勋阀,可比素封,足以创业垂统。但是,统观明清徽州的整个历史时期,这种观念毕竟没有成为明清徽州儒贾观和士商观的主流。我认为,明清徽州四民观、特别是儒贾观和士商观的转换与重建经历了一个发展过程。明代中叶伴随着阳明心学传播所引发的思想解放及其对职业伦理所做的大量新阐释,使当时的思想界、知识界和宗族社会重在对传统的儒贾观和士商观进行不同程度的批判和解构,因此,明中叶的徽州社会在包括儒贾观在内的四民观及其职业价值认识上是最具思想解放性的。由此就不难理解,为何"右贾左儒"的言行主要记载于明中叶汪道昆的《太函集》中,而在其他时期的徽州文献中很少看到这种言论。然而,随着阳明心学的在明后期的盛极而衰,特别是入清以后朱子学在徽州的复兴,明清徽州社会最终确立起以朱子伦理观为基础,吸收阳明心学思想的新的商人伦理价值观。

总之,我们既要看到明清徽州所提出的诸多新儒贾观和士商观充分肯定了商贾的职业价值,极大提升了商贾的社会地位;同时,又要看到它们并没有从根本上否定以儒为本、儒贵士尊的观念。那么,明清徽州社会为何会秉持这种以儒为本的儒贾观和士商观呢?我认为,根本原因在于,一是明清

---

① 婺源《湖溪孙氏宗谱》卷一《萃峰孙公传》,转引自张海鹏、王廷元主编:《明清徽商资料选编》,第 455 页。

大社会和徽州小社会的发展均没有突破传统儒家伦理思想的统治,二是中国经济的主体仍是以农为本的自然经济,中国社会依然是以家族为细胞的宗族社会,由此使得明清徽州提出的诸多新儒贾观和士商观不可能从根本上突破儒家伦理的大传统。质言之,明清徽州社会对传统儒贾观和士商观的转换和重建,是在儒家伦理的框架中完成的,明清徽州所提出的诸多新儒贾观和士商观的核心价值取向仍是儒家的,它们只是丰富和发展了传统,而没有背离和抛弃传统。

(原载《安徽大学学报(哲学社会科学版)》,2013年第5期)

民国时期基层社会传统职业观的革新与保守
——以民国徽州家谱的族规家训所见职业观为例

职业观与职业生活研究是社会史的重要组成部分。民国时期,随着中国社会的近现代转型,基层社会对传统四民职业观的态度有所革新,但更多的是保守;而在不同地区和不同社会群体中,传统职业观变与不变所呈现的面相也是多元的。明清徽州是一个宗族社会,宗族是当地最基本的基层社会组织。民国建立后,县域一级虽然建立了现代政治管理机构,然而宗族仍是该地区重要的社会基层组织。宗族生活的主要特征之一是通过族规家训来确立宗族共同的生活准则,规范族人的言行并对族人施行教化,教育和规范族人读书、择业和敬业是不少族规家训的重要内容。有学者将族规家训的内容归纳为八类:修身、治家、睦亲、处世、教学、婚姻、择业和仕宦[1]。其中,"择业"集中反映了宗族的职业观,"教学"中有关读书和为士等内容也涉

---

[1] 徐秀丽:《中国古代家训通论》,载《学术月刊》,1995年第7期。明清时期中国平民化宗族获得大发展,宋以前的家训衍生出名目繁多和功能完备的宗族训育和法规性条文,主要称为家训、家法、家规、家矩、家戒、家禁、家约、族规、族约、族谕、宗规、宗约、宗式、规训、规条、祖训、祠规、庭训、户规等。本文统称为族规家训,亦有学者称之为族规家法和宗规族训等。

及职业观。家谱是收录族规家训的重要文献,通过对徽州家谱的族规家训中相关职业条文的研究,可以帮助人们较系统地认识民国徽州基层社会职业观变迁的实态。学术界普遍认为,明清徽州是明清中国历史发展最具典型性的地区之一,以其为对象形成的"徽学"对认识明清和中国近代社会转型具有某种学术典范意义。因此,对民国徽州族规家训中职业观变迁的研究同样具有某种典型性,有助于认识民国基层社会职业观变迁的实态。然而,目前学术界对此缺乏研究。① 为此,我们系统检索和抄录了上海图书馆、安徽大学徽学研究中心和安徽省图书馆所藏民国徽州家谱的族规家训中有关职业观的史料,②拟对该问题作一较系统研究。

一、家谱的使用情况与族规家训所见职业观条规的概况

民国徽州家谱的族规家训所见职业观相关条规一览表

序号	谱名(家谱馆藏地)	刊本年代和家谱属地	族规家训所见职业观的相关条规与数量	族规家训反映近现代职业观的相关条规和主要内容
1	吴越钱氏七修流光宗谱(上图)	民国三年(1914),歙县	卷一《家训》中的"敦诗书、励耕织、严术业"三条规。	无
2	蔚川胡氏宗谱(徽学中心)	民国四年(1915),歙县	卷二《规条》的"劝职业,训勤俭、树行检"三条规。	无
3	古黟环山余氏宗谱(上图)	民国六年(1917),黟县	卷一《家规》的"禁游侠第九"一条规。	无
4	黟县鹤山李氏宗谱(省图)	民国六年(1917),黟县	卷末《家典》的三条规。	无

---

① 检索"中国学术学术期刊网",有关民国职业的研究,主要集中在民国职业教育的研究,包括民国期间职业教育的创办、发展与得失,职业教育观念的传播。有关民国时期中国社会、特别是包括宗族在内的基层社会的职业观念变迁,特别是传统职业观变化的研究十分缺乏。

② 对三家机构徽州家谱中相关资料的搜集,主要由我的2008级硕士生王良和我完成的。我的2006级硕士生黄蕾、2007级硕士生张笑龙也分别作过资料核实和抄录工作,特此说明,并致谢意!

续表

序号	谱名(家谱馆藏地)	刊本年代和家谱属地	族规家训所见职业观的相关条规与数量	族规家训反映近现代职业观的相关条规和主要内容
5	汪氏义门支谱（上图）	民国七年（1918），歙县	卷十《家训》的"崇儒业、励士气、劝耕织、劝世业"四条规。	"励士气"倡导扶持子弟上新式学校。
6	鱼川耿氏宗谱（徽学中心）	民国八年（1919），绩溪	卷五《祖训》的"劝学、劝业"两条规；卷五《家族规则》的"职业之调查、励学、劝业"三条规。	《祖训》的"劝学、劝业"两条规均直接抄录宋明以来理学名家家训，然后另起段落说明近现代以来新教育和新职业的变化，教育族人要树立新职业观。《家族规则》抄录长沙县知事陈继良所作，其职业条规完全体现了近现代职业观。
7	桂林洪氏宗谱（上图）	民国十二年（1923），歙县	卷一《宗规》的"预蒙养、勤职业"两条规。	"预蒙养"提及在新式教育和中西文化合流情况下坚持对子弟进行蒙养教育的重要性。
8	新州叶氏家乘（上图）	民国十四年（1925），歙县	卷首《修省斋公家规二十条》的两条规。	无
9	新安柯氏宗谱（徽学中心）	民国十四年（1925），绩溪	卷二四《规训》的"端教育、劝职业、禁僧道"三条规。	"端教育"条提出，因处优胜劣败之时代，非有学问不足立世，因此，责令父母必须让子弟上完初级小学；倡导族中富人出资兴学；鼓励有志子弟外出求高深学问。
10	坦川洪氏宗谱（徽学中心）	民国十六年（1927），绩溪	卷一一《洪氏家训》的"习诗书、督农桑、安生理"三条规。	"习诗书"条规以"按语"形式说明在20世纪优胜劣败的形势下只有学问才能应世。
11	府前方氏族谱（徽学中心）	民国二十年（1931），歙县	卷首《祖训》"兴学校以教子弟、勤职业以足衣食"两条规。	"兴学校以教子弟"提到现代生活程度日高，因此兴学校以教子弟。

续表

序号	谱名（家谱馆藏地）	刊本年代和家谱属地	族规家训所见职业观的相关条规与数量	族规家训反映近现代职业观的相关条规和主要内容
12	竹马馆东李宗谱（徽学中心）	民国二十四年（1935），婺源	卷一《宗规》（民国九年）一条规；《修正宗规》（民国二十四年续修）两条规。	卷一《宗规》仍持传统贱业观，禁止入梨园，《修正宗规》作了修正；《修正宗规》规定接受新式教育或子弟娶接受新式教育的女子者，均要在谱中列名。
13	池墩朱氏宗谱（徽学中心）	民国三十六年（1947），歙县	卷一《宗范八则》"教子孙"一条规；卷一《宗约二十二则》的三条规。	无

注：1.13种家谱以刊本年代先后为序排列。2.表中"上图"指上海图书馆馆藏；"省图"指安徽省图书馆藏；"徽学中心"指安徽大学徽学研究中心馆藏。3.表中有些族规家训条规未标名具体名称，故只能标出其条规数量。

关于上述家谱中族规家训的使用有两个问题需要说明：

第一，本研究使用了上海图书馆、安徽大学徽学研究中心、安徽省图书馆所藏民国徽州家谱的相关资料。因为这三家机构所藏徽州家谱的质量和数量颇具代表性。上海图书馆原馆长、谱牒研究专家王鹤鸣说："上海图书馆是世界上收藏中国家谱原件最多的单位。在林林总总14 000余种家谱（含新编家谱）中，徽州地区家谱以其数量多、质量高而成为上海图书馆家谱园地中的一朵奇葩。"该馆所藏徽州家谱，"包括徽州（新安）地区和休宁、祁门、绩溪、黟县、歙县、婺源六县，共计收藏1949年前的家谱467种……平均每县78种。存世的徽州家谱数量与全国各地相比，是比较可观的"[①]。安徽省图书馆收藏明清至建国前家谱400余种，3 200册，"以徽州地区居多"[②]。笔者作了初步统计，有徽州家谱130余种。安徽大学徽学研究中心是教育部

---

① 王鹤鸣：《上海图书馆馆藏徽州家谱简介》，载《安徽史学》，2003年第1期。
② 参见《特色馆藏·安徽家谱·前言》，安徽省图书馆"安徽家谱"网址：http://cm.ahlib.com:9080/ahjp/。

人文社科重点研究基地,复印和购置了110多种有价值的徽州家谱。因此,以上述机构所藏民国家谱中族规家训的相关资料进行研究,具有相当代表性。

第二,本研究使用的民国徽州家谱13种,包括上海图书馆藏5种,安徽大学徽学研究中心藏7种,安徽省图书馆藏1种。为何在它们所藏众多民国徽州家谱中只使用13种呢?原因主要有:①许多家谱中没有收录族规家训。②不少家谱的族规家训未涉及职业观的内容。③不少族规家训有关职业的条文是重复或相同的,这种情况本文只统计为一种①。④有些家谱有存目,但因残缺或其他原因而不给查阅。如果将重复和未能查阅的家谱统计在内,数量会超过13种。不过,估计只会有少量增加。因为,民国家谱因编修年代较近,文物价值不高,破损一般不严重,很少不给查阅。2010年8月底,我们以徽州六县名为检索词,对上海图书馆馆藏六县家谱进行检索,结果得出约546种②。扣除同一宗族不同年代重修或重抄的谱和中华人民共和国成立后的新修谱共24种,残缺无法抄录的66种,有目录而无法调阅的44种,余为412种,有族规家训的只有62种,含有职业观内容的仅14种(内容相同的不重复计),其中,民国家谱5种。安徽大学徽学研究中心所藏110

---

① 如,《新州叶氏家乘》卷首《修省斋公家规二十条》的两条要求子弟读书和务正业的内容:1."子弟资性凶横,礼貌粗俗,皆因不读书之故。自今宜延名师以教子弟,端其性行,熟其礼节。有志者,讲通义理,或习举业。不及者,亦要粗知章节句,知文墨,不失为君子。然读书先要安详恭敬,孝悌廉耻超出等辈,使宗族受重,乡党敬羡可也。若反粗暴,无一点儒气,与常人同,则何必读书为哉? 念之!慎之!"2."人之处世不拘贫富,须要士农工商各居一业,斯无游惰之患,庶几贫可给,而富可充矣。而贫者莫若以农为本。今人不知农为人之常业,反以为贱事而不肯为此,其所以贫也。设有富者,又不能授子弟以职事,不幸一旦倾财破产无以聊生。欲为士而未尝读书,欲为农而不耐劳苦,欲为工而巧不及,欲为商而资不足,游手游食落入下风,皆因不务生理所致也。戒之!戒之!"这两条的内容与《雁门佘氏宗谱》6卷(民国九年,歙县)族规中的内容完全一样。故文中只计一种。

② 我们统计的徽州谱数字比王鹤鸣先生文中统计数字要多,除因我们的统计包括1949年后的谱外,还因为上海图书馆每年都会接受和购置新的徽州家谱。再者,由于有些谱名并不含六县县名,检索会有疏漏。所以,这里的统计数字只是约数。

余种谱中,去除重复的,族规家训含有职业观内容的有 15 种,其中,民国谱 7 种。① 因此,本文虽然仅使用了三家机构 13 种家谱中族规家训的职业观资料,但反映的内容却是比较全面和典型的。⑤出于资料查阅和抄录方便考虑,原则上是先使用安徽大学徽学中心所藏家谱,其次才使用上海图书馆和安徽省图书馆所藏家谱,因此,这两家图书馆的相关家谱数量要略多于上面提到的数量。

通过上表可以大体看到民国徽州家谱的族规家训中的职业观与传统职业观呈现出两种概况,一是完全维持传统职业的有关条规,二是不同程度修改了传统职业的相关条规。可见,徽州地区各宗族在是否接受新职业观上态度有很大不同,甚至是完全对立的。

二、完全维持原族规家训的相关职业条规

在上述 13 种族规家训中,有 6 种继续延用原有家规家训的相关职业条规。其中,4 种是民国初期和前期家谱所载族规家训,即,民国三年(1914年)本的歙县《吴越钱氏七修流光宗谱》的《家训》,民国四年(1915 年)本的绩溪《蔚川胡氏宗谱》的《规条》和《古黟环山余氏宗谱》的《家规》,民国六年(1917 年)本的《黟县鹤山李氏宗谱》的《家典》,民国十四年(1925 年)本的歙县《新州叶氏家乘》的《修省斋公家规》。1 种为民国三十六年(1947 年)本的歙县《池墩朱氏宗谱》的《宗范》和《宗约》。

在这些族规家训中,有些有序文或落款,从中可以看出是清代所立。如《蔚川胡氏宗谱》的《规条》的落款是"道光二年岁在壬午夏阳月之吉裔孙畏敬录述梓"。有的虽然没有序文和落款时间,但是,从条规的内容可以看出是民国以前所立。如歙县《吴越钱氏七修流光宗谱》卷一《家训》的"敦诗书"

---

① 有学者说,宋代以来家谱中,"全文刊载本族有史以来制订的各种家法族规、家训家范、祖宗训诫子孙的言论等"成为惯例。(徐扬杰:《中国家族制度史》,北京:人民出版社,1992 年,第 192 页。)这种观点是错误的。其次,徐秀丽文中说"择业"是传统规家训的八类基本内容之一,是从整个传统族规家训来说的,不应当理解为每一族规家训中都有职业观的内容。

条说:"世家大族家声门第之所以重者,在诗书也。惟读书,上之可以取科名,荣宗耀祖。"歙县《池墩朱氏宗谱》的《宗范八则》的"教子孙"中说:"继祖宗而立门户者,子孙也。子孙之贤否,门户之隆替因之不教,是贻衰败也。故教之孝悌,使知根本。教之从师,使知礼义。教之耕,使知稼穑之艰。教之读,使知显扬之道……夫教之之要,尤在读书。上之可希圣贤,次之可取功名,下之亦令识字稍知礼仪。"《宗约二十二则》说:"族中子弟有隽异天资,无力读书者,读《论》、《孟》时,每岁贴修金足钱一千二百文。读《五经》,贴一千八百文。作文者,贴笔墨费三千文,如苦志攻书而无力与考者,酌补盘费。进学者,喜金足钱三千。乡试者,贴盘费七千。中试者,喜金十千。会试者,贴盘费十四千,中式者喜金二十千。所以劝学而重科名也。"上述族规家训都提到通过读书博取科名,显然是立于清末废除科举之前。

有的宗族虽然在民国后对族规家训作了补充或修改,但是,相关的职业条规仍承袭了清代的条规。如《黟县鹤山李氏宗谱》的《家典》是根据康熙年间所撰的休宁《茗洲吴氏家典》,并结合本宗族具体情况制定的,《鹤山李氏家典序》说:"客有从海阳茗洲来者,述及吴氏风俗之美,其父老秉礼而服义,其子弟循矩而蹈规,一族如一家,视讲学为菽粟布帛,朔望有塾讲,四季有族讲,雍容于一堂之上。休哉,何风之古而俗之醇欤!及读其《家典》一书,始知吴子约庐先生笃学力行,动必以礼。其所手订者,大要以朱子为宗旨,而旁及于近世诸大儒之书,以四礼为大纲,而致谨乎步趋进退周旋之际,袪世俗之谬伪,行古道于今日,洵海内所当奉为圭臬者也。而我族则尤宜亟采之以为法。世禄于是谨录《吴氏家典》二十条,复就我族所常有之事、章程未立、致多龃龉者,斟酌十三条。民国五年(1916年),十五世孙启寋又增五条,共三十八条。"其中,有关职业的3条规定是:"族中子弟有器宇不凡、资禀聪慧而无力从师者,当收而教之,或附之家塾,或助以膏火,培植得一二个好人作将来模楷,此虽族党之望,而实祖宗之光,其关系匪小";"族中子弟不能读书,又无田可耕,势不得不从事商贾,族众或提携之,或从他亲友处推荐之,令有恒业,可以糊口,勿使游手好闲,致生祸患";"子孙毋习吏胥,毋为僧道,毋狎屠竖,以乱心法,当时时以仁义二字名心镂骨,庶或有成。"这3条均抄录于《茗洲吴氏家典》,未作任何改动。①

关于中国社会传统职业观的基本内容,有学者说,宋元以来特别是明清时期,"众多的家法族规都要求子弟务正业,即从事正当的职业。当时的书香门第以耕读为本,认为人生事业,无过'耕读'两端,'耕为衣食之本源,读乃圣贤之根柢';在士农工商四种正业之中,'士农为上,工商为下'。普通的家庭和宗族对这四种正业并不区分高低,认为士农工商,各有本业,都是衣食之所出。有些人士还将正业扩大到士、吏、农、工、商、贸、医、卜等八事"。"娼、优、隶、卒,即娼妓、戏子、衙役、兵士,在当时被人们普通视为有辱门楣、败坏家声的贱业。有些家庭、家族还将贱业扩大到讼师、奴仆、婢女,以及剃头、剔脚、吹手、屠户、轿夫等"。"还有不少家庭、宗族将出家当和尚、尼姑以及当道士也视为择业不当。这是因为出家当和尚、尼姑等就是不要父母、家庭和宗族,'斩祀绝嗣',就是大不孝"②。明清徽州在职业观上大体与此类似,但是亦有其特点,笔者的3篇论文从不同角度对此现象和原因作了详细考察和具体分析,在此不具体论述。③ 检视民国徽州上述家谱的族规家训所反映的传统职业观,大体与明清中国社会及徽州社会传统职业观相类似,主要包括以下内容:一,要求族人以士农工商为正业,其中多强调要以士农为先,耕读传家;有些宗族也允许族人从事百工技艺等职业。二,强调读书和为士为四民之首业。这是传统四民职业观的共同特点,徽州宗族在这方面表现出更为强烈和突出的意识,主要原因是,明清徽州号称"程朱阙里"和

---

① (清)吴翟撰辑,刘梦芙点校:《茗洲吴氏家典》,合肥:黄山书社,2006年,第18—20页。
② 费成康主编:《中国的家法族规》,上海:上海社会科学院出版社,1998年,第52—53页。
③ 徐国利:《从明清徽州家谱的族规家训看明清徽州宗族职业观》,载《河北学刊》,2011年第6期;徐国利:《阳明心学的世俗化伦理观与明清徽商伦理思想的转换与建构》,载《安徽史学》,2009年第4期;徐国利:《朱子的伦理思想与明清徽州商业伦理观的转换和建构》,载《安徽史学》,2011年第5期。

"东南邹鲁",是全国的文教发达和人才鼎盛之地。徽州家谱的族规家训不仅在论及四民之业时主张以读书和为士为先,往往还专立条文阐述其重要性。而且,不少宗族对读书意义的阐述,也不限于科举为士,还从多种角度阐述读书对从事其他职业、做人和宗族教化的重要意义。三,严禁子弟从事娼优、隶卒、僧道、屠竖等贱业或游手好闲、游荡滋事,违者往往予以不许入谱或革除出祠等方面的严惩。

民国时期一些家谱沿用清代甚至是更早的族规家训的有关职业条规,表明这些家族依然要求族人遵守传统的职业观念和规范。这一方面说明了近现代社会的发展、职业变迁和新思想文化观念对这些家族职业观的影响相当有限,使他们觉得没有必要对这方面的条规加以修改;另一方面,也表明这些宗族在接受新职业观方面的保守性甚至是守旧性,特别是民国三十六年(1927年)本的歙县《池墩朱氏宗谱》仍株守老的《宗范》和《宗约》未加修改,更是有力的说明。因为,民国初期有的族规家训已适应时代变化而修改了相关的职业条规,如民国七年(1916年)本的歙县《汪氏义门支谱》的《家训》和民国八年(1919年)本的绩溪《鱼川耿氏宗谱》的《祖训》,特别是后者修改内容更多,较全面体现了近现代职业观。事实上,早在清末,徽州就有个别家谱的族规家训为适应时代变化而对职业的相关条规做了修改。如宣统二年(1910年)本的祁门汪氏《宗训》中说:"钦定之学堂程度详备,选谨而申其宗旨。资费由社会族裔捐筹办,经管由通族默然推投……得十有一年,则男女分入正学堂……师期五年,满毕业,乃辨志。各从专门定业,为士仕、商贾、农牧、工艺、军兵,各务精进。"①该宗训对子弟的职业教育体现了近现代思想,第一,要子弟到新式学堂读书,毕业后要各立志从事专门职业。第二,要求"为士仕、商贾、农牧、工艺、军兵,各务精进"。这体现了对农牧、工艺和军兵平等看待的新职业观,与歧视技艺和军兵职业的传统观念完全不同。

---

① 祁门《韩楚二溪汪氏家乘》卷二《宗训》,宣统二年本。

三、对族规家训的传统职业条规进行修改，不同程度体现了近现代职业思想

民国徽州也有一些宗族为适应时代发展需要，对传统职业条规不同程度地做了修改和调整。从"民国徽州家谱的族规家训所见职业观相关条规一览表"能够看出，在 13 种家谱的族规家训中，有 7 种作了修改。其中，民国十年（1921 年）以前 6 种家谱，2 种作了修改和调整。其后至民国二十年（1931 年）以前的 4 种家谱，有 3 种作了修改。其后至民国三十年（1941 年）以前的 2 种均作了修改。其后至民国四十年（1925 年）以前的 1 种则没有修改。

由此可见，随着民国时期中国社会近现代转型的推进，徽州家谱的族规家训对职业的条规进行修改的现象愈益普遍。对于修改的原因，有的专门在新定族规家训的序文中予以说明。如民国十四年（1925 年）本《新安柯氏宗谱》卷二十四《规训》序中的按语说："嘉庆宁国谱载，有《柯氏家规》四十八条……详玩词气，当是明代以前所著……惟原文颇多繁冗，又如奖励科贡诸生有花红银两等事与现行法制不合，其处治忤逆、奸淫、盗窃等，往往勒令自尽，虽意存惩戒，究背人道，均非今日所宜行。兹特依据原文，删其芜冗，补其阙略，准酌情势，定为二十条，仍名曰《后岸派柯氏族训》。"其中，提到"奖励科贡诸生有花红银两等事与现行法制不合"，也就是说，因清末废除科举和实行新教育以后，奖励科贡诸生花红银两不宜再行。因此，新《规训》在教育与读书方面订立了适应时代发展的新条文，"端教育"条便指出："惟现当欧风美雨潮流剧烈之时，天演竞争优胜劣败，非具有相当学问者，断不足生存于斯世。故教育尤当今之急务。族中子弟六七岁后当令其入学校，最低限度亦当毕业初级小学，不可因循怠玩，违者罚其家长。其富而贤者，当劝令出资兴学，或办平民教育。如委系赤贫之家，并可免缴学费。若有志子弟负笈远方求高深学问者，族众当奖励扶助，以宏造就。"

民国家谱中族规家训有关职业条规修改的具体方式各不相同，主要有三种：

第一，列出原有族规家训，然后在相应的条文下列出新条文，或是以按语形式对相应的条文作出新解释。绩溪《鱼川耿氏宗谱》中《祖训》的"劝学"和"劝业"条，均先列原祖训的条文，然后低两格，专列新条文阐述新式教育和职业教育的重要性。绩溪《坦川洪氏宗谱》的《洪氏家训十二条》"习诗书"条列出原有条文，然后以按语的形式说："优胜劣败，天演公理。在今日二十世纪时代，尤非学问不足以立身，不足以应世。今后族人其各勉旃。"婺源《竹马馆东李宗谱》卷一先列民国九年（1920年）《宗规》对从事贱业的惩处："弹唱入梨园者，书名不序行；充衙门三班皂快者，削。披剃入空门者，削。"再列出民国三十四年（1945年）续修《修正宗规》的新规定："弹唱入梨园者，书名不序行；披剃入空门者，斥革出祠。"即不再将在官府衙门从业视为贱业而革除出族。

第二，只列出修改后的条文。歙县《汪氏义门支谱》的《家训》"励士气"条指出科举废除后，应当合族扶持子弟上新式学校。歙县《桂林洪氏宗谱》的《宗规》"预蒙养"条谈到在新教育兴起和中西文化合璧的情况下，搞好蒙养教育仍十分重要。歙县《府前方氏族谱》的《祖训》"兴学校以教子弟"条谈到在新的社会条件下，接受教育对谋业自立的重要性。绩溪《新安柯氏宗谱》卷二十四《规训》的"端教育"条提出了近现代的读书及谋业要求。

第三，抄录他人的新式族规家训。绩溪《鱼川耿氏宗谱》卷五《家族规则》系抄录长沙县知事陈继良所作。修谱者说："家族自治者，即国治之模型也。长沙县知事陈继良本私家之法规，为劝世之导言，撰此《家族规则》行之湘省所属各姓家祠，并呈皖大吏采择通行仿办。介细绎其宗旨纯正，法意周密，诚能依法行之，实足以救世而励俗，兴族而强国。虽吕蓝田乡约之完美，王士晋宗规之周备，无以逾此。因附录于此，以为后世子孙之则效云。"

民国徽州家谱的族规家训有关职业条规修改的内容不一，主要包括以下三个方面：

第一，诸多族规家训指出在天演竞争日趋激烈的新时代环境中，族中子弟只有接受新教育和知识，才能更好地谋业。绩溪耿氏对子弟接受新式国民教育和职业教育的规定和阐述最为明确和系统。其《祖训·劝学》说:"民国成立,学制变更,教育首重人民。六周岁即届入学年龄,由是而国民而高小,而中学,而大学。专门按年计程,循资升学。盖年示三十而学校教育已完全卒毕矣。虽然大学而上为人才,中学以下为国民教育,愚谓子弟无论智愚皆当受国民教育,然后一职业以资身而赡家。即或无力入中学,入高等小学,国民学校为初基教育所系,要当就学毕业。否则,不惟不知书,且不知做人道理,安望有谋生技能自产于天演竞争之世乎。"《家族规则》"励学"条说:"环球交通文明日启,非复闭关时代之可以安常习故也。一国之强弱,一家之盛衰,无非视其人物之知识能力为进退。是教育普及为保国保家惟一之要素……自今以往,族学乡学各从其便,变通专门各因其材。才美者培成之,力绌者资助之,无才力者则于义务教育毕业后即令进以职业教育。于农工商各就一业,务使一族之人俱有道德,独立能力而后已。"①其他族规家训也有相关规定和阐述。绩溪《洪氏家训十二条》"习诗书"条的按语说得简单明了:"优胜劣败,天演公理。在今日二十世纪时代,尤非学问不足以立身,不足以应世。今后族人其各勉旃。"②绩溪柯氏《规训》"端教育"条说:"惟现当欧风美雨潮流剧烈之时,天演竞争优胜劣败,非具有相当学问者,断不足生存于斯世。故教育尤当今之急务。族中子弟六七岁后当令其入学校,最低限度亦当毕业初级小学,不可因循怠玩,违者罚其家长。其富而贤者,当劝令出资兴学,或办平民教育。如委系赤贫之家,并可免缴学费。若有志子弟负笈远方求高深学问者,族众当奖励扶助,以宏造就。"③这里,柯氏不仅指出在优胜劣汰的新时代让子弟读书求知的重要性,还指出族中富有者应当兴办教育,对赤贫之家或有志求高深学问者,应当予以扶持或奖励。歙县方氏《祖训》"兴学校以教子弟"条说:"人之所以异于禽兽者,以曾受教育,明礼仪故也。父兄之对于子弟,切宜尽力使受相当教育,其子弟自能奉公守法而

---

① 绩溪仁里《鱼川耿氏宗谱》卷五,民国八年。
② 绩溪《坦川洪氏宗谱》卷一一,民国十六年。
③ 绩溪《新安柯氏宗谱》卷二四,民国十四年。

为良民,以尽忠爱于国家也。况乎处今之世,生活程度日高,不有知识焉能从事职业以谋自立哉!"①指出由于近现代生活程度日高,因此必须进学校求知以求取谋生之道。

第二,有的族规家训提出了在新的时代条件下继续让子弟读书和受教育的举措,有的还提出男女都应当接受教育的规定。歙县洪氏《宗规》"预蒙养"条说:"材育之道,自古重之。八岁入小学,十五岁入大学,是以子弟无弃材,罔不成器然,此乃修身养性,道德教也,不在勋名。今者学校林立,亦有大学、中学、小学各校,其进级有差。大同之世,华夷合撰,学究中西,不得株守一家。但成人在始,始基勿坏,训至学成,乃称完璧。推之为士、为农、为工商,分科造就,无不因教育而成,无不自蒙养而始,此蒙养之所以当预也。预则立,不预则废。"②洪氏认为,在新学校林立和中西教育合流的情况下,教育是育人和谋业的前提,而教育仍然必须立足于蒙养教育。歙县汪氏《家训》"励士气"条指出:"科举既废除,学堂无进身之阶,我族子弟有志上进,无力求学者居多。公议仿从前考费花红遗意,由祠酌给津贴以资鼓励。高等小学每名每学期给足钱一串八百文,中学每名每学期给足钱三串文,省城大学每名每学期给足钱五串文。如无故半途辍学,即将领过津贴照数退还。或遇有考试,视其所考阶级与何等学校相当,分别酌量津贴。所以留此根蒂者,借延一线书香,或不致于中断。"③可见,在科举废除和新式教育出现后,该宗族为使书香不缀,要求给那些上各类新式学校的子弟及其成绩优异者以资助,体现出该族对教育的重视。有些族规家训还明确指出应当让女子接受教育。如绩溪耿氏《家族规则》"励学"条说:"女学亦宜并重,惟不必陈义过高,但教之明礼教以正性情,习书数以理家事,以及手工、缝纫、饲蚕、缲丝、织麻之学,已堪为贤妇贤母之资。其俊秀而有力者,欲求精到之学术,则

---

① 歙县《府前方氏族谱》卷首,民国二十年。
② 歙县《桂林洪氏宗谱》卷一,民国十二年。
③ 歙县《汪氏义门支谱》卷一〇,民国七年。

听其自为之。"①

第三，对传统四民职业条规进行明确修改，倡导新式职业观。其中，绩溪耿氏的新祖训家规修改最全面。其《祖训》"劝业"条说："近世文明日进，职业教育日渐发达。我国顺世界潮流，亦趋重于此。各省正提倡职业学校，将欲驱普通平民群趋于职业之一途，甚盛事也。夫农生货者也，工成货者也，商销货者也。诚使国民群趋向夫农工商各业，以科学思想发明新理，将见职业精进，大学生财之道即在是矣。"②这里强调了新式职业教育的重要性。《家族规则》第八条"职业之调查"则规定对族人从事的职业类型和人数要列表调查统计："政界若干、法界若干、学界若干、军界若干、警界若干、农业若干、工业若干、矿业若干、其他杂业暨劳动家若干，其不属于各项之无职业者若干，列表登记之。""前项之政法学军警各人数以现时充任者为限"③。可见，该族完全突破了传统的四民正业观，对于从事各类新式职业均予以认同，对传统上属于隶卒的军警和杂业等贱业者，也不加以歧视了。婺源李氏《宗规》对贱业的认识也发生了变化。民国九年（1920年）所订《宗规》规定："弹唱入梨园者，书名不序行。充衙门三班皂快者，削。披剃入空门者，削。"民国三十四年（1945年）《修正宗规》则作出新规定："弹唱入梨园者，书名不序行；披剃入空门者，斥革出祠。"这里虽然仍视入梨园和为僧者为贱业，但不再将在官府衙门供职视为贱业。④

民国家谱中族规家训有关职业条规的修改程度不一，不过，多数修改的内容和幅度不大。

第一，大多只作了少量的修改，主要内容仍维持传统的职业条规。如，歙县《汪氏义门支谱》卷十《家训》有"崇儒业、励士气、劝耕织、劝世业"四条规，其中只有"励士气"作了修改，提出因科举制废除，为使宗族书香不缀，全

---

① 绩溪仁里《鱼川耿氏宗谱》卷五，民国八年。
② 绩溪仁里《鱼川耿氏宗谱》卷五，民国八年。
③ 绩溪仁里《鱼川耿氏宗谱》卷五，民国八年。
④ 婺源《竹马馆东李宗谱》卷一，民国九年。

族必须资助扶持子弟上新式学校。而"崇儒业、劝耕织、劝世业"仍维持传统职业观的内容。《新安柯氏宗谱》卷二十四《规训》"端教育、劝职业、禁僧道"三条规,只有"端教育"根据时代变化做出修改,提出因处优胜劣败之时代,非有学问不足立世,因此,责令父母必须让子弟上完初级小学;同时,倡导族中富人出资兴学;鼓励有志子弟外出求高深学问。绩溪《坦川洪氏宗谱》卷十一《洪氏家训》"习诗书、督农桑、安生理"三条规,也只有"习诗书"条以"按语"形式说明在20世纪优胜劣败的形势下只有学问才能应世。歙县《府前方氏族谱》卷首《祖训》"兴学校以教子弟"和"勤职业以足衣食"两条规,只有前者提出因现代生活程度日高,所以要兴学校以教子弟。婺源《竹马馆东李氏宗谱》卷一《宗规》仍持传统贱业观,禁止入梨园;而《修正宗规》仅对族人从事传统贱业者的姓名是否列入家谱的惩罚减轻了,同时规定对受新教育者及娶受新教育的女子,也必须列名族谱中。

第二,仅有一种作了全面的修改,即绩溪《鱼川耿氏宗谱》。该谱不仅对《祖训》的"劝学"和"劝业"做了全新的规定,还将长沙县知事陈继良根据近代社会新发展所立《家族规则》抄录作为本族的家规。

四、结语:职业观的变迁表现为革新与保守并存,保守多于革新

由上可见,民国徽州家谱的族规家训所见职业观是革新与保守并存,总体上是保守多于革新。首先,从宗族来看,仅有极少数宗族全面革新了传统职业观,半数是革新与保守俱存,近半数完全持守传统职业观。其次,从变化的内容来说,革新最多和最深刻的是废除了传统的以士为先、强调宗族子弟要以科举为士的内容,主张让子弟接受新式教育和物竞天择、适者生存的职业观和生活观。徽州职业观上述变迁的根本原因,在于国家制度和政策的刚性变化所致,即,清末废科举,特别是近现代兴办新式教育所造成的。然而,传统职业观中有关农工商等方面的内容变化不大,多半的族规家训保守着传统职业观,即便是对相关条文进行修改的,修改幅度也较少或较简单,完全根据近现代社会发展做根本修改的仅有1种。

民国徽州职业观变迁的这种现象和特点说明了什么问题呢？我认为，在很大程度上，是由于民国时期徽州许多宗族并没有深切感受到近现代社会发展，特别是经济发展给人们职业选择所带来的冲击，他们觉得不修改或略为修改传统职业观，也能在新的社会条件中生活下去。易言之，即在于民国时期徽州地区没有提供足够的能为当地人谋生的近现代工商业和其他新兴生产和就业部门，传统的农工商业仍是大多数人就业谋生的主要途径。这里，以民国徽州近现代工业的发展为例来加以说明。据《安徽近代经济轨迹》一书的相关统计资料显示，民国徽州近现代工业发现缓慢，规模和资本都十分有限。到1918年，徽州各县仅有3家民营纺织工厂，且都在休宁县。到1934年，各县民营工厂仅增加到9家，分别为休宁8家，绩溪1家。到1940年，各县民营工厂数仅增加到17家，分别为休宁8家，歙县1家，祁门1家，黟县6家，绩溪1家。另有1家省营的屯溪皖南纺织工厂。到1943年，各县官办的县营工厂仅6家，分别是黟县中心工厂，休宁中心工厂，祁门中心工厂，歙县榨油厂，歙县纺织厂和歙县造纸厂。各县民营工厂18家，分别是：休宁13家，祁门1家，黟县4家①。这些民营企业生产规模小，资本少，主要是纺织、榨油、造纸、印刷、肥皂等生活日用品轻工企业。如，截止1940年，徽州各县民营工厂资本、工人数、企业性质、生产产品等情况如下（注：未标明者为信息不详或空缺的）：休宁的永明工厂、合大工厂(资本3 000元)、第一难民毛巾厂(资本6 000元，官商合办)、第二难民毛巾厂(官商合办)、聚文印刷厂(资本2 000元)、启新工厂(资本7 500元)、怡昌工厂、建国工厂(资本3 000元，工人70)；歙县的歙县笠帽厂；祁门县的开源织布厂；黟县的建国工厂、皖南民工厂(资本2 000元，工人37人)、裕昌纸厂(资本1 500元)、福昌纸厂(资本1 400元)、怡昌纸厂(1 400元)；绩溪的开源缫丝厂②。官办企业规模和资本稍大，但也有限，如，截止1943年，徽州县营工厂资本分别为，黟县中

---

① 王鹤鸣、施立业：《安徽近代经济轨迹》，合肥：安徽人民出版社，1991年，第343、363、369、383—384、387—388页。

② 王鹤鸣、施立业：《安徽近代经济轨迹》，第374页。

心工厂资本240 000元、休宁中心工厂资本200 000元、祁门中心工厂资本100 000元,绩溪民生工厂、歙县榨油厂、歙县纺织厂和歙县造纸厂的资本不详①。由此可见,如此少数量和小规模的近现代工厂是不能为当地民众提供大量谋生和就业机会的。这一事实充分说明,职业观念的根本转变很大程度上要有社会经济的发展作为基础,仅有新思想观念的传播是不够的。

当然,族规家训所见职业观只是反映民国徽州职业观变迁的一个窗口,并不能完全反映民国徽州基层社会职业观变迁的状况。但是,不可否认,它是一扇重要的窗口。因为,民国时期宗族仍是徽州最主要的基层社会组织,族规家训就是宗族或家族的"家法",规范和约束着族人的各种言行举止,反映了家族的价值追求,有学者说:"家训和家法族规以潜移默化的训教方式传播一种与主流价值观念既相契合又利于现实世界生活实践的实用理性。它通过将伦理规范贯彻到平常百姓人家,改善了社会习俗与道德风尚,维系了家庭与家族共同体的团结与稳定,也培养了社会需要的治国人才,捍卫并改善了传统的社会秩序。"②因此,民国徽州的族规家训对族人择业的规定和职业教育思想,是颇能反映基层社会主流的职业观与职业价值理念的。

明清徽州在明清历史发展中具有典型性。民国建立后,徽州近现代史的转型在中国基层社会仍具有一定的典型性。近代以来因徽商的衰败和太平天国战乱给当地带来的巨大破坏,徽州社会不断衰落。但是,当地重文教的传统仍得以延续,加之徽州地处长江中下游,临接上海和苏浙以及武汉等沿江大城市,在全国仍属较开放的地区,近现代新思想观念对当地的影响依然比较直接和广泛,这也是近现代徽州产生了胡适、陶行知、黄宾虹等一大批现代文化和艺术大师的重要原因。胡适家乡绩溪是徽州经商较落后的地区,但族人多在外地经商,仍能得风气之先。胡适回忆说,童年在家乡上庄受教育时,由于二哥、三哥在上海经营茶叶生意,受时代思潮的影响,能以新

---

① 王鹤鸣、施立业:《安徽近代经济轨迹》,第384页。
② 鞠春彦:《教化与惩戒:从清代家训和家法族规看传统乡土社会控制》,哈尔滨:黑龙江教育出版社,2008年,第77页。

教育观念启蒙他,"所以不要我'开笔'做八股文,也不要我学做策论经义。他们只要先生给我讲书,教我读书"①。胡家生意做得并不大,像这种亦商亦农的家庭在近代徽州比比皆是。可是,在这样一个较开放的社会,不少宗族的族规家训在职业观方面却是守旧多于革新,传统职业观在多数宗族中仍有相当大的影响力。

通过对民国徽州家谱的族规家训所见职业观变迁的具体考察和分析,不难推见在中国近现代转型过程中,在沿海和长江中下游等近现代社会经济发展较发达以外的中国多数基层社会,传统职业观的近现代转型是保守与革新并存,而且保守多于革新。同时,不同社会组织和群体的职业观变化又呈现出多元性。作为中国近现代社会史有机组成部分的内陆基层社会,徽州职业观变迁的实态及其反映出的问题,亦有助于我们认识中国近现代社会转型的复杂性和多元性。

(原载《民国档案》,2002年第1期)

---

① 胡适:《四十自述》,合肥:安徽教育出版社,2006年,第26—27页。

附录　主要学术论文和学术著述

一、学术论文

1. 胡适实用主义在五四新变化时期广泛传播原因之探析,载《安徽大学学报(哲学社会科学版)》,1992 年第 2 期。

2. 胡适功罪评说,载《学术月刊》,1992 年第 4 期。

3. 清代中叶皖北的自然、政治、经济和社会,载张珊著《捻军史研究》,北京:文化艺术出版社,1994 年 4 月。

4. 胡适与五四"新文化运动"学术研讨会,载《学术月刊》,1994 年第 12 期(中国人民大学复印报刊资料《中国现代史》,1995 年第 4 期全文转载)。

5. 试论胡适女子教育思想的生成和发展,载《安徽大学学报(哲学社会科学版)》,1995 年第 5 期。

6. 抗战时期高校内迁概述,载《天津师范大学学报(社会科学版)》,1996 年第 1 期。

7. 浅析抗战时期高校内迁的作用和意义,载《安徽史学》,1996 年第 4 期(中国人民大学复印报刊资料《高等教育》,1997 年第 1 期全文转载)。

8. 胡适与白话文教育改革,载《安徽大学学报(哲学社会科学版)》,1998 年第 1 期。

9. 关于"抗战时期高校内迁"的几个问题,载《抗日战争研究》,1998 年第 2 期。

10. 胡适的大学教育思想叙论,载《教育史研究》,1998 年第 3 期。

11. 民主和科学与中国史学的近现代化(第二作者),载《民主与科学》,1999 年第 2 期。

12. 简论清末民初新史学(第二作者),载《安徽大学学报(哲学社会科学版)》,2000 年第 4 期。

13. 钱穆的历史本体"心性论"初探——钱穆的民族文化生命史观疏论,载《史学理论研究》,2000 年第 4 期。(此文后修改为《钱穆先生心性合一的历史本体论思想》,载台湾钱穆先生纪念馆编《钱宾四先生逝世十周年纪念专刊》年刊第 8 期,2000 年 12 月)。

14. 钱穆论史体与史书,载《史学史研究》,2000 年第 4 期。

15. 试析胡适的"教育救国论"(第二作者),载《北京科技大学学报(社会科学版)》,2001 年第 2 期。

16. 为国学大师再立碑传,载《上海大学学报(社会科学版)》,2001 年第 5 期。

17. 新文化运动时期陈独秀教育思想的演变(第一作者),载《安徽史学》,2002 年第 1 期。

18. 钱穆的人文历史认识思想述论,载《求是学刊》,2002 年第 1 期(中国人民大学复印报刊资料《历史学》2002 年第 5 期转载,又被收入王雪萍主编《传统与现代:中国历史学研究十年》,哈尔滨:黑龙江人民出版社,2011 年 1 月)。

19. 钱穆的中西史学比较观,载《史学史研究》,2002 年第 1 期。

20. 面向世界、走向 21 世纪的中国哲学,载《安徽大学学报(哲学社会科学版)》,2002 年第 2 期。

21. 钱穆的民族文化生命史观及其意义,载《炎黄文化研究》,2002 年第 9 期(收入方克立主编第 12 届国际中国哲学大会论文集《中西会通与中国哲学的近现代转换》,北京:商务印书馆,2003 年 6 月)。

22. 钱穆的史学方法论思想(第二作者),载《史学月刊》,2002 年第 10 期。

23. 严守学术规范 彰扬人文特色,载《学术界》,2002 年第 5 期。

24. "五四运动"后陈独秀历史观的转变,载《淮北煤炭师范学院学报(哲学社会科学版)》,2003年第2期。

25. 钱穆的历史文化构成论及其中西文化比较观,载《中国社科院研究生院学报》,2003年第2期。

26. 论高校历史教育中的唯物史观教育,载《安徽教育学院学报(社会科学版)》,2003年第2期。

27. 从实用主义史观到马克思主义唯物史观,载《陈独秀研究》第二辑,合肥:安徽大学出版社,2003年8月。

28. 清代中叶安徽淮河流域的自然灾害及其危害,载《安徽大学学报(哲学社会科学版)》,2003年第4期。

29. 关于新时期史学与现实关系讨论的回顾与总结,载《淮北煤炭师范学院学报(哲学社会科学版)》,2004年第1期(中国人民大学复印报刊资料《历史学》,2004年第5期全文转载)。

30. 真实、全面和生动地再现历史,载《安徽史学》,2004年第2期。

31. 对史学价值观与历史本体观关系的历史考察(第二作者),载《中国社科院研究生院学报》,2004年第4期。

32. 陈独秀的民众史观初探,载《中国现代民众研究》,北京:中国社会出版社,2004年3月。

33. 钱穆的圣贤史观,载《安大史学》第一辑,合肥:安徽大学出版社,2004年7月。

34. 梁启超民族主义史学的建构及其意义——对梁启超新史学的再认识,载《史学理论与史学史学刊》,2004—2005年卷,2005年11月。

35. 中国的美国史学史研究"进步的一个标志",载《淮北煤炭师范学院学报(哲学社会科学版)》,2004年第6期。

36. 当代中国的口述史学理论研究(第一作者),载《史学理论研究》,2005年第1期。

37. 中国当代的徽州文书研究,载《史学月刊》,2005年第2期。

38. 中国当代抗战口述史学的发展和研究内容,载《学术研究》,2005年第6期。(《新华文摘》,2005年9月"篇目辑览"收录,中国人民大学复印报刊资料《中国现代史》,2005年第10期全文转载)。

39. 陈独秀"伦理革命"思想的再认识——兼论新文化运动的首要目标和中心内容,载《安徽史学》,2005年第4期。

40. 胡适论在华教会教育(第二作者),载《安徽大学学报(哲学社会科学版)》,2005年第5期。

41. 徽州文书的理论研究与整理方法,载《中国社会科学院研究生院学报》,2005年第4期。

42. 钱穆的学术方法与史识——义理、考据与辞章之辨,载《史学史研究》,2005年第5期。

43. 美国大学的历史教育与历史研究侧记,载《安大史学》,2005年卷,合肥:安徽大学出版社,2005年12月。

44. 钱穆学术思想研究的重要推进——大陆首届钱穆学术思想研讨会综述,载《上海大学学报(哲学社会科学版)》,2006年第1期。

45. 胡适的史学研究法再认识,载《合肥学院学报(社会科学版)》,2006年第2期。

46. 胡适的史学思想再认识,载《史学理论与史学史学刊》,2006年卷,北京:中国社会科学文献出版社,2006年8月。

47. 关于中国抗日战争口述史研究的几个问题,载《抗日战争研究》,2006年第3期(中国人民大学复印报刊资料《中国现代史》,2007年第3期全文转载)。

48. 钱穆的考据学思想,中国历史文献研究会编《历史文献研究》第25辑,武汉:华中师范大学出版社,2006年10月。

49. 程朱理学的"圣王"君主论,载《朱子学刊》第16辑,合肥:黄山书社,2006年12月。

50.《胡适的历史观及其思想特征》,安徽省社会科学界联合会编《安徽崛起:传承·创新·发展》,合肥:安徽人民出版社,2006年1月。

51.《美国大学的"通才"教育》,载《教育文汇》,2006年第1期。

52. 中国现代史家论文学作品的史料价值及其史学实践(第一作者),载《史学史研究》,2007年第1期。

53. 关于区域史研究中的理论问题——区域史的定义及其区域的界定和选择,载《学术月刊》,2007年第3期(中国人民大学复印报刊资料《历史学》,2007年第6期全文转载)。

54. 从区域史及区域的界定看皖江文化研究,载《皖江文化研究与东向发展——"第二届皖江地区历史文化研讨会"论文选编》,合肥:合肥工业大学出版社,2007年10月。

55. 理性看待中国传统和谐文化 积极吸收西方文化和谐思想,载《和谐社会与人文素养》,合肥:安徽人民出版社,2007年11月。

56. 中国古代国家观的新发展,载《学习与探索》,2008年第2期。

57. 20世纪年代以来的历史认识主体研究(第一作者),载《史学月刊》,2008年第8期。

58. 赵翼的良史观(第一作者),载《历史文献研究(总第27辑)》,上海:华东师范大学出版社,2008年9月。

59. 中国马克思主义史家论文史关系(第一作者),载《史学理论研究》,2008年第4期。(中国人民大学复印报刊资料《历史学》,2009年第2期全文转载)。

60. 明清之际启蒙思想家论风俗、教化和国运兴衰,载《齐鲁学刊》,2009年第1期。

61. 近代徽州与安庆地区文化人物的结构特征及其成因比较研究(第一作者),载《安徽师范大学学报(人文社会科学版)》,2009年第3期。

62. 阳明心学的世俗化伦理观与明清徽商伦理思想的转换和建构,载《安徽史学》,2009年第4期。

63. 当代中国大陆的史学评论理论研究述评,载瞿林东、葛志毅主编《史学批评与史学文化研究》,哈尔滨:黑龙江人民出版社,2009年3月。

附录 主要学术论文和学术著述

64. 历史·传统·哲学——冯友兰新理学的历史本质论(第一作者),载《江淮论坛》,2009年第4期。

65. 孙家鼐的"中体西用"的文化观及其实践(第一作者),载《合肥师范学院学报》,2009年第6期。

66. 安徽近代文化人物的地理分布与特征(第二作者),载《中国历史地理论丛》,2009年第4辑。

67. 维柯论历史学的科学性及历史研究——兼论维柯史学思想的现当代意义(第一作者),载《学术研究》,2010年第2期。

68. 传统与现代二元教育和安徽现代文化名人的成长,载《安徽大学学报(哲学社会科学版)》,2010年第3期。

69. 中国史学与现实关系研究二十年(第一作者),载《河北学刊》,2010年第3期。

70. 钱穆、余英时时的章学诚学术思想研究(第一作者),载《史学月刊》,2010年第5期(中国人民大学复印报刊资料《历史学》,2011年第3期全文转载)。

71. 马克思主义史学五大家论史家修养(第一作者),载《安徽史学》,2010年第6期。

72. 钱穆先生"守旧开新"学术思想和文化复兴论,载《鹅湖》,2010年第10期。

73. 中国古代历史哲学的发展历程和基本内容,载《淮北煤炭师范学院学报(哲学社会科学版)》,2010年第5期。

74. 《钱穆的儒家人文主义史学观及其意义》,载黄兆强主编《钱穆研究暨当代人文思想国际学术研讨会论文集》,台北,东吴大学2010年11月。

75. 建构当代中国学术话语体系的原则与方法,载高翔主编《中国社会科学学术前沿(2010—2011)》,北京:社会科学文献出版社,2011年9月。

76. 朱子伦理思想与明清徽州商业伦理观的转换和建构,载《安徽史学》,2011年第5期(中国人民大学复印报刊资料《明清史》,2011年第12期全文转载)。

77. 从明清徽州家谱看明清徽州宗族的职业观,载《河北学刊》,2011年第6期。

78. 对陈寅恪史学"真了解"精神与方法的新解读——兼论陈寅恪的"通识"思想(第一作者),载《齐鲁学刊》,2012年第1期。

79. 民国时期基层社会传统职业观的革新与保守——以民国徽州家谱的族规家训所见职业观为例,载《民国档案》,2012年第1期。

80. 孙中山民本史观的道德价值取向初探,载《江淮论坛》,2012年第2期。

81. "守旧开新"的国学大师:钱穆传略,载尚小明、杨琥主编《史学大家风范》,昆明:云南教育出版社,2012年5月。

82. 中国古代国家起源论的发展及其特征,载《史学史研究》,2012年第3期(中国人民大学复印报刊资料《历史学》,2012年第12期全文转载)。

83. 陈垣历史人物研究的成就与特点(第一作者),载《河北学刊》,2012年第6期。

84. 余英时的儒家人文主义历史观及其理论价值与困境(第一作者),载《求是学刊》,2012年第6期。

85. 中国当代的历史人物评价标准问题研究述评(第一作者),载《军事历史》,2012年第6期。

86. 历史诠释与西方现当代人本主义历史哲学的发展,载陈祥明主编《诠释学的理论与实践》,合肥:安徽人民出版社,2013年12月。

87. 陈独秀的全民抗战思想,载沈寂主编《陈独秀研究》第4辑,合肥:黄山书社,2013年1月。

88. 抗战时期林同济的国民性改造思想述论(第一作者),载《北京科技大学学报(社会科学版)》,2013年第3期。

89. 明清徽州新儒贾观内涵与核心价值取向的再探讨,载《安徽大学学报(哲学社会科学版)》,2013年第5期(中国人民大学复印报刊资料《明清史》,2014年第1期全文转载)。

90. 中国当代历史人物评价的理论与方法研究述评(第一作者),载《史学理论与史学史学刊》,2013年卷,北京:社会科学文献出版社,2013年12月。

91. 陈寅恪历史人物评价的标准、方法和理论特征(第一作者),载《南开学报(哲学社会科学版)》,2014年第1期。

92. 中国现代文化保守主义史家对传统史学的新书写——以钱穆前期的传统中国史学研究为例,载《河北学刊》,2014年第4期(《历史学》,2014年第9期全文转载)。

93. 从《李鸿章传》看梁启超历史人物研究的理论与方法(第一作者),载何峰主编《淮军与刘铭传研究——2013·(合肥)海峡两岸首届淮军与刘铭传学术研讨会论文集》,合肥:合肥工业大学出版社,2014年7月。

94. 清代史学史资料编年的拓荒之作——《增订中国史学史资料编年(清代卷)》评述,载《史学月刊》,2014年第12期。

95. 安徽历史文化特点及其成因的再探讨,载《理论建设》,2015年第1期。

二、主要著述

1.《钱穆史学思想研究》,台北:台湾商务印书馆,2004年。

2.《一代儒宗——钱穆传》,武汉:湖北人民出版社,2011年。

3. 瞿林东主编《中国古代历史理论》下卷《中国古代历史理论的繁荣》(合著),合肥:安徽人民出版社,2011年。

4.《回读百年——20世纪中国社会人文论争》(第四卷的第一编著者,第一卷、第五卷的第二编著者),郑州:大象出版社,2009年。

5.《徽学》(徐国利、林家虎),合肥:安徽文艺出版社,2012年。

6.《安徽大学简史》(合著),合肥:安徽大学出版社,2008年。

7. 安徽省史学会编《安徽六十年》(合撰),合肥:合肥工业大学出版社,2009年。

8.《影响历史的100个安徽第一》(第一执行主编),合肥:安徽文艺出版社,2012年。

9.《旭日东升:时代先锋的童年时代》(主编),合肥:安徽少年儿童出版社,2011年。

10.张岱年主编《中国哲学大辞典》(参撰),上海:上海辞书出版社,2010年。

后　记

　　收入这本学术文集的论文,内容和观点均一仍原貌,旨在反映自己不同时期学术研究的风貌和水平。所做的工作主要是校订、刊误、补证和技术性的修订等。

　　校订和刊误主要包括3个方面:

　　1.对原文中遗漏的个别字词、注释等作了补充,如论文中个别引文遗漏注释的,现予以补充。

　　2.对原文的错字、别字、漏字、衍字、脱字等加以刊误和补正。

　　3.对文中表述不当之处作了修正。

　　技术性的修订主要包括以下5个方面:

　　1.关于文献的引用。由于论文发表的时间和刊物不同,在引用同样的文献时,如《孟子集注》和《朱文公文集》等,不同的论文会使用不同出版社的版本或同一出版社的不同版本。这次原拟对引用不同版本的文献改用同一版本的文献。后来,笔者发现有些论文发表时间较早,如果改用后来出版的文献,注释中便会出现引用文献的出版时间早于论文发表时间的问题,易引起读者误解,故仍用论文发表时引用的文献版本。这次收录的论文只按安徽大学出版社要求,统一了表述的方法,尤其是引文中后双引号与句号的使用、引文序号的标注等,按照安徽大学出版社的规定进行了大量统一化的修改。

　　2.关于文献标写的统一性。由于收入的论文发表在不同期刊和不同时期,论文文献标注的出版信息和表述方法有很大差异,这次编纂时统一格式。所引文献在每篇论文中首次引用时,注明全部的相关信息;第二次引用时,出版地、出版社、出版时间等则省略。

3. 关于注释的表述。原载各刊物论文是按照各刊物的要求作注释的。少数论文发表时是文中注,还有一些是文后注。这次编辑出版时,统一改为页下注。对文中的注释,按照出版社的注释规范要求作了统一表述。如,注释中历史文献的卷数统一用汉字的数字。对少数论文中的转引文献,这次均查对原始文献,并以之作注。

4. 关于注释的补充。少数论文发表时引用典籍文献时较简略,如《程朱理学的"圣王"君主论》一文在引用二程和朱熹等人的著作时,编辑不仅没有注明相关的版本信息,还将引用文献卷后的篇目名删除。这次校订时,补充了引用文献的版本和篇目名。其他一些论文引用的典籍文献也存在少量这种现象,这次一并补充。

5. 关于年代问题。论文中的古代史纪年基本以帝号纪年,然后在后面括号中标明相应的公元纪年。不过,有些论文发表时,括号中相应的公元纪年被编辑删除,这种情况在《清代中叶安徽省淮河流域的自然灾害及其危害》一文中比较突出,现均按照规范补充完备。公元纪年的写法不少论文只写数字,这次一律按要求加上"年"字。

原以为将已经发表的论文结集出版,校订是一件比较容易的事。然而出乎预料,校订依然花费了编辑、作者和学生的许多时间,重要原因就是为了统一格式和规范,校订过程中出现了不少反复,由此花费了安徽大学出版社的编辑张锐和胡心怡、历史系硕士研究生李发根等人的许多精力和时间,在此谨表谢意!

拙著的出版得到了安徽大学徽文化传承与创新中心的立项支持、安徽大学首批("211"三期)杰出青年科学研究培养基金的赞助;同时,还得到了安徽大学出版社的大力支持。在此也对相关机构表示衷心感谢!

徐 国 利
2014 年 12 月于合肥香樟雅苑沐阳居